2025年版

共通テスト
過去問研究

地理総合、地理探究

受験勉強の5か条

受験勉強は過去問に始まり，過去問に終わる。
入試において，過去問は最大の手がかりであり，情報の宝庫です。
次の5か条を参考に，過去問をしっかり活用しましょう。

◆**出題傾向を把握**
　まずは「共通テスト対策講座」を読んでみましょう。

◆**いったん試験1セット分を解いてみる**
　最初は時間切れになっても，またすべて解けなくても構いません。

◆**自分の実力を知り，目標を立てる**
　答え合わせをして，得意・不得意を分析しておきましょう。

◆**苦手も克服！**
　分野や形式ごとに重点学習してみましょう。

◆**とことん演習**
　一度解いて終わりにせず，繰り返し取り組んでおくと効果アップ！
　直前期には時間を計って本番形式のシミュレーションをしておくと万全です。

☑ 共通テストってどんな試験？

　大学入学共通テスト（以下，共通テスト）は，大学への入学志願者を対象に，高校の段階における基礎的な学習の達成の程度を判定し，大学教育を受けるために必要な能力について把握することを目的とする試験です。一般選抜で国公立大学を目指す場合は，原則的に，一次試験として共通テストを受験し，二次試験として各大学の個別試験を受験することになります。また，私立大学も9割近くが共通テストを利用します。そのことから，共通テストは50万人近くが受験する，大学入試最大の試験になっています。

☑ 新課程の共通テストの特徴は？

　2025年度から新課程入試が始まり，共通テストにおいては教科・科目が再編成され，新教科「情報」が導入されます。2022年に高校に進学した人が学んできた内容に即して出題されますが，重視されるのは，従来の共通テストと同様，「思考力」です。単に知識があるかどうかではなく，知識を使って考えることができるかどうかが問われます。新課程の問題作成方針を見ると，問題の構成や場面設定など，これまでの共通テストの出題傾向を引き継いでおり，作問の方向性は変わりません。

☑ どうやって対策すればいいの？

　共通テストで問われるのは，高校で学ぶべき内容をきちんと理解しているかどうかですから，まずは普段の授業を大切にし，教科書に載っている基本事項をしっかりと身につけておくことが重要です。そのうえで過去問を解いて共通テストで特徴的な出題に慣れておきましょう。共通テストは問題文の分量が多いので，必要とされるスピード感や難易度の振れ幅を事前に知っておくと安心です。過去問を解いて間違えた問題をチェックし，苦手分野の克服に役立てましょう。問題作成方針では「これまで良質な問題作成を行う中で蓄積した知見や，問題の評価・分析の結果を問題作成に生かす」とされており，過去問の研究は有用です。本書は，大学入試センターから公表された資料等を詳細に分析し，課程をまたいでも過去問を最大限に活用できるよう編集しています。

　本書が十分に活用され，志望校合格の一助になることを願ってやみません。

Contents

●共通テストの基礎知識………………………………………… 005
●共通テスト対策講座…………………………………………… 013
　　　どんな問題が出るの？／共通テスト徹底分析／効果的な過去問の使い方
●共通テスト攻略アドバイス…………………………………… 041
●過去問 INDEX………………………………………………… 045

●解答・解説編

- -

　　地理総合，地理探究
　　　　新課程試作問題（1回分）※1
　　地理 B
　　　　本試験　5回分（4年分：2021～2024年度）※2
　　　　追試験　2回分（2年分：2022・2023年度）
　　　　試行調査　2回分（第1回・第2回）※3

- -

●【別冊】問題編　マークシート解答用紙つき（2枚）

※1　新課程試作問題は，2025年度からの試験の問題作成の方向性を示すものとして，2022年
11月9日に大学入試センターから公表された問題です。
※2　2021年度の共通テストは，新型コロナウイルス感染症の影響に伴う学業の遅れに対応する
選択肢を確保するため，本試験が2日程で実施されました。
※3　試行調査は，センター試験から共通テストに移行するに先立って実施されました。

共通テストについてのお問い合わせは…
独立行政法人 大学入試センター
志願者問い合わせ専用（志願者本人がお問い合わせください）03-3465-8600
9：30～17：00（土・日曜，祝日，12月29日～1月3日を除く）
https://www.dnc.ac.jp/

共通テストの
基礎知識

本書編集段階において，2025年度共通テストの詳細については正式に発表されていませんので，ここで紹介する内容は，2024年3月時点で文部科学省や大学入試センターから公表されている情報，および2024年度共通テストの「受験案内」に基づいて作成しています。変更等も考えられますので，各人で入手した2025年度共通テストの「受験案内」や，大学入試センターのウェブサイト（https://www.dnc.ac.jp/）で必ず確認してください。

 共通テストのスケジュールは？

A 2025年度共通テストの本試験は，1月18日(土)・19日(日)に実施される予定です。
「受験案内」の配布開始時期や出願期間は未定ですが，共通テストのスケジュールは，例年，次のようになっています。1月なかばの試験実施日に対して出願が10月上旬とかなり早いので，十分注意しましょう。

9月初旬	「受験案内」配布開始	志願票や検定料等の払込書等が添付されています。
10月上旬	出願	（現役生は在籍する高校経由で行います。）
1月なかば	共通テスト	2025年度本試験は1月18日(土)・19日(日)に実施される予定です。
	自己採点	
1月下旬	国公立大学一般選抜の個別試験出願	私立大学の出願時期は大学によってまちまちです。各人で必ず確認してください。

共通テストの出願書類はどうやって入手するの?

A 「受験案内」という試験の案内冊子を入手しましょう。

「受験案内」には,志願票,検定料等の払込書,個人直接出願用封筒等が添付されており,出願の方法等も記載されています。主な入手経路は次のとおりです。

現役生	高校で一括入手するケースがほとんどです。出願も学校経由で行います。
過年度生	共通テストを利用する全国の各大学の入試担当窓口で入手できます。予備校に通っている場合は,そこで入手できる場合もあります。

個別試験への出願はいつすればいいの?

A 国公立大学一般選抜は「共通テスト後」の出願です。

国公立大学一般選抜の個別試験(二次試験)の出願は共通テストの後になります。受験生は,共通テストの受験中に自分の解答を問題冊子に書きとめておいて持ち帰ることができますので,翌日,新聞や大学入試センターのウェブサイトで発表される正解と照らし合わせて自己採点し,その結果に基づいて,予備校などの合格判定資料を参考にしながら,出願大学を決定することができます。

私立大学の共通テスト利用入試の場合は,出願時期が大学によってまちまちです。大学や試験の日程によっては出願の締め切りが共通テストより前ということもあります。志望大学の入試日程は早めに調べておくようにしましょう。

受験する科目の決め方は? 『情報 I』の受験も必要?

A 志望大学の入試に必要な教科・科目を受験します。

次ページに掲載の 7 教科 21 科目のうちから,受験生は最大 9 科目を受験することができます。どの科目が課されるかは大学・学部・日程によって異なりますので,受験生は志望大学の入試に必要な科目を選択して受験することになります。

すべての国立大学では,原則として『情報 I』を加えた 6 教科 8 科目が課されます。公立大学でも『情報 I』を課す大学が多くあります。

共通テストの受験科目が足りないと,大学の個別試験に出願できなくなります。第一志望に限らず,出願する可能性のある大学の入試に必要な教科・科目は早めに調べておきましょう。

新科目の『情報 I』の対策は… 新課程 攻略問題集

共通テストの基礎知識　007

● 2025 年度の共通テストの出題教科・科目

教　科	出題科目	出題方法（出題範囲・選択方法）	試験時間 （配点）
国　語	『国語』	「現代の国語」及び「言語文化」を出題範囲とし，近代以降の文章及び古典（古文，漢文）を出題する。	90 分 （200 点）*1
地理歴史 公　民	(b) 『地理総合，地理探究』 『歴史総合，日本史探究』 『歴史総合，世界史探究』 『公共，倫理』 『公共，政治・経済』 (a) 『地理総合／歴史総合／公共』 (a)：必履修科目を組み合わせた出題科目 (b)：必履修科目と選択科目を組み合わせた出題科目	6 科目から最大 2 科目を選択解答（受験科目数は出願時に申請）。 2 科目を選択する場合，以下の組合せを選択することはできない。 **(b)のうちから 2 科目を選択する場合** 『公共，倫理』と『公共，政治・経済』の組合せを選択することはできない。 **(b)のうちから 1 科目及び (a) を選択する場合** (b)については，(a)で選択解答するものと同一名称を含む科目を選択することはできない。*2 (a)の『地理総合／歴史総合／公共』は，「地理総合」，「歴史総合」及び「公共」の 3 つを出題範囲とし，そのうち 2 つを選択解答する（配点は各 50 点）。	1 科目選択 60 分（100 点） 2 科目選択*3 解答時間 120 分 （200 点）
数学	① 『数学Ⅰ，数学A』 『数学Ⅰ』	2 科目から 1 科目を選択解答。 「数学A」は 2 項目（図形の性質，場合の数と確率）に対応した出題とし，全てを解答する。	70 分 （100 点）
数学	② 『数学Ⅱ，数学B， 数学C』	「数学B」「数学C」は 4 項目（数列，統計的な推測，ベクトル，平面上の曲線と複素数平面）に対応した出題とし，そのうち 3 項目を選択解答する。	70 分 （100 点）
理　科	『物理基礎／化学基礎／生物基礎／地学基礎』 『物理』 『化学』 『生物』 『地学』	5 科目から最大 2 科目を選択解答（受験科目数は出願時に申請）。 『物理基礎／化学基礎／生物基礎／地学基礎』は，「物理基礎」，「化学基礎」，「生物基礎」及び「地学基礎」の 4 つを出題範囲とし，そのうち 2 つを選択解答する（配点は各 50 点）。	1 科目選択 60 分（100 点） 2 科目選択*3 解答時間 120 分 （200 点）
外国語	『英語』 『ドイツ語』 『フランス語』 『中国語』 『韓国語』	5 科目から 1 科目を選択解答。 『英語』は，「英語コミュニケーションⅠ」，「英語コミュニケーションⅡ」及び「論理・表現Ⅰ」を出題範囲とし，【リーディング】及び【リスニング】を出題する。 受験者は，原則としてその両方を受験する。	『英語』 【リーディング】 80 分（100 点） 【リスニング】 解答時間 30 分*4 （100 点） 『英語』以外 【筆記】 80 分（200 点）
情　報	『情報Ⅰ』		60 分（100 点）

*1 『国語』の分野別の大問数及び配点は，近代以降の文章が 3 問 110 点，古典が 2 問 90 点（古文・漢文各 45 点）とする。

※2 　地理歴史及び公民で2科目を選択する受験者が，(b)のうちから1科目及び(a)を選択する場合において，選択可能な組合せは以下のとおり。　　　　　○：選択可能　×：選択不可

		(a)		
		「地理総合」「歴史総合」	「地理総合」「公共」	「歴史総合」「公共」
(b)	『地理総合，地理探究』	×	×	○
	『歴史総合，日本史探究』	×	○	×
	『歴史総合，世界史探究』	×	○	×
	『公共，倫理』	○	×	×
	『公共，政治・経済』	○	×	×

※3 　「地理歴史及び公民」と「理科」で2科目を選択する場合は，解答順に「第1解答科目」及び「第2解答科目」に区分し各60分間で解答を行うが，第1解答科目と第2解答科目の間に答案回収等を行うために必要な時間を加えた時間を試験時間（130分）とする。

※4 　リスニングは，音声問題を用い30分間で解答を行うが，解答開始前に受験者に配付したICプレーヤーの作動確認・音量調節を受験者本人が行うために必要な時間を加えた時間を試験時間（60分）とする。

科目選択によって有利不利はあるの？

A 得点調整の対象となった各科目間で，次のいずれかが生じ，これが試験問題の難易差に基づくものと認められる場合には，得点調整が行われます。
- 20点以上の平均点差が生じた場合
- 15点以上の平均点差が生じ，かつ，段階表示の区分点差が20点以上生じた場合

旧課程で学んだ過年度生のための経過措置はあるの？

A あります。
　2025年1月の共通テストは新教育課程での実施となるため，旧教育課程を履修した入学志願者など，新教育課程を履修していない入学志願者に対しては，出題する教科・科目の内容に応じて経過措置を講じることとされ，「地理歴史・公民」「数学」「情報」の3教科については旧課程科目で受験することもできます。

「受験案内」の配布時期や入手方法，出願期間，経過措置科目などの情報は，大学入試センターから公表される最新情報を，各人で必ず確認するようにしてください。

WEBもチェック！〔教学社 特設サイト〕
〈新課程〉の共通テストがわかる！
http://akahon.net/k-test_sk

試験データ

2021〜2024年度の共通テストについて，志願者数や平均点の推移，科目別の受験状況などを掲載しています。

● 志願者数・受験者数等の推移

	2024年度	2023年度	2022年度	2021年度
志願者数	491,914人	512,581人	530,367人	535,245人
内，高等学校等卒業見込者	419,534人	436,873人	449,369人	449,795人
現役志願率	45.2%	45.1%	45.1%	44.3%
受験者数	457,608人	474,051人	488,384人	484,114人
本試験のみ	456,173人	470,580人	486,848人	482,624人
追試験のみ	1,085人	2,737人	915人	1,021人
再試験のみ	—	—	—	10人
本試験＋追試験	344人	707人	438人	407人
本試験＋再試験	6人	26人	182人	51人
追試験＋再試験	—	1人	—	—
本試験＋追試験＋再試験	—	—	1人	—
受験率	93.03%	92.48%	92.08%	90.45%

・2021年度の受験者数は特例追試験（1人）を含む。
・やむを得ない事情で受験できなかった人を対象に追試験が実施される。また，災害，試験上の事故などにより本試験が実施・完了できなかった場合に再試験が実施される。

● 志願者数の推移

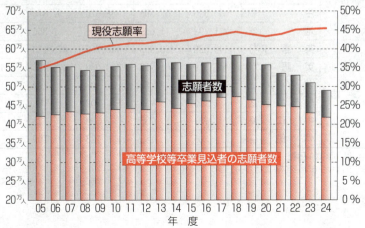

● 科目ごとの受験者数の推移（2021〜2024年度本試験）　　　　　　　　（人）

教　科	科　目	2024年度	2023年度	2022年度	2021年度①	2021年度②
国　語	国　語	433,173	445,358	460,967	457,304	1,587
地理歴史	世　界　史　A	1,214	1,271	1,408	1,544	14
	世　界　史　B	75,866	78,185	82,986	85,690	305
	日　本　史　A	2,452	2,411	2,173	2,363	16
	日　本　史　B	131,309	137,017	147,300	143,363	410
	地　理　A	2,070	2,062	2,187	1,952	16
	地　理　B	136,948	139,012	141,375	138,615	395
公　民	現　代　社　会	71,988	64,676	63,604	68,983	215
	倫　理	18,199	19,878	21,843	19,954	88
	政　治・経　済	39,482	44,707	45,722	45,324	118
	倫理, 政治・経済	43,839	45,578	43,831	42,948	221
数学 数学①	数　学　Ⅰ	5,346	5,153	5,258	5,750	44
	数　学　Ⅰ・A	339,152	346,628	357,357	356,492	1,354
数学②	数　学　Ⅱ	4,499	4,845	4,960	5,198	35
	数　学　Ⅱ・B	312,255	316,728	321,691	319,697	1,238
	簿　記・会　計	1,323	1,408	1,434	1,298	4
	情報関係基礎	381	410	362	344	4
理科 理科①	物　理　基　礎	17,949	17,978	19,395	19,094	120
	化　学　基　礎	92,894	95,515	100,461	103,073	301
	生　物　基　礎	115,318	119,730	125,498	127,924	353
	地　学　基　礎	43,372	43,070	43,943	44,319	141
理科②	物　理	142,525	144,914	148,585	146,041	656
	化　学	180,779	182,224	184,028	182,359	800
	生　物	56,596	57,895	58,676	57,878	283
	地　学	1,792	1,659	1,350	1,356	30
外国語	英　語（R※）	449,328	463,985	480,762	476,173	1,693
	英　語（L※）	447,519	461,993	479,039	474,483	1,682
	ド　イ　ツ　語	101	82	108	109	4
	フ　ラ　ン　ス　語	90	93	102	88	3
	中　国　語	781	735	599	625	14
	韓　国　語	206	185	123	109	3

・2021年度①は第1日程, 2021年度②は第2日程を表す。
※英語のRはリーディング, Lはリスニングを表す。

共通テストの基礎知識（試験データ） 011

● 科目ごとの平均点の推移（2021～2024 年度本試験） （点）

教 科		科 目	2024 年度	2023 年度	2022 年度	2021 年度①	2021 年度②
国 語		国 語	58.25	52.87	55.13	58.75	55.74
地 理 歴 史		世 界 史 A	42.16	36.32	48.10	46.14	43.07
		世 界 史 B	60.28	58.43	65.83	63.49	54.72
		日 本 史 A	42.04	45.38	40.97	49.57	45.56
		日 本 史 B	56.27	59.75	52.81	64.26	62.29
		地 理 A	55.75	55.19	51.62	59.98	61.75
		地 理 B	65.74	60.46	58.99	60.06	62.72
公 民		現 代 社 会	55.94	59.46	60.84	58.40	58.81
		倫 理	56.44	59.02	63.29	71.96	63.57
		政 治・経 済	44.35	50.96	56.77	57.03	52.80
		倫理, 政治・経済	61.26	60.59	69.73	69.26	61.02
数 学	数学 ①	数 学 Ⅰ	34.62	37.84	21.89	39.11	26.11
		数 学 Ⅰ・A	51.38	55.65	37.96	57.68	39.62
	数学 ②	数 学 Ⅱ	35.43	37.65	34.41	39.51	24.63
		数 学 Ⅱ・B	57.74	61.48	43.06	59.93	37.40
		簿 記・会 計	51.84	50.80	51.83	49.90	—
		情報関係基礎	59.11	60.68	57.61	61.19	—
理 科	理科 ①	物 理 基 礎	57.44	56.38	60.80	75.10	49.82
		化 学 基 礎	54.62	58.84	55.46	49.30	47.24
		生 物 基 礎	63.14	49.32	47.80	58.34	45.94
		地 学 基 礎	71.12	70.06	70.94	67.04	60.78
	理科 ②	物 理	62.97	63.39	60.72	62.36	53.51
		化 学	54.77	54.01	47.63	57.59	39.28
		生 物	54.82	48.46	48.81	72.64	48.66
		地 学	56.62	49.85	52.72	46.65	43.53
外 国 語		英 語（R※）	51.54	53.81	61.80	58.80	56.68
		英 語（L※）	67.24	62.35	59.45	56.16	55.01
		ド イ ツ 語	65.47	61.90	62.13	59.62	—
		フ ラ ン ス 語	62.68	65.86	56.87	64.84	—
		中 国 語	86.04	81.38	82.39	80.17	80.57
		韓 国 語	72.83	79.25	72.33	72.43	—

・各科目の平均点は 100 点満点に換算した点数。
・2023 年度の「理科②」, 2021 年度①の「公民」および「理科②」の科目の数値は, 得点調整後のものである。
　得点調整の詳細については大学入試センターのウェブサイトで確認のこと。
・2021 年度②の「—」は, 受験者数が少ないため非公表。

012　共通テストの基礎知識（試験データ）

● 地理歴史と公民の受験状況（2024年度）　　　　　　　　　　　　（人）

受験科目数	地理歴史						公民				実受験者
	世界史A	世界史B	日本史A	日本史B	地理A	地理B	現代社会	倫理	政治・経済	倫理, 政経	
1科目	646	31,853	1,431	64,361	1,297	111,097	23,752	5,983	15,095	15,651	271,166
2科目	576	44,193	1,023	67,240	775	26,168	48,398	12,259	24,479	28,349	126,730
計	1,222	76,046	2,454	131,601	2,072	137,265	72,150	18,242	39,574	44,000	397,896

● 数学①と数学②の受験状況（2024年度）　　　　　　　　　　　　（人）

受験科目数	数学①		数学②				実受験者
	数学Ⅰ	数学Ⅰ・数学A	数学Ⅱ	数学Ⅱ・数学B	簿記・会計	情報関係基礎	
1科目	2,778	24,392	85	401	547	69	28,272
2科目	2,583	315,744	4,430	312,807	777	313	318,327
計	5,361	340,136	4,515	313,208	1,324	382	346,599

● 理科①の受験状況（2024年度）

区分	物理基礎	化学基礎	生物基礎	地学基礎	延受験者計
受験者数	18,019人	93,102人	115,563人	43,481人	270,165人
科目選択率*	6.7%	34.5%	42.8%	16.1%	―

・2科目のうち一方の解答科目が特定できなかった場合も含む。
・科目選択率＝各科目受験者数／理科①延受験者計×100（＊端数切り上げ）

● 理科②の受験状況（2024年度）　　　　　　　　　　　　（人）

受験科目数	物理	化学	生物	地学	実受験者
1科目	13,866	11,195	13,460	523	39,044
2科目	129,169	170,187	43,284	1,292	171,966
計	143,035	181,382	56,744	1,815	211,010

● 平均受験科目数（2024年度）　　　　　　　　　　　　（人）

受験科目数	8科目	7科目	6科目	5科目	4科目	3科目	2科目	1科目
受験者数	6,008	266,837	19,804	20,781	38,789	91,129	12,312	1,948

平均受験科目数
5.67

・理科①（基礎の付された科目）は，2科目で1科目と数えている。

・上記の数値は本試験・追試験・再試験の総計。

共通テスト
対策講座

　ここでは，大学入試センターから公表されている資料と，これまでに実施された試験をもとに，共通テスト地理についてわかりやすく解説し，具体的にどのような対策をすればよいかを考えます。

- ✔ どんな問題が出るの？　014
- ✔ 共通テスト徹底分析　016
- ✔ 効果的な過去問の使い方　019

014 地理

どんな問題が出るの？

　まずは，大学入試センターから発表されている資料から，共通テストの作問の方向性を確認しておきましょう。

　共通テスト「地理総合，地理探究」の問題作成の方針を見てみると，次の点が示されています。

- 地理に関わる事象を多面的・多角的に考察，構想する過程を重視する。地理的な見方・考え方を働かせて，地理に関わる事象の意味や意義，特色や相互の関連を，概念などを活用して多面的・多角的に考察したり，地理的な課題の解決に向けて構想したりする力を求める。
- 問題の作成に当たっては，地域を様々なスケールから捉える問題や，地理的な諸事象に対して知識を基に推論したり，資料を基に検証したりする問題，系統地理と地誌の両分野を関連付けた問題などを含めて検討する。

　すなわち，共通テスト「地理総合，地理探究」の特徴は

①地理的事象について多面的・多角的に考える「過程」を重視
②系統地理と地誌の分野横断的な問題が出題される可能性もある

といえます。2020年度以前に行われていたセンター試験，試行調査，そして共通テストと，旧課程「地理B」の試験はさまざまな枠の中で行われてきました。そのいずれにおいても，①や②を満たす問題は出題されてきました。

　さらに2025年度から「地理総合，地理探究」の新課程入試に移行します。2022年に公表された新課程試作問題では，〔1〕・〔2〕が「地理総合」の問題，〔3〕～〔6〕が「地理探究」の問題で構成されていました。ただし，出題内容や分野そのものが大きく変更されたわけではなく，出題形式についても2024年度までの共通テストと試作問題で大きな違いはありませんでした。

　そこで，過去に実施された試験を比較・分析しながら，共通テスト地理がどのようなものかを考えていきましょう。

第 1 問 高校生のカオルさんのクラスでは，いくつかの資料をもとに，世界の人口に関する問題について考えていくことになった。この学習に関する下の問い（**問 1 ～ 3**）に答えよ。

問 1 カオルさんたちは，まず世界の人口推移を地域別に調べることにした。次の図 1 中の**ア～ウ**は，サハラ以南アフリカ（サブサハラ・アフリカ），東・東南アジア，南・中央アジアのいずれかである。地域名と**ア～ウ**との正しい組合せを，下の①～⑥のうちから一つ選べ。

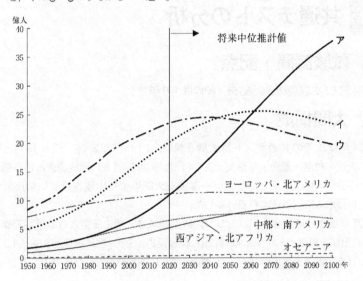

World Population Prospects により作成。

図 1　地域別の人口推移（推計値）

	①	②	③	④	⑤	⑥
サハラ以南アフリカ	ア	ア	イ	イ	ウ	ウ
東・東南アジア	イ	ウ	ア	ウ	ア	イ
南・中央アジア	ウ	イ	ウ	ア	イ	ア

参考：2022 年 3 月，試作問題以前に公表されたサンプル問題。出題内容や解答形式などについて，旧課程「地理 B」との大きな違いはなかった。

共通テスト徹底分析

過去に行われた試験の分析を通じて，共通テスト「地理総合，地理探究」の具体的な出題傾向をつかみましょう。

共通テストの分析

試験時間・配点

共通テストの試験時間は 60 分，配点は 100 点です。

大問構成

2024 年度までの共通テストは大問 5 題で，〔1〕自然環境，〔2〕資源と産業，〔3〕人口・村落・都市・生活文化，〔4〕世界地誌，〔5〕地域調査という構成です。2022・2023 年度は，かつてセンター試験で大問単位で出題されていた比較地誌が〔4〕世界地誌に組み込まれていました。

2025 年度からは新課程入試となり，大問構成は 6 題に変更される予定です。試作問題の出題分野は，〔1〕地球的課題と国際協力，〔2〕自然環境と防災，〔3〕自然環境，〔4〕資源・産業ほか，〔5〕地誌，〔6〕地域調査という内容でした。

問題の分量

2021 年度に始まった共通テストは，本試験第 1 日程が小問 31 問で解答個数 32 個，第 2 日程が小問数・解答個数ともに 30 個，2022・2023 年度の本試験は小問 30 問で解答個数 31 個でした。2024 年度は小問数・解答個数ともに 30 個でしたが，これは新課程向けの試作問題と同じ数です。

問題中の資料の分量

共通テストでは**多くの資料**が問題中で使用されています。その種類は地形図から調べ学習のまとめ資料まで多様です。また，一つの資料から読み取らなくてはならない情報量も非常に多いです。さまざまな資料から情報を読み取ること，また読み取った情報を活用して解答を導くことが求められています。

資料使用数

資料の種類	2022 年 試作問題	2024 年度 共通テスト	2020 年度 センター試験
地図	6	5	6
地形図	5	1	3
分布図	19	18	20
模式図	6	10	2
統計表	3	3	8
グラフ	12	18	22
写真類	4	9	1
その他※	6	3	0
合計	61	67	62

※その他：調べ学習のまとめ資料など。

🔍 問題の場面設定

　共通テストでは「調べ学習」や「アクティブラーニング」を意識した問題が多く出題されています。たとえば「気候の成り立ちやその変動の影響について各班で探究する」や「世界で発生している土砂災害についてクラスで探究する」といったものです。2021～2024 年度の本試験および第 2 回試行調査は大問 2 題，第 1 回試行調査に至っては大問 3 題がこのような場面設定でした。なお，調べ学習形式の問題は，センター試験でも〔6〕の地域調査を中心に大問 1 ～ 2 題，出題されていました。

　これらの場面設定の傾向から，共通テストでは，**地理的事象を身近なところに置きなおして考えるということが重視されている**とみることができます。

　さらに，試作問題の〔6〕地域調査は，2024 年度までの出題とは異なり，匿名のX市を事例としていました。ここには，**広く他地域と共通する内容を意識し，日本の国土像を探究する**という学習の方向性が示されていると考えられます。すなわち，問題作成の方針にある「地域を様々なスケールから捉える」問題といえるでしょう。

018 地理

🔍 解答形式

　全問マーク式です。試行調査では，「該当する選択肢を過不足なく選択・解答する設問」が出題されましたが，2019年4月に大学入試センターから「出題上のメリットはあるものの，（中略）マークシートを前提とした共通テスト導入当初から実施することは困難であると考えられる」と発表されていた通り，2021年度以降の共通テストでこのような形式の設問は出題されていません。一方で，同じく試行調査で出題された「**9つの選択肢から1つを選択・解答する設問**」は，2021年度共通テスト本試験（第2日程）でも出題されました。ほかに，「**解答個数は1のままで，選択肢内の正誤の組合せが複雑に設定された設問**」も出題されており，選択肢を吟味させる意図が表れています。今後は「**該当する選択肢を順不同で2つ選択・解答する設問**」なども出題される可能性があります。

🔍 難易度

　解答するにあたり参照すべき資料の総数が多く，また解答に時間のかかる組合せ問題が大きな割合を占めているため（2021年度以降の本試験はいずれも全体の半分以上），時間的な余裕はありません。総合的にみれば，**共通テスト地理は，高得点をとるという意味でやや難度が高い**といえるでしょう。しかし，**問われている知識自体は教科書の範囲内である**ということは押さえておきましょう。試作問題においても，2024年度までの共通テスト本試験との大きな難易度の違いはみられませんでした。

✏️ まとめと対策

　共通テストは，大問数・設問数や解答形式などに多少の変動はあれど，新課程への移行後も傾向をある程度引き継いでいくと予想されます。
　したがって，やっておくべき対策も特殊ではありません。
　①教科書や用語集，地図帳などで基礎を固めること
　②過去問をはじめとする問題を解き，実践的な思考力を高めること
　③最初に用いた教材に戻って弱点を補強すること
この基本的な3点を繰り返しながら，次ページ以降で挙げてあるポイントも頭に入れ，本番に向けた準備を進めていきましょう！

効果的な過去問の使い方

　共通テストでは，思考力を問う数々の良問が出題されています。ここでは，過去問の中から，とりわけ共通テスト「地理総合，地理探究」の攻略のヒントとなるような問題を紹介します。新傾向・形式の問題が出ても対応できるよう，過去問を大いに有効活用しましょう！

いかに資料を読み解くか

　共通テスト「地理総合，地理探究」では，教科書に載っていないような細かい知識が問われるのではなく，与えられた地図やデータをもとに考える**地理的考察力**が試されます。このような資料問題は，読み取った情報を自分がもっている知識と結びつけて解答を導く力を測る，いわば応用問題です。下の2015～2024年度の「センター試験および共通テスト『地理B』本試験の全設問における資料利用問題の割合」というグラフを見てみましょう。2016・2017・2020年度は比較的割合が小さかったものの，過去10年の平均では全設問の約87％が何らかの資料を利用した設問になっています。2022年度以降は，すべての設問に資料が含まれています。よって，**資料問題の攻略こそが共通テスト「地理総合，地理探究」で高得点を取るための最大のポイント**といえるでしょう。

　では，問題演習に軸足を置いて対策を進める際，どのような点を意識すればよいのでしょうか。代表的な資料の種類別に，共通テストで実際に出題された問題を取り上げながら，そのポイントを探っていきましょう。

年度	割合
'24	100%
'23	100%
'22	100%
'21	90%
'20	77%
'19	86%
'18	86%
'17	77%
'16	69%
'15	83%

センター試験および共通テスト「地理B」本試験の全設問における資料利用問題の割合
※'21は本試験第1日程

白地図利用問題

地図上での位置が大切

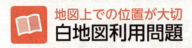

　白地図を用いた問題では、個々の地名そのものよりも、対象となる地点・地域が位置する場所が、どのような特徴をもっているかという観点で問われやすいことを知っておきましょう。

　次の図5中の①〜⑤は、自然災害の影響を受ける大西洋周辺のいくつかの地域を示したものである。また、後の文JとKは、いくつかの地域で発生する自然災害について述べたものである。これらのうち、JとKの両方が当てはまる地域と、Jのみが当てはまる地域を、図5中の①〜⑤のうちから一つずつ選べ。

2023年度 本試験 第1問 問4

JとKの両方：☐　　Jのみ：☐

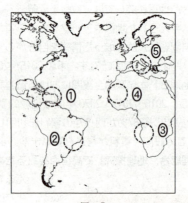

図　5

J　火山が分布し、噴火に伴う噴出物や火砕流などによる災害が発生する。
K　熱帯低気圧が頻繁に襲来し、強風や大雨、高潮などによる災害が発生する。

　Jについては、世界に存在する多数の火山をそれぞれ個別に知っていることが求められているわけではない。火山の形成がみられる地域として、プレートのひろがる境界や沈み込み帯およびホットスポットが世界のどこに分布するのかを、地図上で具体的につかんでおくことが大切である。プレートのひろがる境界の好例はアイスランドであるが、メカニズムとしてはアフリカ大地溝帯も類似する。プレートの沈み込み帯には、環太平洋造山帯のほか、①のカリブ海周辺、アルプス=ヒマラヤ造山帯に属するインドネシア付近や⑤のイタリア南部（ただし、成因については学説が定まっていない）などが該当する。ホットスポットはいくつも存在するが、ハ

ワイ島が最も有名である。

　Kで取り上げられた熱帯低気圧としては，①のカリブ海周辺で発生するハリケーンのほか，太平洋北東部の台風，インド洋や太平洋南部のサイクロンが知られる。いずれも水温の高い熱帯海域で発生・発達するので，暖流と寒流の位置を地図上で正確に押さえて，強風や高潮などによる災害が発生しやすい地域について理解しておきたい。すなわち低緯度であっても③や④のような大陸西岸は沖合を寒流が流れるため，熱帯低気圧が襲来する可能性は低いと考える。　　　　　　　　　（正解①・⑤）

対策 地名と場所はセットで覚える

　学習の際に出てきた地名は，必ずその位置も地図帳で確認し，セットで把握しておきましょう。ある地域を概観するときは，その地域と赤道・南北回帰線との距離，経度０度の位置などを確認しておくとよいです。

　英語の文章を読んでいて知らない単語に出くわしたときに辞書をひくのと同様，地理で知らない地名に出くわしたときには地図帳を開きましょう。手元に置いて勉強することを強くオススメします。紙の辞書には，調べたい単語だけではなく，その前後にある単語も目に入ってくるために相乗効果が生まれるという利点があります。地図帳もまた視覚に訴えるもので，付加情報が記憶に残ります。

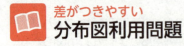

分布図利用問題

差がつきやすい

　地理的事象の分布を示した地図は，地理の基礎資料といえ，過去の試験でもさまざまな分布図が利用されてきました。対象物の基本的な特性と，範囲内での立地傾向の両方に注意を払いながら解く必要があり，難度はやや高い傾向があります。その分，差がつきやすい問題といえるので，演習を繰り返して慣れておきましょう。

　現代の都市では，生活を支える様々な公共サービスが提供されている。次の図2は，日本のある地域における人口分布といくつかの公共施設の立地を示したものであり，凡例ア〜ウは，交番・駐在所，ごみ処理施設*，500席以上の市民ホールのいずれかである。公共施設名とア〜ウとの正しい組合せを，後の①〜⑥のうちから一つ選べ。　　　　　　　　　　　　　　　　2022年度 本試験 第3問 問2

*ごみ処理施設には，最終処分場を含み，し尿処理施設は含まない。

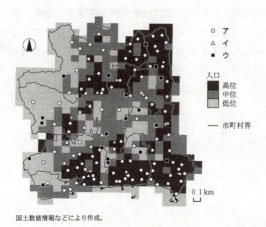

図　2

	①	②	③	④	⑤	⑥
交番・駐在所	ア	ア	イ	イ	ウ	ウ
ごみ処理施設	イ	ウ	ア	ウ	ア	イ
市民ホール	ウ	イ	ウ	ア	イ	ア

　図2は，東西，南北ともに20km程度の範囲における交番・駐在所，ごみ処理施設，500席以上の市民ホールの3種類の公共施設の分布を示している。さらに範囲内の各地の特徴をつかむための情報として，人口密度を示すメッシュも重ねられている。図2中で最も数が多い凡例はアで，ほぼ全域に分布している。住民の安全

や地域の治安に関わる交番・駐在所は，3つの公共施設の中で最も数が多く，また満遍なく分布していると考えられる。一方，市町村単位で整備されているごみ処理施設と市民ホールの判断に当たっては，人口密度に関する情報がなぜ与えられているのか？という点に注意したい。すると，人口密度が高位のメッシュに偏っているイが，中心性の高い地点を指向する市民ホールだろうと，思考の道筋が見えてくる。反対に人口密度が低位の地域に目立つウは，時に「迷惑施設」ともよばれて市街地から離れた地域を指向するごみ処理施設となる。

(正解②)

対策 地理的事象の分布には理由があるはず

　分布の対象物は，その内容によって**数**や立地する**場所**の傾向が異なります。そのため，まずは対象物の基本的な特性に関する知識や興味が求められます。地図については，範囲が比較的狭く限られる場合は，多くの受験生がその地域について知っているわけではないので，範囲内の各地区の特徴をうかがえる情報が与えられることになります。その際，人口密度を示したメッシュマップのほか，市役所などの主要施設や鉄道・道路，農業的土地利用などの分布を示した地図，地形的な特徴を表す陰影起伏図や標高分布図などが用いられてきました。また，世界全体など範囲が広がる場合は白地図がベースマップとなることも多いですが，緯度，地形，気候，植生などの基本的な知識をもとにして地域的な特徴を推察し，対象物の分布と結びつけて考える必要があります。このように分布図問題では，地理の基本的かつ総合的な学力が要求されますから，日頃から，**地理的な事象がどのような場所に分布するのか，なぜその場所に立地するのか**を意識しながら，暗記ではなく，理解に努める学習姿勢が何よりも大切です。

024　地理

内容判別のほか，背景分析問題も増加
統計地図利用問題

　統計的な情報の地図化とその読み取りは，地理を学ぶ人に求められる最も重要な技能といえます。センター試験の時代から，統計地図はたびたび用いられてきましたが，地図が示す内容を判別する問題のほか，内容を明らかにしたうえで，正確に地図を読み取れているか，背景について正しく理解できているか，といった観点からの出題が最近は増加しています。

　ミノルさんは，カヲルさんから過疎化の進行によって全国で様々な問題が起きていることを聞いた。次の図4は，過疎市町村＊の面積が都道府県面積に占める割合，老年人口の増加率，老年人口に占める食料品へのアクセスが困難な人口＊＊の割合を示したものである。図4を見てミノルさんたちが話し合った会話文中の下線部①～④のうちから，**誤りを含むもの**を一つ選べ。　　2023年度 本試験 第3問 問4

＊総務省が定める要件を満たす市町村。
＊＊自宅から店舗まで500m以上，かつ自動車利用が困難な老年人口。

図　4

ミノル「過疎市町村は，人口減少率や高齢化の進展度合いなどで決まると学校で習ったよ。全体的な傾向として，①過疎市町村の面積が都道府県面積に占める割合は，三大都市圏よりも三大都市圏以外の地域で高い傾向にあるね」

カヲル「最近の老年人口の増加率は，三大都市圏の方が高い傾向にあるね」

ミノル「②三大都市圏における老年人口の増加傾向は，三大都市圏以外からの高齢者の流入が主な原因であると考えられるよ」

カヲル「老年人口に占める食料品へのアクセスが困難な人口の割合が高い都道府県は，三大都市圏以外に多いよ」

ミノル「農山村地域では，③移動が困難な高齢者のために，食料品を積んで集落を回る移動販売車があると聞いたよ」

カヲル「老年人口に占める食料品へのアクセスが困難な人口の割合が高い都道府県は，神奈川県などの三大都市圏にもみられるね」

ミノル「これは，④駅から離れた丘陵地に 1970 年代前後に開発された住宅地に住む高齢者が多いことも理由の一つだと思うよ」

カヲル「過疎化・高齢化に伴う問題の解決は，日本全体の課題といえるね。高齢化は，日本の人口構造の変化とも関係しているよ。調べてみたらどうかな」

　　統計地図が示す内容の読み取りは，丁寧に対応すればそう難しくないので落ち着いて取り組みたい。過疎市町村の面積が都道府県面積に占める割合は，東京都・愛知県・大阪府のいずれもが下位に分類されており，三大都市圏で低い（三大都市圏以外の地域で高い）といえ，①は正しい。②についても，三大都市圏で老年人口の増加率が高いことは図 4 で読み取れる。ただし，その主な原因を「三大都市圏以外からの高齢者の流入」と考えてよいだろうか。進学や就職・転勤などを機に大都市圏に移動する人が多いことを思い出し，高齢者の大量移転という状況に疑問を挟みたい。③では「移動販売車」に関する知識がなくても，文脈や論理に注意すれば，誤りと判断する理由がない。④では，1970 年代前後に開発された日本のニュータウンに関する基本的な認識があれば，正しいと判断できる。　　　　　（正解②）

対策 統計数値の背景に関心をもつ

　統計地図の表示内容を素早く判別するには，どの国・都道府県に着目できるかがポイントです。適切な場所を選ぶためには，日頃より特徴的な国や都道府県に気を配り，その要因や背景に関心をもつことが重要です。統計地図を素材に，考察を求める問題が増えていることを踏まえても，そうした学習姿勢を意識しましょう。

　問題を解くためには，実際の統計地図を活用した練習も有効です。教科書，地図帳，資料集などに多くの統計地図が掲載されていますから，それらを題材に，その背景について考える習慣を身につけましょう。

地形断面図問題
起伏をイメージできるかどうかがカギ

　地形断面図を用いた問題は繰り返し出題されています。詳細な知識はあまり求められませんが，世界地図やその一部で問われる場合は大地形の分布を把握できているかどうかが，地形図で問われる場合は等高線の密度や屈曲から土地の起伏を読み取れるかがポイントとなります。海底地形について問われることも多く，大陸棚や海溝の位置には特に注意が必要です。

　太平洋には多様な海底地形がみられる。次の図1は，後の図2中の線A～Dのいずれかに沿った地形断面を示したものである。線Bに該当するものを，図1中の①～④のうちから一つ選べ。

2024年度 本試験 第4問 問1

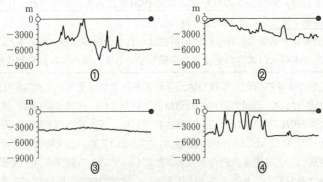

高さは強調して表現してある。NOAAの資料により作成。

図　1

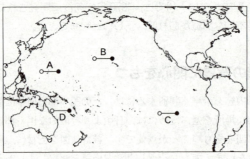

線A～Dの実距離は等しい。

図　2

共通テスト対策講座　027

　図1を概観すると，①の中央に－6000 mを超える深い海溝が，②の西側に浅い大陸棚が存在することがわかる。図2に示されたA〜Dの海域のうち，Dだけが大陸の近海を示しているので，オーストラリア大陸に近接する西側に浅い大陸棚が描かれている②が該当する。環太平洋造山帯に沿って分布する海溝については，特に日本列島付近で太平洋プレートが沈み込む海域とフィリピン海プレートが沈み込む海域の2つのタイプがあることに注意したい。このことは過去の共通テストでも問われており，Aでは太平洋プレートがフィリピン海プレートに沈み込んでいる。Bは，ハワイ諸島近海であることに気づき，ホットスポットに誕生した火山島が列状に並んでいることを思い出せば，④を選べる。Cは東太平洋海嶺付近を示しており，地形断面でも海底がわずかに浅くなっているが，気づきにくい。特徴的なA・B・Dに対して，Cを消去法で大洋底が広がる③と判断しても構わない。

（正解④）

対策 差がつきやすい！　世界の大地形

　世界地図を用いて地形断面図が問われる場合，わずかな標高の差や細かな起伏の違いまでは問われないと考えても差し支えありません。世界の大地形については，まずは判断のポイントとなる山脈が位置する**新期造山帯**と**古期造山帯**の分布を正確に頭に入れておきましょう。チベット高原の北側は，再隆起した古期造山帯に属するテンシャン山脈などが分布するためやや複雑ですが，出題頻度が高く，要注意です。海底地形に関しては，**海溝**の位置を押さえておくことが大切です。太平洋以外では，インド洋やカリブ海の東縁部に分布しています。

　地形図を用いて地形断面図が問われる場合は，**標高**とともに**尾根・谷**を読み取れるようにしておきましょう。次の「地形図読図問題」の項も参照してください。

　地形断面図問題は，それほど難しくない問題でも正答率は低めであることが多いので，しっかり対策を講じて試験に臨みたいところです。

028 地理

得点源にしよう①
地形図読図問題

　地形図から読み取れることについての正誤判定や写真撮影地点の判定，同じ場所の新旧2枚の地形図を比較するパターンなどがあります。そのほか，標高差や距離・面積などの計算が必要な場合もあります。地勢図が用いられることがあるのも一つの特徴です。

　タロウさんは，宮津市の中心部が城下町であったことに関心をもち，現在の地形図と江戸時代に描かれた絵図を比較して，地域の変化を調べることにした。次の図3中のアは，宮津市中心部の現在の地形図であり，イは，アとほぼ同じ範囲の江戸時代に描かれた宮津城とその周辺の絵図を編集したものである。図3から読み取れることがらとして最も適当なものを，次の①〜④のうちから一つ選べ。

2021年度 本試験（第1日程）第5問 問2

① 新浜から本町にかけての地区には，江戸時代は武家屋敷が広がっていた。
② 体育館の北側にある船着き場は，近代以降の埋立地に立地している。
③ 宮津駅から大手橋までの道は，江戸時代から城下町の主要道であった。
④ 宮津城の本丸の跡地には，市役所を含む官公庁が立地している。

地理院地図により作成。

弘化2 (1845) 年に描かれた絵図を編集したものであるため歪みがある。
『宮津市史』をもとに作成。

図 3

共通テスト対策講座　029

　　新旧２枚の地形図・絵図から得られる情報として適当かどうか，選択肢の文章を判断する問題である。まずは図よりも先に設問を読み，登場する地名などを把握してから図へ移り，時間のロスを防ごう。そして読図の際には，２枚の図に共通する地名や街路形態，場所が変化しづらい寺社などを見つけ，比較のための目印にするとよい。②は現在の体育館北側の船着き場の位置が旧絵図では海だったことから埋立地に立地していると考えられ，適当。①は旧絵図の武家屋敷の範囲より不適。③は現在の地形図の宮津駅から大手橋までの道の位置を旧絵図に置き換えて考えると不適。④は，宮津城の本丸の跡地には市役所を含む官公庁が立地しておらず不適。

（正解②）

対策 地図記号を押さえ，その地域の地形をイメージしよう

　　まずは，基本的な地図記号を確実に覚えて，示される範囲の土地利用や植生，建築物などを把握しましょう。

　　次いで，等高線の粗密などから，その地域の景観を頭の中に描いてみましょう。そのためには，扇状地（扇頂・扇央・扇端）・氾濫原（自然堤防・後背湿地・蛇行・三日月湖・天井川）・三角州，河岸段丘・海岸段丘と段丘面・段丘崖，尾根線・谷線，砂嘴・砂州・陸繋島・陸繋砂州，カール・U字谷，ドリーネ・ウバーレ・ポリエなどが地形図ではどのように表現されているのか，等高線がどのような形状を示すのか，あらかじめ確認しておくことが必要です。

　　地域の写真や鳥瞰図，断面図などを示してどの方向から見たものかを問うような出題もみられます。地形図をみたら，地形図の示す範囲について，北，東，南，西の上空からみるとどのようにみえるのかイメージできるようにしておきましょう。

対策 標高の読み取りや計算の必要な問題は，あわてず丁寧に

　　標高差や距離・面積の計算などでは，地図の縮尺が判断できることが前提です。ただし，多くの場合は縮尺が問題文に示されています。

　　標高については，等高線を丁寧に追っていき，主曲線・計曲線だけでは標高がわかりにくい場合には，近くにある三角点・水準点や標高点などの数値も総動員して判断しましょう。

　　距離・面積の計算は単純な四則演算なので，数学的に難しいということはないはずです。単位やケタ数を間違えるようなケアレスミスをしないように注意しましょう。

　　地形図読図問題は，他の問題と比べて時間がかかりがちですが，基本的な読図能力さえ身につけておけば対処できるものがほとんどです。したがって，多くの地形図読図問題に当たって，さまざまな地形図を読みこなせるようにしておきましょう。

030　地理

得点源にしよう②
写真利用問題

　写真を用いた問題では，説明文が添えられることも多く，難度はあまり高くない傾向があります。資料から情報を正確に読み取るように努めて，得点源としたいところです。日頃の学習で扱った世界や日本の各地の様子を，ビジュアルイメージで理解しておくことが大切です。

　次の写真1中のA〜Cは，日本のある大都市圏における都心，郊外，臨海地域のいずれかについて，1960年代の景観を撮影したものである。また，後の文章ア〜ウは，A〜Cのいずれかの地域における1960年代以降の様子について述べたものである。A〜Cとア〜ウとの組合せとして最も適当なものを，後の①〜⑥のうちから一つ選べ。
2024年度 本試験 第3問 問1

（編集部注）著作権の都合により，類似の写真と差し替えています。
　A：毎日新聞社／ユニフォトプレス提供
　B：朝日新聞社／ユニフォトプレス提供
　C：毎日新聞社提供

写真　1

ア　この地域では，1960年代から1980年代にかけて，地価上昇などにより人口が減少していた。1990年代後半以降になると，地価下落や通勤の利便性を背景に，人口が増加に転じた。

イ　この地域では，1960年代当時，核家族世帯の転入が急増した。現在では高齢化が進んでいる場所がみられる一方，建て替えも進み，新たな転入者が増えている場所もある。

ウ　この地域では，1960年代当時，多数の人々が働いていた。現在では，広大な空き地を利用して大規模なレジャー施設が立地している。

	①	②	③	④	⑤	⑥
A	ア	ア	イ	イ	ウ	ウ
B	イ	ウ	ア	ウ	ア	イ
C	ウ	イ	ウ	ア	イ	ア

　写真に対応した文章を選ぶ問題では，先に文章を読んでそれぞれの地域の特徴をつかんでから写真を検討するという手順が効率的である。設問文に，3つの地域が大都市圏の「都心」「郊外」「臨海地域」のいずれかであることが示されていることにも注意し，地価の変動などにより人口が減少から増加に転じたアを都心，1960年代当時に核家族世帯の転入が多かったイをニュータウンが整備された郊外と判断する。残ったウを臨海地域と考えればよいが，高度経済成長期には原料輸入に便利な臨海部で素材型工業が発達していたことを思い出せば，「多数の人々が働いていた」という記述と符合する。景観写真については，建物などの対象物のほか，背景となる山や海などの自然にも注意したい。本問では，海面が写っているAが臨海地域となる。BとCの写真からは，建物の高さや密度に違いが認められ，低い戸建て住宅が見えるCを郊外，ビルが建ち並ぶBを都心と判断する。　　　（正解⑤）

対策 アンテナを張りめぐらそう

　資料集に載っている写真や図版にはよく目を通し，特に世界各地の建築物（家屋，宗教施設）や風景，また人々の服装，祭りなどの文化的景観を確認しておきましょう。都市や自然環境などの景観については，Google Earth などから鳥瞰図や現地画像（ストリートビューを利用）を閲覧することもできます。また，勉強の合間の息抜きとして，各国大使館や外務省のウェブサイト，無料でもらえる旅行のパンフレットなどに目を通してみるのもよいでしょう。その地域の典型的な風景や建物が載っていることが多くあります。旅行もののテレビ番組や雑誌なども有効な対策になるでしょう。

すべての項目に注目する
統計表利用問題

　本番の試験では，初めて目にする統計データもあるでしょう。統計データはその対象や方法によってさまざまに異なるため，数値や順位をすべて覚えるのは不可能ですし，無意味です。求められるのは，細かい統計数値や順位に関する知識ではなく，あくまでも**数字の背後にある地理的事項に関する理解**であることを常に意識しましょう。

　次の表1は，図1中に示したいくつかの州における取水量の水源別の割合と使用目的別の割合を示したものであり，表1中の**カ〜ク**は，テキサス州，ネブラスカ州，マサチューセッツ州のいずれかである。州名と**カ〜ク**との正しい組合せを，下の①〜⑥のうちから一つ選べ。　　2021年度 本試験（第1日程）第4問 問2

U.S. Census Bureau の資料などにより作成。

図　1

表　1

（単位：％）

	水源別の割合		使用目的別の割合		
	地下水	地表水	工業用水	生活用水	農業用水
カ	61.3	38.7	31.3	3.1	65.6
キ	27.0	73.0	40.8	48.5	10.6
ク	33.8	66.2	58.6	14.2	27.2

統計年次は2015年。USGSの資料により作成。

	①	②	③	④	⑤	⑥
テキサス州	カ	カ	キ	キ	ク	ク
ネブラスカ州	キ	ク	カ	ク	カ	キ
マサチューセッツ州	ク	キ	ク	カ	キ	カ

表1では，「水源別の割合」と「使用目的別の割合」の2つの項目についてデータが示されている。基本的に統計表に示されている項目は，いずれも解答を導くうえで必要となる指標であると考え，それぞれで目立って高い，あるいは低い数値を見つけだす。水源別の割合については，カで「地下水」の割合が高くなっている点が，キ・クと異なる。使用目的別でも「農業用水」の割合が高いため，地下水を利用した農業が盛んな地域として，乾燥した気候下でセンターピボット農法が普及しているグレートプレーンズ付近を思い出し，ネブラスカ州を選ぶ。キとクについては，使用目的別の「生活用水」で明瞭な差がみられる。生活用水の割合が高いキは，都市化が進展し，メガロポリスの一角を占めるマサチューセッツ州である。北東部は寒冷で農業が限定的であるうえ，伝統的な工業の停滞も知られ，南部のテキサス州とは対照的である。

(正解⑤)

対策 特徴のある数値に着目しよう

統計データが与えられたら，まず数値が他の数値と比べて極端に大きい箇所や小さい箇所（グラフであれば急減や急増）など，**特徴的な箇所**に注目します。そして，そのことを自分がもっている知識と結びつけて考えましょう。当たり前ですが，出題者は提示した情報から正解に至ることを求めていますから，必ずヒントは隠されているはずです。すべてのデータに理由付けができない場合は消去法を積極的に使うことも効果的です。また，主要国の面積や人口に関するおおまかな数値を知っておくと，基準にできるので便利です。たとえば，日本の人口と面積（約1.2億人・約38万km^2）などを知っていることで，正解により早くたどり着ける場合があります。

何を示しているのかをとらえる
グラフ利用問題

　グラフを見て答える問題は，正解への糸口が比較的わかりやすい形で隠されていることが多いです。しかし，グラフの読み取り自体を誤ってしまうと正解は難しく，またグラフ自体は簡単でも用語の意味がわからず正解にたどり着けない場合もあります。いずれにせよ，**問題で与えられた情報をすべて活用する**つもりで臨むのが攻略のカギです。

　次の図3中の**カ〜ク**は，オーストラリア，韓国，ケニアのいずれかの国における，国全体の人口および人口第1位の都市の人口に占める，0〜14歳，15〜64歳，65歳以上の人口の割合を示したものであり，**a**と**b**は，国全体あるいは人口第1位の都市のいずれかである。オーストラリアの人口第1位の都市に該当する正しい組合せを，下の①〜⑥のうちから一つ選べ。　2021年度 本試験（第1日程）第3問 問2

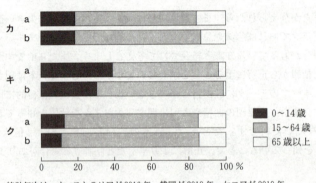

統計年次は，オーストラリアが2016年，韓国が2018年，ケニアが2019年。
Australian Bureau of Statistics の資料などにより作成。

図　3

① カ－a　　　② カ－b　　　③ キ－a
④ キ－b　　　⑤ ク－a　　　⑥ ク－b

複数のグラフを比較する場合，それぞれが示す統計内容の中で他と大きく異なる点に着目し，手掛かりにしよう。年齢別人口構成の割合が示されたカ～クの３つの国のうち，まずキは年少人口の割合が他の２国よりかなり高いことから発展途上国と考え，ケニアが該当する。残るカとクの年少人口を比較して，年少人口の割合が高いカをオーストラリア，低いクを韓国と判断しよう。判断にあたっては，この２国はともに経済水準が高いが，オーストラリアは出生率が比較的高いのに対し，韓国は近年出生率が低下し，少子化が問題になっているという知識が必要である。次にa，bについては，人口第１位の都市はその国の政治，経済の中心であることが多く，15～64歳の生産年齢人口の割合が国全体より高いことが想起できると，カ～クのいずれの国でも割合が高いbが該当する。

（正解②）

対策 グラフに慣れよう

　まずは**設問文をよく読み**，グラフの縦軸・横軸の指標・単位をきちんと確認しましょう。図や表があると，どうしても先にそちらに目がいってしまうので注意が必要です。設問文をよく読んだうえで，グラフから読み取れることをフルに使うつもりで，地理的事項と結びつけて考えましょう。

　また，違いがはっきりとしないグラフが用いられた問題もあると思われます。グラフ間の共通性がみられる場合は，社会や経済の状況が同じような国（たとえば，先進国）としてまとめることができます。その両者を区別するためには別の資料が用意されていないか確かめてください。

　どうしてもグラフからはっきりとした特徴がわからない場合は，自分なりに仮説を立て，問題で示されているデータがそれに当てはまるかどうかを試してみましょう。最初はわからなくても，正解への根拠を自分の力で導き出そうとするうちに，自分の立てた仮説に何が足りなかったのかがチェックできるようになります。

新興国や発展途上国は変化が大きい
グラフ利用問題（経年変化）

　統計数値の経年変化を，折れ線グラフや棒グラフ，散布図などを用いて考えさせる問題は頻出です。多くの場合，グラフからは，期間の開始時の数値，その後の変化，そして期間の終了時の数値（しばしば最新の数値）といった3種類の情報を読み取ることができます。変化に目が向きがちですが，開始時の数値に注意することで，地域や国の判別が容易になることが多いことも知っておきましょう。

　人口増減は，国や地域により状況が異なる。次の図6は，いくつかの国における1980年，2000年，2019年の出生率と死亡率を示したものであり，①～④は，カナダ，韓国，バングラデシュ，マレーシアのいずれかである。マレーシアに該当するものを，図6中の①～④のうちから一つ選べ。　　2022年度 本試験 第3問 問6

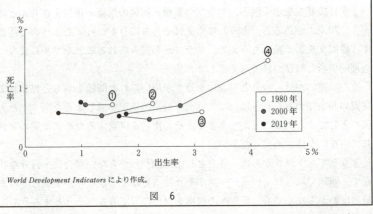

図6

　図6は，各国の出生率と死亡率の変化を示しているが，2019年では数値が接近しており，特徴をつかみにくい。一方，1980年の数値に注目すると，出生率，死亡率ともに高い④を，経済発展が最も遅れたバングラデシュと判断しやすい。死亡率については1980年当時も①～③で大きな違いは読み取れないが，出生率は目立って低い①を先進国のカナダとみることができる。人口転換は，経済発展とともに進展する傾向があるので，②と③については工業化がより早かったアジアNIEsの韓国を，先に出生率の低下が進行した②と考えればよい。

（正解③）

対策 期間の開始時点に注目！

　数値の変化を扱った問題では，現在（最新年次）と比較すべき時点が設定されています。さまざまな経済的・社会的指標に関して，一般的に以前から高い水準にあった先進国に対し，新興国・発展途上国ではしばしば改善される方向に変化してきました。そのため期間の**開始時点**では，数値の差が大きく開いていることが多いので，国名を判断する一つの基準となります。

　また，新興国や発展途上国の判別には，変化の時期や程度に注意する必要があります。所得水準の高い国ほど，早くから経済的指標や社会的指標の向上が進んだと考えられます。段階的に工業化が進展したアジアを中心に，主な国の**1人当たりGNI（国民総所得）**などを概数で押さえておくとよいでしょう。さらに，かつて社会主義体制を採っていた中央・東ヨーロッパ諸国では，1990年代に各種の指標が悪化したものの，その後の変化が顕著なことにも注意しておきましょう。

題意に即して，理屈で考えよう
「調べ学習」のまとめ資料問題

　共通テストでは，地域調査をはじめ，その他の大問でも，高校生の学習活動を想定した出題がしばしばみられます。目新しい資料や題材が扱われることも珍しくありませんが，知識がなければ解けないという問題はほとんどありません。問題のテーマに注意して，論理的な思考を心がけましょう。

　リナさんたちは，これまで調べたことをもとに，循環型社会に向けた持続可能な資源利用の課題と取組みについて資料2にまとめた。各国でみられる取組みのうち，循環型社会に寄与するものとして**適当でないもの**を，資料2中の①〜④のうちから一つ選べ。

2022年度 本試験 第2問 問6

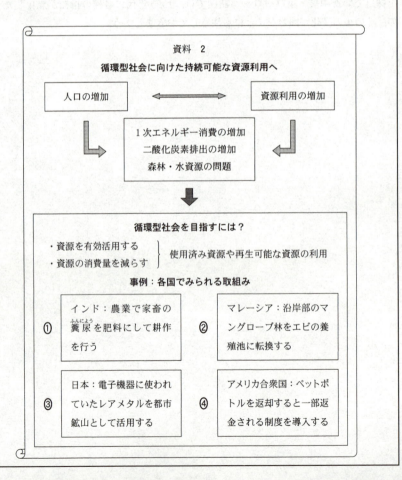

資料には，さまざまな記述がみられ要点をつかみにくいので，先に各国の取組みに目を通すとよい。①では家畜の糞尿を肥料として利用すること，③では廃棄された電子機器からレアメタルを回収することが述べられており，いずれも「使用済み資源や再生可能な資源の利用」に当たることがわかる。同様に，④も返金を行うことで使用済みペットボトルの回収を促進しようとしていることに気づけば，②で述べられたマングローブ林からエビの養殖池への転換は土地利用の変更に過ぎず，①・③・④とは異質であることがわかるだろう。　　　　　　　　　　（正解②）

対策 対話型の学習を意識しよう

　「調べ学習」のまとめ資料問題は，生徒が調べた具体的な事柄について，資料を用いて整理し，一般化を試みたり，調査方法や今後の課題について検討したりという内容が多くを占めます。テーマはまちまちですが，日頃からこうした学習に取り組んできた受験生の皆さんにとっては，特別な準備が必要なわけではありません。

　これまで「調べ学習」に不慣れな受験生も，まずは資料を正確に読み取れる力があれば，問題中の資料が適切かどうかの判断はできるでしょう。また，調査方法や結論に対する考察なども，論理的な思考力で対応できます。

　たとえば，あなたの意見や考えは，因果関係や筋道が明確であれば，他人にも伝わりやすいはずです。逆に論理があいまいな人の考えは，あなたも理解しづらいでしょう。必ずしもアクティブラーニングと大上段に構えなくても，地理で学習した内容を簡単にまとめて，自分の言葉で友達に伝えてみるといったちょっとした行動の積み重ねが，きっと論理的な思考力の養成に役立つでしょう

共通テスト 攻略アドバイス

2025年度から新課程入試となりますが，先輩方が共通テスト攻略のために編み出した「秘訣」の中には，引き続き活用できそうなものがたくさんあります。これらをヒントに，あなたも攻略ポイントを見つけ出してください！

✅ 思考の土台を作ろう！

当たり前ですが，やはり学校の授業は大切です。わからないところがあれば，積極的に先生に質問をして，習ったことを確実に自分のものにしましょう。他にも，思考のヒントとなるような知識は身の回りにたくさんあるはずです。本書の解説には，設問に直接関係はないけれども，関連事項として同時に覚えておいた方がよいことも盛り込んであります。

> 地理は教科書の内容のみならず，世界情勢や貿易について知っていると迷うことが少なくなるので，空き時間にでも地図帳や資料集を眺めて「世界を知る」ことを意識するとよいと思います。
>
> S. T. さん・早稲田大学（教育学部）

地理は本当に楽しんだもん勝ちだと思います。私は友達とクイズを出し合って楽しみながら知識をつけていきました。毎日地図帳を眺めるのもオススメです！　　　　　　　　　　　　H. T. さん・津田塾大学（学芸学部）

地形と気候区分を押さえることが先決です。この分野は頻出で，かつ農業形態などを理解する上で重要です。鉱工業については，歴史的背景を知っておくとよいです。　　　S. H. さん・東京工業大学（物質理工学院）

人口1億以上の国を覚えておくと統計問題で便利です。地理は特に授業を大事にしましょう。　　　　　　　　　H. O. さん・筑波大学（理工学群）

✅ 地理力をつけるコツ！

「地理力」とわざわざ傍点をつけましたが，地理では特に「資料を読み取る」，そして「根拠を見つける」力が必要とされます。先輩方はこんなふうに言っていますよ。

問いの答えだけでなく，各選択肢の内容もよく考えてみましょう。これを続けると地理的思考力が身につきます。特に気候分野は，どうしてそのような現象が起こるのか根本的に学ぶことが必要です。
　　　　　　　　　　　　　　　松本航青さん・山口大学（経済学部）
　オススメ　瀬川聡の 大学入学共通テスト 地理B ［系統地理編］超重要問題の解き方（KADOKAWA）

全く違う地域の国同士で似た特徴があったりします。そういった特徴を把握すると地理の理解が深まると思います。また，様々なグラフも見ておくと，統計がわかりやすくなります。　　　K. B. さん・長崎大学（医学部）
　オススメ　共通テスト 地理B 集中講義（旺文社）

✅ 地図を活用しよう！

地理では暗記ではなく，考える力が問われます。世界地図や日本地図のイメージ，重要な都市や地形の場所，経度・緯度・気候分布の大雑把な目安など，完全な暗記ではなく全体をイメージすることがとても大切です。

共通テスト攻略アドバイス　043

　高校3年生の1学期から2学期前半にかけて点数が60から70点で推移していましたが，地図帳に知識を書き込むことで整理され，点数が上がりました。地図帳が汚れることを恐れず，書き込むことをおすすめします。
T. T. さん・京都大学（総合人間学部）

　知識を覚えることは大前提で，その知識をどう活用できるかが問われる試験だと思いました。地図帳をベースに学習し，覚えていない知識があったら地図帳に書き込んで暗記していました。　S. N. さん・順天堂大学（医学部）
オススメ　大学入学共通テスト 地理Bの図表と資料の読み方が1冊でしっかりわかる本（かんき出版）

　白地図に書き込み，農業や工業，民族，宗教などを一つの地図にまとめることで，いろいろな知識を繋げることを意識しました。
Y. I. さん・産業医科大学（医学部）

✅ 過去問演習は道しるべに最適！

　「よく問われるのはどんな事項？」「どんなグラフが出るの？」「制限時間内で解ける？」　問題演習をする際，不安な思いを抱く人は多いかもしれません。そのような場合，テストを知るためにも，また自分の弱点を把握し補っていくためにも，過去問が道しるべとして最適です。
　徹底的な問題演習を通して勘所をつかみながら，どんな問われ方をされても落ち着いて力を発揮できるようにしましょう。

　知識を詰めこんでいる人をよく見ますが，地理は問題に慣れると得点が伸びます。問題のどこに着目して選択肢を絞っていくのか，どの程度の根拠なら確信していいのかなどがだんだんとつかめてくるはずです。ある程度知識を習得し終えたらすぐ問題演習に移りましょう。
I. T. さん・北海道大学（総合入試理系）

　問題を解いて，知識が抜けている分野を学校の資料集などで復習してノートなどにまとめていく，という作業を繰り返していくといいと思います。「こういう気候だと〇〇だ」などというように，一般化していく作業も大事です。　Y. N. さん・東北大学（工学部）

赤本を解いて、自分が問題を解くためにどの情報を使ったのか、また解けなかった問題にどんな情報が必要だったのかを考えて、その情報を調べて覚えておくといいと思います。　　　R. M. さん・大阪公立大学（医学部）

　時間制約がかなりきついです。90秒考えてわからない時は思い切って後回しにしましょう。焦った状態から一呼吸おいて、余った時間に考え直すと解けたりします。　　　　　　A. O. さん・金沢大学（人間社会学域）

　地理では、初見の問題に対する考え方が重要になります。共通テスト特有の思考力が必要な問題は、参考書を使用して対策するとよいと思います。一方で、ある程度出題のしかたが似ている問題も多いので、過去問を一定量解くと得点が安定してきます。　　A. U. さん・名古屋市立大学（薬学部）

過去問 INDEX

共通テスト4年分を徹底分析！
＊共通テスト本試験5回分・追試験2回分の地理Bの全設問を，**テーマ・地域**ごとに分類しています。
＊系統地理と地誌のページに重複して掲載している問題があります。

凡　例
24本 01 ＝ 2024年度本試験，解答番号1
21本① 01 ＝ 2021年度本試験（第1日程），解答番号1

活用法 1　苦手分野の集中学習に

> 気候に関する問題が苦手。系統地理の一覧から「気候」をさがして問題に取り組み，苦手を克服しよう！

　自分の苦手な分野からの出題を検索するとよいでしょう。分野や出題地域を絞って集中的に解くことで，効率よく得点アップがはかれます。本書の解説や教科書もよく読んで，理解を深めましょう。

活用法 2　学校で習ったところの復習に

> 学校で東アジアの地誌を勉強したから，忘れないうちに復習しておこう。過去にはどんなふうに出題されたのかな。

　学校での地理の学習は，気候，産業，宗教，文化などを地域ごとに学ぶことが多いため，最初の方に習った地域のことは忘れがちです。学校でインプットした知識を問題ですぐにアウトプットすれば知識の定着もはかれますし，応用力もつくはずです。

系統地理

● 地図・地理情報

施設への距離別人口割合	24 本 27
河川の流域と勾配の判定	23 本 26
土地利用割合の判定	23 本 27
地域調査の目的と方法	23 本 31
統計地図	23 追 18
航空写真による地形判定	23 追 26, 22 追 27
主題図の読み取り	
23 追 28, 22 本 26, 22 本 28, 22 追 25,	
22 追 26, 21 本① 27, 21 本② 26	
現代日本の都市や農村での問題	22 本 31
写真の撮影方向判定	21 本① 29, 21 本② 25

● 地形図読図

(写真併用)	24 本 28
(新旧比較)	23 本 28, 23 追 27, 21 本① 28
(地理院地図単独)	21 本② 29

● 地形

標高と土地利用との関係	24 本 01
海岸地形の特徴	24 本 03
海底地形断面図判定	24 本 19
自然災害の発生地域	23 本 04, 23 本 05
地震の震源の位置と深度	23 本 06
地域ごとの侵食の速さ	23 追 03
河川流域の地形と災害リスク	23 追 06
河川流量と地形・気候	22 本 02
航空写真による地形判定	23 追 26, 22 追 27
大陸棚の分布	22 本 01
環太平洋諸国の自然条件	22 本 23, 22 本 24
河口の地形	22 本 27, 22 追 05
湖沼の特徴や成因	22 追 03
気候変動と地形の変化	22 追 04
津波の状況と地形との関係	22 本 06
地形判定	22 追 20
変動帯に位置する山	21 本① 04
地形断面図とプレート境界の特徴	21 本② 01
森林の粗密と自然環境	21 本② 04
西アジアの地形と気候	21 本② 19

● 気候

標高と土地利用との関係	24 本 01, 23 本 20
緯度ごとの永久凍土と氷河・氷床	24 本 02
1 月と 7 月の気象状況	24 本 04, 22 本 04
自然災害の発生時期	
24 本 05, 22 本 06, 21 本② 02	
日本の気象の特徴	24 本 06
ハイサーグラフと民族衣装の判別	24 本 20
中国地方の気候の特徴	24 本 25
自然現象の時空間スケール	23 本 01
ラテンアメリカの海洋環境	23 本 02
等値線による気温分布	23 本 03
灌漑面積と穀物収量	23 本 09
中国やインドの大気汚染物質	23 本 25
降水量による地域判定	23 追 01
河川の流向と環境問題	23 追 02
熱帯低気圧の特徴や移動経路	23 追 04
米の栽培カレンダー	23 追 10
河川流量と地形・気候	
23 追 05, 22 本 02, 22 本 19	
河川流域の植生	22 本 03
環太平洋諸国の自然条件	22 本 23, 22 本 24
大陸の東西での気候の違い	22 追 01
気候帯ごとの森林や植生の特徴	
22 追 02, 21 本② 05	
湖沼の特徴や成因	22 追 03
気温・降水量による地域判定	22 追 19
仮想大陸と気候因子	21 本① 01
大気の大循環	21 本① 02
自然災害の原因や背景	21 本① 03
氷河の分布する山	21 本① 05
気候因子	21 本① 06
氷河の縮小	21 本① 07
気候と農産物	21 本① 23
丹後ちりめんの特徴と動向	21 本① 30
森林の粗密と自然環境	21 本② 04
森林火災の要因や危険性	21 本② 06
西アジアの地形と気候	21 本② 19

● 自然災害・環境問題

自然災害の発生時期	
24 本 05, 22 本 06, 21 本② 02	
自然災害の発生地域	23 本 04, 23 本 05
地震の震源の位置と深度	23 本 06
都市化と河川水位	23 本 07
パルプと古紙の消費量	23 本 13
中国やインドの大気汚染物質	23 本 25
水害対策	23 本 29
河川の流向と環境問題	23 追 02
地域ごとの侵食の速さ	23 追 03
河川流域の地形と災害リスク	23 追 06

過去問 INDEX　047

津波対策	23 追 29
生物多様性と人間活動	23 追 30
自然災害の発生数	22 本 05
経済発展と二酸化炭素排出量	22 本 09
森林面積の減少と木材利用	22 本 11
持続可能な資源利用	22 本 12, 22 追 30
津波の状況と地形との関係	22 追 06
減災のための都市設計	22 追 28
自然災害の原因や背景	21 本① 03
氷河の縮小	21 本① 07
黄河からの土砂流出の背景と影響	21 本② 03
森林火災の要因や危険性	21 本② 06

● 農林水産業

中世ヨーロッパの村落や農業	23 本 08
灌漑面積と穀物収量	23 本 09
遺伝子組み換え作物	23 本 10
畜産物の輸出量	23 本 11
小麦と米の作付割合	23 本 21
水産資源としてのウナギ	23 本 30
ツナ缶詰の生産量と輸入量	23 追 08
漁獲量と養殖業生産量の推移	23 追 09, 21 本① 09
米の栽培カレンダー	23 追 10
世界の穀物輸出入量の推移	23 追 11
農産物の輸出状況の推移	23 追 20, 22 本 21
森林面積の減少と木材利用	22 本 11
持続可能な資源利用	22 本 12, 22 追 30
農産物の市場入荷量	22 追 29
小麦生産国の特徴	21 本① 08
水源と水使用目的	21 本① 22
気候と農産物	21 本① 23
農業立地論	21 本② 08
東日本の農業収益や農地面積	21 本② 09
西アジアの水資源に関する景観	21 本② 20
トルコとモロッコの農畜産物	21 本② 23

● エネルギー・鉱物資源

世界の鉄鉱石の産出と輸出入	24 本 07
石炭産出国の特徴	24 本 09
金属の生産と原料産出地	23 追 07
自然エネルギー発電施設の立地	23 追 19
鉱産資源の産出	22 本 07
人口とエネルギー消費量の変化	22 本 08
エネルギー消費と環境負荷	22 本 10
発電のエネルギー源の割合	22 本 20
西アジア周辺諸国の経済指標	21 本② 21

産油国の人口構造	21 本② 22

● 工業

日本の製鉄所の立地変化	24 本 08
各国の製造業の高付加価値化	24 本 10
日本国内の製造業の変化	24 本 11
製造業の地域での新しい取組み	24 本 12
日本企業の海外展開	24 本 24, 22 追 07, 22 追 09, 21 本① 12
金属の生産と原料産出地	23 追 07
乗用車の輸出入	23 追 21
産業別 GDP 割合の変化	23 追 23
経済発展と二酸化炭素排出量	22 本 09
苫小牧市の工業	22 本 29
工業製品の輸出金額	22 追 08
産業構造の変化	22 追 10
知的財産使用料の収支	22 追 11
製造業のグローバル化による課題	22 追 12
工業立地	21 本① 10, 21 本① 11
アメリカの工業地域の変化	21 本① 21
水源と水使用目的	21 本① 22
丹後ちりめんの特徴と動向	21 本① 30
市場指向型産業の立地	21 本② 10
各国の経済指標と輸出品	21 本② 11

● 流通と消費

日本国内の製造業の変化	24 本 11
都市の交通と中心性	24 本 14, 21 本② 17
環太平洋地域の観光客	24 本 22
商品やサービスごとの商圏分布	24 本 26
日本の商品流通の歴史	24 本 29
輸送手段別輸出割合	23 本 12
携帯電話と固定電話の契約数の推移	23 追 12
先進国からの観光客と援助	23 追 22
地中海沿岸の都市の特徴	23 追 23
公共交通機関別旅客数	23 追 25
国際航空便からみる他地域との結びつき	22 本 16
航空旅客数と航空貨物量	22 追 22
産業遺産の活用	22 追 24
日本の小売業の立地特徴	21 本① 13
観光の特徴	21 本① 32, 21 本② 12
福岡市の産業	21 本② 27

● 貿易と経済

石炭産出国の特徴	24 本 09
環太平洋地域の貿易関係	24 本 23

048 地理

輸送手段別輸出割合	23 本 12
経済指標と出生率の推移	23 本 22
産業別 GDP 割合の変化	23 本 23
３カ国間の輸出額と移民の送出数	23 本 24
ツナ缶詰の生産量と輸入量	23 追 08
世界の穀物輸出入量の推移	23 追 11
農産物の輸出状況の推移	23 追 20, 22 本 21
乗用車の輸出入	23 追 21
産業別・男女別就業人口割合	23 追 24
国内の所得格差	22 本 22
貿易を通じた他地域との結びつきの変化	22 本 25
苫小牧港などの海上貨物取扱量の推移	22 本 28
産業構造の変化	22 追 10
知的財産使用料の収支	22 追 11
大都市の特徴	22 追 16
各国の人口・経済指標	22 追 21
航空旅客数と航空貨物量	22 追 22
アメリカの大統領選挙の州ごとの選挙結果とその背景	21 本① 26
都道府県の人口と産業別就業者数	21 本② 07
各国の経済指標と輸出品	21 本② 11
西アジア周辺諸国の経済指標	21 本② 21

● 人口

先進国と途上国の人口分布の推移	24 本 15, 22 追 15
各国の都市圏の人口規模	24 本 16
日本の過疎や高齢化の問題	24 本 30, 23 本 17
日本国内の人口移動	23 本 14, 21 本② 30
各国の従属人口指数	23 本 18
外国生まれの人口の特徴	23 本 19, 22 本 17
経済指標と出生率の推移	23 本 22
３カ国間の輸出額と移民の送出数	23 本 24
各国の人口動態	23 追 13, 22 本 18, 22 追 14
各国の人口の社会増加率	23 追 14
各国の合計特殊出生率	23 追 15
各国の社会保障負担率と租税負担率	23 追 16
各都道府県の社会指標	23 追 17
統計地図	23 追 18
人口とエネルギー消費量の変化	22 本 08
都市内の施設立地	22 本 14, 21 本② 18
日本の都市の人口特性	22 本 30, 22 追 17, 21 本② 28
各国の人口指標	22 追 13

都市の特徴と人口ピラミッド	22 追 18
各国の人口・経済指標	22 追 21
年齢別人口割合の判定	21 本① 15
インド系住民の人口上位国	21 本① 16
東京圏の市区町村別人口増加率の推移	21 本① 17
人口重心の移動	21 本① 20
都道府県の人口と産業別就業者数	21 本② 07
各国の老年人口率	21 本② 13
女性の労働力率	21 本② 14
都市人口率の推移と社会経済状況	21 本② 16
産油国の人口構造	21 本② 22
トルコとモロッコの外国との結びつき	21 本② 24

● 集落・都市

日本の大都市圏内の景観と発展	24 本 13
都市の交通と中心性	24 本 14, 21 本② 17
先進国と途上国の人口分布の推移	24 本 15, 22 追 15
各国の都市圏の人口規模	24 本 16
都市圏内の貧困地域分布	24 本 17
日本の過疎や高齢化の問題	24 本 30, 23 本 17
各都道府県の社会指標	23 追 17
地中海沿岸の都市の特徴	23 追 23
日本国内の人口移動	23 本 14, 21 本② 30
東京都区部の移り変わり	23 本 15
日本の地方都市の景観変化	23 本 16
散村の特徴とその変容（砺波平野）	22 本 13
都市内の施設立地	22 本 14, 21 本② 18
ジェントリフィケーション	22 本 15
日本の都市の人口特性	22 本 30, 22 追 17, 21 本② 28
現代日本の都市や農村での問題	22 本 31, 21 本① 18, 21 本① 31
各国の人口指標	22 追 13
大都市の特徴	22 追 16
都市の特徴と人口ピラミッド	22 追 18
世界の大都市の分布	21 本① 14
年齢別人口割合の判定	21 本① 15
東京圏の市区町村別人口増加率の推移	21 本① 17
都市の交通網	21 本① 19
社会経済指標の判定	21 本① 25
村落の形態と機能	21 本① 15
都市人口率の推移と社会経済状況	21 本② 16
福岡市の産業	21 本② 27

● 衣食住・文化

ハイサーグラフと民族衣装の判別	24 本 20
各国の品目別たんぱく質供給量	24 本 21
言語分布	22 追 23

● 国家・民族

アメリカ合衆国内各地での使用言語	24 本 18
先進国からの観光客と援助	23 追 22
産業別・男女別就業人口割合	23 追 24
国際航空便からみる他地域との結びつき	
	22 本 16
貿易を通じた他地域との結びつきの変化	
	22 本 25
インド系住民の人口上位国	21 本① 16
トルコとモロッコの外国との結びつき	
	21 本② 24

地　誌

● 東アジア

黄河からの土砂流出の背景と影響　　21 本② 03

● 南アジア

インド系住民の人口上位国　　21 本① 16

● 西アジア・アフリカ

河川の流向と環境問題	23 追 02
自然災害の発生数	22 本 05
西アジアの地形と気候	21 本② 19
西アジアの水資源に関する景観	21 本② 20
西アジア周辺諸国の経済指標	21 本② 21
産油国の人口構造	21 本② 22

● ヨーロッパ

輸送手段別輸出割合	23 本 12
自然エネルギー発電施設の立地	23 追 19
農産物の輸出状況の推移	23 追 20
乗用車の輸出入	23 追 21
先進国からの観光客と援助	23 追 22
地中海沿岸の都市の特徴	23 追 23
産業別・男女別就業人口割合	23 追 24
河川流量と地形・気候	22 本 02
気温・降水量による地域判定	22 追 19
地形判定	22 追 20
各国の人口・経済指標	22 追 21
航空旅客数と航空貨物量	22 追 22
言語分布	22 追 23
産業遺産の活用	22 追 24

● アングロアメリカ

自然災害の発生時期	24 本 05
アメリカ合衆国内各地での使用言語	24 本 18
人口重心の移動	21 本① 20
アメリカの工業地域の変化	21 本① 21
水源と水使用目的	21 本① 22
気候と農産物	21 本① 23
アメリカの人種・民族	21 本① 24
社会経済指標の判定	21 本① 25
アメリカの大統領選挙の州ごとの選挙結果とその背景	21 本① 26

● ラテンアメリカ

自然災害の発生時期　　24 本 05

河川流量と地形・気候	22 本 19
発電のエネルギー源の割合	22 本 20
農産物の輸出状況の推移	22 本 21
国内の所得格差	22 本 22

● オセアニア

1月と7月の気温・降水量　　22 本 04

● 日本

日本の気象の特徴	24 本 06
日本の製鉄所の立地変化	24 本 08
日本国内の製造業の変化	24 本 11
日本の大都市圏内の景観と発展	24 本 13
都市の交通と中心性	24 本 14
日本企業の海外展開	
24 本 24, 22 追 07, 22 追 09, 21 本① 12	
中国地方の気候の特徴	24 本 25
商品やサービスごとの商圏分布	24 本 26
日本の商品流通の歴史	24 本 29
日本の過疎や高齢化の問題	
24 本 30, 23 本 17	
日本国内の人口移動　　23 本 14, 21 本② 30	
東京都区部の移り変わり	23 本 15
日本の地方都市の景観変化	23 本 16
河川流量と地形・気候	23 追 05
各都道府県の社会指標	23 追 17
公共交通機関別旅客数	23 追 25
生物多様性と人間活動	23 追 30
自然災害の発生時期	22 本 06
散村の特徴とその変容（砺波平野）	22 本 13
苫小牧港などの海上貨物取扱量の推移	
22 本 28	
苫小牧市の工業	22 本 29
日本の都市の人口特性	
22 本 30, 22 追 17, 21 本② 28	
現代日本の都市や農村での問題	
22 本 31, 21 本① 18, 21 本① 31	
農産物の市場入荷量	22 追 29
持続可能な資源利用	22 追 30
工業立地	21 本① 11
日本の小売業の立地特徴	21 本① 13
東京圏の市区町村別人口増加率の推移	
21 本① 17	
丹後ちりめんの特徴と動向	21 本① 30
観光の特徴　　21 本① 32, 21 本② 12	
都道府県の人口と産業別就業者数	21 本② 07
東日本の農業収益や農地面積	21 本② 09
福岡市の産業	21 本② 27

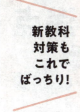

共通テストって，こんなふうに解けばいいのか！

満点のコツシリーズ

目からウロコのコツが満載！

伸び悩んでいる人に効く!!

● **英語〔リスニング〕** 改訂版
対策必須の共通テストのリスニングも，
竹岡広信先生にまかせれば安心！
キーワードを聞き逃さない25ヵ条を伝授！

● **古文** 改訂版
古文解釈の7つのコツを
トレーニングで身につけよう！
重要単語や和歌修辞のまとめも充実！

● **漢文** 改訂版
すぐに使える16のコツで漢文を攻略！
漢文読解に必要な必修単語・
重要句法も完全網羅！！

● **生物基礎** 改訂版
得点を大きく左右する「考察問題」の対策ができる！
正解にたどり着く極意を紹介。
効率よく得点力をアップさせよう！

2024年夏刊行予定

四六判／定価1,397円（本体1,270円）

赤本ポケットシリーズ

共通テスト 日本史 文化史

文化史で満点をとろう！

菅野祐孝先生の絶妙な語り口，読みやすいテキスト。
チェックすべき写真・イラストを厳選。
時間をかけずに文化史をマスターできる！

楽しく読める文化史の決定版！

新書判／定価990円（本体900円）

難関大の過去問を徹底研究。

難関校過去問シリーズ

科目ごとに重点対策！

出題形式・分野別に収録した「入試問題事典」

国公立大学

- 東大の英語25カ年
- 東大の英語リスニング20カ年 DL
- 東大の英語 要約問題 UNLIMITED
- 東大の文系数学25カ年
- 東大の理系数学25カ年
- 東大の現代文25カ年
- 東大の古典25カ年
- 東大の日本史25カ年
- 東大の世界史25カ年
- 東大の地理25カ年
- 東大の物理25カ年
- 東大の化学25カ年
- 東大の生物25カ年
- 東工大の英語20カ年
- 東工大の数学20カ年
- 東工大の物理20カ年
- 東工大の化学20カ年
- 一橋大の英語20カ年
- 一橋大の数学20カ年
- 一橋大の国語20カ年
- 一橋大の日本史20カ年
- 一橋大の世界史20カ年
- 筑波大の英語15カ年 NEW
- 筑波大の数学15カ年 NEW

- 京大の英語25カ年
- 京大の文系数学25カ年
- 京大の理系数学25カ年
- 京大の現代文25カ年
- 京大の古典25カ年
- 京大の日本史20カ年
- 京大の世界史20カ年
- 京大の物理25カ年
- 京大の化学25カ年
- 北大の英語15カ年
- 北大の理系数学15カ年
- 北大の物理15カ年
- 北大の化学15カ年
- 東北大の英語15カ年
- 東北大の理系数学15カ年
- 東北大の物理15カ年
- 東北大の化学15カ年
- 名古屋大の英語15カ年
- 名古屋大の理系数学15カ年
- 名古屋大の物理15カ年
- 名古屋大の化学15カ年
- 阪大の英語20カ年
- 阪大の文系数学20カ年
- 阪大の理系数学20カ年
- 阪大の国語15カ年
- 阪大の物理20カ年

- 阪大の化学20カ年
- 九大の英語15カ年
- 九大の理系数学15カ年
- 九大の物理15カ年
- 九大の化学15カ年
- 神戸大の英語15カ年
- 神戸大の数学15カ年
- 神戸大の国語15カ年

私立大学

- 早稲田の英語
- 早稲田の国語
- 早稲田の日本史
- 早稲田の世界史
- 慶應の英語
- 慶應の小論文
- 明治大の英語
- 明治大の国語
- 明治大の日本史
- 中央大の英語
- 法政大の英語
- 同志社大の英語
- 立命館大の英語
- 関西大の英語
- 関西学院大の英語

全73点／A5判
定価 2,310〜2,640円（本体 2,100〜2,400円）

akahon.net でチェック！
赤本 検索

解答・解説編

Keys & Answers

解答・解説編

地理総合，地理探究（1回分）

- 新課程試作問題

地理B（9回分）

- 2024年度　本試験
- 2023年度　本試験
- 2023年度　追試験
- 2022年度　本試験
- 2022年度　追試験
- 2021年度　本試験（第1日程）
- 2021年度　本試験（第2日程）
- 第2回試行調査
- 第1回試行調査

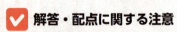 解答・配点に関する注意

　本書に掲載している正解および配点は，大学入試センターから公表されたものをそのまま掲載しています。

新課程試作問題：地理総合, 地理探究

問題番号 (配点)	設問	解答番号	正解	配点	チェック
第1問 (12)	問1	1	④	3	
	問2	2	③	3	
	問3	3	⑥	3	
	問4	4	③	3	
第2問 (13)	問1	5	①	3	
	問2	6	④	4	
	問3	7	③	3	
	問4	8	②	3	
第3問 (17)	問1	9	①	3	
	問2	10	⑤	4	
	問3	11	④	4	
	問4	12	②	3	
	問5	13	①	3	
第4問 (17)	問1	14	⑥	3	
	問2	15	③	4	
	問3	16	③	3	
	問4	17	②	3	
	問5	18	③	4	

問題番号 (配点)	設問	解答番号	正解	配点	チェック
第5問 (17)	問1	19	②	4	
	問2	20	①	4	
	問3	21	③	3	
	問4	22	④	3	
	問5	23	④	3	
第6問 (24)	問1	24	①	4	
	問2	25	②	3	
	問3	26	④	4	
	問4	27	②	3	
	問5	28	②	3	
	問6	29	②	3	
	問7	30	③	4	

2　新課程試作問題：地理総合，地理探究〈解答〉

第1問 標準 難民問題

問1　 1 　正解は④

①**適当**。図1をみると，アフリカ以外では，2000年にアフガニスタン，イラク，2020年にシリア，アフガニスタンと，両年とも西アジアの国々で難民が多く発生していることが読み取れる。

②**適当**。2000年と2020年の図を比べると，2020年にはシリアの難民数が激増しており，南スーダンやミャンマーでも新たに難民が発生している。シリアでは2011年に**アラブ民主化運動（アラブの春）**の弾圧をめぐって内戦がおこった。南スーダンは2011年に独立したが，その後も内戦状態が続いた。ミャンマーでは2017年にイスラームを信仰する少数民族の**ロヒンギャ**に対する武力弾圧がおこった。これらの内戦・紛争や政治的迫害が難民発生の要因となっている。

③**適当**。受入れについては，2000年ではアフガニスタンの両隣のイランとパキスタン，2020年ではシリアの隣国のトルコや南スーダンの隣国のウガンダが多くの難民の受入れ国となっていることが読み取れる。受入れの中心は，難民の出身国周辺の国となっている。

④**不適**。GDP 1ドル当たりの難民受入れ数は，難民受入れ数÷GDP（ドル）で計算する。ドイツはウガンダに比べ圧倒的にGDPが大きいため，国全体の難民受入れ数が同程度ならば1ドル当たりではドイツの値の方が小さくなる。

問2　 2 　正解は③

①**適当**。資料2をみると，タンタルの産出量は上位のコンゴとブラジルで合計1,010tとなる。世界全体の半分以上を占めるため，特定の地域に偏在しているといえる。

②**適当**。紛争鉱物であるタンタルのうち，武装勢力の支配下にあるのは一部の鉱山に限られる。コンゴ産のタンタルを禁輸すると，正規の鉱山の関連企業や労働者の生活を圧迫することになるといえる。

③**不適**。電子機器の完成品メーカーは製錬された素材や部品を利用するため，鉱物の産地は特定しにくい。紛争鉱物が含まれているかを最も特定しやすいのは，鉱物産地からタンタルを集め，製錬所に運ぶ貿易業者と考えられる。

④**適当**。タンタルをリサイクルして再使用することができれば，新規の鉱物の需要が抑えられ，その結果，取引価格を引き下げ，違法取引の減少にも有効に働くと考えられる。

問3　 3 　正解は⑥

文章アは，内戦が続いた隣国としてアンゴラやコンゴ民主共和国を想起できると，

南に隣接するザンビアが該当する。グラフは 2002 年ごろが受入れ数のピークになっている凡例 A が該当する。イは，移民国家，**ベトナム戦争**での難民受入れから判断して，オーストラリアが該当する。グラフは 1980 年ごろの難民数が多い凡例 C が該当する。オーストラリアは 1970 年代後半以降，インドシナ半島からの難民を積極的に受け入れたが，2001 年に移民法を改正して難民対応を厳しくした。ウは，地中海をはさんで北アフリカと距離的に近いことから，イタリアが該当する。グラフは 2010 年以降難民数が増加している凡例 B が該当する。

問4　**4**　正解は③

E. b が該当する。難民発生の原因となる内戦や紛争の発生や長期化を解決するには，資料 3 に PKO の派遣などが挙げられているように，強い政治的な力が働くことが必要であると考えられよう。よって難民発生国の政治的安定にかかわる解決策を選ぶとよい。F は残る a が該当する。

カ. x が該当する。難民受入れの地域差を解決するには，資料 3 に受入れを各国に割当てることが挙げられているように，特定の受入れ国のみに負担がかからないことが重要と考えられよう。キは残る y が該当する。

第2問　標準　自然環境と防災

問1　**5**　正解は①

①**適当**。日本では 1900 年以前にも，巨大津波を伴う地震が繰り返し発生している。古文書の記録などで，1707 年に**南海トラフ**を震源域とする**宝永地震**が発生したことが明らかになっている。なお，直下型の地震であり巨大津波を伴うものではなかったが，1891 年の濃尾地震で生じた**根尾谷断層**は，地震の痕跡が地層に残された例として有名である。

②**不適**。図 1 をみると，ニューヨーク，パリ，ロンドンの周辺には地震の震央がほとんど分布していない。それに対し，東京をはじめとする日本では，震央の分布が極めて多く，地震の発生頻度はより高いことが読み取れる。

③**不適**。図 1 中，マグニチュード 9 以上の地震の震央は太平洋を囲むプレートの境界とスマトラ島付近のプレートの境界に分布しているが，いずれも**せばまるプレート境界**にあたる。

④**不適**。大陸プレート内で発生する陸域の**活断層**による地震は，大陸プレート内の活断層がずれ動くことによって起こり，震源が浅いことが特徴である。せばまるプレート境界で起こる**海溝型地震**に比べ，比較的規模は小さい。しかし，震源が浅いため，震源に近い地域では大きな被害が発生する。

4 新課程試作問題：地理総合，地理探究〈解答〉

問2 ⬜6⬜ **正解は④**

①**適当**。河川の蛇行部は水の流れが緩やかであり，特に湾曲部で水があふれ洪水の危険性が高いと考えられる。蛇行部をショートカットする流路をつくることで，増水時の洪水発生リスクの低減を図ることができるといえる。

②**適当**。地点Aは，盛土により造成されているため，段丘部にある地点Bより地盤が弱く地下水位が高い。そのため，地震発生時に液状化が発生する可能性が高いといえる。

③**適当**。地点Cは，旧河道に位置する。旧河道が埋め立てられ田になっているため，低湿で浸水しやすく，浸水した水は滞留しやすいと考えられよう。

④**不適**。地点Dはかつての河川流域の自然堤防上に位置するため，同じくかつての後背湿地に位置する地点Eよりも標高が高いと考えられる。よって，浸水深は地点Eが地点Dより大きく，浸水した水の滞留時間も地点Eのほうが長いと考えられよう。

問3 ⬜7⬜ **正解は③**

資料1から碑が建立されている地域の地形的な特徴を読み取ろう。文中，「水がしきりに噴き出し」から，地震が発生し地盤が一時的に液体になる液状化が発生したと推定される。また，「海潮はわきあがって，田畑をおおいつくします」から，津波が押し寄せ，広範囲に浸水したと推定される。この地域は，地下水位が高く，軟弱な地盤をもつ海岸付近の低湿な地形と考えられる。よって，河川の下流域で周囲に田が広がる低地にある③が該当する。

資料1：徳島県提供

問4 ⬜8⬜ **正解は②**

図4の天気図のうち，アは，日本列島のほぼ中央に，東西に低気圧を伴った停滞前線が発達している。梅雨の時期の天気図で，長雨や梅雨の末期に時折発生する集中豪雨により，土砂災害や河川の氾濫などの水害による被害が考えられる。よって，被害軽減のための構造物は，水屋が示されているJが該当する。水屋は輪中地域によくみられ，洪水時の避難場所や大切なものを収納する倉庫として母屋のわきの石垣の上などに建てられた。次に，イは北海道の東の海上に低気圧があり，大陸から高気圧が張り出して西高東低の気圧配置がみられる。冬の時期の天気図で，北西の季節風により日本海側で大雪になることがあり，積雪や雪崩による被害発生が考えられる。よって，構造物は，雪害から車を守り，交通事故などを防ぐスノーシェルターのような建物が示されているLが該当する。なお，Kは山岳地帯にみられる構造物で，火山噴火による噴石などから避難して身を守る噴石シェルターと考えられる。

第3問 世界と日本の自然環境

問1 9 正解は①

ハイサーグラフの形が縦軸にほぼ平行になるのは，横軸で示される月平均降水量が，雨季，乾季の別なく，年間通してほぼ一定の気候であるからと考えられる。そこで，ケッペンによる気候区分でその特徴をもつ気候を想起すると，砂漠気候，西岸海洋性気候，亜寒帯（冷帯）湿潤気候，ツンドラ気候が浮かんでくる。図1中，①〜④はすべて温帯気候に属するため，**西岸海洋性気候**に属する地点を選ぶと，フランス中部に位置する①が該当する。なお，②のオーストラリアのパース付近と，④のサンフランシスコ付近は地中海性気候に属するため，右下から左上にのびる形，③の東京付近は温暖湿潤気候に属するため，左下から右上にのびる形になる。

問2 10 正解は⑤

図2中，Cの地形は，海に流れ込んでいる河川の両側に沿って形成されており，図3をみると，Bの海岸段丘より低く，Dより高い位置に平坦な面をなしていることが読み取れる。河川が海岸段丘の段丘面を削って形成した地形と考えられ，**河岸段丘**が該当する。形成された時期については，イが該当する。一段高位に位置するBがウの時期に形成されたことを考えると，そのすぐ低位の段丘面を形成しているCは，Bのすぐ後の時代に形成されたと考えられるだろう。気候が寒冷化し，海面が低下したことで，河川が川底を削る作用がより強く働いて形成されたと考えられる。

問3 11 正解は④

①適当。図5から世界の気温は低緯度ほど高いことが読み取れる。また，**放射収支**を地球が吸収した太陽エネルギーと地球から放出されるエネルギーの差と考えると，図6から，低緯度ほど収支はプラス，高緯度はマイナスとなり，低緯度ほど太陽エネルギーが蓄積されると読み取れる。太陽エネルギーが多いほど気温は高く，気温は放射収支の緯度方向での違いと対応している。

②適当。地球が受ける太陽エネルギーは低緯度ほど多く，高緯度ほど少ない。そのため，気温差の均衡をとるために，大気を移動する恒常風や海洋を移動する海流によって熱エネルギーが低緯度から高緯度方向に輸送される。

③適当。赤道付近は太陽エネルギーを大量に受けるために大気が温められ，上昇気流が発生して**熱帯収束帯（赤道低圧帯）**が形成されるため降水量が多い。

④不適。貿易風は**亜熱帯高圧帯（中緯度高圧帯）**から熱帯収束帯へ向かって吹く。亜熱帯高圧帯では下降気流が発生し年間降水量が少ないことから，図7をみると，緯度20〜30°付近に分布することが読み取れる。

6 新課程試作問題：地理総合,地理探究〈解答〉

問4 　12　 正解は②

エノキとケヤキの化石がともに同じ時代の地層から産出されたとすることから,この2種類の植物種の生育に適した暖かさの指数を読み取るとよい。図8から,この両者の暖かさの指数が重なる部分は,およそ85〜115と読み取れる。そこで,図9から現在の指数でこの範囲内にある都市を選ぶと,等値線で85〜100の範囲にある②が該当する。

問5 　13　 正解は①

図10中,例示されている矢印tは,人間が里山の自然維持に努めていることから,人間社会が生態系へ影響を及ぼしていると考えられる。この例を参考に,カ〜クの文を検討しよう。カは,沖縄県の温暖な気候が特産品のサトウキビやパイナップルの栽培を可能にしていると考えられ,気候が人間社会に影響を与えている事例と考えられる。よってPが該当する。キは,名古屋市の中心部で郊外に比べて気温が高いヒートアイランド現象が発生していることから,人間の活動が周辺の気候に影響を及ぼしている事例と考えられる。よってQが該当する。クは,北海道東部の湿原のもつ生態系がエコツーリズムの活動を可能にしていると考えられる。よってRが該当する。

第4問　やや難　人や物,情報の移動からみた産業

問1 　14　 正解は⑥

図1中,アは,中央アジアのカザフスタン,ウズベキスタンからの輸入量が多い点に着目しよう。この両国は,かつてのソ連の構成国で結成されたCIS（独立国家共同体）の加盟国でもあり,ロシア経済とのつながりが強いと考えられる。よってアはロシアが該当する。イは,カナダかサウジアラビアが該当し,ウの国とはトルコ,エジプト,オーストラリアが示されていることが異なる。輸送費の点から近距離間の貿易が有利と考えると,これらの国々はカナダよりサウジアラビアにとって近距離にある国々にあたる。よってイはサウジアラビアが該当する。ウは,残るカナダが該当する。カナダにとって,イの国では示されていないメキシコ,ブラジル,スペインなどは比較的近距離に位置する国々といえるだろう。

問2 　15　 正解は③

表1をみて,カ〜クの各地域の輸出額,輸入額全体を比べよう。まず,カは輸出額,輸入額とも地域相互間の貿易額が多いが,キ,クも含めた全体でも輸出額,輸入額とも3兆ドルを超え,他地域より圧倒的に多い。よって,西ヨーロッパが該当する。西ヨーロッパには貿易額世界3位のドイツをはじめ,フランス,オランダなど貿易

額が世界の上位にある国が多数含まれている。次に，キとクの貿易額をみると，輸出額はキの約1.1兆ドルに対しクは1.8兆ドル，一方，輸入額はキの約1.8兆ドルに対しクは1.3兆ドルとなり，輸出額はク，輸入額はキの方が多いことが読み取れる。貿易額を大きく左右する国である，中国は輸出超過，アメリカ合衆国は大幅な輸入超過という点を考えると，キはアメリカ合衆国を含む北アメリカ，クは中国を含む東アジアが該当する。

問3　16　正解は③

①**適当**。工場Aは，北海道に位置している。北海道は国内でも木材，チップ用を含めて素材の生産量が全国で最も多い（2020年）。よって国産木材を調達しやすい地点に立地しているといえるだろう。

②**適当**。工場Bは，青森県八戸に位置している。八戸は全国有数の水揚量を誇る漁港をもつことでも知られるが，大規模な工業用の港が整備されており，原料のパルプ木材を輸入しやすい立地条件をもつといえるだろう。

③**不適**。工場Cは，東京と千葉の県境付近に位置している。大都市圏の中心にあるため，全国的にみて人件費はかなり高いと考えられ，安価な労働力が得やすいとはいえない。市場に近い点を生かした立地であると考えられる。

④**適当**。工場Dは大阪に位置している。大阪は大消費地をひかえ，大量の古紙を調達しやすいため，リサイクル型の製紙工場が立地していると考えられる。

問4　17　正解は②

図2中，まず交通手段の航空と鉄道を示すサとシを特定しよう。サ，シそれぞれについて4つの都道府県を行き来する全体の旅客数を比べると，サは全体で2,400万人ほどである。一方，シは全体で5,000万人を超え，サより多いことがわかる。日本国内の旅客における交通機関の利用を考えると，航空より鉄道の方が多いと考えられる。よって旅客数が少ないサは航空，旅客数が多いシは鉄道が該当する。次に，A～Cの道府県をみると，東京都からAへは鉄道に比べて航空の方が旅客数が圧倒的に多いため，Aは東京都から最も遠距離にある北海道が該当する。BとCでは，東京都からの鉄道の旅客数はほとんど同じであるが，航空ではCはBより旅客数が多い。よってCは東京都からより遠距離にある大阪府，Bは近距離の愛知県が該当する。

問5　18　正解は③

①**適当**。図3をみると，海底ケーブルは，大西洋のヨーロッパと北アメリカを結ぶ海域に数多く敷設されているが，ヨーロッパ側の起点の多くはイギリスにあることが読み取れる。

②適当。ラテンアメリカでもブラジルを中心にアルゼンチンやペルーなどを結ぶ海底ケーブルが敷設されているが，それらの国々とアメリカ合衆国以外の地域とを結ぶケーブルはほとんどみられず，北アメリカを経由地としていることが読み取れる。
③不適。アメリカ合衆国とアジアを結ぶ太平洋の海底ケーブルは，ほとんどが日本を経由していることが読み取れる。日本を経由して韓国や中国，香港とケーブルが結ばれている。
④適当。表2をみると，香港の通信先としてはアジアの割合が約83％と極めて高く，図3からも，日本，韓国や，シンガポールを中心としたASEAN諸国とケーブルが集中して結ばれていることが読み取れる。

第5問 アフリカの地誌

問1　19　正解は②

資料1の乾燥指数の計算方法をみて，年平均でも夏季平均でも平均気温に大きな差がなければ，降水量の違いが指数に反映することを確認しておくとよい。図2中，まずウは，年指数，夏指数とも0に近く，計算式の P にあたる降水量が年間通して極めて少ない地点と考えられ，図1中，砂漠気候に属するbが該当する。文は，水の制約を受け遊牧やオアシスなどを利用した**灌漑農業**が行われていることからGが該当する。次にイは，ウと比べると夏指数はほとんど変わらないが，年指数はウより大きいことが読み取れる。そこで，夏は乾燥するが，年間の降水量が多い分，冬に降水がある地点と考えられ，**地中海性気候**に属するaが該当する。文は，冬季の雨を利用した小麦栽培などが行われることからEが該当する。残るアは，cが該当する。アは夏指数はイより高いが年指数ではイと変わらないため，降水量が夏に多く冬に少ない気候と考えられる。ただし，夏でも地点dが属する熱帯気候ほど降水量は多くなく，**ステップ気候**に属する。文は，夏の雨を利用した耕作が行われることからFが該当する。

問2　20　正解は①

カ．夏雨型が該当する。植物の繁殖が旺盛な気候環境なのは，気温が高く，降水量が多い地域と考えられるだろう。よって，気温が高い夏に雨が多い気候を考えるとよい。

キ．森林産物の採集が該当する。焼畑は，森林や草原に火を入れてその灰を肥料とするため，肥料の散布は適当でない。人里に接した**里山**は，薪，落ち葉，木の実，キノコなどを供給することで人間生活とかかわっている。

ク．過疎化が該当する。日本では高度経済成長期以降，農山村地域で過疎化が進行

新課程試作問題：地理総合, 地理探究〈解答〉　**9**

した。森林破壊も農業成立に悪影響を及ぼすが, 20世紀後半以降, 日本の森林面積は大きく変化しておらず, 森林破壊が進行しているとは考えにくい。

問3　21　正解は③

① 不適。図3の宗教と語族を示すサとシのうち, トルコ, イラン, ハンガリーなどに注目し, これらの国が周囲の国と同じ凡例で示されているサは宗教, 異なる凡例で示されているシは語族とおさえよう。アフリカで広域に分布する二つの語族は, 北部の**アフロ (アフリカ)＝アジア語族**と, サハラ以南の**ニジェール＝コルドファン諸語**である。いずれもインド＝ヨーロッパ語族のヨーロッパの言語とは異なり, 植民地時代以前からアフリカに分布している。

② 不適。アフリカで広域に分布する二つの宗教は, サで示されているように北部の**イスラーム**と, サハラ以南の**キリスト教**である。イスラームはアラビア半島で生まれ, キリスト教はエルサレムで生まれたことを想起すると, いずれもアフリカ起源の宗教ではないといえるだろう。

③ 適当。アフリカ北部の地中海沿岸諸国では, アフロ＝アジア語族の話者がイスラームを広く信仰しており, 宗教と言語の分布が対応している。しかし, 西アジアの地中海沿岸諸国では, アフロ＝アジア語族の中でも**ヘブライ語**を話すユダヤ人が**ユダヤ教**を信仰する一方で, 他のアラブ人はイスラームを信仰しており, 宗教と言語の分布が対応していない地域もあるといえる。

④ 不適。マダガスカルは, 宗教はサの凡例をみるとキリスト教が信仰されヨーロッパとの関係が深いが, 語族はシの凡例をみると西アジアとは関係がないことが読み取れる。マダガスカルの語族は, 東南アジアの島嶼部を中心に分布している**オーストロネシア語族**と関係が深い。

問4　22　正解は④

図4中, まず輸出額と輸入額を示すタ, チから検討するとよい。アフリカに限らず発展途上国は, 一般に輸出額より輸入額の方が多い傾向があるといえる。図中, モロッコとエジプトは, チよりタの方が, J, Kの両地域に対して金額が大きいことがうかがえる。一方, チでアンゴラのJとの貿易額が突出している点については, 何か特定の産物を輸出していると考えられるだろう。アンゴラはダイヤモンドの産出国で知られるが, アフリカ第2位の原油の産出国 (2018年) でもあり, Jに原油を輸出していると考えられる。よってタは輸入, チは輸出が該当する。次に, JとKの地域については, 旧宗主国との関係や地域間の距離を考えるとよい。特にモロッコ, エジプトなどは地理的に近いヨーロッパとの経済的つながりが強いと考えられ, Kはユーロ圏, Jは中国が該当する。

10　新課程試作問題：地理総合，地理探究〈解答〉

問5　23　正解は④

M. 都市化や経済発展が該当する。人口転換は，人口の自然増減の傾向が多産多死型から多産少死型を経て，少産少死型へ変化することをいう。多産多死型は発展途上国に，少産少死型は先進工業国に多くみられる。発展途上国から先進工業国への移行の過程で起こる社会的な現象を考えるとよい。

N. 乳児死亡率が該当する。発展途上国で出生率が高い原因の1つに，労働力のために子供を産むことがあるとされる。そのため，乳児死亡率が改善され子供の順調な成長が見込まれると，出生率は次第に低下すると考えられる。

第6問　標準　持続可能なまちづくりの探究

問1　24　正解は①

図1中，判断しやすい地区 c は，戸建てのベッドタウンで，子育て世代の夫婦がより広い生活空間を求めて居住し，単身で入居する人は少なく年少人口の割合は高いと考えられる。よって表1中ウが該当する。地区 a は，市の中心部から少し離れた商工業と住宅の混在地域であると考えられる。低層アパートやマンションが立地することから住宅費は比較的安く，単身の労働者や学生などが多く居住していると考えられる。よって単身世帯の割合が最も高いアが該当する。地区 b は，残るイが該当する。農村地域であるため若年層は都市に流出し，高齢者が比較的多く，年少人口の割合は最も少ないと考えられる。

問2　25　正解は②

図2をみると，まず，凡例Aの割合は北部地域で高く，中央地域で低い。凡例Bの割合は逆に北部地域で低く，中央地域で高い。建物の倒壊の危険性は，人が住まずに放置されたままの状態が長く続いた場合に高まると考えられる。北部地域は山地が広がる地域のため，人口が少ない上に減少傾向にあり，人口が多い市街地に比べて倒壊の危険性の割合は高いと考えられるだろう。よって，「倒壊の危険性がある」は凡例A，「利活用できる」は，残るBが該当する。利活用は，リフォームなどの経費が少なく済む方がしやすいと考えると，北部地域に比べて集合住宅やコンパクトな空き家が多い市街地の方が割合は高いと考えられるだろう。次に，文章中の空欄カ，キについては，北部地域に比べ，中央地域は人口が多く密集しているため，集合住宅の空き家が多く分布すると考えられる。よって，キは集合住宅，カは戸建て住宅が該当する。

問3　26　正解は④

資料1から，聞き取り調査が行われた地区は，現在80歳前後の高齢者が多く，食

品スーパーへ買い物に行く際，歩いて行くには遠い上，坂道が多く，バスも遠回り
で不便な地域であるとわかる。よって，図3中，75歳以上人口の割合が低位を示
す①と，図4中，食品スーパーから半径800mの範囲内に位置する③は該当せず，
図5中，山がちで坂道が多いといえる②か④と考えられる。そこで，バスが遠回り
で不便という条件に注目すると，一般にバスは主要道路沿いで利用しやすいと考え
られるため，より主要道路から離れている④が該当する。

問4　　27　　正解は②

サ． 東西が該当する。図6中，X市ではおおむね北部に住居系，海に近い南部に
工業系の土地利用がみられる。よって，南北に伸びる道路は，まとめ文中「市
内の住居系と商業・工業系の地域間を結ぶ幹線道路」と考えられ，途中に渋滞
も確認できる。また，渋滞は東西に伸びる道路でも発生していることが読み取
れる。東西に伸びる道路は高速道路と並行しており，ほとんど住居系の土地を
通過していることからも，「X市内が出発地でも到着地でもない」人々の交通
量が多く，渋滞の要因になっていると考えられる。

シ． 放射・環状が該当する。計画中の幹線道路のルートをみると，市中心部から南
西方向に通じている道路と，市の中心部を大きく取り巻く形で市街地の南側か
ら進んで北側へ大きく迂回している環状の道路が読み取れる。市の中心部への
交通の集中を避けようとしていることがわかる。

問5　　28　　正解は②

① **適当**。資料2をみると，パークアンドライド拠点が中心市街地の周辺の路面電車
の軌道付近に2カ所設置されていることが読み取れる。パークアンドライドは自
動車を郊外の駐車場に止め，中心市街地へは路面電車などの公共交通機関を利用
して入る方式で，中心市街地の交通渋滞を緩和させる目的がある。

② **不適**。自動車への課金ゲートは中心市街地に乗り入れる自動車に課金するために
設置され，中心市街地から郊外へ向かう自動車を対象としたものではない。この
制度はロンドンなどでもみられロードプライシング制度とよばれる。

③ **適当**。資料2をみると，郊外各地の集合住宅地区から中心市街地へ路面電車で向
かえること，また，路面電車やバスのターミナル付近にはショッピングモールな
どの施設も充実していることが読み取れる。車を所有しない人でも外出し，活動
しやすい環境にあるといえるだろう。

④ **適当**。資料2から，造船業の衰退により利用されなくなった造船所跡地に知識集
約型産業を誘致するため，サイエンスパークを設置していることが読み取れる。
このような事業は都市の産業衰退地区再生の好例と考えられ，ロンドンの**ドック
ランズ**の開発などがよく知られる。

12　新課程試作問題：地理総合，地理探究〈解答〉

問6　29　正解は②

　まず，都道府県別の平均通勤時間と持ち家住宅率を示す縦軸のタと横軸のチを検討する。東京都の分布を参考にすると，東京都では都心部へ向かう通勤客の平均通勤時間は，乗り継ぎや混雑で全国的にもかなり長い一方，著しい人口の過密により地価や住宅の平均価格は高く，持ち家住宅率は低いと考えられる。よって持ち家住宅率はタ，平均通勤時間はチが該当する。次に，奈良県と福岡県を示すPとQを検討すると，奈良県は大阪大都市圏の郊外地域にあたり，大阪市周辺への通勤客が多く，距離的にも通勤時間は長い。一方，郊外地域に位置することから，人口密度，地価ともに比較的低く，持ち家住宅率はかなり高いと考えられる。よって奈良県はQ，福岡県は残るPが該当する。福岡県は**広域中心都市**である福岡市を有し，人口密度，地価ともに高く，賃貸住宅などの居住者も多いため，奈良県よりも持ち家住宅率は低いと考えられる。

問7　30　正解は③

マ．大都市は，家賃が高く通勤ラッシュが激しいことが問題点として指摘されている。その原因として，大都市へ政治・経済などの都市機能が集中していることが挙げられる。解決法の一つとして，中心都市へ集中する都市機能の一部を地方へ分散することが考えられる。よってTが該当する。

ミ．車がなくても暮らしやすいまちづくりのために必要なことを考えると，スウェーデンの都市の例のように，公共交通機関の整備や，コミュニティ内で生活関連施設がそろっていることが挙げられる。よってSが該当する。

ム．特に山地の空き家は一般に居住希望者が少なく，何らかの優遇措置がある方が移住希望者を誘致しやすいと考えられる。よってUが該当する。

地理B 本試験

2024年度

問題番号(配点)	設問	解答番号	正解	配点	チェック
第1問 (20)	問1	1	③	3	
	問2	2	③	3	
	問3	3	④	3	
	問4	4	④	4	
	問5	5	④	4	
	問6	6	⑤	3	
第2問 (20)	問1	7	⑤	3	
	問2	8	②	3	
	問3	9	③	4	
	問4	10	③	4	
	問5	11	①	3	
	問6	12	④	3	
第3問 (20)	問1	13	⑤	4	
	問2	14	②	3	
	問3	15	④	4	
	問4	16	③	3	
	問5	17	④	3	
	問6	18	②	3	

問題番号(配点)	設問	解答番号	正解	配点	チェック
第4問 (20)	問1	19	④	4	
	問2	20	③	3	
	問3	21	③	4	
	問4	22	②	3	
	問5	23	②	3	
	問6	24	④	3	
第5問 (20)	問1	25	⑤	3	
	問2	26	⑥	4	
	問3	27	④	4	
	問4	28	②	3	
	問5	29	③	3	
	問6	30	③	3	

自己採点欄 / 100点
（平均点：65.74点）

第1問 世界の自然環境と自然災害

問1 　１　　正解は③

新期造山帯（環太平洋造山帯）に属するニュージーランドには，高峻なサザンアルプス山脈がみられるのに対し，古期造山帯と安定陸塊からなるイギリスにはペニン山脈を含めて，侵食の進んだなだらかな地形が広がる。よって，図1で標高の高い土地を読み取れるイがニュージーランド，低地が 70 ％以上を占め，標高の高い土地の存在が確認しづらいアがイギリスとなる。

図2では，Aの割合は両国とも高くなっているが，Bの割合はイギリスで低く，ニュージーランドで高い点が大きく異なる。更新世の最終氷期に広く大陸氷河に覆われていたイギリスでは，氷食を受けたやせ地が主に牧草地として利用されてきたことと，ニュージーランドでも，牧羊や酪農が盛んなことを思い出し，Aを牧草地と判断する。19 世紀にイギリスの植民地となったニュージーランドは，開発の歴史が浅いことから，割合の高いBを森林と考えればよい。

問2 　２　　正解は③

①適当。北緯 30 ～ 45 度に広がるチベット高原やヒマラヤ山脈は，標高が高いために気温が低く，永久凍土のほか，夏季に融解する季節凍土が広く分布する。

②適当。一般に高緯度側ほど太陽高度が低くなるため，日射量や年平均気温は低下する。

③不適。降雪の発生には，降雨と同様に水蒸気と上昇気流が関係する。北緯 60 ～ 80 度の高緯度側は，寒冷で水蒸気量が少ないうえ，極高圧帯（極高圧部）の影響も及ぶため，降雪量は必ずしも多くない。当該地域は，夏季でも低温で積雪が溶けにくいことから，氷河・氷床が発達している。

④適当。北緯 70 度付近では，永久凍土の面積が 80 ％以上に達し，約 10 ％の氷河・氷床を除く陸地の大部分を占めている。緯度が高くなるにつれ，両者の面積関係は逆転するが，北緯 80 度付近では永久凍土が約 30 ％，氷河・氷床は約 70 ％を占めており，やはり氷河・氷床に覆われていない陸地は，大部分で永久凍土が分布しているといえる。

問3 　３　　正解は④

Dの地域は，入り江と岬が交互に連続する鋸歯状の海岸線が特徴的で，リアス海岸について述べた②の文が当てはまる。Eの地域は，いくつもの狭長な入り江がみられるので，氷食により生じたU字谷が沈水したフィヨルドを説明した④の文が当てはまる。Fの地域は，内陸から延びる水域（河川）の出口にラッパ状の入り江が形成されていることから，エスチュアリー（三角江）について述べた③が当てはまる。

Gの地域は，陸から延びる半島状の地形によって入り江が閉塞している様子が読み取れ，**砂州と潟湖（ラグーン）**について述べた①が当てはまる。

問4　4　正解は④

一般に日の出から日没までの日中時間は，夏季に長く，冬季に短くなるが，図5中の東京で7月の日照時間が1月より若干短いのは，**梅雨期**に当たるためである。このように日照時間には，日中時間のほか，その地域の気候が反映されることに注意する。インド西部に位置するムンバイは，夏季にインド洋から湿潤な**南西モンスーン（季節風）**が吹き込んで多雨となる一方，冬季には大陸からの北東モンスーンにより乾燥するので，7月の日照時間が短く，1月が長い④である。対照的に7月の日照時間が長く，1月が短い①と②は，北ヨーロッパのオスロまたは**地中海性気候区**に位置するローマである。オスロは，**白夜や極夜**が発生する北極圏に迫る北緯60度付近に位置しており，7月と1月の日中時間の差が最も大きくなる。ただし，**偏西風**の影響で年中雲に覆われやすい**西岸海洋性気候区**に属するため，7月の日照時間も日中時間より短い。とりわけ1月は日照時間が極端に短くなると考えられ，①がオスロとなる。ローマも冬季は湿潤となるが，オスロより緯度が低いので，1月の日照時間がより長い②である。シドニーは，南半球かつ雨季・乾季のない温暖湿潤気候区に位置することから，夏季に当たる1月の方が7月（冬季）よりも日照時間が若干長い③である。

問5　5　正解は④

北半球の高緯度に国土が広がるカナダにおいて，夏季（6〜8月）より洪水災害の発生割合が高いシは，**融雪**により河川の水量が急増する3〜5月である。南半球の低緯度に位置するボリビアで発生割合の高いサは，多量の降水をもたらす**熱帯収束帯（赤道低圧帯）**が接近する12〜2月である。残ったスが9〜11月となるが，メキシコでこの時期に洪水割合が高い一因には，熱帯低気圧の**ハリケーン**の襲来が考えられる。日本でも海水温の高い夏から秋にかけて台風が接近しやすくなることを思い出すとよい。なお，赤道付近に位置し，年間を通して降水がみられるコロンビアでは，洪水災害の発生時期に明瞭な差がみられない。

問6　6　正解は⑤

タとチの分布はよく似ているが，特にタは**台風**の常襲地域に当たる南西諸島に集中しているので，最大風速と考える。本州・四国南岸や九州西岸も海上で勢力を強めた台風の上陸地点と重なる。チが集まっている紀伊半島南東部や四国南部は，太平洋から吹き込む湿った**南東季節風**が，背後に控える山地で**地形性降雨**をもたらしやすい地域である。よって，チは日降水量となる。関東平野や濃尾平野の内陸部に多

4　2024年度：地理B／本試験〈解答〉

いツは，最高気温である。内陸部は，臨海部と比べて気温の**年較差**や**日較差**が大き
く，夏の日中の気温が上昇しやすい。また，日本海側に分布しているツでは，夏の
季節風が越後山脈などを越えて吹きこんだ際，**フェーン現象**に伴って高温になった
と考えられる。

第2問　やや易　世界と日本の資源と産業の変化

問1　7　正解は⑤

オーストラリアとブラジルの割合が高いAとCが，鉄鉱石の産出量または輸出量と
なり，両国を含まないBが輸入量となる。また，石灰石を除いて鉱物資源に乏しい
日本が示されていることから，Bを鉄鉱石の輸入量と考えてもよい。Bで中国の輸
入量が特に多いことが確認できるので，中国が1％以上の国・地域に当たってい
ないAが輸出量を示していると判断でき，Cが産出量となる。

問2　8　正解は②

①**正しい。**製鉄所で消費される鉄鉱石，石炭など原料や燃料の重量は，生産される
　銑鉄や粗鋼などの製品よりも大きい。重量が大きいと**輸送費**がかさむため，製鉄
　所は原料や燃料の産出地に近接して立地する傾向がある。

②**誤り。**1940年の図では，大市場の港湾近くに新たな立地がみられるものの，「原
　料や燃料の産出地の近くに立地」していた1910年の図と同じ地点（北海道，岩
　手県，福岡県）にも依然として製鉄所が残っている。さらに福岡県北部では2か
　所に増えており，1940年以前に国内資源が枯渇したとは判断できない。

③**正しい。**1974年の図より，ヨシエさんの指摘通り「臨海部で製鉄所が増加」し
　たことが読み取れる。銑鋼一貫工場には，大規模な生産設備を配置するための広
　い用地と原料の輸入に必要な港湾が求められたため，臨海部で**埋立地**が拡大した。

④**正しい。**中国などアジア諸国との競合の激化を受けて，日本の鉄鋼メーカーでは
　生産費の削減などを目的に，生産設備の合理化・集約化や企業の合併・再編など
　による規模の拡大が図られ，いくつかの製鉄所が閉鎖された。

問3　9　正解は③

石炭は，石油と比べると偏在性の小さい化石燃料であるものの，豊富で良質な資源
に恵まれる**古期造山帯**を中心に大規模な開発が行われてきたため，1970年当時の
主要な輸入相手国であるEとGは，アメリカ合衆国とオーストラリアのいずれかで
ある。そのうちオーストラリアは，1970年代以降にアジア・太平洋諸国と経済的
な結びつきを深めてきた。よって，日本の輸入量が増加したEをオーストラリア，
Gをアメリカ合衆国と考える。残ったFが**新期造山帯**に属すインドネシアで，当初

は炭化が不十分な低品位の石炭の産出量は限定的であったが，オーストラリアより地理的に近く，**輸送費**を抑えられることから，1990年代以降に主に火力発電用の燃料として，日本の輸入量が増加した。

続く文章については，アは「採掘技術の進歩などによって石炭産出量が急増」という記述から，インドネシア（F）についての説明文と考える。先進国を中心に環境への負荷が大きい石炭火力を見直す風潮が強まっている近年，国内で「火力発電を中心に消費量が増加」している点も，発展途上国のインドネシアを想起する材料となる。イは「国内市場は小さく」，ウは「国内市場の大きさを背景に」とあるので，イを人口規模が3,000万人を下回っているオーストラリア，ウを3億人以上の人口をかかえるアメリカ合衆国と判断する。

問4 　10　正解は③

一般に，経済発展に伴って各国の基幹産業は，第一次産業（農林水産業）から，第二次産業（鉱業，製造業など）を経て第三次産業（商業，サービス業など）へ変化していく。したがって，図4中の「GDPに占める製造業の割合」が期間中に低下している③と④が，サービス経済化が進んでいる先進国のイギリス，ドイツのいずれか，上昇している①と②が，工業化が進展している新興国の中国，ベトナムのいずれかである。ヨーロッパ諸国の中で，自動車や機械類などの工業製品を中心に大幅な**輸出超過**が続くドイツは，「GDPに占める製造業の割合」が比較的高い③が該当し，④がイギリスとなる。先進国では，**研究開発**への投資も活発で，付加価値の高い新しい製品やサービスが生みだされてきたが，「人口1人当たりの製造業付加価値額」が高い③のドイツでは，近年，ミュンヘンを含む南部においてハイテク産業の成長が目覚ましい。①と②に関しては，「GDPに占める製造業の割合」「人口1人当たりの製造業付加価値額」ともに大きく伸長した②が，2001年の世界貿易機関（WTO）への加盟などを契機に「**世界の工場**」へと急激に発展した中国であり，ASEAN諸国の中でも後発の工業国であるベトナムが①となる。

問5 　11　正解は①

①**不適**。電気機械など労働集約的な工業は，1970年代に内陸部への拡大が進んだが，1980年代後半には急激な円高で国際競争力が急速に悪化したため，海外化が加速した。なお，繊維工業は，韓国など**アジアNIEs**の台頭により，すでに1960年代末から海外への移転が開始されている。

②**適当**。食料品や日用品などの**最寄り品**を主に販売するスーパーマーケットに対し，複合商業施設には，家電製品，家具などの買い回り品を取り扱う店舗や飲食店，娯楽施設などもしばしば入居している。図5からは大規模な駐車場が整備されている様子が読み取れ，より広い範囲から顧客が集まってくることがうかがえる。

6 2024年度：地理Ｂ／本試験〈解答〉

③適当。図5に示された区画の南西部で，2008年の空中写真には小規模な建物が
　整然と建ち並んでいる様子が読み取れる。

④適当。問4の解説でも言及したように，日本を含む先進国の製造業では研究開発
　への投資が活発化している。とりわけ大都市圏は，**大学**や公的な**研究機関**が数多
　く立地し，技術者や研究者も集まっていることから，研究開発の拠点を設置する
　には好適な場所といえる。

問6　12　正解は④

サ．「地元の中小企業が地域の大学や他企業と連携」し，「新たな分野に進出」する
　取組みは，「特定の大企業」への依存からの脱却を目指していると考えられ，
　Rに該当する。

シ．照明がともされた「工場群」を，観賞される「夜景」として捉えることは，既
　存の「施設に新たな価値」を見出した例といえ，Pに該当する。

ス．再生可能な「生ごみや間伐材」を利用する**バイオマス発電**は，「持続可能なエ
　ネルギー利用」といえ，Qに該当する。

第3問　標準　都市と生活文化

問1　13　正解は⑤

ア．1960年代以降，地価の上昇に伴って人口が減少したものの，バブル経済崩壊
　後の1990年代後半以降に地価が下落し，「人口が増加に転じた」地域は，大都
　市圏の**都心**である。写真1では，大型の建物が密集しているBが該当する。

イ．1960年代に「核家族世帯の転入が急増」し，現在は「高齢化が進んでいる」
　場所もみられる地域は，当時，ニュータウンなどの開発が進展した大都市圏の
　郊外である。写真1では，戸建て住宅と集合住宅が建ち並ぶCが該当する。

ウ．「1960年代当時，多数の人々が働いていた」地域に当てはまる写真は，残った
　Aとなる。Aには広い水面が見えるので，**臨海地域**に整備された**工業地区**を撮
　影したものと考えられる。第2問の問2で取り上げられた通り，**石油危機**以降，
　鉄鋼業などの素材型工業では合理化が推進されたため，臨海地域に「広大な空
　き地」が生まれることがあった。

問2　14　正解は②

「昼夜間人口比率」が著しく高い①は，大都市圏の広い範囲から通勤者が集まり，
昼間の就業人口が跳ね上がる東京都心の中央区である。反対に昼夜間人口比率が
100を下回っている④は，昼間は**通勤**や**通学**のために人口が流出する東京郊外の調
布市である。②と③については，昼夜間人口比率に若干の差が認められるほか，

「主要な交通手段の割合」に特徴の違いが表れている。東京を筆頭に，大都市圏では鉄道を中心とする公共交通網が高密度で整備されているが，公共交通機関が充実していない地方圏では一般に自家用車への依存度が高い。ただし福岡市は，県庁所在地であるだけでなく，九州地方を管轄する機能が立地する広域中心都市で，都市圏の形成もみられるため，昼夜間人口比率が比較的高く，「鉄道」の割合がより高い②である。他方，秋田市は「鉄道」の割合が最も低く，「自家用車」の割合が最も高い③である。

問3　15　正解は④

図1中で原点から右上に延びる破線は，1990年の人口と2015年の人口が同一となる点を結んでいる。凡例カとキを見比べると，カはその破線の近くに集まっているのに対し，キは多くが，破線より左側にずれた位置に分布しており，発展途上国と類似している。すなわち，カの都市圏は，1990年と2015年の人口が大きく変化していないが，キは期間中の人口の増加が大きいことを意味する。BRICSは，近年の経済成長が目覚ましい5か国（ブラジル，ロシア，インド，中国，南アフリカ共和国）を指すので，人口増加の顕著な都市圏が多いキがBRICSとなる。

文章に関しては，貧困問題をかかえる農村部から都市圏へ流入した人々の多くが，専門的な知識が必要な金融業に従事しているとは考えにくい。そのため，xには作業内容が比較的単純で，広く営まれている小売業・サービス業が当てはまる。ただし，就業機会を得られず，インフォーマルセクターに従事する人も少なくない。

問4　16　正解は③

スは，1位の都市圏が2位以下の人口規模を大きく引き離している点に注目して，発展途上国のバングラデシュと判断する。経済的な余力が低い発展途上国では，しばしば投資が首都など特定の都市に集中し，人口規模や経済力が突出した首位都市（プライメートシティ）が生まれやすい。サは，1位と2位の人口規模が拮抗している点が特徴的で，かつて首都の争奪で対立した港湾都市シドニーと旧首都メルボルンの二大都市が所在するオーストラリアである。イタリアが残ったシとなるが，1位の首都ローマに対し，2位のミラノや3位のナポリの人口規模も比較的大きい。その背景には，19世紀に統一されるまで多くの小国に分裂していたという歴史があるが，地理の受験生にはやや詳細な知識である。ただし，北部のミラノがイタリア経済の中心都市とみなされることは押さえておきたい。

問5　17　正解は④

①正しい。フィラデルフィア都市圏において貧困が問題となっている地区（貧困地区）は，都心地区に隣接していることが読み取れ，開発時期が古く，住宅の老朽

8　2024年度：地理B／本試験〈解答〉

化や製造業の衰退が進んだと考えられる。

②**正しい**。メキシコシティ都市圏における貧困地区は，大部分が都心地区から10km以上離れた市街地の外側に広く分散しており，上下水道や電力網など各種の社会基盤（インフラ）が十分に整備されていない可能性が高い。

③**正しい**。①・②より，貧困地区の分布に関しては，フィラデルフィア都市圏の方が中心部に集中しているといえる。

④**誤り**。都心地区に隣接して集中的に分布するフィラデルフィア都市圏も，市街地の外側に環状に分布するメキシコシティ都市圏も，貧困地区は「主要な高速道路に沿って放射状」に広がっているわけではない。

問6　18　正解は②

メキシコに隣接するカリフォルニア州のロサンゼルスとカリブ海諸国から近いマイアミは，中南アメリカから多くの**ヒスパニック（ラティーノ）**が流入したので，スペイン語の割合が高い③と④をそのいずれかと考える。また，ロサンゼルスを含む**太平洋沿岸地域**には，歴史的にアジア諸国や太平洋島嶼からの移民も少なくないため，アジア・太平洋系言語の割合が約10％を占める③がロサンゼルス，④がマイアミとなる。ロサンゼルスと同様に太平洋沿岸に位置するシアトルは，アジア・太平洋系言語の割合が4都市の中で最も高い②であり，残った①が中西部のミネアポリスとなる。

第4問　標準　環太平洋の地域

問1　19　正解は④

線Aは，日本列島の形成にも関わる**フィリピン海プレート**と太平洋プレートの境界を横断している。よって，伊豆・小笠原海溝から続く，**マリアナ海溝**の深い海底が示された地形断面図として，①が該当する。Bは，ハワイ諸島の北西海域を示しているが，ハワイ諸島は北西方向に移動する太平洋プレートが**ホットスポット**を通過する際に誕生した**火山島**を起源とすることに注意する。ホットスポットから離れた火山島は，活動を停止するとともに侵食が進み，やがて海面下に沈んでゆく。したがってBの断面図としては，かつての火山島らしい海底地形が連なっている④を選ぶ。Cは海洋プレートが生まれる東太平洋海嶺付近を指しているのに対し，Dはオーストラリア大陸の近海を示しているので，浅い**大陸棚**を確認できる②がD，大部分が深い**大洋底**で占められる③がCとなる。オーストラリア大陸北東の沿岸には，世界最大のサンゴ礁（**グレートバリアリーフ**）が形成されていることも思い出したい。

問2 20 正解は③

Fは，GやHと比べて気温の年較差が大きく，とりわけ冬季（1月）の気温が著しく低い点が特徴的で，北半球の高緯度に位置すると考えられる。よって説明文は，北極海沿岸地域の主要な家畜である「トナカイ」に由来する衣服について述べたイが該当する。他方，GとHは気温の年較差が小さい赤道付近に位置する地点となるが，各月とも10〜15程度の冷涼な気候下にあるGは高地に当たると判断できるため，アンデス高地の主要な家畜である「アルパカ」の毛を用いた衣服について述べたアが該当する。低緯度で気温の日較差が大きいG付近では，「着脱が容易」な貫頭衣のポンチョが普及しているほか，強い紫外線から頭部を保護する帽子も広まっている。Hは，年中高温の熱帯に位置するが，1月と7月で降水量の格差が大きくなっている。「木綿」の原料となる綿花は，高温で雨季と乾季をもつ気候が栽培に適しており，説明文はウとなる。

問3 21 正解は③

カは，「肉」「牛乳」からのたんぱく質供給量が多いので，ラテンアメリカのチリと同様に，ヨーロッパの食文化が移住者により伝えられたカナダである。キとクは似ているが，「魚」「牛乳」からの供給量が多くなっているキを日本と考える。海に囲まれた日本では，伝統的に魚が重要なたんぱく源であり，経済発展とともに乳製品の供給量も増加した。また，日常的な感覚として，豆腐，味噌，醤油など「大豆」を原料とする食品には馴染みがあるだろう。4か国の中で，所得水準の低いベトナムは，「牛乳」の供給量が最も少ないクとなる。

問4 22 正解は②

図4中で明示されているタヒチは，JよりもKからの観光客が多くなっている点で，サ〜スと異なっている。ポリネシア南部に位置するタヒチは，4つの国・地域の中でアジアから最も遠く離れているうえ，フランスの海外領土であることも考慮して，観光客数の割合が高いKをヨーロッパ，低いJをアジアと判断する。ハワイは，アメリカ合衆国の50番目の州であることから，北アメリカからの観光客が多くを占めるシである。グアムもアメリカ合衆国の海外領土（自治領）であるが，アジアに最も近いことから，Jの割合が最も高いサと考える。オセアニアからの観光客が多くを占めるスは，図5からオーストラリアやニュージーランドに比較的近いことを確認できるフィジーである。

問5 23 正解は②

2019年の輸出額が相互に600億ドル以上に達し，貿易関係が緊密なPとQはアメリカ合衆国または中国と考えられ，RとSがオーストラリア，ペルーのいずれかと

10 2024年度：地理B/本試験〈解答〉

なる。なかでも中国は，急激な工業化を背景に原料や燃料となる資源の需要が増大したので，1999〜2019年にR，Sからの輸入額も目立って伸びたQであり，アメリカ合衆国はPとなる。また，2019年のQ（中国）への輸出額がより大きいRは，地理的に近く，**鉄鉱石や石炭**が多くを占めるオーストラリアである。なお，SのペルーからQ（中国）に向けた輸出では，銅鉱が増加している。

問6　24　正解は④

① 適当。1999年と2019年を比べると，北アメリカではメキシコで日本企業の現地法人数がやや増加したものの，カナダ，アメリカ合衆国，パナマではほとんど変化がみられない。一方，アジアでは**中国**で法人数が大きく増加したほか，韓国，ベトナム，タイ，インドネシアなどでも増えている。

② 適当。1999年は，中国，韓国，台湾，フィリピン，ベトナム，タイ，マレーシア，インドネシアで製造業の法人数が非製造業を上回っていたが，2019年にはいずれの国・地域でも非製造業の割合が高まったことが読み取れる。

③ 適当。アメリカ合衆国では，さまざまな**先端技術**が開発され，現在も多くの**スタートアップ企業（新興企業）**が生まれている。そうした地域特性をもつ北アメリカに進出している日本の企業には，付加価値の高いソフトウェアや人工知能（AI）の開発などに関わる企業が含まれると推察される。

④ **不適**。自動車の生産には，数万点の部品が使用されるため，一つの工場で部品の生産から完成車の組立てまで一貫して行うことは困難である。**集積指向型**に分類される自動車工業は，周囲に多数の関連工場の立地を伴うことが多いが，アジアでは**国際分業**によって部品等を相互に供給しながら，タイを中心に成長している。

第5問　標準　島根県石見地方の地域調査

問1　25　正解は⑤

1月の「平均気温」が最も低いイは，**内陸の盆地**に位置する三次市である。アとウには「日照時間」に大きな差が認められる。冬季の**北西季節風**の影響により雨雲や雪雲が発生しやすい日本海側に位置する浜田市が日照時間の短いウ，**中国山地の風下側**に当たり，晴天日が多い瀬戸内海側の広島市が日照時間の長いアとなる。

問2　26　正解は⑥

毎日，消費される食料品は，購買頻度の高い**最寄り品**の代表例である。よって，食料品の購買先は利用しやすい自宅の近隣が中心になると考えられるため，自地区が25％以上となる地区がほとんどを占めるカが，食料品に該当する。「身回品は靴やカバンなどを，娯楽・レジャーは旅行などを指す」という注記を踏まえると，食料

品ほど購買頻度が高くない衣料品・身回品は，旧浜田市域など石見地方において中心性の高いいくつかの地区に顧客が流入することを示したクである。日常の生活空間から離れた土地を訪れることが多い**旅行**を含む娯楽・レジャーは，すべての地区で自地区の割合が 25 ％未満となっており，特に多くの地区で**広島市**への移動割合が高いことを示すキになる。

問3　　27　　正解は④

図3で施設の分布状況を確認すると，小学校区 b では5つのまちづくりセンターが間隔を空けて立地しているのに対し，コンビニエンスストアは西部の1店舗のみである。小学校区 c では，まちづくりセンターが北部と南部に1つずつ分布しているのに対し，コンビニエンスストアは2店舗とも北部に分布している。両校区とも，コンビニエンスストア付近の人口密度は比較的高いものの，空間的には中心から離れた縁辺部に当たるため，移動距離が長くなる住民も一定数存在することになる。一方，まちづくりセンターは校区内に分散しているので，コンビニエンスストアのように移動距離が長くなる住民は少ないと考えられる。そこでまず，最寄り施設までの距離が 3 km 以上の人口割合が相対的に高い X をコンビニエンスストア，きわめて低い Y をまちづくりセンターと判断する。続くサとシの判別に当たっては，立地点が偏っているために距離の差が大きくなりやすいコンビニエンスストア（X）に注目するとよいだろう。b，c ともに，南部などでメッシュの空白部がみられるものの，ほぼ全域にわたって人口が分布しており，**面積の大きい b** が，小さい c よりもコンビニエンスストアまでの移動距離が長い人口割合が高くなると考えられる。すなわち，3 km 以上の人口割合が 30 ％近くに達するシを小学校区 b，約 10 ％に留まるサを小学校区 c と判断する。

問4　　28　　正解は②

①正しい。E 地点は，南向きに開き，日本海からの波浪が直接届きにくい内湾に面している。

②誤り。F 地点で撮影された写真を見ると，両側に民家が建ち並ぶ街道は，センターラインさえ引かれておらず，幅員も必ずしも広くないので，「モータリゼーションに対応した大規模な再開発」が行われたとはいえない。

③正しい。G 地点付近に広がる低平地は，**護岸**を施した直線的な海岸線で取り囲まれており，人工的に造成された埋立地であると考えられる。

④正しい。丘陵地帯に整備された H 地点付近の住宅地は，写真からは緩やかな傾斜が見てとれるものの，図5に描かれたように直線的な道路で整然と区画されている。したがって起伏の変化が小さい土地であることがうかがえ，尾根を削ったり，谷を埋めたりして造成されたと考えられる。さらに，その周囲には崖の記号が散

12 2024年度：地理Ｂ／本試験〈解答〉

見され，高台に当たることも読み取れる。

問5 29 正解は③

タ．瀬戸内海は干満の差が大きく，沿岸で**製塩業**が盛んであった。また，サトウキビを原料とする砂糖は，江戸時代に長崎での輸入が拡大し，「天下の台所」とよばれ，商業の中心地であった大阪（当時は大坂）から全国に流通した。よって，瀬戸内海・大阪から浜田に向かう経路Ｊで運ばれた商品には「砂糖・塩」が当てはまるが，やや詳細な知識であるため消去法で考えてもよい。すなわち，**米**は北陸地方や東北地方での生産量が多く，昆布は北海道や東北地方が主な産地となっている現状から，先に「米・昆布」を経路Ｋで運ばれた商品と推察することができるだろう。

チ．石見焼が確認された地点は，**日本海沿岸**やその近隣に偏在しており，内陸部にほとんどみられない。そのため輸送経路を「陸路」と考える根拠はなく，甕などの陶器は重量が大きいことも考慮すると，「海路」を選ぶことができる。

問6 30 正解は③

①交通空白地域における乗合タクシーは，買い物や通院などでの**移動手段**となるため，Ｑが指摘する「日常生活における利便性」の向上につながる。

②地元で水揚げされる水産物は，「地域産品」に当たる。そのブランド化を図ることは，Ｓが述べるようにその魅力を宣伝するうえで有効である。

③**伝統行事**は，Ｐで触れられた「地域文化」の一つの要素である。その保存・継承を通じて，地域文化に対する住民の理解や愛着が深まることが期待できる。

④**サテライトオフィス**とは，企業や団体の本拠地から離れた場所に設置されるオフィスをいう。サテライトオフィスを整備することで，Ｒが言及するように「働く場所」が確保されるため，都市などからの移住者が増加する可能性がある。

地理B 本試験

問題番号(配点)	設問	解答番号	正解	配点	チェック
第1問 (20)	問1	1	②	3	
	問2	2	①	3	
	問3	3	②	4	
	問4	4	①	2	
		5	⑤	2	
	問5	6	⑤	3	
	問6	7	④	3	
第2問 (20)	問1	8	②	3	
	問2	9	③	3	
	問3	10	④	4	
	問4	11	④	4	
	問5	12	③	3	
	問6	13	③	3	
第3問 (20)	問1	14	①	3	
	問2	15	⑤	3	
	問3	16	⑥	4	
	問4	17	②	4	
	問5	18	①	3	
	問6	19	①	3	

問題番号(配点)	設問	解答番号	正解	配点	チェック
第4問 (20)	問1	20	③	3	
	問2	21	③	4	
	問3	22	③	3	
	問4	23	②	3	
	問5	24	④	4	
	問6	25	①	3	
第5問 (20)	問1	26	⑤	3	
	問2	27	②	3	
	問3	28	⑤	4	
	問4	29	③	4	
	問5	30	②	3	
	問6	31	③	3	

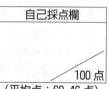

自己採点欄 / 100点
(平均点：60.46点)

2 2023年度：地理B／本試験〈解答〉

第1問 標準 自然環境と自然災害

問1 1 正解は②

モンスーンは季節風のことで，毎年，季節によって風向きを変えて吹く風である。
大陸と海洋の比熱の違いなどにより，夏は海洋から大陸へ，冬は大陸から海洋へ向
かって吹く。そのため，時間的には数カ月から半年ほどのスケールで発生し，1年
を超えることはないと考えられるだろう。よって②が該当する。なお，低気圧・台
風は時間スケールが最小の①，エルニーニョ・ラニーニャ現象は半年から数年程度
続くため③，地球温暖化は，背景が18世紀後半の産業革命以降の経済活動にある
との考えもあり，時間・空間スケールが最大の④が該当する。

問2 2 正解は①

図2のサンゴ礁とマングローブの分布を示すアとイを比較すると，イの方が分布地
域が少なく，中央アメリカの太平洋岸とブラジルの北東岸には分布していないこと
が読み取れる。サンゴ礁とマングローブの生育適地を想起すると，サンゴ礁は海水
温が25〜29℃と高く，透明度の高い，比較的水深の浅い海域に形成される。一方，
マングローブは熱帯・亜熱帯の海岸線や河口付近の汽水域に生育することが浮かん
でくるだろう。そこで，中央アメリカの太平洋岸は，周辺から流れ込む寒流の影響
で水温が低いこと，また，ブラジルの北東岸はアマゾン川から流れ込む土砂などで
海の透明度が低いことが想起されると，いずれもサンゴ礁の形成には適さないと考
えられる。よって，サンゴ礁の分布はイ，マングローブは残るアが該当する。次に
図3中，海流の向きについては，赤道を基準に流れる方向を考えるとよい。海流は，
海洋上を吹く風の影響を受け，太平洋，大西洋とも北半球では海洋の西側から極方
向へ北上し，時計回りで東側を赤道方向へ南下して流れる。南半球ではその逆に，
海洋の西側から極方向へ南下し，反時計回りで東側を赤道方向へ北上して流れる。
図3の地域は太平洋の東側，大西洋の西側にあたるため，AからBに向かって流れ
ている。

問3 3 正解は②

図4の各都市の気温分布の等値線図について，縦方向に描かれた線は，1日を通し
ての気温の大きな差がなく，それより季節による変化が大きいことを表す。また，
横方向の線は，1年を通して同時間帯の気温に大きな差がなく，季節より時間帯ご
との変化が大きいことを表すと確認しておくとよい。カは2月をピークに，12月
から2月の昼間の気温が高く，季節により気温の緩やかな変化があることが読み取
れる。よってパースが該当する。キは年間通して昼間の気温がほぼ一定で，季節に
よる気温差より時間帯による気温差が大きいことが読み取れる。高山地帯にみられ

2023年度：地理Ｂ／本試験〈解答〉　**3**

る気候と考えられ，**ラパス**が該当する。**ク**は等値線が狭い間隔で数多く描かれていることが読み取れる。年較差が大きく冬の寒さが厳しい気候と考えられ，**ヤクーツク**が該当する。

問4　|4|・|5|　正解は①・⑤

文Ｊに当てはまる地域を考えると，火山は大地形のうち，ハワイ諸島などを除き主に新期造山帯に分布するので，図5中，西インド諸島東部を示した①，イタリア半島を示した⑤が該当する。文Ｋの説明において，頻繁に襲来する熱帯低気圧としてはハリケーンが考えられる。カリブ海周辺で発達することから①が該当する。よって，ＪとＫの両方に当てはまる地域は①，Ｊのみに当てはまる地域は⑤が該当する。

問5　|6|　正解は⑤

図7をみて，**海洋プレート**と**大陸プレート**の**境界**の位置を想起しながら検討するとよい。図6中，**タ**は図の東と西の2カ所に震源の分布がみられる点に注目しよう。東側の分布は太平洋プレートがフィリピン海プレートに沈み込む境界にあたる。一方，西側の分布はフィリピン海プレートがユーラシアプレートに沈み込む境界にあたり，南西諸島を形成していると考えられる。よってＲが該当する。次に，**チ**と**ツ**は，太平洋プレートが北アメリカプレートに沈み込んで海溝型地震が起こり，東から西に向かって斜めに深い深度まで震源が分布している。分布の形が似ているが，そのうち**ツ**は，東から西にかけて地表近くの浅い地点で地震が起こっていることが読み取れる。フィリピン海プレートが南から沈み込み，フォッサマグナなどもあることから，複雑な地質構造が形成され，多くの活断層が走ることにより，大陸プレート内で直下型地震が起こったと考えられるだろう。よって，関東地方から中国地方が含まれるＱが該当する。**チ**は残るＰが該当する。

問6　|7|　正解は④

マ．ＹからＸが該当する。都市化以前の森林や田畑が広がる状況を想起しよう。豪雨が発生し降水量が急に多くなっても，森林や田畑が水を吸収することで水が河川に一気には流れず，水位は徐々に上昇し，その後，森林や田畑が吸収した水が減っていくと，水位は徐々に下降していくと考えられるだろう。それに対し，都市化が進み，堤防などの防災施設が整備されると，河川の周辺から一気に河道に水が流れ込み，水位が上昇すると考えられる。

ミ．nが該当する。降水量が急に増加すると水位が急上昇する主な要因は，周囲の土地の保水機能が減少し，一気に河川に流れ込むことと考えられる。保水機能の減少は，地表面の舗装などによると考えられるだろう。遊水地や放水路が造られると，河川の水の逃げ場が与えられ，水位は急上昇しないと考えられる。

4 2023年度：地理B／本試験〈解答〉

第2問 標準 資源と産業

問1 8 正解は②

① 不適。図1では教会や集落を囲む濠は読み取れない。周囲を濠に囲まれた集落は
環濠集落と呼ばれ，日本では奈良盆地などにみられる。

② 適当。図1を見ると，耕作地に関しては，春耕地，秋耕地，休閑地と3つの農地
に区分されている。これらの農地を毎年順に入れ替え，地力維持のため休閑地を
設け家畜を放牧したところが特徴で，中世ヨーロッパに広くみられるこのような
農法は三圃式農業と呼ばれる。

③ 不適。耕作地が短冊状に分割されているのは，当時の，大型の犂を家畜にけん引
させての耕作では方向転換が難しく，耕地を細長く分割する必要があったためで
ある。土壌侵食を防ぐための農法としては，等高線耕作が知られる。

④ 不適。住居は模式図の下方にある教会に隣接して，まとまって集落を形成してい
たことが読み取れる。

問2 9 正解は③

与えられた指標のうち，耕作地に占める灌漑面積の割合は，降水量の乏しい乾燥地
域や耕作に豊富な水を必要とする稲作地域で高いと考えられる。また，1 ha 当た
りの穀物収量は，労働力や機械，肥料などを多く投入する集約的農業地域や近代的
農業地域で高いと考えられる。図2中，東アジアは集約的農業が行われており
1 ha 当たりの穀物収量は多いと考えられ，②か③が該当する。そのうち，稲作地
域が大きな割合を占めるため，耕作地に占める灌漑面積の割合が高いと考えられ，
③が該当する。なお，アフリカは①，中央・西アジアは④，ヨーロッパは②が該当
する。

問3 10 正解は④

① 不適。現在普及している遺伝子組み換え作物の一部は，雑草を取り除くために用
いられる除草剤に対して耐性をもつ遺伝子を組み込んだ品種であり，むしろ農薬
を使用することが栽培の条件になっている。

② 不適。OECD 加盟国は主に先進国で構成され，図3に示された遺伝子組み換え
作物の栽培国中では，アメリカ合衆国，カナダなど数カ国にとどまる。それに対
し発展途上国はアフリカ，東南アジアなどに 10 カ国以上示されているので，発
展途上国の方が多い。

③ 不適。栽培面積の上位5か国のうち，インドでは主に，労働力を多くかける集約
的で自給的な稲作や畑作が行われている。5か国すべての国で企業的な大規模農
業が中心に行われているとはいえない。

④**適当**。遺伝子組み換え作物は人体や環境への影響が懸念されているため，世界では，栽培を食用の作物以外に限定する国や，栽培自体を禁止している国もある。日本では，現在遺伝子組み換え作物の食用の商業的な栽培は行われていない。一部の品目について海外からの輸入は行われているが，その利用に際しては表示が義務付けられている。

問4　11　正解は④

図4中Aは，カザフスタンなど中央アジアの国やニュージーランドが高位または中位で示されている点が，B，Cとは異なる点に注目しよう。これらの国は冷涼で乾燥した気候が広がり牧羊が盛んなため，**羊肉**が該当する。BはCと比べると，オーストラリア，アルゼンチンが高位を示している点が異なる。企業的牧畜が盛んな国であることから，**牛肉**が該当する。Cはブラジルが高位で示されている。ブラジルは，鳥インフルエンザの発生が広がっていないこともあって，鶏肉の生産が増え輸出量は世界1位である（2019年）。また，世界的な鶏肉の輸出国であり，日本の輸入も多いタイが示されている点にも注目するとよい。よって**鶏肉**が該当する。

問5　12　正解は③

図5中，まずフランスとポルトガルを示す**ア，イ**を検討するとよい。**イ**は海上輸送の割合が極めて高く，道路輸送の割合が低いことが読み取れ，**ポルトガル**が該当する。ポルトガルは伝統的な海洋国家で，スペインとしか国境を接していないため，道路輸送の割合は低いと考えられるだろう。**フランス**は残る**ア**に該当する。次に，輸出額と輸出量を示す**EとF**のうち，Eは海上輸送の割合が高く，Fは航空輸送の割合が高いことが読み取れる。**付加価値の高い高価な製品は航空輸送を利用することが多い**ことから，航空輸送の割合が高く示される**Fは輸出額**，**Eは残る輸出量**が該当する。**重量が大きい品目は海上輸送を利用することが多い**と考えられ，海上輸送の割合が高く示される。

問6　13　正解は③

図6中，**カ〜ク**で示された国はいずれも先進国であるため，人口やGDPなどを考慮して判断するとよい。**カ**は，凡例**X，Y**のいずれも消費量が多い。人口が多く紙の使用量が多い**アメリカ合衆国**が該当する。**キとク**に関しても，**キ**の方が総量が多いことから，人口が多い**ドイツ**が該当する。**ク**は残る**カナダ**が該当する。次に，凡例**X，Y**のうち，ドイツのみXよりもYのほうが多いことに注目しよう。ドイツは，先進国の中でも環境問題に積極的に取り組んでいるため，リサイクルを活発に行っていると考えられ，凡例**Yは古紙**，残る凡例**Xはパルプ**が該当する。

6 2023年度：地理B/本試験〈解答〉

第3問　標準　日本の人口や都市をめぐる諸問題

問1　14　正解は①

図1をみて，まず東京圏と大阪圏を示す凡例AとBを考えよう。ア，イ両地域とも1960年に比べ2018年はAの占める割合が大きく増加している。1960年は日本の高度経済成長期にあたり，地方から**三大都市圏**へ人口が移動したが，近年では**中枢管理機能**や外国企業などの集積が進む東京圏への人口の**一極集中**が進んできた。よって凡例Aは**東京圏**，残るBは**大阪圏**が該当する。次に，四国地方と九州地方を示す**ア**とイについては，**イ**の方が1960年，2018年ともに大阪圏の割合が高い。大阪圏と距離的に近く，古くから経済的な結びつきが強かった地方と考えられ，**四国地方**が該当する。アは残る**九州地方**が該当する。九州地方は大阪圏からも遠いため，距離の差より就業機会の大きさなどが移動先を決める要因になると考えられる。

問2　15　正解は⑤

与えられた指標のうち，まず**工業地区の面積**を考えよう。東京都区部では，政治・経済の中枢機能が高まり，人口が集中し居住地区も増加していることを想起すると，製造業の衰退とともに工業都市としての機能は減少傾向にあるといえるだろう。よって，図2中，唯一，指数が年々減少している**ク**が該当する。次に，**カとキ**は増加傾向にあるが，そのうち**カ**は1990年ごろに大きなピークがあったことが読み取れる。1990年ごろに起こった社会現象を想起すると，バブル経済とその崩壊が浮かんでくるだろう。**バブル経済期**には地価や株価が高騰し，1991年ごろからのバブル崩壊により，それらが急落した。よって，**住宅地の平均地価**が該当する。キは残る**4階以上の建築物数**が該当する。高層建築物が，ある短期間の年度に急増し，急減することは考えにくいであろう。

問3　16　正解は⑥

サ〜スの会話文のうち，サは，1980年代以前から幹線道路が整備されており，周辺は水田や畑が広がっていたことから，現在も目立った土地利用が見られない**F**が該当する。近年，地方都市の郊外には広い駐車場を持つ**ロードサイド店**がしばしばみられる。次にスは，以前は百貨店やスーパーマーケットがあったことから，都市の中心部の駅に近く，買い物客が多く集まる地域に位置すると考えられる。よって**D**が該当する。人口の減少などで商店街のシャッターが閉まったままの**シャッター通り**は，地方都市の中心商店街でしばしばみられる。シは，1980年代以前は水田や畑が広がっていたが，現在は開発が進み新興住宅地に変化していることから，地図中，開発に関連した整然とした道路網もみられる**E**が該当する。

2023年度：地理B／本試験〈解答〉　7

問4　　17　　正解は②

①適当。過疎市町村の面積が都道府県面積に占める割合は，図4をみると，北海道，東北，中国，四国，九州地方で上位の県が多く，三大都市圏以外の地域で高い傾向にあるといえる。

②不適。三大都市圏の老年人口の増加率は，高度経済成長期に三大都市圏に流入した世代が高齢化を迎えた影響で高い傾向が生じたといえるだろう。多くの高齢者が三大都市圏へ移動することは考えにくい。

③適当。特に過疎化が進んでいる農山村地域では，買い物などのための移動が困難な高齢者向けに，**移動販売車**を導入している自治体もある。

④適当。1970年代前後に三大都市圏内の都市郊外に開発された**ニュータウン**では，当時の入居者の高齢化が一斉に進むと，買い物が困難な人々の割合も増加すると考えられる。

問5　　18　　正解は①

まず，**従属人口指数**の意味を確認するため，具体的に人口増減のパターンを表す**人口転換**を想起しよう。人口転換では，多産多死型から多産少死型を経て少産少死型へ変化する。多産多死型では年少人口が多く，その分生産年齢人口の割合が低いので指数は高い。この段階から多産少死型へ移行すると，年少人口の割合が減少するため指数は低くなり，グラフは下降する。多産少死型からさらに少産少死型に移行すると，老年人口が増加するため指数は高くなり，グラフは上昇する。以上のようにグラフの上昇と下降の要因を大まかに押さえておこう。図5中，①〜④のグラフの中で唯一2000年代から下降している④に注目すると，それまでの多産多死型から多産少死型へ移行する後発発展途上国の型と考えられ，**エチオピア**が該当する。①〜③のグラフは2010年代以降，予測値を含めていずれも上昇しているが，そのうち③は，上昇に移る年代が①と②に比べてやや遅れている。しかも1950年代から80年代にかけて上昇，下降と大きな変化がみられる。70年代後半以降の変化が，多産奨励期後の**一人っ子政策**の影響によると考えると**中国**が該当する。残る①，②のうち，**日本は①**が該当する。2000年代からの上昇の伸びが大きいことが，急速に高齢化が進んだことの表れといえるだろう。②は**フランス**が該当する。フランスは高齢化の進行が緩やかであるが，出生率向上の取り組みが行われ，移民の受け入れが多いことも関係していると考えられる。

問6　　19　　正解は①

イギリスに限らず，先進国や産油国など経済力の高い地域へ移動する労働者は，高い賃金を求めるなど経済的な理由で移動することが多い。表1中，**マ**は，1990年では外国生まれの人口が最も多いが，その後，唯一減少している。自国の経済発展

8 2023年度：地理Ｂ/本試験〈解答〉

などで移動する必要が減少したことが考えられるだろう。与えられた３つの国のうち，１人当たり GNI が最も大きい**アイルランド**が該当する。ミとムは，外国生まれの人口が年々増加している。そのうちムは 1990 年には上位の国ではなかったが，2005 年に上位に浮上し，その後急増していることが読み取れる。急増の背景を EU への加盟の影響と想起できると，**ポーランド**が浮かんでくるだろう。ポーランドは 2004 年に EU に加盟しており，EU 域内では人の移動の自由化が図られている。残るミはインドが該当する。インドはかつてのイギリスの植民地で，古くから移動してくる労働者がみられたが，近年は ICT 産業関連の技術者など高学歴の移民も多い。

第4問 標準 インドと中国の地誌

問1 20 正解は③

図１をみて，最も標高が高いＢは**チベット高原**に位置する。ここでは，ツンドラ気候が広がっているため耕地は少なく，土地の多くは裸地か，草地に覆われていると考えられよう。よって表１中，草地・裸地の割合が圧倒的に高い④が該当する。残るＡ，Ｃ，Ｄは，標高はほぼ同じ高さで示されているが，Ａは，東北地方から内モンゴル自治区の乾燥地帯に位置し，耕地と草地が混在すると考えられよう。よって②が該当する。Ｄは，**デカン高原**に位置し綿花栽培の盛んな地域が示されていると考えられ，耕地面積の割合が高い①が該当する。Ｃは，山岳地帯に位置するが，中国南部の温暖湿潤な気候により森林に恵まれると考えられよう。よって森林の割合が高い③が該当する。

問2 21 正解は③

図３中，作付総面積に占める小麦と米の割合を示したア〜ウの設定基準をみると，アは，小麦の割合が 20％以下で米の割合が 20％以上と米作が中心の地域となる。同様にイは両方が栽培されている地域，ウは小麦が中心に栽培されている地域となる。中国で，米と小麦の栽培の境界は**チンリン=ホワイ川線**にあり，その北側は小麦，南側は米が栽培の中心であることを想起しよう。凡例ａはホワイ川下流域の華北平原，インドのヒンドスタン平原に分布している。この地域は稲作と畑作の境界にあたるため，米，小麦の両方が栽培されていると考えられるだろう。よってイが該当する。ｂは中国の華中から華南にかけての広い地域，降水量が多いインドの南東部に分布している。よってアが該当する。ｃは残るウが該当する。中国の華北やパキスタンからインドにかけての**パンジャブ地方**など，冷涼で比較的乾燥した地域に分布している。

2023年度：地理Ｂ／本試験〈解答〉　**9**

問3　　22　　正解は③

①**適当**。図4をみると，1人当たり総生産が高い地域は出生率が低いという負の相関関係があることが，特に中国で明瞭に読み取れる。

②**適当**。2001年と2018年の図を見比べると，2018年のグラフでは中国の分布が横軸方向に大きく広がり，1人当たり総生産の差は中国で大きく拡大したことが読み取れる。

③**不適**。インドでは，1950年代から政府主導の**家族計画**が行われたが，一部で強制不妊手術などの手段がとられた上に，特に農村部の人々の伝統的な考えと合わずに反発を受けた。家族計画が浸透したとはいえない。

④**適当**。中国では，**経済特区**の設置や外国企業の投資が，輸出に便利な沿岸部に集中したため，沿岸部を中心に工業が発展し，沿岸部と内陸部との経済格差は拡大している。

問4　　23　　正解は②

図5をみて，まず運輸・通信業と農林水産業を示す凡例**サ**と**シ**を検討しよう。凡例**サ**は，Ｊ，Ｋ両国とも2000年に比べて2017年では割合が減少していることが読み取れる。両国とも**BRICS**の一員として，近年経済が急速に発展していることから，産業構造の変化が起こったと考えられるだろう。そこで，**サ**は運輸・通信業とは考えにくく，**農林水産業**が該当する。残る**シ**は**運輸・通信業**が該当する。次に，インドと中国にあたるＪとＫの国を考えると，Ｊは，2000年に比べて2017年では運輸・通信業の割合が増加している。よって，今日，情報通信技術（ICT）産業が経済成長を支える重要産業となっているインドが該当する。**インド**は数学やコンピュータ技術教育に力を入れているほか，英語に堪能な技術者が多いことや，時差を利用してアメリカの仕事を引き継ぐことなどが，産業発展の要因になっている。Ｋは**中国**が該当する。世界の工場と呼ばれ中国経済をけん引した鉱・工業の割合は2000年に比べて2017年ではやや減少しているが，サービス業の割合が増加し，先進国の産業構造に近づいていると考えられる。

問5　　24　　正解は④

図6中，まず輸出額と移民の送出数を示す**Ｐ**と**Ｑ**について検討しよう。**Ｐ**では2019年に**タ**，**チ**両国とも500以上を示す大きな単位がオーストラリアへ向かって動いている。移民は経済的に豊かな地域へ職などを求めて移動すると考えると，**移民の送出数**が該当する。**Ｑ**は残る**輸出額**が該当する。次に中国とインドを示す**タ**と**チ**については，**チ**の動きに注目したい。オーストラリアから**チ**への輸出額が1995年に比べ2019年には大きく増加し，さらに**チ**から**タ**への輸出額も増加していることから，**チ**はオーストラリアから石炭，鉄鉱石などを輸入し，工業製品などを**タ**の国に輸出している国と考えられよう。よって**チ**は**中国**，**タ**は**インド**が該当する。

10 2023年度：地理B/本試験〈解答〉

問6 | 25 | 正解は①

マ. 1月が該当する。図7をみると，大まかにSは中国東部やインドシナ半島，ベンガル湾など，図の南側で分布が多い。それに対し，Tは中国北部や中央アジアなど図の北側で分布が多いととらえられる。この季節による広がりの違いが**季節風**によるものと考えると，Sは大陸から海洋に向かって季節風が吹く1月，Tは海洋から大陸に向かって季節風が吹く7月となる。

ミ. **海洋ごみの漂着**が該当する。海洋ごみと<u>土地の塩性化（塩類化）</u>の2つの環境問題を考えると，海洋ごみは，海流に流されて発生国から周辺国だけでなく世界各地へ漂着する可能性が考えられる。それに対し，土地の塩性化は，農地などに過剰に灌漑を行うことによって土中の塩類が地表に集積することで起こる。塩性化の原因となる塩類が，複数の国にまたがって拡大していくことは考えにくい。

第5問 標準 利根川下流域の地域調査

問1 | 26 | 正解は⑤

ア. BとCが該当する。流域は，特定の河川に流れ込む降水の範囲を意味するため，A～Cのそれぞれの地点の川筋をたどって，利根川本流と合流する地点を選ぶとよい。A地点は東京湾に注ぐ荒川の流域にあたる。

イ. 4mが該当する。河川の**勾配**は2地点の標高差÷2地点間の水平距離で求められる。取手と佐原間の水平距離は，図右下の縮尺を用いて約40kmと読み取れる。よって40000m×1／10000を計算して求められる。

問2 | 27 | 正解は②

図2中，E～Hで示されたそれぞれの範囲について，まず地形の起伏から大まかな地形を読み取ろう。Eは湖と利根川にはさまれた平地，Fは一部山地を含む平地，Gは丘陵地，Hは北東部に平地をもつ丘陵地であることが把握できる。図3のグラフのうち，③と④は，森林の割合が高いのでGかHと考えられる。FとEが①と②に該当し，FはEと比べると，主な鉄道が通り市役所もあることから，都市的な土地利用がみられ，建物用地の割合が高いと考えられる。よって②が該当する。なお，Eは①，Gは④，Hは③が該当する。

2023年度：地理B／本試験〈解答〉 **11**

問3 　28　 正解は⑤

J. **b**が該当する。図4をみて，1931年の**a**，**b**周辺の土地利用を比べてみよう。**a**は駅前にあるが，駅の周辺は水田や空き地が目立つ。建物密集地の北西端に位置し，すぐ周囲には水田が広がることが読み取れる。一方，**b**は小野川沿いにあり，建物密集地の中心に位置する。周辺には郵便局，税務署，裁判所などの施設もみられる。よって，古くから中心地として発展していたのは**b**と考えられるだろう。

K. **シ**が該当する。会話文の記述内容も参考にしよう。まず，1932年の橋の分布は，架橋が川幅の狭いところに限られていたことから，河口付近の銚子に分布が示されている**サ**と**シ**は不適と考えられる。よって**ス**が該当する。1981年の橋と渡船の分布が**サ**と**シ**にあたるが，**サ**は分布数が少なく湖付近に3つ集中して分布しており，道路網が整備されてきた状況にあって橋とは考えにくい。1981年の橋は，平地部分に比較的等間隔で分布している**シ**が適当である。

問4 　29　 正解は③

P. **チ**が該当する。利根川の支流への逆流を防ぐには，逆流が起こりやすい本流との合流点に近い地点に設置することが望ましいと考えられる。図6中，**タ**と**チ**のうち，合流点に近い地点は**チ**である。

Q. **f**が該当する。大きな河川の下流域では，堤防を越えて水があふれたり，堤防が決壊して水が流れ出たりすることで洪水が起こる。これを防ぐためには，堤防を高くしたり，補強したりする取組みが有効と考えられるだろう。河川の下流では大量の水が流れるため，ダムを建設するのは，貯まった水の処理が難しいことや，経費の点で適切ではないと考えられる。

問5 　30　 正解は②

国内の養殖生産量

　マが該当する。資料2の表中，**マ**と**ミ**のうち，**マ**は1985年をピークに年々数値が減少している。一方，**ミ**は2000年に1985年の約3倍に増加し，2015年には2000年の4分の1ほどに減っている。ウナギの養殖業は，関連する流通業なども含めた産業として成立していると考えられることから，**ミ**のような数値の急激な増減が起こるとは考えにくいだろう。よって**ミ**は**輸入量**，**マ**は**養殖生産量**が該当する。

空欄X

　tが該当する。資料2の説明文からウナギの生育の過程を読み取ろう。ニホンウナギは，河川などで成長した後，海へ下り産卵すると説明されている。その後，孵化した稚魚は川をさかのぼって再び河川などで成長すると考えられる。よって，川に堰があると稚魚が遡上しにくいと考えられることから，写真1の**s**と**t**のうち，

水産資源の回復に寄与する取組みは t が該当する。 s の護岸の整備は稚魚の遡上に直接影響しないため，適切とはいえない。

問6　31　正解は③
①適当。都市化による農地の分布の変化を調査するには，撮影年代の異なる**空中写真**を利用し，土地利用の実態を知ることは有効である。
②適当。橋の開通による住民の生活行動の変化を調査するには，生活行動についての地域住民への**聞き取り調査**は有効である。
③不適。防災施設の整備による住民の防災意識の変化を知るには，住民への聞き取り調査などが有効であろう。GIS を用いて人口の変化を調べても意識の変化の調査はできない。
④適当。環境の変化による利根川流域の漁獲量の変化を調査するには，図書館やインターネットの資料を活用し，情報を集めることは有効である。

2023年度：地理B／追試験〈解答〉 13

地理B 追試験

2023 年度

問題番号（配点）	設 問	解答番号	正 解	配 点	チェック
第1問（20）	問1	1	①	3	
	問2	2	③	4	
	問3	3	②	3	
	問4	4	③	4	
	問5	5	③	3	
	問6	6	②	3	
第2問（20）	問1	7	④	3	
	問2	8	①	3	
	問3	9	①	3	
	問4	10	②	4	
	問5	11	②	4	
	問6	12	①	3	
第3問（20）	問1	13	②	3	
	問2	14	②	3	
	問3	15	③	3	
	問4	16	①	3	
	問5	17	⑥	4	
	問6	18	④	4	

問題番号（配点）	設 問		解答番号	正 解	配 点	チェック
第4問（20）	A	問1	19	④	3	
		問2	20	④	3	
		問3	21	①	4	
		問4	22	④	4	
	B	問5	23	②	3	
		問6	24	②	3	
第5問（20）		問1	25	②	3	
		問2	26	③	3	
		問3	27	④	3	
		問4	28	②	4	
		問5	29	①	3	
		問6	30	②	4	

自己採点欄

100 点

14 2023年度：地理Ｂ/追試験〈解答〉

第1問 やや難 自然環境と自然災害

問1 　**1**　 正解は①

ア～エの地点は，いずれも北半球の中緯度に位置していることが確認できる。よって，③のみ夏季（8月）に「最少雨月」が現れていることになるので，地中海性気候区に位置するイと考える。①・②・④は，いずれも「最少雨月」が冬季に当たっているが，②の「最少雨月の降水量」48.2mmは，「年降水量」775.2mmを月平均に換算した数値（775.2÷12＝64.6mm）を若干下回る程度である。すなわち，年間を通して比較的湿潤といえる②は，海洋からの偏西風が吹き込むアとなる。一方，冬季の少雨が顕著な①・④は，シベリア気団の影響を受けるウ・エのいずれかであるが，「年降水量」の多い①を臨海部に位置するエ，少ない④を内陸部に位置するウと判断すればよい。

問2 　**2**　 正解は③

河川の流れる方向は，「下流にある湖には，雨季に上流で降った雨水が流入する」ことを手がかりに考える。流域Ａは，図1よりアフリカ大陸北中部を横断するサヘルに当たることがわかり，熱帯収束帯（赤道低圧帯）が北上する雨季に南部で多雨となる。よって，上流が南部のｄ，下流が北部のｃと推察する。Ｆについては，サハラ砂漠の南縁を占める半乾燥地域のサヘルでは，人口爆発を背景に燃料となる薪炭材の伐採や食料を得るための家畜の飼育頭数が急増し，砂漠化が深刻化していることが知られており，カは正しい。北アフリカの乾燥地域では山麓付近から延びる地下水路（フォガラ）を用いた灌漑農業もみられるが，流域Ａでは主に内陸河川からの用水が得られるため，キは不適。

問3 　**3**　 正解は②

「過去数千年間の侵食の速さ」が最も大きく，「最近数十年間の侵食の速さ」も比較的大きいサは，起伏の大きい新期造山帯の山脈（アペニン山脈）が該当すると考えられ，地震を引き起こす「活断層」の存在に触れているＪとなる。シとスはともに，過去の侵食速度が小さかったものの，特にスについては最近の侵食速度が大きくなっている点に注目する。設問文中に，侵食の速さは「土地利用などの影響を受ける」ことが指摘されているので，スで進んでいる侵食には「森林伐採」が関係していると考え，Ｋが該当する。一方，「森林に覆われている」山脈・高原では侵食が抑えられていると考えられ，シはＬとなる。なお，スは近年になって熱帯林の開発が進み，モンスーンの豪雨による土砂災害も頻発しているスリランカ高原，シはグレートディヴァイディング山脈と考えられる。

2023年度：地理B/追試験〈解答〉　**15**

問4　4　正解は③

　熱帯低気圧は，水温の高い熱帯付近の海洋から得られる水蒸気を主なエネルギー源として発生した後，**中緯度方向に移動**することが多い。移動方向が概ね南西であることを示している①と②は，南半球の海域PまたはSである。ただし，地球の自転と恒常風の影響を受けて南半球の主要な海流は反時計回りに進行するため，オーストラリア西岸の沖合では**寒流**（西オーストラリア海流）が北上して水温が低くなっている。よって，Pは東部で熱帯低気圧の発生がみられない①，Sは②となる。北半球のQとRには，太平洋東部からの海水が，強い日射を受けて暖められながら**貿易風**により運び込まれるが，より西方に位置するQの方が，Rよりも暖水の蓄積量が多くなると考えられる。したがって，熱帯低気圧の発生数が多い④がQ，東部を中心に発生数が少ない③をRと判断する。

問5　5　正解は③

　日本海側のXとYの地点のうち，高緯度の東北地方に位置するXは，周辺が**豪雪地帯**に当たるため，3〜4月に雪解け水が流れ込んで流量が急増するチが当てはまる。太平洋側に位置するZと比べると，Yも冬季に日本海から吹き込む**北西季節風**の影響で降水や降雪が多いため，12〜3月の流量の割合が高いタとなる。九州南部に位置するZは，**梅雨前線や南東季節風**の影響で周辺の降水が多くなる夏季の流量割合が特に高いツである。

問6　6　正解は②

　図7の中央部に広がる平坦地は，東部から南部にかけて「河道」がみえるように，河川が流路の変更を繰り返しながら形成した**氾濫原**である。よって，現在の「河道」に沿って細長く湾曲しながら分布する凡例ミが旧河道，その近辺に分布するマが自然堤防になる。北西部の起伏の大きな地形は山地に当たると考えられ，その麓に広がるムは扇状地である。南東部に分布するメは，図7より**平坦な高台**で占められている様子が読み取れ，台地・段丘となる。標高が高く，平坦なメ（台地・段丘）では，他の凡例と比較して浸水の危険性が低く，縁辺部を除いて土砂災害の危険性も低いので，②が正解となる。なお，①はマ（自然堤防），③はミ（旧河道），④はム（扇状地）の危険性について述べている。

第2問　標準　資源と産業

問1　7　正解は④

　近年，工業化が急速に進展した中国やインドでは，金属の需要が増大し，アルミニウム，粗鋼ともに生産量が多くなっている。特にアルミニウムは，精錬時に大量の

16 2023年度：地理Ｂ/追試験〈解答〉

電力が必要になるため，水力発電が主力のカナダや豊富な石炭を用いた火力発電が
行われているオーストラリアなど，**発電コスト**が比較的安価な国が主な生産国とな
っており，最近では天然ガスに恵まれるアラブ首長国連邦も成長している。よって，
アがアルミニウム，日本や韓国が含まれるイが粗鋼の生産国を示している。ボーキ
サイトは，**ラトソル**が分布する熱帯地域での埋蔵量が多く，オーストラリア北部の
ほか，西アフリカやカリブ海諸国に分布するＡが主な産出地である。鉄鉱石は先カ
ンブリア時代の**基盤岩**に多く埋蔵しており，**楯状地**が広がるオーストラリア西部や
ブラジル東部，北アメリカ北東部などに分布するＢが主な産出地となる。

問2　8　正解は①

①**適当**。ツナ缶詰の原料となるカツオ・マグロ類は，**暖かい海域**を中心に生息して
いるので，インド洋に分布する生産量が1％以上の島嶼国（モルディブ，セーシ
ェル，モーリシャス）の近海で漁獲されていると考えられる。

②**不適**。ヨーロッパでツナ缶詰の生産量が多い国は，内陸国ではなく，海洋に面し
たスペインとイタリアであることが読み取れる。

③**不適**。アメリカ合衆国，スペインともにツナ缶詰の輸入量が比較的多いので，
「自国生産によって，国内需要のほとんどを充足している」とはいえない。

④**不適**。西アジアのアラブ首長国連邦とサウジアラビア，北アフリカのエジプトと
リビアなどが，ツナ缶詰の輸入量について世界計に占める割合が1％以上の国に
当てはまる。これらの国々ではツナ缶詰の消費が多いと考えられる。

問3　9　正解は①

いずれの地域においても，まず漁業が先行して営まれ，水産資源に対する需要の高
まりを背景に養殖業の成長が促されたと考えられるため，Ｄを漁獲量，Ｅを養殖業
生産量と判断する。**太平洋南東部**を主要な操業海域としている南アメリカの太平洋
沿岸国は，**エルニーニョ現象**に伴って中心的な魚種である**アンチョビー（カタクチ
イワシ類）**が不漁になるなど漁獲量が不安定な傾向が強く，カである。一方，キが
東南アジアで，1990年代より日本などへの輸出を指向した**エビ**の養殖業が本格化
したが，**国内市場**が成長した近年は，内水面で魚類（ナマズ科，コイ科など）の養
殖量が急増している。

問4　10　正解は②

米（稲）は，高温多雨の気候下で生育するので，1年間に3度も栽培する三期作が
行われている③は，**赤道**付近に位置するインドネシアである。10〜12月に作付し，
3〜5月に収穫が行われる④は，北半球と**季節関係**が逆転するチリ中南部である。
①と②の判別については，11月中頃までに収穫が終了する①を高緯度側に位置す

2023年度：地理B/追試験〈解答〉 **17**

るイタリア，12月まで収穫が行われる②をギニア湾岸に位置するコートジボワールと考えればよい。

問5 　11　　正解は②

サとシの判別に関しては，広い範囲で**自給的**な農業が営まれ，人口規模の大きいアジアと人口増加が著しいアフリカにおいて，両期間ともにサの数量がシを大きく上回っていることから，サを輸入量，シを輸出量と判断できる。輸出量（シ）の多いGとHについては，輸入量（サ）がきわめて少ないHに対し，Gでは輸入量（サ）も比較的多くなっている点が異なる。ヨーロッパは，域内関税が撤廃されている**EU（ヨーロッパ連合）** の加盟国を中心に相互貿易が活発なので，輸出量・輸入量とも多いGが該当する。一方，輸出を指向する**企業的な穀物農業**が発達している北アメリカ（アメリカ合衆国，カナダ）がHとなる。

問6 　12　　正解は①

有線回線網の整備が必要となる固定電話は，先進国と比較して発展途上国で普及が遅れた。一方，無線通信の**基地局を配置**することで利用可能な携帯電話は，先進国だけでなく，国土面積の広い発展途上国でも急速に普及した。これらを踏まえると，1997年時点で「百人当たりの固定電話契約数」が多かったJがオーストラリア，低かったKとLはブラジルとモンゴルのいずれかとなる。そのうち，BRICSに数えられる**新興国**のブラジルは「百人当たりの携帯電話契約数」が1997〜2007年に先行して大きく伸びたK，経済水準の低いモンゴルは遅れて2007〜2017年に伸びたLと考える。

第3問　標準　日本の人口や都市

問1 　13　　正解は②

アとウはいずれも，1970年の0〜4歳の人口が20％近くに達するなど，**年少人口**の比率が高かったことから，カードは当時の出生率が高かったAまたはBである。一方，2010年の年少人口の比率は，アで依然として高い状態を保っているのに対し，ウでは大きく低下している。よって，アは出生率の低下が鈍いA，ウは**人口転換**が進んで出生率の低下が顕著なBと判断できる。イの年齢別人口構成は，1970年時点で日本と類似していたが，その後に**少子高齢化**が急速に進んだ日本と比較して，変化が小さい。したがってイは，1970年の出生率と死亡率が日本に近似しており，その後の変動が小さいCが該当する。

18 2023年度：地理Ｂ/追試験〈解答〉

問2 　14　 正解は②

現代世界では，**雇用機会**や高い**賃金水準**を求めて，発展途上国から先進国に向かう人口移動が主流となっている。よって，期間中の社会増加率がマイナスの傾向を示している③と④を，発展途上国のベトナム，メキシコのいずれかと考える。メキシコは，陸上で国境を接する**アメリカ合衆国**へ継続的に人口が流出しており，③が該当する。ベトナムは④となるが，特に 1970 年代後半には，ベトナム戦争を経て南北を統一した**社会主義体制**に不安や不信を抱く人々の国外脱出が相次いだ。一方，ヨーロッパ諸国では第二次世界大戦後の経済成長期に**労働力不足**が顕在化し，旧植民地や近隣国などから多くの労働力が流入した。よって 1960 年前後の社会増加率が特に高くなっている①をフランスと判断する。日本では国内の雇用を守るために，専門職などを除いて外国人労働力の流入を規制してきたため，社会増加率は他の先進国と比べて低い状態が続いており，②が該当する。国内の労働力不足を背景として 1990 年代以降，**定住者**や**技能実習生**の受け入れも進んだが，総人口に対する比率は依然として低い。

問3 　15　 正解は③

①**正しい**。経済水準がきわめて高いアメリカ合衆国では世界各地にルーツをもつ人々が暮らしているが，とりわけ 20 世紀後半以降，**ヒスパニック**（ラティーノ）と呼ばれる中南アメリカからの移民が増加している。ヒスパニックの多くは**カトリック教徒**で，多産傾向が認められる。

②**正しい**。かつての日本と同様に，経済成長が進展しているアジアの新興国では高い所得が得られる企業への就職機会を獲得するために，大学への進学率が上昇している。OECD によれば，2020 年の 4 年制大学への進学率は，日本の 50.8 ％に対し，韓国は 66.0 ％となっており，教育費の家計への負担は大きいと考えられる。

③**誤り**。**合計特殊出生率**は，1 人の女性が生涯に産む子どもの平均人数を表すとされる。平均寿命が延びたことと，子どもの数が少ないことに直接的な因果関係は認められない。平均寿命の変化には，紛争の勃発や食事の内容など各国のさまざまな事情に加え，**医療技術の進歩**などによる**乳幼児**を中心とした死亡率の低下がしばしば関わっている。したがって，1965 年に独立したシンガポールよりも先に経済成長をとげた日本の方が早くから医療体制が整い，平均寿命が延びたと考えられる。

④**正しい**。経済発展とともに人口転換が先行したヨーロッパでは，日本よりも早くから**少子高齢化**に直面してきた。特に北ヨーロッパ諸国は，各種手当の支給や医療費・教育費の負担軽減といった高水準の**福祉政策**で知られるが，その基盤は国民による多額の税負担であり，女性にも就労と納税が社会的に求められてきた。1960 年代に女性の労働市場への進出が活発化したノルウェーでも，就労と出産・

育児の両立を支援するために，育児休業期間を父親にも割り当てる制度が 1993
年に世界で初めて導入された。

問4　16　正解は①

問3の④で触れたように，北ヨーロッパ諸国では国民による多額の**税負担**が高水準
の福祉の基盤となっているため，「租税負担率」が最も高いスがデンマークに該当
する。サとシは，「社会保障負担率」に明瞭な差がみられ，数値が低いシをアメリ
カ合衆国と考える。アメリカ合衆国では，**民間の保険会社**による活動が中心で，す
べての国民が加入する公的な医療保険制度は存在しない。対照的に国民皆保険制度
が 1960 年代に確立された日本は，「社会保障負担率」が比較的高いサとなる。

問5　17　正解は⑥

単独世帯の割合は，大都市圏の中心に位置する東京都，大阪府と北海道，高知県な
どの一部の地方圏で高くなっているツである。就業機会が豊富で，大学も多く立地
する大都市圏の中心部は，**地価**が高いものの，居住空間が相対的に狭く，費用を抑
えられる一人暮らしの世帯が多い。若年層の流出が進んだ地方圏では，残留した住
民の**高齢化**とともに，単独世帯の割合が高まってきた。平日の平均通勤・通学時間
は，公共交通網の整備が進み，郊外から中心部への移動が活発な大都市圏が高位を
占めるタである。よって，夫婦共働き世帯の割合は，残ったチとなる。地方圏の中
でも高位の県が多く分布する東北・北陸地方は，ツで単独世帯の割合が低いことを
読み取れたように，**三世代同居世帯**の割合が高い傾向が知られており，祖父母世代
の存在が同居する母親の就労と育児の両立に寄与している可能性がある。

問6　18　正解は④

①**正しい**。この地域は，「東京都区部などへ鉄道で通勤する人が多くみられ」るこ
　とが述べられており，駅付近に立地する保育所は利便性が高いといえる。

②**正しい**。駅Xの半径 500ｍ以内に，6歳未満世帯員のいる世帯数が2倍以上増
　加した地域（メッシュ）を読み取れ，保育所の需要が高まったと考えられる。

③**正しい**。2000 年以前に開設された保育所は8カ所に留まるが，2001〜2015 年は
　39 カ所を数えることができる。さらに 2016 年以降の6年間では 50 カ所に達し，
　開設のペースは加速している。

④**誤り**。就学前の子どものいる世帯数が2倍以上に増加した地域（メッシュ）は，
　北部の1カ所，駅X周辺の4カ所，南東部の3カ所である。しかし，いずれの地
　域にも定員の多い保育所は立地していない。定員が比較的多い保育所は，2000
　年以前に開設された保育所を中心に，北西部，南西部，東部などに分布している。

20　2023年度：地理Ｂ／追試験〈解答〉

第4問 ── 地中海周辺の地域の地誌

A　標準　《地中海周辺の地域の自然と社会》

問1　19　正解は④

大西洋に面したポルトガルおよびスペインに集まっているアは，風力である。一帯では安定した**偏西風**を利用して発電が行われているが，他地域でも海洋からの強い風を得やすい沿岸部や風が吹き抜ける山地を中心に風力発電所が立地している。アルプス山脈周辺やトルコ南東部の山岳地帯に多くみられるイは，水力である。水力発電は，**豊富な水**と**地形的な落差**を得やすい地域で盛んで，アルプス山脈周辺は**融雪水**に恵まれる。アフリカ大陸の北東部を流れるナイル川に建設されたアスワンハイダムに注目してもよい。イタリアとトルコに偏在しているウは，地熱である。地中に存在する熱水からの蒸気を利用する地熱発電は，火山が分布するような，マグマからの熱を得やすい地域で実用化されている。地中海周辺の地域は，太平洋周辺と比較して火山の数は少ないが，イタリアやトルコには活動的な火山が複数みられる。

問2　20　正解は④

①適当。アルプス以北のヨーロッパ諸国には，年間を通して冷涼で，雲に覆われることも多い湿潤な気候（西岸海洋性気候区）が広がっている。低緯度側に位置するモロッコは，気温が高いうえ，地中海性気候区が占める北部を含めて乾燥傾向が強く，**日照時間**が長い。モロッコにおけるトマト生産は，気候条件の違いをいかして，市場の端境期にも出荷できる**輸送園芸**に当たる。

②適当。**経済連携協定（EPA）**では，貿易における関税の減免だけでなく，サービスや資本の移動自由化など，広範な協力関係の構築が目指される。EUやヨーロッパ諸国との経済連携協定の締結が進むと，**労働費**などが安価なモロッコへの投資が増加する可能性が高い。また，2000年代後半以降にトマトの輸出量が増加した様子は，図2から読み取れる。

③適当。1994年と比べて2019年の栽培面積が縮小したにもかかわらず，トマトの生産量は増加している。よって，栽培面積当たりの生産量（**土地生産性**）は向上したといえる。

④**不適**。1994年時点では，「輸出量」のほぼ全てを「EU諸国向け輸出量」が占めていたが，2019年は約60万トンの輸出量に対し，EU諸国向けの輸出量は約50万トンに留まっており，割合は低下したと判断できる。

2023年度：地理Ｂ/追試験〈解答〉　**21**

問3　21　正解は①

「1万人当たり輸入台数」が多いＤとＥは，**経済協力開発機構（OECD）**に加盟している先進国のイスラエルかスペインのいずれかである。そのうち，「1万人当たり輸出台数」が多いＥが，1980年代のヨーロッパ共同体（EC）加盟後に外国資本が進出して**輸出指向型**の自動車工業が成長したスペインとなる。「1万人当たり輸入台数」が少ないＦは，発展途上国のモロッコであるが，2005年から2015年に「1万人当たり輸出台数」が増加した背景には，問2の設問文に記されているように「1990年代以降にEUやヨーロッパ諸国との**経済連携協定の締結**」が進み，安価な労働力などを求める**ヨーロッパ系資本**が進出し，工業化が進展したことがあげられる。

問4　22　正解は④

紛争や政情不安をかかえ，治安問題も深刻なシリア，イエメン，アフガニスタンなどに多くの観光客が流入しているとは考えにくく，キは国際援助額と判断する。一方，トルコやキプロスなどの地中海沿岸諸国のほか，近年の経済成長を基盤に**リゾート開発**が進むアラブ首長国連邦でも多くなっているカが，観光客数である。ＪとＫの判別については，かつての宗主国・植民地間のつながりに注意するとよい。Ｋからの観光客が多く訪れるモロッコやチュニジアは，**旧フランス領**であるためフランス語も通じやすい。すなわち，Ｋはフランスである。なお，アフガニスタンやイエメンは**旧イギリス植民地**であり，国際援助額が多いＪはイギリスとなる。

B　標準　《地中海周辺の地域の文化や経済》

問5　23　正解は②

①**適当**。衛星画像より，セビリアもチュニスも西側では幅が狭く屈曲の多い街路網が，東側では幅が広く直線的な街路網が読み取れ，東西の市街地で形成時期が異なると推察できる。

②**不適**。イスラーム（イスラム教）の普及とともに形成された両都市の旧市街は，外敵の侵入に備えて**迷路状**の街路網が施されたとされる。「道の幅」が広い東部は，いずれの都市も新市街である。

③**適当**。スペイン南部の地中海性気候区に位置するセビリアには，晴天に恵まれる夏季を中心に，多くの国際観光客が**バカンス**で訪れる。

④**適当**。「住民の日常生活」を支える機能の一つに，日用品を扱う店舗が集まる伝統的な市場がある。チュニスを含むイスラーム都市の旧市街には，アラビア語で**スーク**，ペルシア語では**バザール**とよばれる市場が存在している。

22　2023年度：地理B／追試験〈解答〉

問6　24　正解は②

イスラームの社会的な影響が強いチュニジアは，第2次産業，第3次産業にかかわらず，男性に対して女性の就業別人口割合の低さが明瞭な右列（②・④）と判断する。スペインを指す左列のうち，①では男性の割合に大きな変化がみられないものの，女性の割合が上昇したために，1991年から2019年の期間に全体の就業人口割合が伸びたことがわかる。対照的に，③では女性の割合に大きな変化がみられないものの，男性の割合が低下し，全体の就業人口割合も低下していることがわかる。一般的に先進国で，第2次産業から第3次産業へ**産業構造の転換**が進んでいることを想起すれば，スペインで就業人口割合が上昇した①を含む図6の上段が第3次産業，スペインで低下した③を含む下段が第2次産業とみなすことができる。

第5問　標準　高知県須崎市周辺の地域調査

問1　25　正解は②

交通機関の特性を考慮すると，**遠距離**への旅客輸送では航空機の利用割合が高まり，**近距離**では自動車の利用割合が高くなることが想定される。高知県はいずれの都府県とも移動距離が長いので，アを航空機と考える。一方，香川県は，**本州四国連絡橋**（児島・坂出ルート）により**太平洋ベルト**の各地域と高速鉄道（**新幹線**）で結ばれている岡山県へのアクセスが良いほか，徳島県を経由すれば神戸・鳴門ルートを通って大阪府を含む近畿地方にも直接移動できる。よって，香川県から愛知県，福岡県への旅客割合が高いウを鉄道，大阪府への割合が高いイをバスと考える。

問2　26　正解は③

①適当。図2より，新荘川の流路と須崎湾から北西に伸びる国道の大部分が一致している様子を読み取れる。

②適当。須崎湾の海岸線は出入りが激しく，図3から丘陵地が沈水して形成された**リアス海岸**であることがうかがえる。

③**不適**。砂州は，**沿岸流**によって運搬された土砂が堆積し，湾を閉塞するように発達した細長い砂浜地形である。須崎湾の湾奥から約2km内陸側の吾桑駅は，図3から谷沿いに位置していることが読み取れ，砂州上には当たらない。

④適当。新荘川がつくった谷と，吾桑駅が位置する谷とは蟠蛇森を頂上とする山で隔てられている。蟠蛇森から吾桑駅方面に流れた水は，須崎駅の北方で須崎湾に注ぎこみ，新荘川には流入しない。

問3　27　正解は④

①不適。「富士ヶ浜」では，**護岸**が施され，一部で灯台や突堤も整備されたが，砂

浜が広がる景観に大きな変化は認められず，須崎港沿岸のような埋め立てが実施されたわけではない。

②**不適**。「セメント工場」は，かつて水田が営まれていた丘陵地の谷間に建てられている。なお，工場の南西側に分布していた丘陵は，削られて平坦地に改変されている。

③**不適**。「池ノ内」の水田地帯では，直線的な道路網が整備されているが，「ため池」は大部分が残されている。

④**適当**。「池山」の北側には，市役所と警察署が立地している。さらに，かつて水田が広がっていた低地とその周辺に建物が整然と並ぶ住宅地が整備されている様子も読み取れる。

問4 28 正解は②

①**正しい**。高知県では，ミョウガの作付面積（108ha）がキュウリ（117ha）より狭いにもかかわらず，ミョウガの産出額（94億円）はキュウリ（71億円）を上回っている。よって，単位面積当たりの産出額はキュウリよりミョウガの方が高いといえる。

②**誤り**。須崎市のミョウガの作付面積（70ha）は，高知県（108ha）の約65％を占めているが，ショウガの作付面積（6ha）は高知県（434ha）の約1.4％に過ぎず，キュウリ（約21％）よりも低い。よって，ショウガの生産に特化しているとはいえない。

③**正しい**。ミョウガの市場価格は，入荷量の少ない冬季に高くなっていることが読み取れる。

④**正しい**。東京都中央卸売市場におけるミョウガは，8・9月に高知県以外から一定量の入荷がみられるものの，1年を通して高知県からの入荷が大部分を占めている様子が読み取れる。

問5 29 正解は①

①**誤り**。河口部の水門は，津波が河川を遡上して，内陸地域に被害をもたらすことを防ぐための設備であり，避難施設ではない。

②**正しい**。海岸に沿って整備された防潮堤は，津波や高潮による被害を軽減するための施設である。写真にみえるゲートは，海側と陸地側の間を行き来するために設けられているが，津波などの際には陸地側の浸水を防ぐために閉鎖される。

③**正しい**。写真は，かつて海水が当該地点まで押し寄せたことを示す「最高潮之跡」と刻まれた石碑である。過去の災害を後世の住民に伝え，警鐘を鳴らす自然災害伝承碑は，2万5千分の1地形図や地理院地図への掲載が進んでいる。

④**正しい**。津波が想定される地域では，津波避難タワーの建設が進められてきたほ

24 2023年度：地理B/追試験〈解答〉

か，高層建物が緊急避難場所に指定されていることも多い。写真に示された「幅
が広く傾斜がゆるい階段」は，子ども，高齢者，障がい者を含む多くの住民が避
難することを想定して設置されたと考えられる。

問6 30 正解は②

a．設問文に外来種であることが明記されたアライグマは，「人間がペットとして
　持ち込んだ」生物に当たる。よって，人口の多い大都市圏とその周辺地域に多
　く生息しているカをアライグマ，東日本を中心とする山地に主に生息している
　キを在来種のカモシカと判断する。

b．下線部bは，人間の働きかけが長らく生物多様性を保ってきたことを前提に，
　さらにその働きかけを続けていくことが課題であると指摘している。Ｘは，人
　間の開発によって改変された山の自然環境を，植林によって回復させるという
　取組みについて述べている。すなわち「石灰石の採掘」から「植林」へ人間の
　働きかけが変化することを意味しており，下線部bの文意に合わない。Ｙは，
　日本の草原を維持してきた野焼きの作業に，ボランティアとして参加するとい
　う取組みについて述べている。従来の人間による働きかけを続けていくという
　内容で，文意に沿っている。野焼きによって，枯れ草とともに低木類を取り除
　き，草原から森林への移行を防ぐことは，草原に生息する生物の多様性を維持
　することに繋がっている。

地理 B　本試験

問題番号 (配点)	設　問	解答番号	正　解	配　点	チェック
第1問 (20)	問1	1	③	3	
	問2	2	②	3	
	問3	3	②	4	
	問4	4	①	4	
	問5	5	②	3	
	問6	6	⑤	3	
第2問 (20)	問1	7	④	3	
	問2	8	③	3	
	問3	9	⑥	4	
	問4	10	②	4	
	問5	11	③	3	
	問6	12	②	3	
第3問 (20)	問1	13	②	3	
	問2	14	②	4	
	問3	15	④	3	
	問4	16	③	4	
	問5	17	①	3	
	問6	18	③	3	

問題番号 (配点)	設　問	解答番号	正　解	配　点	チェック
第4問 (20)	A 問1	19	②	3	
	A 問2	20	③	3	
	A 問3	21	④	4	
	A 問4	22	①	3	
	B 問5	23	①	2	
	B 問5	24	②	2	
	問6	25	②	3	
第5問 (20)	問1	26	③	3	
	問2	27	③	4	
	問3	28	④	3	
	問4	29	⑥	3	
	問5	30	③	4	
	問6	31	②	3	

（平均点：58.99点）

2 2022年度：地理B／本試験〈解答〉

第1問　標準　世界の自然環境や自然災害

問1　1　正解は③

　大陸棚はかつての大陸の一部と考えられ，広く大陸の周辺に分布している。しかし，大陸プレートの下に海洋プレートが潜り込む沈み込み帯では，大陸棚は分布しないと考えるとよい。沈み込み帯では，大陸プレートの周縁部に火山や弧状列島が形成され，それらに沿って，大陸プレートが海洋プレートに引っ張られるように海溝が形成されているためである。図1中，a，bではフィリピン諸島の東側，大スンダ列島の西・南側はそれぞれプレートの沈み込み帯にあたり，弧状列島や火山に沿ってフィリピン海溝，スンダ海溝が形成されている。よって，海溝側に大陸棚が見られないbが正しい。次に，アとイでは，中央アメリカの太平洋側がプレートの境界となり，海溝が形成されている。よってアが正しい。

問2　2　正解は②

　図2中，河川Aはパリを流れるセーヌ川，Bはパダノ＝ヴェネタ平野を流れるポー川を示している。表1をみると，力は，年平均流量ではキに比べ3倍以上も多い。また，河道の標高の割合では，わずかながらキにはない500 m以上の地域があり，上流はキに比べ高い位置にあることが読み取れる。河川Bはアルプス山脈に源流をもちアルプスの雪解け水を含めて多くの支流から水が供給されること，また下流域には温暖湿潤気候が広がることから，年間降水量は多いと考えられる。一方，河川Aは起伏の少ないフランス平原を流れ，流域は西岸海洋性気候に属するため降水量は多くない。よって，河川Bは力が該当する。次に，x，yの文についてみると，河川Bは上流から侵食された土砂が多く供給され，河口に広大なデルタを形成している。よって河川Bはyが該当する。河川Aは残るxが該当する。河川Aは上流からの土砂の供給が少なく，海水の侵入により河口にエスチュアリーが形成されている。

問3　3　正解は②

　図3中，Eはインダス川流域，Fは黄河流域，Gは長江流域，Hはメコン川流域を示している。大河川の流域の植生の違いを検討する際には，流域に広がる気候区を想起するとよい。ケッペンの気候区分ではGは温暖湿潤気候など大半は温帯が広がるが，Eは砂漠・ステップ気候，Fは亜寒帯とステップ気候，Hはサバナ気候が主に広がっている。これらを念頭にGの植生を検討しよう。表2中，①は常緑広葉樹林の割合が他の地域に比べてかなり高い。常緑広葉樹は温暖な地域を生育の適地にすることから，最も温暖な地域の植生と考えHが該当する。③は低木・草地と裸地の割合がかなり高いため，樹木が生育しにくい乾燥地域が多いと考えEが該当する。

FとGが残る②と④のいずれかに該当するが，より温暖で降水量に恵まれたGは，常緑広葉樹と落葉広葉樹の森林が豊富な②，残るFは④が該当する。ナラ，カエデなどの**落葉広葉樹**は温帯から亜寒帯にかけて広く分布する。

問4　　4　　正解は①

オーストラリアの気候を押さえつつ，特徴が明確な図から検討しよう。まず，④は大陸南西端とタスマニア島で大きい値（＋），内陸の広範な地域で小さい値（－）が示されていることが読み取れる。高緯度の地域ほど大きい値を示す指標として気温は考えにくく，④を含むQは**降水量**が該当する。よって，気温はPが該当する。次に，気温を示すPのうち，サは大陸の内陸部に（＋）がみられる。内陸が高温になる季節は比熱の関係から夏と考えられ，南半球の夏にあたる**1月**が該当する。よって，1月の気温は①が該当する。

問5　　5　　正解は②

地震や火山噴火は**変動帯**とよばれるプレートの境界に沿った部分で多く起こっている。アフリカ大陸は全体が**安定陸塊**であるが，図5中，北部に**新期造山帯**のアトラス山脈が走り，東部から北部の紅海にかけて全長 7000 km にもおよぶ**アフリカ大地溝帯**が走っていることを想起したい。地溝帯は大地の裂け目にあたり，周辺では火山活動が活発で震源の浅い地震も多く発生している。熱帯低気圧による災害については，インド洋に面した大陸東部の南半球側やマダガスカルで**サイクロン**の襲撃をよく受けることを想起するとよい。表3中，地震の発生数が多いタとチのうち，熱帯低気圧の発生数が多い**チが東部**，**タが北部**に該当する。残る**西部はツ**が該当する。

問6　　6　　正解は⑤

日本における土砂災害は集中豪雨などに伴って発生するものが多い。雪崩の被害は1，2月の厳寒期が多いが，気温が上昇した春先にも発生する。図6中，マ〜ムのうち，ムは中部や東北地方の山岳地帯を中心に雪崩による被害が多くみられる。よって3〜5月が該当する。また，マはミに比べ土砂災害の頻度が九州地方を中心に全国的に高いことが読み取れる。よって，マは梅雨や台風の時期と重なり大量の降雨がある6〜8月，残るミは9〜11月が該当する。

第2問　標準　資源と産業

問1 　7　正解は④

　油田と炭田の地域的な分布の違いは比較的明瞭である。炭田が古生代に形成された石炭層が含まれる古期造山帯周辺に分布するのに対し，油田は中生代以降に褶曲を受けた地層をもつ新期造山帯付近に分布している。図1中，**油田**はサウジアラビアなど中東地域に分布が集中し，インドネシア，ベネズエラなどが示されている凡例**イ**が該当する。残る凡例**ア**が炭田で，アメリカ合衆国，中国，オーストラリアなどに分布している。次に，資源を説明した**A**，**B**の文のうち，**石油**は，石炭より世界のエネルギー供給の割合が高く，埋蔵量の約半分を中東が占めるなど，偏在していることから**B**が該当する。**石炭**は残る**A**が該当する。

問2 　8　正解は③

　図2中，**カ**と**キ**の凡例はアフリカとヨーロッパのいずれかを示すので判定しやすい。まず，世界の人口をみると，凡例**キ**は**カ**に比べて1965年から2015年にかけてのグラフの幅をみると増加数が小さいことが読み取れる。さらに，世界の1次エネルギー消費量では，1965年から2015年にかけて**キ**は**カ**に比べて一貫して消費量がかなり大きいことが読み取れる。よって，**キ**は経済的により豊かな**ヨーロッパ**が該当する。次に，アジアにおける1人当たり1次エネルギー消費量は，人口の推移と合わせて考えよう。アジアでは，1次エネルギー消費量は，1965年に比べ2015年は10倍以上に伸びているのに対し，人口は2.4倍弱の伸びであるため，1人当たりの消費量は大きく増加していると考えられよう。よって，**X**は**増えている**が該当する。

問3 　9　正解は⑥

　与えられた指標のうち，1人当たりGDPは，工業化が進み経済が発展すると増加する傾向がみられる。また，1人当たり二酸化炭素排出量は，工業化の進展や自動車台数の増加などにより増大する傾向にある。ただし，現在，環境問題への関心が高まり，環境への負荷を考慮して，先進国の多くでは排出量を削減する取り組みも行われている。これらの点を考慮して図3を検討しよう。**a**は1995年時点では1人当たりGDPは極めて少なかったが，2015年にかけて経済発展がみられた地域と考えられ，**ス**が該当する。**b**は二酸化炭素排出量をみて，1995年時点でも燃料を大量に消費していた国で，2015年にかけてさらに，経済が大きく成長した国と考え**シ**が該当する。**c**は1人当たりGDPが1995年，2015年とも大きく，2015年には1人当たり二酸化炭素排出量が減少している点に注目すると，エネルギーの転換が進んでいると考えられ，**サ**が該当する。

2022年度：地理B／本試験〈解答〉　5

問4　10　正解は②

e．正しい。環境への負荷は，化石燃料による発電で大きくなる。よって，5カ国
中，化石燃料による発電量が最も多い中国が，最も負荷が大きくなる。

f．正しい。1人当たりの環境への負荷を考える場合，各国のおよその人口数を想
定し，簡単な計算で求めたい。中国について，発電量47000億（kWh），人口
14億（人）と考えて1人当たりの発電量を計算すると，47000億÷14億でおよそ3400（kWh）と求められる。同様に人口をアメリカ合衆国3.3億，日本
1.2億，ドイツ8000万，カナダ4000万として計算すると，アメリカ合衆国
8200，日本6800，ドイツ4400，カナダ3000が得られる。よって，1人当たり
の環境への負荷はアメリカ合衆国が最も大きい。

g．誤り。化石燃料が総発電量に占める割合はドイツよりカナダの方が低いと読み
取れる。よって環境への負荷が最も小さい構成比を示すのはカナダである。

問5　11　正解は③

与えられた指標のうち，森林面積の減少率は，ブラジル，インドネシア，ナイジェ
リアなどの発展途上国の熱帯林で大きく，環境面からも問題視されている。木材輸
出額は，森林面積が大きく木材資源が豊富で，林業が盛んなロシアやカナダなどの
先進国に多い。**薪炭材**は燃料として用いる木材で，主に発展途上国で自給用に用い
られる。図4のうち，Kは木材輸出額が最も大きいことから商業用の伐採が盛んな
ロシアと考えられる。また，Lは森林面積の減少率が高く，アマゾンの豊富な熱帯
林をもつ**ブラジル**と考えられよう。Mは国土が山がちで国土に占める森林面積率が
低い**エチオピア**が該当する。次に，凡例**タ**と**チ**のうち，**薪炭材**は，電気やガスなど
のインフラ整備が進んでいない発展途上国のエチオピアやブラジルで伐採量が多い
と考えられる。よって，**タ**が該当する。

問6　12　正解は②

①適当。家畜の糞尿を放棄するとメタンの発生にもつながり，環境に悪影響を及ぼ
す原因ともなるので，肥料に用いることは資源の有効利用につながる。

②不適。マングローブ林をエビの養殖池への転換のために伐採することは，生態系
の破壊など環境の悪化を招くため，再生可能な資源の利用とはいえない。

③適当。都市鉱山は，ごみとして大量に廃棄されていた家電などの電子機器に含ま
れる金やレアメタルなどの貴重な資源を鉱山に見立てて表現している。それらの
資源を回収し，再利用することは資源の有効利用につながる。

④適当。ペットボトルを返却すると一部返金される制度はデポジット制とよばれ，
ペットボトルの回収につながり資源の有効利用になる。日本でもビール瓶などで
デポジット制がとられている。

6 2022年度：地理B／本試験〈解答〉

第3問　標準　村落・都市と人口

問1　13　正解は②

①**適当**。1963 年の空中写真と比較すると，2009 年の写真には規則正しく広い長方
形状の耕地が区画されていることが読み取れる。農業の機械化や効率化を進める
目的があったと考えられよう。

②**不適**。2009 年の空中写真には直交する幅広い道路がみられるが，ほとんどのあ
ぜ道が舗装され，広い道路に変わったのではない。あぜ道は耕地を区切る細い道
であることに注意しよう。

③**適当**。2009 年の空中写真では，写真中央右側に 1963 年の写真にはなかった新た
な家屋が密集して建てられていることが読み取れる。人口増加や核家族化の進展
が要因と考えられよう。

④**適当**。砺波平野の散村を形成する伝統的な家屋は，家を囲むように屋敷林をもっ
ていることで知られる。一方，新たに建てられた住宅は密集して建てられ，屋敷
林はみられない。空中写真からも 1 戸当たりの敷地面積は伝統的な家屋の方が広
いことが読み取れる。

問2　14　正解は②

与えられた公共施設の立地の特徴を考えよう。交番・駐在所は，人口の密集地を中
心にほぼ均等に分散して設置され，地域住民の治安維持のため，数多く分布してい
ると考えられよう。ごみ処理施設は，周囲への悪臭など環境保全に配慮し人口密集
地には比較的少なく，全体の数も多くはないと考えられる。500 席以上の市民ホー
ルは，集会や文化活動などに利用され，各市町村に 1 〜 2 つは人口が多い市街地に
設置されると考えられよう。よって，**交番・駐在所は最も多く分布している凡例ア**，
ごみ処理施設はウ，**市民ホールはイ**が該当する。

問3　15　正解は④

ジェントリフィケーションは，大都市の内部の衰退した地区の再開発に際し，新た
な居住空間に生活の利便性を求めて，専門職従事者など高所得者層が移り住む現象
をいう。その移住に伴い，地価・家賃は高騰する。与えられた指標が示す図をみる
と，中心業務地区付近の概要の図から，①以外は都心に近く交通網が発達している
地域に立地している。また，2000 年の居住者の貧困率の図から，①は貧困率が低く，
都市内部の貧困層が多い衰退した地区であったとは考えにくい。よって，①は不適
と考えられよう。また，大学を卒業している居住者の増減を示す図からは，③は減
少しているため不適と考えられる。賃料の増減を示す図では，②は減少しているが，
④は 40 ％以上増加している。よって，④が該当する。

2022年度：地理Ｂ/本試験〈解答〉　**7**

問4　16　正解は③

ヨーロッパの主要な都市の空港のうち，まずロンドンの統計から凡例Ａ，Ｂの出発地域を特定しよう。ロンドンは世界の経済，社会の中心地の１つであることから，国際的な経済関係者の多くが訪問すると考えると，同じ経済の中心地である**北アメリカ**は割合が最も高いＡ，**アフリカ**は割合が低いＢと考えられよう。次に，**カ～ク**の各空港に到着する旅客数の割合をみて，中央・南アメリカの割合が極めて高い**ク**は，かつてその地域の多くの国々の宗主国で，今日も経済的な結びつきが強いと考えられるスペインの**マドリード**が該当する。パリは残る**カ**と**キ**のいずれかに該当するが，**キ**はアフリカの割合が**カ**よりかなり高いことから，かつてフランスはアフリカに多くの植民地をもっていたことを考慮し，**パリ**が該当する。**カ**は残る**フランクフルト**が該当する。

問5　17　正解は①

図5の人口ピラミッドのうち，特徴のあるグラフに注目すると，**④**は75歳以上の高齢者の割合が極めて高いことが読み取れる。ヨーロッパの先進国では人口の高齢化が進んでいると考えられ，**④**を含む**シ**は**ドイツ**が該当する。よって，**シンガポール**は残る**サ**が該当する。次に，人口ピラミッドの示す国全体と外国生まれについて考えると，**サ**のシンガポールは多民族国家でASEAN諸国の中で最も工業化が進み，近隣国から多くの外国人労働者を受け入れている。その中にはメイドとして家事労働に従事する人も多く含まれるため，女性の割合が高くなっている。ドイツも**ガストアルバイター**とよばれる外国人労働者を受け入れている。よって，両国で20～40歳代の生産年齢人口の割合が高い**Ｄ**が**外国生まれ**，**Ｅ**は**国全体**が該当する。シンガポールの外国生まれは，**サ**と**Ｄ**を組み合わせた**①**が該当する。

問6　18　正解は③

与えられた指標のうち，出生率は一般に発展途上国が高く，先進国は低い傾向にある。また，死亡率も保健・衛生などの点で一般に発展途上国は高く先進国は低い傾向にあるが，先進国では高齢化が進むと死亡率も高まる傾向があることも押さえておきたい。図6中，特徴的な**④**は1980年の時点で出生率，死亡率とも他の国に比べて極めて高かったことから発展途上国の**バングラデシュ**が該当する。しかし，バングラデシュは近年は繊維工業などの成長で出生率は大きく低下している。**①**は1980年の早い時点から出生率が最も低かったことから，先進国の**カナダ**が該当する。**マレーシア**は残る**②**と**③**のいずれかであるが，1980年時点で出生率が高かった**③**が該当する。残る**②**は**韓国**が該当する。韓国は2019年には4カ国の中で最も出生率が低く，近年少子化が急速に進み社会問題にもなっている。

第4問 — ラテンアメリカの地誌

A 標準 《ラテンアメリカの自然と社会》

問1 19 正解は②

図1中，地点Dが設定された川はオリノコ川，地点Eが設定された川はサンフランシスコ川を示している。この2つの河川の流域の気候は，オリノコ川は弱い乾季のある熱帯雨林気候とサバナ気候，サンフランシスコ川は主にサバナ気候で，いずれの地点も夏の雨季の降水量が多いと考えられる。月平均流量の年変化を示したアとイのグラフのうち，Dはアマゾン川の河口の位置から判断して北半球に位置するため，夏季の7〜9月に流量が多くなると考えられる。よって，空欄aはアが該当する。次に，DとEの年平均流量の差については，気候とそれぞれの河川のもつ流域の面積を比較するとよい。Dは赤道に近い広範囲の流域をもち，下流域には熱帯雨林気候が分布することからEより流量が多い。よって，空欄bは少ないが該当する。

問2 20 正解は②

図3をみると，エネルギー源別の発電量は，多くの国で凡例JとKの割合が高く，Lは極めて小さいことが読み取れる。そのうちJは，チリやアルゼンチンなどで割合が高い。特にチリは国内に大きな河川がなく，乾燥気候が広範囲に広がるため火力が中心と考えられ，Jは火力が該当する。一方，Kはブラジル，コロンビアなどで割合が高い。特にブラジルは，アマゾン川，パラナ川などの大河川があり，水資源に恵まれていると考えられ，Kは水力が該当する。Lは，ラテンアメリカでは利用が遅れている再生可能エネルギーが該当する。ただし，コスタリカは，豊かな自然を生かし自然に触れながら環境保全の意識を高めるエコツーリズムが盛んで，環境保護に力を入れており，水力とともに再生可能エネルギーの割合が高い。

問3 21 正解は④

①適当。図5の1971年のグラフにみられるコーヒー豆や粗糖の生産は，大農園で行われていた。ラテンアメリカでは大土地所有制が広く導入されたが，この制度に基づく大農園はブラジルではファゼンダとよばれる。

②適当。図4をみると，1970年代初頭以降1990年代にかけて輸出総額に占める農産物の割合が大きく低下していることが読み取れる。この間，工業化が進められたと考えられよう。ブラジルでは，1960年代後半から工業化が進展し，鉄鋼，造船，自動車などの重化学工業が発達した。1990年代後半以降は，さらに航空機や先端技術産業も盛んになっている。

③適当。2000年代以降，農産物の輸出額は大きく増加しているが，大型機械や遺伝子組み換え作物を導入して，輸出向けの**大豆**の大規模な生産を進めたことが大きな要因になっている。

④不適。コーヒー豆の輸出額の変化については，割合の大きさではなく金額の大きさに留意しよう。図4から1971年の農産物全体の輸出額は20億ドル程度で，2019年には470億ドル程度に成長している。図5から2019年はコーヒー豆の輸出額の割合が7％ほどと読み取れ，1971年の50％からは減っているが，計算すると金額は増加していることがわかる。

問4 　22　 正解は①

与えられた指標のうち，GNI（国民総所得）に占める所得上位10％層の所得の割合は，貧富の差が大きい国ほど高いと考えられる。また，1人当たりGNIは，工業化が進み経済が発展している国が大きいといえよう。図6中，1人当たりGNIが高い**カ**と**キ**はアルゼンチンかブラジルが該当すると考えられる。そのうち**キ**は，GNIに占める所得上位10％層の所得の割合が最も高い。アルゼンチンは人口に占める白人の割合が極めて高いのに対し，ブラジルは国民が多様な民族で構成され，もともと経済格差があった上，経済発展によりさらに貧富の差が拡大したと考えられる。ブラジルではファベーラとよばれる**スラム**の拡大が深刻化している。よって，**キ**はブラジル，**カ**はアルゼンチンが該当する。**ク**は，工業化が遅れている**ボリビア**が該当する。

B ●標準● 《チリとニュージーランドの地誌》

問5 　23　・　24　 正解は①・②

①**チリのみに該当**。「寒流の影響」と「降雨のほとんどない地域」からチリを想起しよう。寒流のペルー海流の影響で形成されたアタカマ砂漠は**海岸砂漠**の例として知られる。ニュージーランドは全島で西岸海洋性気候が分布する。

②**ニュージーランドのみに該当**。①の検討より，首都が「年中湿潤な地域に位置」するのは，西岸海洋性気候が分布するニュージーランド（ウェリントン）である。チリの首都のサンティアゴには地中海性気候が分布する。

③**両国に該当**。**フィヨルド**や山岳氷河がチリ南部に発達していることはよく知られる。ニュージーランド南島の南西部にもフィヨルドがみられ，一帯はフィヨルドランド国立公園になっている。

④**両国に該当**。両国とも新期造山帯の**環太平洋造山帯**に位置し，国内に火山があり地震も頻発している。

10 2022年度：地理B／本試験〈解答〉

問6　| 25 |　正解は②

表1中，輸出総額に占める鉱産物の割合をみると，**サはシ**に比べてかなり大きいことが読み取れる。チリは，銅の世界的な産出国，輸出国であるが，リチウムなどのレアメタルの産出も多い。一方，ニュージーランドは酪農品や肉類の輸出が多い。よって，**チリはサ，ニュージーランドはシ**が該当する。次に，輸出総額の地域別割合については，チリ，ニュージーランドとも1985年では**Xより Y**の割合が高かったが，2018年では両国とも**X**の方が**Y**より割合が高くなっている。また，両国とも2018年は東アジアの割合が大きく増加していることにも注目したい。かつてチリはスペイン，ニュージーランドはイギリスが宗主国であったことから，西ヨーロッパとの結びつきが強かったが，西ヨーロッパがEUを結成していることもあり，近年は距離的にも近い東アジアや北アメリカとの結びつきが強まっていると考えられる。環太平洋パートナーシップ協定（TPP）の発効などもその表れといえよう。よって，**西ヨーロッパは Y，北アメリカは X**が該当する。

第5問　標準　北海道苫小牧市とその周辺の地域調査

問1　| 26 |　正解は③

①**不適。**南側から苫小牧港に近づくと樽前山は左側に見える。また，市役所や苫小牧駅が海岸近くにあるため海から視界に入りやすいと考えると，市街地も左側に見えるといえよう。

②**不適。**勇払駅から列車で東に進むと左側に弁天沼は見えるが，ウトナイ湖は後方に位置し，しかも列車からの距離を考えると水面が見えるとはいえない。

③**適当。**沼ノ端駅のすぐ東側の国道を北西に進むと別の国道に突きあたり，そこが湿地に面していることが読み取れる。

④**不適。**苫小牧中央インターチェンジから高速道路を西に進むと，進行方向に向かって左側に市街地，右側に樽前山が見える。

問2　| 27 |　正解は③

ア．沿岸流が該当する。苫小牧市の海岸に多量に砂を運搬し供給するのは，海岸に沿って平行に流れる沿岸流の働きによる。

イ．冬季が該当する。苫小牧市は太平洋岸に位置し，降水量は夏に多く，冬は河川の流量が少ない。

ウ．大きくが該当する。図2をみると，1909年から時代を経るにつれて河口の位置が西側に移動していることが読み取れる。河川流量の減少する冬季には，河川の侵食力を，沿岸流の運搬・堆積作用が上回り，河口付近が砂でふさがれることが要因であると考えられる。

問3 28 正解は④

① **適当**。図3から読み取れるように，室蘭港は太平洋に突き出した絵鞆半島に囲まれた内湾に造られ，天然の良港になっている。

② **適当**。北海道内における苫小牧港の立地を，室蘭港の立地と比べるとよい。苫小牧港は札幌市に近く，北海道全体の中央部に近いといえよう。

③ **適当**。図3をみると，苫小牧港は砂地などでできた平坦な土地に建設された**掘り込み港**であることがわかる。よって，港の近くに倉庫や工場が造りやすかったと考えられよう。

④ **不適**。図5から，フェリーを除いた国内の移出入量と海外との輸出入量を比べると，苫小牧港は海外との輸出入の方が割合が低く，室蘭港は逆にやや高いことが読み取れる。よって，苫小牧港は海上貨物取扱量のうち海外との貿易の占める割合は室蘭港より低いといえる。

問4 29 正解は⑥

表1からAの業種は，1971年には既に道内の出荷額に一定の割合を占めており，苫小牧市の中心的な産業であったことが読み取れる。また，Bの業種は1971年時点では市の出荷額の割合は極めて小さかったが，2018年には道内の出荷額の7割を占めるまでに成長した産業であること，Cの業種は道内の出荷額に占める割合は極めて小さく苫小牧市の有力な業種ではないことが読み取れる。問3で示された図4をみると，1970年代中ごろから苫小牧港の海上貨物取扱量が増加しているため，Bの業種は苫小牧港が整備され，工業都市として成長したことが発達の要因になったと考えられよう。よって，輸入品が関係する業種と考え**石油製品・石炭製品**が該当する。Aは，樽前山麓をはじめとする国内の豊富な木材資源を利用して，港が整備される以前から発展していたと考えられる。よって**パルプ・紙・紙加工品**が該当する。苫小牧市は農業，水産業の基盤が小さいことから，Cは**食料品**が該当する。

問5 30 正解は③

地区d，eの年齢別人口構成の変化を示した図6をみると，まずキの図は40歳前後の働き盛りの年代と，その子供と考えられる幼年人口の割合が突出している。それに対し，カは40歳代の割合が比較的高いが，高齢者層もみられ各年齢層の差が小さいことが読み取れる。地区dは社員用住宅地区であることから，転出入が活発で，同じ年齢層の人口とその子供の人口の割合が高いと考えられよう。よって，キが該当する。地区eは残るカが該当する。郊外の戸建ての住宅地区は比較的裕福な人々が入居すると考えられ，居住者はやや高齢で年齢の幅も大きく子供の年齢層も高めであると考えられる。次に，XとYの年代については，転出が少ないと考えられるカの図に注目すると，Yは60歳前後の割合が高くなっている。Xで割合が高

かった40歳代の人々がそのまま高齢化したと考えられよう。よって，Xは1995年
が該当する。残るYは2015年である。

問6　31　正解は②

E．サが該当する。空き店舗や空き地の増加，来訪者の減少などの現象は，居住人
口の減少と結びつくと考えよう。図7をみると，市役所の西側は人口の減少・
停滞地域が広範にみられることが読み取れる。なお，苫小牧港の北側では人口
が増加している。

F．チが該当する。タの郊外のショッピングセンターの開発や大規模マンションの
建設は，大幅な人口増加が見込めない地方都市の解決策としては適切ではない。
また，大型の駐車場ができることは温室効果ガス削減の取組みに逆行すること
につながる。地道ながら地域住民の生活の利便性の向上を図り，町の活性化を
図ることが有効であると考えられる。

2022年度：地理B/追試験〈解答〉 13

地理B　追試験

2022年度

問題番号 （配点）	設　問		解答番号	正　解	配　点	チェック
第1問 （20）	A	問1	1	①	3	
		問2	2	②	3	
		問3	3	①	3	
	B	問4	4	③	4	
		問5	5	①	4	
		問6	6	④	3	
第2問 （20）	問1		7	②	4	
	問2		8	①	3	
	問3		9	②	3	
	問4		10	③	4	
	問5		11	③	3	
	問6		12	④	3	
第3問 （20）	問1		13	③	3	
	問2		14	⑤	4	
	問3		15	③	3	
	問4		16	③	3	
	問5		17	②	4	
	問6		18	⑥	3	

問題番号 （配点）	設　問	解答番号	正　解	配　点	チェック
第4問 （20）	問1	19	②	3	
	問2	20	⑤	3	
	問3	21	③	4	
	問4	22	③	4	
	問5	23	②	3	
	問6	24	②	3	
第5問 （20）	問1	25	③	3	
	問2	26	②	4	
	問3	27	③	3	
	問4	28	①	3	
	問5	29	④	4	
	問6	30	③	3	

自己採点欄

/ 100点

第1問 ── 世界の自然環境と自然災害

A 《世界の自然環境》

問1 　1　　正解は①

図1中，線s，tそれぞれの西端と東端にみられるケッペンの気候区分を想起しよう。線sは西端，東端とも**サバナ気候**が分布しているが，東西で夏季の降水量に大きな差があることに留意したい。西端は夏の南西方向からの**モンスーン**が西ガーツ山脈を越える際に大量の降水をもたらす。また，線tの西端は**地中海性気候**，東端は**温暖湿潤気候**が分布している。以上をふまえて表1をみると，**①**は西端が突出しているが，東西両端とも月降水量が他に比べて極めて多い。これはサバナ気候の雨季と考えられ，線sの7月が該当する。なお，線sの1月の乾季は，東西とも降水量が少ない**④**が該当する。線tの1月は**②**，7月は西端の降水量が少ない**③**が該当する。

問2 　2　　正解は②

図1中，線分x−yに沿った地域にみられるケッペンの気候区分を想起しよう。線分北側のxから南側のyにかけて，北極海沿岸のツンドラ気候，**タイガ**が広がる亜寒帯気候，乾燥したステップ気候の3つの気候区が分布する。写真1中，アは針葉樹林がみられるが，この地域では寒冷な気候のもとで**ポドゾル**とよばれる灰白色の酸性土壌が広がっている。よって文Jが該当する。イはゲル（パオ）が点在する広大な草原がみられる。この地域では丈の短い草が腐植層となった土壌がみられ，降水量が多いと**黒色土**になるが，降水量が少ないため**栗色**の土壌が広がっている。よって文Lが該当する。ウは湿地が点在していることがうかがえる。この地域では夏には**永久凍土層**の表面が融け，草やコケ類が生育する。よって文Kが該当する。

問3 　3　　正解は①

図1中，Pはタンガニーカ湖を示している。細長い形状からもわかるが，**アフリカ大地溝帯（グレートリフトヴァレー）** の裂け目に水が流入して形成された**断層湖**である。断層湖は，水深が深いことが特徴である。Qはカスピ海を示している。乾燥気候地域に位置し，流出する河川をもたない**塩湖**であることが特徴である。Rは五大湖のうち最大の面積をもつスペリオル湖を示している。五大湖周辺は最も新しい氷期にローレンタイド氷床に覆われ，氷河の侵食によって形成された**氷河湖**である。以上より，表2中，**カ**はリットル当たりの塩分が少なく最大水深が最も大きいPが該当する。**キ**は他の湖に比べて塩分が極めて多いことからQが該当する。**ク**は残るRが該当する。

2022年度：地理B/追試験〈解答〉 **15**

B ⬤標準 《地形変化と自然災害》

問4 4 正解は③

図. eが該当する。気候変動と海岸線の変化の関係は，海面の高さに注目しよう。温暖期には陸地にある氷河が大量に融解し，海面は上昇する。逆に，寒冷期には膨大な量の海水が氷となって陸地に蓄積され，海面は低下する。図2中，dは現在の海岸線より陸地が広く示されているが，eは現在の海岸線より内陸まで海水が進入しており，海面が上昇していると読み取れる。

サ. V字谷が該当する。寒冷期には海面が低下するため，河川の下方侵食力が高まり山地を深く刻むV字谷が発達する。U字谷は山岳氷河の侵食によって形成される。日本では，北海道の日高山脈や日本アルプスに最終氷期の山岳氷河によって形成されたU字谷やカール（圏谷）がみられるが，関東地方の平野には氷河地形はみられない。

問5 5 正解は①

①**適当。**図3をみると，建設された突堤の西側では，海岸線が侵食によって突堤建設以前の位置より後退していることが読み取れる。後退の距離は，港から2km付近が−100m程度で最も大きい。

②**不適。**突堤の西側1km付近での海岸線後退の距離をみると，建設から20年後までと比べ，24年後，33年後のグラフではその幅が狭まっていると読み取れる。侵食速度は減少していると考えられよう。

③**不適。**沿岸流は海岸付近を海岸線に平行して流れ，土砂を海岸に運搬し堆積させる働きがある。突堤の東側の面に沿って海岸線が沖合までのび，土砂が堆積していることから，沿岸流は東から西へ流れていると考えられる。

④**不適。**突堤の東側では海岸線が沖合へのび，土砂が堆積しているが，この変化は沿岸流によってもたらされたと考えられる。海岸線の不定形な形状からみて，土砂を埋立てて何かに利用しようとしているとは考えにくい。

問6 6 正解は④

①**適当。**図4中，地点タは山地に位置しており，浸水範囲には含まれていないため，津波が到達しなかったと考えられよう。

②**適当。**地点チ付近の浸水深は810cmとあり，周囲より深いことが読み取れる。これは，地点チ付近が海岸線に近く低地であるためと考えられる。

③**適当。**浸水範囲をみると，陸地側の境界線からさらに内陸側に向かって細長い筋状の浸水域が3本みられる。これらは地形の分布図における河川の川筋と一致しているため，津波が河川を遡上したと考えられよう。

16　2022年度：地理B／追試験〈解答〉

④**不適**。浜堤は，沿岸流などにより運搬された土砂が打ち上げられ，海岸線に沿っ
て砂礫が堆積した微高地である。標高は高くないため，図4中でも海岸線に近い
多くの浜堤は津波による浸水を受けていることが読み取れる。

第2問　標準　製造業のグローバル化

問1　7　正解は②

ア. **共通する**が該当する。図1をみると，アメリカ合衆国，ドイツ，フランスなど
欧米の先進工業国は，いずれも2000年に比べて2019年には国内自動車生産台
数が減少しており，日本は欧米と同じ傾向であると読み取れる。

イ. **B**が該当する。資料の記事A・Bは，いずれも日本の自動車メーカーが現地生
産を進めようとした内容であるが，年代によってその背景が異なっていること
を読み取ろう。記事Aは，現地生産が，深刻化する貿易摩擦の回避が目的と記
されていることから，1980年代のアメリカ合衆国を対象とした自動車業界の
動向を示した1992年発行の新聞記事と考えられる。一方，記事Bは，自由貿
易協定（FTA）の合意が背景と記されていることから，日本が各国，各地域
とのFTAやEPA締結を積極的に進めようとした2000年以降の2005年発行
の新聞記事と考えられる。日本は，FTAよりさらに幅広い分野での連携を進
める経済連携協定（EPA）を，2002年にシンガポールと初めて結んだ。

問2　8　正解は①

図2中，カ～クで示された工業製品のうち，キは中国の割合が極めて小さく，フラ
ンス，ドイツなどヨーロッパとアメリカ合衆国，カナダなど先進工業国の輸出額の
割合が大きいことに注目しよう。高度な技術力が必要な製品と考え，**航空機**が該当
する。近年，ブラジルで航空機の生産が盛んなこともヒントにするとよい。残る**カ**
と**ク**はいずれも中国が大きな割合を示しているが，そのうち**カ**はアメリカ合衆国の
分布がなく，バングラデシュ，ベトナム，インドなどの発展途上国が含まれている。
労働集約的な製品で，人口が多く人件費が安価な国で生産が伸びていると考え，**衣
類**が該当する。なお，衣類は紡績業などの繊維工業とは異なり，アパレル（服飾）
産業として生産されるので，イタリア，ドイツなどの西ヨーロッパ諸国の輸出額も
多い。一方，**ク**は中国，東南アジア以外にメキシコやヨーロッパ，特に東ヨーロッ
パの割合が大きいことに注目しよう。**ク**も労働集約的な製品であるが，先進国の企
業が近隣の国や地域に進出して部品の生産や組み立てを行っていると考え，**テレビ**
が該当する。

2022年度：地理B/追試験〈解答〉　**17**

問3　　9　　正解は②

与えられた指標のうち，製造業は製品の生産に関する業務，非製造業は製品以外の販売やサービスに関する業務と考えよう。まず，表1中，**サ**と**シ**の業種についてシンガポールをみると，**サ**に比べ**シ**の方が割合が高く，しかも2000年に比べ2019年には割合が大きく増加している。シンガポールは高付加価値な製品などの製造業も盛んであるが，貿易，金融などの経済活動のウエイトも大きく，現在は国際金融センターとして成長している。よって，日本からも非製造業分野での進出が活発であると考え，**シ**は**非製造業**，**サ**は**製造業**が該当する。次に**D**と**E**の国について，**D**は**E**に比べ製造業の割合が高いことが読み取れる。人件費が安価で日本から製造業関連の企業が進出している国と考え，**D**は**ベトナム**が該当する。**E**は**アメリカ合衆国**が該当する。

問4　　10　　正解は③

図3中，国**タ**は，1980年には第1次産業人口が約70％の高い比率を占めていたが，2016年には30％近くまで大きく減少し，その分，第2次・第3次産業人口の割合が増加している。発展途上国の産業構造の変化にみられるパターンと考えられ，文**K**が該当する。国**チ**は，1980年時点で第1次産業人口の割合がやや高いものの，その後急速に割合が減少している。代わって，2016年には第3次産業人口の割合が70％近くに増加している。その間の第2次産業人口割合をみると，1980年から1995年にかけて増加したのち，2016年には減少している。工業化促進の段階から，さらに商業，サービス業の分野へと**産業構造の高度化**を遂げており，新興工業国にみられるパターンと考えられ，文**J**が該当する。国**ツ**は，1980年時点で第1次産業人口の割合が低く，産業構造の高度化が比較的早い時期に達成されている。先進工業国にみられるパターンと考えられ，文**L**が該当する。

問5　　11　　正解は③

①**適当**。所得水準が相対的に低い国は発展途上国に多く，特許権などを取得する技術力に乏しいため，工業化を進める際には先進工業国に特許料などを支払う金額の方が多いと考えられる。

②**適当**。先進工業国間では，**水平貿易**が盛んなことと同様に，知的財産などの高度な知識産業分野での相互取引も多いと考えられる。

③**不適**。所得水準が高いにもかかわらず受取額が少ない国は，経済連携協定の締結に関わりなく，製造業のウエイトが小さく，特許権の取得に力を入れていないと考えられる。金融業や観光業など非製造業が盛んな国ともいえよう。

④**適当**。「特許などは，企業が外国の生産拠点で使った際にも支払いが必要」と説明されていることから，多国籍企業が増加して海外で活発に活動すると，進出先

18 2022年度：地理B/追試験〈解答〉

の国から，多国籍企業が拠点とする国への支払いが発生し，先進工業国の受取額
は多くなると考えられる。

問6 　12 　正解は④

- a．技術革新の加速化が該当する。先進工業国の課題である国内製造業の停滞に対
  しては，生産工場から研究所への転換など，日本の大手電機メーカーによる新
  たな取組みの具体例が示されている。技術革新を加速化させることで，従来型
  の製品ではなく，より付加価値の高い新製品に進化させることが求められると
  考えられよう。

- b．高い技術力の獲得が該当する。新興工業国の工業化は，先進国の技術を導入し
  て，部品の組み立てや原料加工により付加価値を増大させて製品を製造するこ
  とで進められてきた。この段階の工業化を課題ととらえると，中国の新興電子
  機器メーカーの具体例にあるように，先進国との連携を通じたさらに高い技術
  力の獲得が必要と考えられよう。

第3問 　標準 　人口と都市

問1 　13 　正解は③

表1中，まず人口密度をみると，数値が大きい①，②と，小さい③，④の間で差があ
る。アルジェリアは広大な面積をもち，地中海沿岸地域以外は乾燥地帯が多く人口
が希薄なため，人口密度は小さい。また，南太平洋にある島国のニュージーランド
も山がちなため人口密度は小さく，この2国が③か④に該当する。次に人口増加率
について，一般に発展途上国は高く，先進国は低い傾向にある。よって，アルジェ
リアは人口増加率が高い③が該当する。ニュージーランドは④である。なお，人口
密度が大きい国のうちベトナムは①，経済発展により海外からの労働人口の流入が
多いカタールは②である。

問2 　14 　正解は⑤

図1をみると，人口千人当たり死亡数について，まずCのグラフは1950～55年時
点で死亡数が最も多いが，その後徐々に減少し，2010年では最も少ないことが読
み取れる。多産少死の段階で死亡率が年々低下していると考えられ，発展途上国の
フィリピンが該当する。またAは，1960年代は死亡数が減少していたが，1990年
代以降死亡数が増加しており，高齢化が進んでいる国と考え，日本が該当する。よ
って，アメリカ合衆国は残るBが該当する。アメリカ合衆国は，移民の流入の影響
で先進工業国の中では比較的出生率が高く，死亡率も低い。次に図2中，0～14
歳の年少人口の割合は発展途上国が高く，65歳以上の老年人口の割合は日本や西

2022年度：地理B/追試験〈解答〉 **19**

ヨーロッパの先進国で高い傾向にある。よって，**ア**は**フィリピン**，**ウ**は**少子高齢化**が急速に進み超高齢社会にある**日本**が該当する。**アメリカ合衆国**は残る**イ**が該当し，先進国の中では老年人口率は高くない。

問3 　15　 正解は③

図3の4つのグラフをみると，2025年の予測値で人口が多い①，②と，少ない③，④との間で大きな開きがあることが読み取れる。先進国と発展途上国のうち，第二次世界大戦後，1950年頃から人口が急激に増加している地域は**発展途上国**と考えられるため，**先進国は③と④**に該当する。そしてこのうち，**都市人口は③**が該当する。先進国は，1950年時点で都市人口率が50%を超えており，以降，**都市化の進展**とともに都市人口の比率が増加し続けている。**④は人口が減少傾向にある農村人口**が該当する。なお，発展途上国では20世紀後半以降，都市人口の急激な増加がみられるため，**①は発展途上国の都市人口**が該当する。残る**②は発展途上国の農村人口**が該当する。

問4 　16　 正解は③

近年，多国籍企業の集中度などが高い都市は，ヨーロッパ，アメリカ合衆国以外にアジアなどの途上地域に多い。図4中，まず凡例をみると，**F**で示された都市はサンフランシスコ，ブリュッセル，チューリヒなど，アメリカ合衆国やヨーロッパの伝統的な大都市が多い。一方，**E**で示された都市はペキン，シャンハイ，ドバイなど，中国やアジアの経済成長が著しい都市が含まれている。よって，凡例**Fは外れた都市**，**Eは加わった都市**が該当する。次に，外れた都市と加わった都市の両方をみると，チューリヒ，ドバイなど，国際的な拠点という点では，製造業よりも金融業に関わる都市が多いと考えられる。チューリヒは今日も世界の巨大金融センターのひとつで，多くの金融機関や国際的企業が根拠地をおいている。ドバイは流通・観光でも知られるが，1980年代から産業の多角化を進め，中東屈指の金融センターの位置を占めている。よって，**aは金融業の取引拠点**が該当する。

問5 　17　 正解は②

図5は，三重県，岐阜県，愛知県が示されており，中心都市の**名古屋市**の位置を考慮しながら与えられた指標の分布を考えよう。まず，**高齢者夫婦のみ世帯**は都市部にも分布するが，世帯総数に占める割合でみると農村部が高位を占めると考えられよう。農村部では若年層の人口流出により高齢化が進んでいる。よって山間部や農村部に高位がみられる**カ**が該当する。次に，**20～29歳の単身者世帯**は，通勤・通学の目的で単身で居住していることが多いため，企業や大学などが集中する大都市とその周辺に多く分布すると考えられる。名古屋市中心部に高位が集中している**ク**

20　2022年度：地理B/追試験〈解答〉

が該当する。残る乳幼児のいる世帯はキが該当する。家族が増えることでより広い
住居を求める傾向があると考えられ，地価が高い大都市の中心部よりもその周辺部
に世帯が集中する。

問6 　18　 正解は⑥

図6中，3つのグラフの時期的な推移を考えながら検討しよう。まずニュータウン
への入居開始時は，大都市圏で働くほぼ同世代の若年層の家族が集中し，乳幼児も
多い人口構成がみられる。この段階では，急激な人口や子供数の増加に公共施設な
どが不足する問題が起こりうると考えられよう。よってKのグラフが最も初期の
1975年を示し，文はシが該当する。その後，当初の入居者とその子供世代の人口
の割合が高い状態で人口構成は推移するが，グラフの人口率が高い2つの山をみる
と，時期的にLからJの順で移行すると考えられる。Lは，Kが20年を経過した
状況がうかがえるが，人口の集中度合は低下している。転居もあろうが，子供の成
長により就職や結婚で地域を離れる若年層が多いことが影響していると考えられよ
う。よってLは1995年を示し，文はサが該当する。Jはさらに20年後の状態で，
当初の入居者は高齢化し，地域の高齢者の割合が増加している。この段階では，空
き家の増加やコミュニティの崩壊などの問題も顕在化すると考えられる。よってJ
は2015年を示し，文はスが該当する。

第4問　標準　ヨーロッパの地誌

問1 　19　 正解は②

ケッペンの気候区分を想起しながら，わかりやすいものから取り組むとよい。図1
中，都市Bは地中海付近に位置し，夏季に高温乾燥の地中海性気候がみられると考
え，③が該当する。都市Dは大陸の内陸に位置するため，気温の年較差が大きい大
陸性気候がみられると考え，④が該当する。そこで都市AとCは，①と②のいずれ
かに該当する。図中，AとCの位置に注目すると，AはCに比べ高緯度に位置する
ため，太陽からのエネルギーが少なく夏の気温はCより低いと考えられよう。ただ
し，暖流の北大西洋海流が沿岸を流れるため，冬は比較的温暖である。また，Aは
海岸付近に位置するため，降水量はCより多い。よって，Aは②が該当する。残る
Cは①が該当する。

問2 　20　 正解は⑤

写真1中，アはカルスト地形を示している。この地形の名称は，石灰岩台地が広が
るスロベニアのカルスト地方に由来する。よって，図1中zが該当する。溶食によ
る凹地のうち，大規模なものはポリエとよばれ，表面に腐植層をもつテラロッサと

2022年度：地理B/追試験〈解答〉 **21**

よばれる土壌が分布し，農作物の栽培に適している。イは**フィヨルド**を示している。この地形は，氷河の侵食を受けた**U字谷**が沈水して形成され，両岸は険しい谷壁となり，水深が大きく波が穏やかで，観光名所になっている。よって，この地形が典型的にみられるノルウェー南西部沿岸のＸが該当する。ウは，中央を流れる川をはさむ両岸に，なだらかな斜面が示されている。よって，ライン川流域のｙが該当する。この地方では，侵食された川の両岸に続く丘陵の日当りの良い斜面を利用した，ブドウなどの果樹栽培が盛んである。

問3 　21　 正解は③

特定しやすいものから考えよう。まず，**第1次産業就業者割合**は，イギリスやドイツは低位を示し，経済に占める農業の割合が高い東ヨーロッパに高位を示す国が多いと考えられる。よって，図3中Ｌが該当する。**人口密度**は，面積が比較的小さく人口の多い中央部の国に高位が多く，逆に面積が大きく人口の少ない北欧諸国などは低位と考えられる。よってＫが該当する。**外国生まれの人口の割合**は，海外からの移住者が多い国や，移民を多く受け入れている国が高位を示すと考えられる。ドイツのガストアルバイターの受け入れはよく知られ，またスペインにはルーマニアやモロッコなどからの移住者が多い。よってＪが該当する。

問4 　22　 正解は③

EU圏内に限らず世界各国の主要な空港のうち，旅客数が多い空港は，その国の首都など国際都市にあり，ビジネスや観光で訪れる人が多いと考えられる。一方，貨物量が多い空港は，製造業などの工業が盛んな都市や地域にあると考えられる。電子部品など，軽量で付加価値の高い工業製品は航空機で輸送されることが多い。図4中，ＰとＱをみると，ロンドン，パリ，フランクフルトなど世界的な大都市の空港は両方に含まれる一方で，ローマ，バルセロナ，ストックホルムはＰには含まれるが，Ｑには含まれない。逆にルクセンブルクなどはＱには含まれるが，Ｐには含まれない。よって，首都や観光業が盛んな国際都市を多く含むＰが**旅客数**に該当し，EUを代表する工業地域である，**ブルーバナナ**（青いバナナ）とよばれる地域の比重が大きいＱが**貨物量**に該当する。次に目的地をみると，ＰはＱに比べ凡例キとEU圏内の割合が比較的高いが，Ｑは凡例カの割合が圧倒的に高いことが読み取れる。Ｑに着目すると，ベネルクス3国など面積の小さな国で，国内向けに貨物を大量に空港から輸送することは考えにくい。よって，**カはEU圏外**，**キは国内**が該当する。

問5 　23　 正解は②

図5中，Ｓで示された言語は，ゲール語，ウェールズ語など，いずれも**インド=ヨ**

ーロッパ語族のうちケルト語派に属する言語である。ケルト語派は，紀元前にはヨーロッパ各地で使用されていたが，その後，ローマ人やゲルマン人の侵入により辺境に追われ，今日では狭い範囲で使用されている。よって文は**サ**が該当する。Tはハンガリー語（マジャール語），エストニア語を示している。この言語は，インド＝ヨーロッパ語族とは異なるウラル語族に含まれる。ウラル語族は，現在西シベリア低地周辺に広く分布している。よって文**ス**が該当する。Uはバスク語を示している。この地方に居住しているバスク人は独自の文化をもち，スペインからの分離独立運動も起こっている。バスク語は言語系統が不明とされ，文**シ**が該当する。

問6　24　正解は②

① 適当。図6の1980年と2015年の2つの地図を比べると，かつての褐炭採掘場の北西側に新たに自然保護地区が設けられ，かつてのボタ山の跡地は森林に改変され展望塔が設置されていることが読み取れる。

② 不適。1980年の地図には，褐炭加工場は2カ所，化学工場は1カ所あったが，2015年の地図ではそのうち2カ所が計画中の工業・事業所団地となっており，3カ所とも森林にはなっていない。

③ 適当。ドイツでは，温室効果ガスの削減に積極的に取り組んでおり，1次エネルギーの供給源を化石燃料から風力や太陽光などの自然エネルギーへ転換する政策が進められている。

④ 適当。ドイツでは，エッセン近郊の炭坑の遺構が，ツォルフェライン炭坑業遺産群として世界遺産に登録され博物館に利用されるなど，産業の遺構を活用・保存する取組みがみられる。

第5問　標準　長野県飯田市付近の地域調査

問1　25　正解は③

① 適当。河川の右岸，左岸の方向に注意しよう。天竜川の下流方向に向かって右手の右岸よりも左手の左岸の方が，流域面積は広いことが読み取れる。

② 適当。天竜川流域の天竜峡からその下流にある船明ダム湖にかけては，図1の中で白く示される市街地や耕地がほとんどみられないことが読み取れる。

③ 不適。図2では，天竜川の支流の5本の河川はいずれもほぼ垂直に示されている。河口からの距離に比べ，源流から本流との合流地点までの標高差が極めて大きいと考えられ，本流の勾配に比べて支流の勾配は急であるといえる。

④ 適当。図3の雨温図を見ると，12〜2月の冬季より6〜8月の夏季の方が降水量が多いため，天竜川の水量は冬より夏の方が多いと考えられる。

2022年度：地理B/追試験〈解答〉 **23**

問2 26 正解は②

①**不適**。図4から，天竜川の両岸に沿った地表面の傾斜が小さい地域は，人口が多く集中していることが読み取れる。

②**適当**。天竜川から離れた傾斜が大きい北西部，南東部の地域では，川沿いの傾斜が小さい地域に比べて，小学校の通学区域が広いことが読み取れる。

③**不適**。天竜川をはさんで東側の地域は，西側に比べ児童数を示す円グラフの大きさが小さくグラフの数も少ないため，児童数は少ないことが読み取れる。

④**不適**。点で示された小学校の分布をみると，天竜川に沿った傾斜が小さく人口が多い地域に小学校が集中して分布していることが読み取れる。

問3 27 正解は③

①**適当**。段丘崖は河川の流れに沿って侵食されて形成される。図5中，崖Aは松川の侵食による段丘崖であるが，崖Bは松川とは直交しているため，松川の侵食による段丘崖とはいえない。

②**適当**。飯田城跡は，崖Aが東側へ張り出した段丘の末端部に立地していることが読み取れる。

③**不適**。松川の南側の段丘崖は，鼎駅の南に位置しており，鼎駅と松川との間に崖は読み取れない。よって，鼎駅は段丘崖下の松川の**氾濫原**に位置していると考えられ，段丘上に立地している飯田駅より標高は低い。

④**適当**。中央自動車道は，松川と直交し，松川流域の氾濫原と段丘面を横切って建設されていることが読み取れる。

問4 28 正解は①

①**不適**。斜めに渡れる横断歩道は，道路や施設などの配置から歩行者の利便性を考慮して設置されたと考えられ，大規模火災の被害軽減策にはあたらない。

②**適当**。**緑地帯**は，火災の延焼防止や災害時の避難場所として役立つため，その設置は大規模火災の被害軽減策として重要である。

③**適当**。表道路だけではなく，住居の裏手どうしが向き合う裏界線とよばれる狭い通路も，延焼防止や避難経路確保のために整備されたことは，飯田市の大火からの復興事業の一つとして知られる。

④**適当**。大規模で迅速な消火活動のため，また，延焼防止のためにも，中央分離帯のある幅の広い道路の整備は大規模火災の被害軽減策として有効である。

問5 29 正解は③

図6のうち，まず出荷作物を示すJとKを検討しよう。Jは，カ，キの市場とも出荷量1位の県が占める割合が高く，長野県がそれに次いでいる。全国1位の県を青

24 2022年度：地理B/追試験〈解答〉

森県と考えると，青森県と長野県が日本での生産の多くを占める作物はリンゴと求められよう。残るKはキュウリが該当する。キュウリは，群馬県，埼玉県など大都市圏近郊の県でも生産が多い。リンゴとキュウリが大量に出回る旬の時期も参考になる。次に出荷先の力とキの都市を検討しよう。力は，Jのリンゴについても Kのキュウリについても，長野県の占める割合がキに比べて高い。それに対し，キは長野県以外の他県の割合が高いことが読み取れる。よって，力は長野県に近い名古屋，キは東京の中央卸売市場が該当する。

問6　30　正解は③

サ．ｆが該当する。日本全体の森林資源量の増加の要因として伐採量の減少が挙げられており，その要因は全国的な林業従事者の不足と考えられよう。1966年以降ほぼ5年ごとの統計で，年次ごとに森林資源量は増加しており，どこかの年で新たに伐採量を制限する規制が加わったとは考えにくい。日本では，森林の維持に重点を置きながら木材生産の増大をはかっている。

シ．Xが該当する。活用案Xにあるペレットは，間伐材や端材を用いて作るため，森林そのものは伐採されずに残ると考えられる。一方，活用案Yにあるソーラーパネルの設置は，パネル設置のために森林を伐採することになり，持続的な森林資源の活用という点では適切ではないと考えられよう。

地理B

問題番号 (配点)	設問		解答番号	正解	配点	チェック
第1問 (20)	A	問1	1	①	3	
		問2	2	②	4	
		問3	3	①	3	
	B	問4	4	③	2	
			5	③	2	
		問5	6	②	3	
		問6	7	⑤	3	
第2問 (20)		問1	8	⑤	3	
		問2	9	③	3	
		問3	10	④	3	
		問4	11	③	4	
		問5	12	③	3	
		問6	13	⑥	4	
第3問 (20)		問1	14	③	3	
		問2	15	②	3	
		問3	16	①	4	
		問4	17	③	4	
		問5	18	②	3	
		問6	19	③	3	

問題番号 (配点)	設問		解答番号	正解	配点	チェック
第4問 (20)	A	問1	20	②	2	
			21	①	2	
		問2	22	⑤	3	
		問3	23	①	3	
		問4	24	①	3	
	B	問5	25	②	4	
		問6	26	④	3	
第5問 (20)		問1	27	③	3	
		問2	28	②	3	
		問3	29	②	3	
		問4	30	⑥	4	
		問5	31	④	4	
		問6	32	①	3	

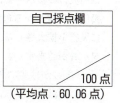

（平均点：60.06点）

第1問 ── 世界の自然環境

A 《世界の気候と自然災害》

問1 ┌1┐ 正解は①

仮想の大陸図を用いた新しい傾向の出題であるが，問題文をきちんと読み取ろう。海からの距離による隔海度が異なり，その他の緯度，高度，地形などの**気候因子**は同じとみなされる2地点を選ぶと考えるとよい。隔海度の影響を考えるテーマのため，与えられた地点のうち，内陸のイかオは組合せに必ず含まれると考えられよう。ただし，オのみは他の地点と異なり，3000m以上の高地に位置するので組合せに該当しない。そこで，イと組み合わせる沿岸部のアとウを比べると，ウは険しい山地の麓に位置するため，地形の気候因子の影響を受けると考えられる。よって，アとイの組合せの①が該当する。

問2 ┌2┐ 正解は②

資料2に地点Eの雨温図は示されていないが，DとEの最暖月と最多雨月がほぼ同じであることから，両者は約800km離れ緯度は異なるが同じ気候区に属していると考えられる。約800kmの距離の差は，緯度にすると約7度離れていることになる。

サ．**亜寒帯低圧帯（高緯度低圧帯）**が該当する。資料2の雨温図から，地点Dは6〜9月は高温乾燥で，11〜2月は温暖湿潤であり，北半球の地中海性気候に属すると考えられる。この気候の冬の降水量は，大気大循環の気圧帯のうち**亜寒帯低圧帯（高緯度低圧帯）**と**偏西風**の影響によりもたらされる。

シ．**短い**が該当する。気圧帯は季節により南北に移動するため，地点DとEが位置する緯度帯では夏は**亜熱帯高圧帯（中緯度高圧帯）**におおわれるが，冬にはその北側に形成される亜寒帯低圧帯が南側に移動してくる。よって，緯度が南にあるEの方がDより亜寒帯低圧帯におおわれる期間が短いため月降水量30mm以上の月が短く，逆にDは長く続くと考えられよう。

問3 ┌3┐ 正解は①

自然災害の複数の要因のうち，会話文中の「災害のきっかけ」は，災害が起こる直接的な契機となる自然環境的な原因，「災害に対する弱さ」は，災害が起こった際に災害を拡大させる，その地域のもつ社会環境的な原因と考えるとよい。

タ．**a**が該当する。タイの大洪水について，熱帯低気圧の襲来は自然環境的原因で「きっかけ」にあたり，河川上流域の森林が減少することで水源涵養機能を失い大洪水に至ったその地域の社会環境が「弱さ」と考えられる。

2021年度：地理B／本試験〈第1日程〉〈解答〉　**3**

チ．cが該当する。東アフリカの大干ばつについては，ラニーニャ現象は自然環境的原因で「きっかけ」にあたり，貯水・給水施設の不足や農地の荒廃により大干ばつにいたったその地域の社会環境が「弱さ」と考えられる。

ツ．Gが該当する。「災害のきっかけ」となる熱帯低気圧の襲来などの自然環境的原因が起こる状況を知るためには，同じ雨季の季節を設定し，年による降水量の多少と周辺の気圧配置や気流などの関係を比較するとよい。雨季と乾季では前提となる気圧配置や気流が異なる。

B 　標準　《世界の自然環境やその変化》

問4　4 ・ 5 　正解は③・③

マ．変動帯はプレートの境界付近の地殻変動や火山活動が活発な地域で，大山脈や海溝などの大地形が形成される。現在の変動帯では，新期造山帯が形成されているため，アルプス＝ヒマラヤ造山帯と環太平洋造山帯に位置している山をあげるとよい。ヒマラヤ山脈に位置するJのエヴェレスト山，アラスカ山脈に位置するKのデナリ（マッキンリー山），アンデス山脈に位置するLのアコンカグア山の3つが該当する。Mのコジアスコ山が位置するグレートディヴァイディング山脈から続くオーストラリアアルプス山脈は古期造山帯に属する。

ミ．山岳氷河は，雪や氷が融けずに氷河が発達する地域の下限にあたる雪線より高い地域に分布し，雪線の高度は緯度によって異なる。J～Mの中で氷河が分布する山については，キリマンジャロとの比較で考えるとよい。ほぼ赤道直下に位置する標高5895mのキリマンジャロに氷河があることから，キリマンジャロより高緯度に位置し，しかも標高が高い山には氷河が分布していると考えられる。よって，J，K，Lの山が該当する。Mの氷河の存在は判断が難しいが，温帯の西岸海洋性気候に属しているため氷河はみられないと考えよう。よって3つが該当する。

問5　6 　正解は②

ヤ．誤り。森林の有無は降水量のみでは決まらない。ケッペンの気候区分のうち，森林が分布しない無樹木気候に分類されるのは乾燥帯と寒帯であり，気温も森林の有無に影響する。

ユ．正しい。標高が100m高くなるごとに気温が平均0.5～0.6℃下がることはよく知られる。図1から，山頂に近い地点Qの方が地点Pよりも標高が高いと読み取れることから，地点Pは地点Qより気温が高いと考えられる。

4　2021年度：地理B／本試験（第1日程）〈解答〉

問6　　7　　正解は⑤

ラ. hが該当する。氷河縮小には地球温暖化の影響が指摘されるが，氷河縮小のピー
ク期にはその初期段階より多くの氷が融かされ，より多くの水が流れると考
えるとよい。融解の時期は気温が上昇する春から夏がピークとなるため，hが
適切な図と考えられよう。

リ. Xが該当する。氷河縮小の初期からピーク期にかけて，流出する水の量が増え
ると発電や農業などに利用できる水の量は一時的に増えるといえる。しかし，
水の量が増加すると洪水の発生頻度は高まるため，Yは誤りである。

第2問　標準　産　業

問1　　8　　正解は⑤

表1中，まずCは小麦の1ha当たり収量，国土面積に占める耕地の割合がともにA，
Bよりかなり大きい。よって，国土に平坦な土地が多く，**土地生産性**を高める集約
的な農業が行われている国と考え，**フランス**が該当する。フランスでは**EUの共
通農業政策**のもとで農業が行われ，補助金は当初，域内農産物の価格支持に使われ
たが，現在は環境保全や農村の基盤整備を目的に個別に直接支払う方式にかわって
いる。よって，文**イ**との組合せが該当する。残るAとBのうち，Aは小麦の生産量
が1997年に比べ2017年は大幅に減少している。小麦にかわってトウモロコシの生
産が拡大していることが想起できると**アメリカ合衆国**が該当する。アメリカ合衆国
で近年トウモロコシの生産が拡大している背景には，燃料となる**バイオエタノール**
の原料に用いられていることがあげられる。よって，文**ウ**との組合せが該当する。
残るBは**ロシア**が該当する。ロシアでは，寒冷地が多く自然条件が厳しいため国土
面積に占める耕地の割合は小さい。しかし，大規模な農業企業，個人の農民経営，
菜園つき別荘（**ダーチャ**）での個人副業経営などによる自由な生産活動に移行して
から農業生産量が増加し，小麦の輸出量は世界最大である（2017年）。よって，文
アとの組合せが該当する。

問2　　9　　正解は③

図1中，**カ**と**キ**の2つの図のうち，**キ**は中国，インドネシアなどアジア諸国の漁業
生産量（漁獲量＋養殖業生産量）が**カ**よりも大きいことが読み取れる。近年，イン
ドネシア，ベトナムなどは輸出拡大のため養殖業に力を入れており，漁業生産量も
増加している。よって，2017年の図は**キ**が該当する。また，養殖業生産量は中国，
インドネシア，インドなどで漁業生産量に占める割合が増加している**E**が該当する。
逆に，アンチョビーの漁獲が中心のペルーでは，養殖業生産量の割合は小さいこと
が読み取れる。

2021年度：地理Ｂ／本試験(第Ⅰ日程)〈解答〉　**5**

問3　10　正解は④

工場の建設候補地の立地に関して与えられた4つの条件を読むと，総輸送費がシンプルな計算で求められるように設定されている。ポイントは「輸送費は距離に比例して増加」し，距離当たり輸送費は，「原料は製品の2倍の費用がかかる」こと，総輸送費は「原料の輸送費と製品の輸送費の合計である」ことの3点である。そこで，図2中，①～④の各地点に工場を建設した場合の輸送費を計算してみよう。①は原料を産地から輸送してくるので4万円，②は3万円，③は5万円，④は製品を輸送するので2万円となる。よって，総輸送費が最小となる地点は④が該当する。

問4　11　正解は③

まず，輸送費にかかわるサ～スの文に該当する製品を特定しよう。サは，原料の重量に比べて製品の重量が小さくなる製品を考えると，生乳の脂肪分を練り固めて製造するバターが該当する。シは原料の重量がほとんどそのまま製品の重量となると考え，生乳を殺菌，脂肪分などを調整して製造する飲用牛乳が該当する。スは製品にすると冷凍輸送が欠かせず，かさばるため輸送費がかかると考え，アイスクリームが該当する。次に表2の地域別の工場数を検討しよう。JはK，Lに比べ全体に工場数が多く，3つの地域の数に大きな差はないと読み取れる。原料産地，消費地のいずれの地域に立地しても輸送費が変わらず，しかも消費者の需要が多い製品と考えると，シの飲用牛乳が該当する。Kは北海道に工場が多いことから原料立地の傾向が強いと考え，サのバターが該当する。Lは関東に工場が多いことから，輸送費を軽減するため消費地立地の傾向が強いと考え，スのアイスクリームが該当する。

問5　12　正解は③

図3中，タは2001年では売上高の比率が最も高かったが，2001年から2015年まで大きく比率が低下している。これに似た傾向は図中のヨーロッパでもみられる。1980年代に貿易摩擦や円高の影響でアメリカやヨーロッパに積極的に直接投資した多くの企業が，2000年以降，次第にアジア諸国に生産拠点を移した影響と考えられよう。よってタはアメリカ合衆国が該当する。次にチとツのうち，ツは2001年以降大きく比率が増加している。経済成長とともに日本からの投資が急増し，製造業の生産，売り上げを大きく伸ばした国と考え，中国が該当する。残るチはASEANが該当する。タイやインドネシアなどASEAN諸国への日本企業の進出は，中国への進出より早くから活発化していた。

問6　13　正解は⑥

図4中，商業形態が示されたX～Zのグラフをみると，Xは都市の中心部に立地する割合が極めて高いことに注目しよう。都心部には高価な買い回り品を販売し商圏

6　2021年度：地理B/本試験〈第Ⅰ日程〉〈解答〉

が広い商業形態が集中すると考えると，**百貨店**が該当する。次に，Ｙ と Ｚ を比べる
と，Ｙ は立地する地区のうちミの割合，Ｚ はマの割合が高いことが読み取れる。マ，
ミを含めて考える必要があるため，小売業計のグラフをみると，マの割合はミに比
べて極めて大きい。小売業のうち，食料品や日用品などの**最寄り品**は自宅近くで頻
繁に購入され，小売業の立地する地区を住宅街とロードサイドで比べると，住宅街
の方が身近で圧倒的に店舗数が多いと考えられる。よって，マは**住宅街**，ミは**ロー
ドサイド**が該当する。そこで，Ｙ はロードサイドに立地する割合が高い商業形態で
あることから，広い駐車場を備えた大規模施設と考えられ，**大型総合スーパー**が該
当する。残る Ｚ は**コンビニエンスストア**である。チェーン店方式・フランチャイズ
＝システムかつ 24 時間営業が基本で，公共料金の支払いなども含めた多様なサービ
スを提供し，駅周辺や住宅街に広く分布している。

第3問　やや難　都市と人口

問1　　14　　正解は ③

図 1 中，イの枠内に分布する地形を想起しよう。枠の下半分に左上から右下へ向か
ってヒマラヤ山脈が走り，その山麓に沿ってヒンドスタン平原が広がっている。ヒ
マラヤ山脈の北側にはチベット高原などが広がり大都市はみられないが，ヒンドス
タン平原には人口が密集し，デリーをはじめ人口 100 万人以上の大都市が多く分布
していると考えられる。よって，図 2 中，枠の左下に帯状に分布が集中している ③
が該当する。なお，アは ①，ウは ④，エは ② が該当する。

問2　　15　　正解は ②

図 3 の**カ～ク**のグラフをみると，まずキは 65 歳以上の老年人口の割合が極めて低
く，0～14 歳の年少人口の割合が**カ**と**ク**より高い。農業が中心の発展途上国に多
くみられる人口構成と考えられ，**ケニア**が該当する。発展途上国では，子供が労働
力として期待され，出生率が高く年少人口の割合が高い国が多い。**カ**と**ク**は年齢別
人口構成が似ているが，**ク**の方が年少人口率が低い。韓国では近年，働く女性の子
育て環境が整っていないことや，子供の教育費の負担が大きいことなどから急速に
出生率が低下し，少子化に直面しているといわれている。一方，オーストラリアは
若い世代の移民人口も多く，出生率は先進国の中では比較的高いと考えられる。よ
って，**ク**は**韓国**，**カ**は**オーストラリア**が該当する。次に，人口第 1 位の都市は，そ
の国の中でも政治，経済などの活動の中心であり，15～64 歳の生産年齢人口の割
合は国全体より高いと考えられる。特に発展途上国では農村部より就業機会がより
多く，その傾向は強いと考えられる。よって，**キ**をはじめ，すべてのグラフで 15
～64 歳の人口の割合が高い**ｂ**が該当する。

2021年度：地理B／本試験〈第Ⅰ日程〉〈解答〉　**7**

問3　16　正解は①

①適当。図4から，インド系住民のうち，移住先の国籍を有する者は，アメリカ，イギリスなど英語を公用語とする国をはじめ，マレーシア，南アフリカ共和国など，イギリスの植民地であった国に多く居住していることが読み取れる。

②不適。東南アジアやラテンアメリカには，第二次世界大戦以前のイギリスの植民地時代に多くのインド系住民が移住したが，その多くは天然ゴムやサトウキビなどの**プランテーション**の労働に従事した。

③不適。オイルショック以降に増加した西アジアのインド系住民は，オイルマネーで潤った産油国が金融や観光などの新たな産業をおこすための**インフラ整備など**の建設業に多く従事している。

④不適。インドでは，開放経済体制に移行した1991年以降，国内の情報通信技術産業は急速に発展している。アメリカへ移住する技術者もいるが，本国で活動する人も多い。

問4　17　正解は③

図5中，AはC.B.D.（中心業務地区）のある東京都心部，Bは都心部周辺の住宅地区，Cは東京23区の郊外の都市（多摩市）を示している。表1中，**サ**は1925～1930年の人口増加率が極めて高い。この理由を把握するのは難しいが，1923年に関東大震災が起こったことを想起できると正解が得られる。被災した都心部から多くの人口が流出して，開発が進んだ地域と考え，Bが該当する。次に**シ**と**ス**をみて，**シ**は日本の高度経済成長期にあたる1965～1970年の増加率が減少しており，良好な生活環境を求めて人口が郊外に移動するいわゆる**ドーナツ化現象**が起きたと考えられる。また，2005～2010年に人口が増加している点については，都心部で再開発事業が進み，**人口の都心回帰**とよばれる現象が起こっていると考えるとよい。よってAが該当する。残る**ス**はCが該当する。1965～1970年の人口増加率が高いが，この時期には郊外で人口が増加し，若年層向けに**ニュータウン**が建設された。若年層を中心に地方などから多くの人口が流入した地域と考えるとよい。

問5　18　正解は②

図6の**タ**～**ツ**のグラフをみると，それぞれ居住者のいない住宅の内訳が明確に異なることがわかる。まず，**タ**は別荘などの住宅の割合が高いことから観光地・保養地などによくみられる住宅形態と考え，Eが該当する。別荘などは常住して利用される住宅ではないので，居住者のいない住宅の割合も他より高いと考えられる。**チ**は賃貸用・売却用の住宅の割合が圧倒的に高いことから，転入・転出者が多い地域と考えられ，Gが該当する。**ツ**は空き家の割合が高いことから，過疎化などで人口減少が進む農村部などにみられると考え，Fが該当する。

8　2021年度：地理B/本試験（第1日程）〈解答〉

問6　19　正解は③

x．誤り。図7から設置時期が最も古い1989～1995年の3本のバス専用レーンは，タイペイ（台北）駅周辺と市役所周辺地域の間の都市中心部を結んでいることが読み取れる。1996年からはタイペイ駅，市役所付近から南北にのびるバス専用レーンも設置され，順次，郊外へと整備されてきたことが読み取れる。

y．正しい。図8から，2000年代，特に2008年以降は地下鉄路線の長さが急激に増加していることが読み取れる。地下鉄はバスに比べて大量輸送が可能であることは明らかであろう。

第4問　標準　アメリカ合衆国の地誌

A

問1　(1)　20　正解は②

1950年ごろのアメリカ合衆国が経済発展していた時代には，経済，産業の中心は大西洋岸のメガロポリスから五大湖周辺の地域にあったため，人口もこの地域に集中していたと考えるとよい。よって，1950年の人口分布の重心は2010年より北東にあったと考えられ，北東からの移動方向を示すイが該当する。

(2)　21　正解は①

①適当。1970年代から北緯37度以南のサンベルトとよばれる地域が，安価な労働力や広大な工業用地などを背景に，先端技術産業などの成長で急速に発展した。

②不適。製鉄業や自動車産業は合衆国北東部から五大湖周辺にかけての地域で発達していたが，国際競争のあおりを受けて産業が衰退し，雇用が減少したため，この地域はスノーベルトやフロストベルトなどとよばれる。

③不適。大陸横断鉄道の開通と開拓の進展で西部へ人口が移動したが，大陸横断鉄道の開通は19世紀後半の出来事である。

④不適。面積が広大な合衆国において，大都市圏はメガロポリスとよばれる地域を指すと考えられるが，合衆国北東部に位置するため移動方向が逆になる。

問2　22　正解は⑤

表1中，カは水源別の割合でキ，クと異なり，地下水の割合が高いことが読み取れる。アメリカ合衆国中央部にはオガララ帯水層とよばれる広大な地下水層があることを想起したい。さらに，他の2州と比べて農業用水の使用割合が高いことから合衆国中央部のグレートプレーンズに位置し，トウモロコシなどの生産が盛んな州と考えると，ネブラスカ州が該当する。次にキとクのうち，キは使用目的別の割合の

うち農業用水の割合は極めて低く，生活用水の割合が高いことが読み取れる。よって，人口が集中し工業が盛んな州と考え，ボストンがある**マサチューセッツ州**が該当する。残る**ク**は**テキサス州**が該当する。テキサス州はICT，航空宇宙などの先端技術産業や，石油化学などの工業が盛んであるが，肉牛などの大規模な牧場経営も行われており，農業用水の利用の割合も比較的高い。

問3　23　正解は①

図2の2つのハイサーグラフのうち，**サ**は夏に高温乾燥，冬に温暖湿潤な気候であることから**地中海性気候**，**シ**は最寒月の平均気温が－3℃未満で気温の年較差が大きく，**亜寒帯湿潤気候**に属すると読み取れる。合衆国の太平洋岸では高緯度でも地中海性気候がみられるため，ワシントン州の**X**は**サ**，内陸に位置するミシガン州の**Y**は**シ**が該当する。次に表2中，**G**は小麦，**H**はテンサイの年間生産量がそれぞれ他州より多いことが読み取れる。ここで，アメリカ合衆国では**適地適作**の農業が行われ，各地の自然環境に適した作物が生産されることを想起したい。ワシントン州は高緯度に位置するが冬の気候は温和で，冬小麦が栽培されている。一方，テンサイはロシアやドイツ北部など寒さが厳しい地域で生産されている。よって，ワシントン州は**G**，ミシガン州は**H**が該当する。

問4　24　正解は①

図3中，**J**，**K**も含めて**タ**と**チ**の州を比較すると，**タ**は人種・民族別人口割合のうちアフリカ系の割合が高いこと，**チ**はアジア系の割合が高いことが読み取れる。ミシガン州は早くから工業が発達し，不足する労働者を補う必要があったため，低賃金労働力として雇われたアフリカ系が多いと考えられる。一方，太平洋岸に位置するワシントン州は太平洋を渡って移住したアジア系が多いと考えられる。よってミシガン州は**タ**，ワシントン州は残る**チ**が該当する。次に，**タ**のミシガン州のうち，**J**と**K**をみると，**J**はヨーロッパ系の割合が高いのに対し，**K**はアフリカ系の割合が極めて高い。ミシガン州を含む合衆国北東部の住民の多くはヨーロッパ系白人であるが，人口最大都市の**デトロイト**は，早くから自動車産業が盛んで多くの労働者を必要としたため，職を求めて南部から移住してきたアフリカ系住民が多いと考えられる。よって，州全体は①，人口最大都市は残る③が該当する。

B

問5　25　正解は②

図4中，まず**ム**は南部に高位が集中していることが読み取れる。南部にはアフリカ系住民の割合が高い州が多いが，現在でも黒人の経済的地位は低く，それが貧困層

10　2021年度：地理Ｂ／本試験（第Ⅰ日程）〈解答〉

の割合にあらわれているといえる。よって，**貧困水準以下の収入の人口の割合**が該当する。**マとミは高位の分布が対照的である。マは太平洋岸，南部のテキサス州，フロリダ州，北東部に高位が集中していることが読み取れる。これらの州は，太平洋岸はアジア系，南部のテキサス州やフロリダ州はヒスパニックなどの移民が多い地域と考えられ，**外国生まれの人口の割合**が該当する。残るミは持ち家率が該当する。北部や北東部を中心に高位が点在しているが，これらの州では都市人口率が低い地域が比較的多く，広い土地を所有する農家の割合も高いと考えられよう。

問6　26　正解は④

ラ．**ニューイングランドや西海岸**が該当する。図5中，2012年と2016年の2つの年度の民主党候補者が獲得した選挙人の分布をみると，西部の太平洋岸や東部のニューイングランド地方に多く分布していることが読み取れる。

リ．**工場の海外移転を抑制する**が該当する。共和党の候補者は，支持を得るために五大湖沿岸地域の製造業が衰退した状況を立て直す政策を主張したと考えるとよい。地域住民の雇用を守るためには，低賃金の移民労働力を減らし，工場の海外への移転を抑制する政策が有効と考えられよう。

第5問　標準　京都府宮津市付近の地域調査

問1　27　正解は③

①不適。宮津市と隣接する市町村のうち，宮津市の南に隣接する2つの市町村の人口増減率は0～15％の減少となっていることが読み取れる。

②不適。2つの地図を比較すると，京都市への通勤率が10％以上の市町村のうち，京都市の北西部に隣接する市町村をはじめ，6つの市町村で人口が減少していることが読み取れる。

③適当。京都市への通勤率が3～10％の市町村は4つあるが，このうち府の南端部に1つ人口が増加している市町村が読み取れる。

④不適。京都市への通勤率が3％未満の市町村は府の北半分と南端東部に1つあるが，いずれも人口は減少している。

問2　28　正解は②

①不適。図3の新旧の2つの地図を比較すると，アの地図の新浜，本町の地名はイの地図にもみられるが，武家屋敷の地域からは外れている。また，イの地図に魚屋町があることから，この付近は町人町であったことがうかがえる。

②適当。1845年に描かれた近世末期のイの地図では新浜の北側はすぐ海岸線と海になっており，アの地図にみられる体育館や船着き場の地域は，近代以降の埋立

地に立地していることが読み取れる。

③**不適**。アの地図では宮津駅から大手橋まで直線の道路がみられるが，**イの地図で**は宮津城や宮津藩の施設になっており，主要道は通っていない。

④**不適**。宮津城の本丸の跡地には現在は特に大きな施設はみられない。現在の市役所や裁判所などの官公庁は，大手橋の西側を中心として立地している。

問3　29　正解は②

図4中，地点Aの矢印の先の方向にみられる景観を想定しよう。手前に阿蘇海に沿って細長くのびる市街地が広がり，阿蘇海をはさんで手前から右手奥の方に斜め方向にのびる天橋立がみられると読み取れよう。よって地点Aから撮影した写真は②が該当する。なお，Bは④，Cは③，Dは①が該当する。

問4　30　正解は⑥

カ．**湿った**が該当する。ユーラシア大陸のシベリア気団から吹く**冬の北西季節風**は，日本海を通過する際に暖流の対馬海流から水蒸気の供給を受け，冬に日本海側に多くの雪をもたらす要因になっている。空気が乾燥すると糸が切れやすくなるといわれる。

キ．**安価**が該当する。丹後ちりめんの生産が縮小した原因となる輸入織物製品は，生産コストの安いアジアなどで安価に製造されたと考えられよう。

ク．**ブランド化**が該当する。地域の伝統的な工芸品を海外市場へ進出させる際には，**ブランド化**することにより付加価値を高め，高品質を保証し，富裕層などを販売対象にするという手法がとられることが多い。

問5　31　正解は④

①**適当**。小学校が廃校となった背景には，若年層が雇用を求めて地域から流出したことと，それに伴う少子化がある。

②**適当**。伝統的な文化や技術の継承が，住民の高齢化と担い手となる若年層の流出によって難しくなっているという問題は全国各地でみられる。

③**適当**。自然環境への関心の高まりにより農村の自然の豊かさが見直され，都市の人々が農村などの自然に親しむ**グリーンツーリズム**も人気を集めている。

④**不適**。移住者が増加した理由は，米作り，狩猟や古民家にあこがれるなどとなっており，人口が郊外へ拡大したことではない。人口の郊外化は，一般に都市の環境の悪化や人口の増大で都市人口が郊外に拡大することをいうが，図2からわかるように宮津市は人口が減少している。

12 2021年度：地理Ｂ／本試験（第Ｉ日程）〈解答〉

問6 32 正解は①

サ．**大阪府**が該当する。図5の宿泊者数の統計地図は図形表現図で，図形の大きさ
が人数の多さを表している。東京都の次に円が大きいのは大阪府と読み取れる。

シ．図5の2018年の外国人延べ宿泊者数の2013年に対する比をみると，東北，中
国，九州などの県が高位を示していることが読み取れる。これらの地方の観光
の魅力を考えると，ショッピングや大型テーマパークを楽しむ都市型ではなく，
温泉や農山漁村を訪れて体験型の観光を楽しむ外国人旅行者が増加したといえ
よう。

2021年度：地理B／本試験（第2日程）〈解答〉 **13**

地理B 本試験（第2日程）

2021 年度

問題番号 （配点）	設　問		解答番号	正解	配点	チェック
第1問 （20）	A	問1	1	④	3	
		問2	2	①	4	
		問3	3	③	3	
	B	問4	4	④	4	
		問5	5	①	3	
		問6	6	①	3	
第2問 （20）		問1	7	⑥	3	
		問2	8	②	3	
		問3	9	⑥	4	
		問4	10	④	3	
		問5	11	④	4	
		問6	12	③	3	
第3問 （20）		問1	13	②	3	
		問2	14	④	3	
		問3	15	④	3	
		問4	16	⑤	4	
		問5	17	①	3	
		問6	18	②	4	

問題番号 （配点）	設　問		解答番号	正解	配点	チェック
第4問 （20）	A	問1	19	②	3	
		問2	20	①	3	
		問3	21	⑤	4	
		問4	22	③	3	
	B	問5	23	④	3	
		問6	24	②	4	
第5問 （20）		問1	25	②	3	
		問2	26	④	3	
		問3	27	③	3	
		問4	28	②	4	
		問5	29	④	4	
		問6	30	②	3	

自己採点欄

100点

（平均点：62.72点）

第1問 ── 世界の自然環境と災害

A 《世界の土砂災害と人間活動》

問1 ☐1 正解は④

図1中，線Dが横断する山脈はヒマラヤ山脈である。このDに沿った地形を想起しよう。南から北に向かってベンガル湾からヒンドスタン平原，ヒマラヤ山脈，チベット高原を経てジュンガル盆地に至っている。そこで，図2をみると，ア，イの断面図のうち，標高0mほどの低平な土地が続き，途中から4000mを超える険しい高原が続くイが該当する。ヒマラヤ山脈はインド＝オーストラリアプレートとユーラシアプレートが衝突して形成された褶曲山脈であり，山脈についての説明文はHが該当する。なお，Eはアンデス山脈を横切っている。沈み込み帯にあたるチリ海溝から急峻なアンデス山脈を越え，グランチャコからブラジル高原に至っている。よって，断面図はア，文はGが該当する。

問2 ☐2 正解は①

① **不適**。南アジアは季節風（モンスーン）の影響を受けるが，図3中，カの時期は，乾季を示していることから北半球では冬季の1月に該当する。1月の南アジアの季節風はユーラシア大陸からベンガル湾やアラビア海の方向に吹くので，北東方向から吹き寄せることになる。

② **適当**。大気大循環の気圧帯は，季節により太陽から受けるエネルギーが異なるため南北に移動する。南半球では1月に太陽エネルギーを大量に受けるため，熱帯収束帯（赤道低圧帯）は南へ移動し，ペルー付近の降水量は増える。

③ **適当**。キの時期は北半球では夏季の7月が該当する。この時期に日本では，高温で湿潤な小笠原気団が北上するため，太平洋からの暖かく湿った南東季節風の影響を受ける。

④ **適当**。7月には，中央アメリカのカリブ海やメキシコ湾周辺の地域に熱帯低気圧のハリケーンがしばしば襲来し，大きな被害をもたらす。

問3 ☐3 正解は③

① **適当**。図4中，紀元前と比べると，紀元後は年間土砂流出量が大きく増加していることが読み取れる。この背景としては，人間活動の活発化が考えられよう。

② **適当**。1960年代半ば以降，土砂流出量の減少傾向が続いているが，河川から土砂が供給されないと，沿岸部では波による海岸侵食のリスクが増大する。

③ **不適**。水力発電需要が増加すると，発電用のダムの建設が増加すると考えられる。ダムが建設されると土砂はダム内に蓄積され，下流への流出が妨げられることは，

ナイル川のアスワンハイダムの例などでよく知られる。

④適当。黄土高原では，砂漠化や土壌流出の進行を食いとめるため植林事業が盛んに行われている。森林には土壌の保全機能があるため，土砂の流出が抑制される。

B 標準 《世界の森林》

問4 4 正解は④

図5中，まず①〜④で示された地域の地形を確認しよう。①は森林が密な中央平原と疎らなロッキー山脈東麓のグレートプレーンズ，②は森林が密なアマゾン盆地と疎らなブラジル高原，③は森林が密なコンゴ盆地と疎らなナイロビ付近の高原，④は森林が密なロシアのサヤン山脈付近と疎らな北シベリア低地が示されている。そこで，会話文のうち「森林が密な地域よりも，疎らな地域は標高が低い」という条件に合う組合せを検討すると，①〜③は該当しない。サヤン山脈付近より北シベリア低地の方が標高が低い④のみ，条件に該当する。なお，他の条件のうち，森林が密な地域と疎らな地域の年降水量を比べると，④の地域はともに亜寒帯気候に属するため，他の組合せに比べ最も差が小さいと考えられよう。また，④の森林が疎らな地域はツンドラ気候に近いので，密な地域の方が年平均気温は高く，いずれの条件にも④は該当する。

問5 5 正解は①

①適当。熱帯雨林の土壌の炭素量の割合が最も小さいのは，高温多雨のため落ち葉などを分解する昆虫やバクテリアの活動が活発で分解が速く，すぐに植物によって吸収されるため炭素が土壌に蓄積されないためと考えられよう。

②不適。温帯林の植物の炭素量の割合が熱帯雨林に比べて小さいのは，太陽エネルギーの少なさなどによる。たとえ開発で森林面積の絶対量が減っても，植物と土壌のそれぞれが占める炭素量の割合は変わらない。

③不適。亜寒帯林の植物の炭素量の割合が最も小さいのは，炭素を蓄積する光合成に必要な太陽エネルギーが最も少なく，気温が低いためと考えられる。

④不適。資料1からは，亜寒帯林，温帯林，熱帯雨林と緯度が低くなるにつれ，植物の炭素量の割合は大きく，土壌の炭素量の割合は小さくなることが読み取れる。熱帯地方に分布する土壌であるラトソルは，降水で腐植が流されるために，有機物を含む土壌の層は薄い。

問6 6 正解は①

P. サが該当する。森林火災の発生や拡大の要因としては，気温以外に干ばつなどによる乾燥化がよく指摘される。実際，他国でも，アメリカ合衆国のカリフォ

ルニア州やオーストラリアの乾燥地などでは森林火災がよく発生している。

Q. タが該当する。落ち葉や土壌の表層は燃えやすく，火災も拡大しやすいといわれる。チの焼畑農業はカナダでは行われていないと考えてよいだろう。

第2問 やや難 産業と貿易

問1 7 正解は⑥

与えられた産業のうち，**農林業の立地は社会条件以外に自然条件の影響も受ける**ので，都道府県の人口の多さと就業者数の多少に相関関係はあまりないと考えられる。よって，分布が比較的散らばっている**ウ**が該当する。**製造業は多くの労働力を必要**とするため，人口が多い都道府県に多く立地する傾向があると考えられよう。しかし，地場産業などのように，必ずしも人口の多さが立地条件とならない業種もあることから，都道府県の人口と就業者数は緩やかな相関関係があると考えられる。よって，**イ**が該当する。**小売業は生活に必要な消費財を販売する**ことから，消費地の人口が多いと小売店数や就業者数も多いと考えられ，都道府県の人口と小売業就業者数とは強い相関関係にあるといえよう。よって，ほぼ直線状に分布している**ア**が該当する。

問2 8 正解は②

農業の立地に関して与えられた条件をきちんと読み，解答を導くポイントを把握しよう。つまり，農地面積当たり収益は，輸送費がかかる市場からの距離に左右されるため，より高い収益を上げるために，市場からの距離に応じてどの作物を生産するかが選択されると考えるとよい。作物Aは作物Bに比べ，収益は大きいが輸送費が多くかかることから，市場から近距離では作物A，遠距離では作物Bを選択する方が収益は高いと考えられる。グラフの2つの直線の交点がA，B2つの作物の収益が同じになる地点で，交点より左の市場に近い地域では作物Aのグラフが上にあり収益が大きい。他方，交点より右の市場からの距離が遠くなる地域では作物Bのグラフが上になるので，それらの作物を選択すると高い収益が見込めると考えられよう。よって，②が該当する。

問3 9 正解は⑥

図3中，**サ～ス**のグラフから，まず耕作されている作物を考えよう。**サ**は農地面積当たり収益がほぼ直線状に分布していることから，東京からの距離の遠近にかかわらず，収益がほぼ同じ作物と考えられる。輸送費以外の要因が関係していると考えられ，農協などの買い取り価格が収益に反映される**米**が該当する。**シ**は米より収益が大きく，全体に左上から右下にかけて多少ばらついて分布している。東京から近

距離の県ほど輸送費が少なくてすみ，新鮮さを保つ点でも有利で収益が多い作物と考えると，**野菜**が該当する。残る**ス**は果樹が該当する。**サ**と**シ**に比べて，距離と収益とのばらつきが大きく，栽培適地にて生産されている作物と考えられる。次に，図4のうち，**D**はこの地域全体が高い指数を示し，秋田，新潟などが特に高い指数を示していることから，米どころが示されていると考えられ，**田**が該当する。**E**は青森，山形県に注目しよう。青森はリンゴ，山形はサクランボの全国的な生産地で知られることから，**樹園地**が該当する。残る**F**は畑が該当する。東京都と近郊の県の指数が高いことから，都市近郊で収益が高い野菜などが生産されていると考えられよう。

問4 　10　正解は④

①**不適**。シアトルの航空機組立産業は，第二次世界大戦を契機に軍需産業として発展しており，市場からの距離の近さが立地に強く影響したとはいえない。太平洋沿岸の位置は，交通の要地として重要であった可能性が考えられる。

②**不適**。フィレンツェは中世に毛織物などの繊維工業が発達し，その伝統的技術を受け継いだ職人が集まっていることが大きな立地要因といわれる。

③**不適**。バンガロールにはアメリカ合衆国の昼間の業務を引き継ぐ形でコールセンターが立地している。ICT産業が盛んで，アメリカ合衆国と約12時間の時差があること，英語が堪能な人が多いことが立地要因となっている。

④**適当**。東京は出版・印刷業関連の産業が多く立地している。出版・印刷業は**市場指向型工業**の代表例で，人口が多く文化の中心地で情報が得やすいことが立地の要因である。

問5 　11　正解は④

輸出依存度は，国内市場が小さい工業国や，交通の要衝で中継貿易が盛んな国で高い傾向がみられる。表1中，**L**は世界の中でも輸出依存度が高い**シンガポール**が該当する。次に**J**と**K**のうち，**K**は1人当たりGDP（国内総生産）が高いことから**カナダ**が該当し，残る**J**は**ベトナム**が該当する。ベトナムは外国企業の進出が活発で，**輸出指向型**の産業が急速に発展している。日本の輸入品目にかかわる**タ〜ツ**については，まず**ツ**は**K**のカナダが該当する。第一次産品が示されているが，先進国のカナダは農畜産物，鉱産物の大生産国でもある点に注意しよう。次に**タ**と**チ**の品目のうち，医薬品と衣類に注目すると，工業が進展し，より高度な技術力をもつ国が医薬品を輸出すると考えられ，**タ**は**L**のシンガポールが該当する。残る**チ**は**J**のベトナムが該当する。ベトナムでは**労働集約的**な繊維工業が成長している。

18　2021年度：地理Ｂ/本試験（第2日程）〈解答〉

問6　[12]　正解は③

　　図5中，マ～ムの国のうち，まずミは，訪日観光客数がマとムの両国の5分の1弱
　と少ないことから日本から遠距離に位置する国と考え，**アメリカ合衆国**が該当する。
　残るマとムのうち，マは1人当たり旅行消費額がムよりかなり多いことから，富裕
　層の来日が多いと考え**中国**，ムは**韓国**が該当する。次に旅行消費額の内訳にあたる
　ＰとＱのうち，Ｐは中国の金額が圧倒的に多く，Ｑはアメリカ合衆国の金額が多い
　ことが読み取れる。中国はかつて「爆買い」などの言葉が流行したように，買い物
　を目的に来日する旅行客が多いと考えると，Ｐは**買い物代**が該当する。残るＱは**宿
　泊費**が該当する。アメリカ合衆国の観光客は買い物よりも，宿泊地の環境や料理な
　どを楽しむ傾向が強いと考えられよう。

第3問　標準　人口と村落・都市

問1　[13]　正解は②

　　人口の高齢化は一般に先進国で進行している現象と考え，工業や商業が発展してい
　る国がより早く高齢化を迎えていると考えるとよい。なお，老年人口率が7％を
　超えると**高齢化社会**，14％を超えると**高齢社会**，21％を超えると**超高齢社会**とよ
　ばれる。図1中，まず④は，最も遅れて2000年代に高齢化社会に入り，まだ高齢
　社会に達していない国と読み取れ，**中国**が該当する。③は1970年ごろに高齢化を
　迎え，その後急速にどの国より早く超高齢社会を迎えた国と読み取れ，**日本**が該当
　する。残る①と②のうち，①は1860年ごろからすでに高齢化社会に達しており，
　産業がより早く発展した国と考え，**フランス**が該当する。よって，**カナダは②**が該
　当する。カナダには若い世代の移民も多く，まだ超高齢社会には至っていないと考
　えられよう。

問2　[14]　正解は④

　　図2中，まず**ウ**の国は25～29歳をピークに一度労働力率が減少し，45～49歳で再
　び増加するM字型の労働曲線を描いていることが読み取れる。結婚・出産・育児な
　どで一時仕事を離れ，子育てが一段落すると再び仕事に就くこの国の労働事情があ
　らわれている。また，15～19歳から25～29歳までの若年層の比率が低いことは教
　育機会の保障を重視していることのあらわれと考えられよう。日本とよく似た労働
　事情をもつ**韓国**が該当する。残る**ア**と**イ**のうち，アは30歳代からの労働力率が**イ**
　より高く推移することが読み取れる。これは，フィンランドなどの北欧の国で，女
　性が仕事と育児を両立できるような社会制度が整備されていることを反映している
　と考えられる。よって，**フィンランドはア**，**アメリカ合衆国はイ**が該当する。

2021年度：地理B／本試験(第2日程)〈解答〉 **19**

問3 　15 　正解は④

写真1に示された集落形態は**円村**とよばれ，フランスやドイツの成立が古い農村地帯に分布している。円形に集落が集まる背景を考えると，当時，外敵などの危険から集落を守る必要があり防衛機能を高めたこと，また，共同で利用する施設などは集落の中心に設置した方が便利だったことが挙げられよう。よって，分布する地域は**キ**が該当する。また，形態の利点は**b**が該当する。**a**の各農家の近くに耕地が集まるためには，**散村**形態の方が都合がよいと考えられよう。

問4 　16 　正解は⑤

都市では第2次，第3次産業就業者の割合が高いため，一般に工業や商業が発達すると**都市人口率**は高くなる傾向にあると考えるとよい。図3中，Aは1970年代からすでに都市人口率が高い段階にあるため，早くから工業化が進み，さらに第3次産業就業者の割合が高い国と考えられる。よって，オーストラリアなどを表す**ス**が該当する。Bは1970年から2015年にかけて都市人口率が大きく増加しており，発展途上国の段階から工業化が進み経済発展が進行している国なので，**サ**が該当する。**ルックイースト政策**からマレーシアに関する文と考えられる。Cは1970年から2015年にかけて都市人口率がわずかに増加しつつあるものの，依然低い段階にある。よって，エチオピアなどの発展途上国と考え，**シ**が該当する。

問5 　17 　正解は①

図4は大阪府における出勤の移動手段を示し，**タ**は**CBD（中心業務地区）**と思われる大阪市中心部，**チ**は郊外の住宅都市を示していると考えよう。Eは**タ**地区の周辺部どうしで結ばれる線は多いが，**タ**地区と直接結ぶ線はほとんどみられないことが読み取れる。一方，Fは逆に**タ**地区に他地区からの線が集中していることが読み取れる。そこで，**自動車**は都心部への通勤手段としては道路事情や駐車場などの関係で使用が難しいと考えると**E**が該当する。残る**鉄道**は**F**が該当し，一般に通勤ではオフィスの最寄り駅まで利用する人が多いと考えられる。次に空欄Xについては，**タ**地区は企業などが集中し常住人口は少ないと考えられよう。よって，昼間の人口は多く夜間は少なくなるため，昼夜間人口指数は大きいと考えられる。一方，**チ**は住宅地区のため，常住の夜間人口は多いと考えられ，昼夜間人口指数は**タ**より小さいと考えられよう。

問6 　18 　正解は②

図5中，**マ～ム**の施設のうち，**ム**は分布する数が最も多く，中心業務地区の駅周辺から周囲の住宅地域まで広く分布していることが読み取れる。よって，身近な商品や多様なサービスの提供先として頻繁に利用される**コンビニエンスストア**が該当す

20 2021年度：地理B/本試験（第2日程）〈解答〉

る。ミは駅周辺の中心業務地区に立地が集中し，また駅から近い主要道路沿いの住宅地域にも分布していることから，宿泊や移動の利便性を重視した施設と考え，ビジネスホテルが該当する。公立中学校は残るマが該当する。広範囲に分散しており，分布数は最も少ないことが読み取れる。

第4問 —— 西アジアの地誌

A　標準　《西アジアの自然環境や社会経済》

問1　19　正解は②

図1中，Fはサウジアラビアのリヤド付近に位置し，砂漠気候に属するため年間を通して降水量は極めて少ないと考えられよう。図2中，まず④は夏に高温乾燥し，冬は温暖湿潤な地中海性気候を示すと考え，トルコのイスタンブール付近のDが該当する。①～③の検討にあたっては，①の判断が難しい。夏7月のわずかな降雨が南西モンスーンの影響によることが想起されると，沿岸部に位置し気温の年較差は比較的小さいGが該当する。続いてFをイランのイスファハーン付近のEと比べると，Fの方が緯度が低く，標高も低いことから，気温は全体に高いと考えられる。よってFは②，Eは残る③が該当する。

問2　20　正解は①

写真1中，Jの外来河川は，湿潤地域に源流をもち，乾燥地域を海まで流れる河川を指すことから，図1中，チグリス川・ユーフラテス川付近を示すアが該当する。Kの淡水化施設は，乾燥地域で海水から淡水を得る大規模な施設であるが，資本と技術が必要なため，大きな経済力を有する国に設置されていると考えられる。また，多くは臨海部に設置されるとも考えられよう。よって，アラブ首長国連邦のアブダビ付近を示すイが該当する。Lの地下水路は，乾燥地域で地下水を山麓などの水源から集落まで蒸発を防ぎながら導く施設で，アフガニスタンではカレーズ，イランなどではカナートとよばれる。アフガニスタンの山岳地方を示すウが該当する。

問3　21　正解は⑤

図4中，凡例カはサウジアラビアやアラブ首長国連邦など1日当たり原油生産量が多く，1人当たりGNI（国民総所得）が高い国を示しており，bが該当する。キはトルコやイスラエルなどが示されている。両国とも原油生産量は多くないが，1人当たりGNIは高いためcが該当する。クはイランやイラクが示されている。両国とも原油生産量は多いが，1人当たりGNIは低くaが該当する。

2021年度：地理B/本試験(第2日程)〈解答〉 **21**

問4 | 22 | 正解は③

①**不適**。ドバイはイスラーム（イスラム教）の聖地とはいえない。聖地として外国からも多くの人が訪れる都市は，メッカが代表的である。

②**不適**。人口ピラミッドをみると，25〜34歳の男性人口が突出して多く，年少人口は少ないため，外国出身者の高い出生率が人口増加の要因とはいえない。

③**適当**。ドバイは石油に依存した経済からの脱却を図るため，観光などの新たな産業を育成している。空港や港湾設備などのインフラ整備を活発に行っているため，建設工事などに南アジアなどから多くの労働者が流入している。

④**不適**。都市人口率が高いアラブ首長国連邦の農村から都市への人口移動で，2000年から2015年にドバイの人口が2倍以上に増加するのは考えにくい。

B 標準 《西アジアのトルコと北アフリカのモロッコ》

問5 | 23 | 正解は④

表2中，1人当たり年間供給量をみると，**P**は**Q**に比べて**サ**と**シ**の両国とも極めて少ないことが読み取れる。トルコ，モロッコともに**ムスリム（イスラム教徒）**が多く，豚肉を食べることは禁じられているため，**P**は**豚肉**が該当する。一方，ナツメヤシの実は**デーツ**とよばれ，食用のほか油や酒などの原料として利用される。よって，**Q**は**ナツメヤシ**が該当する。次に，**サ**と**シ**の国をみると，**シ**はナツメヤシの供給量が多い。トルコより高温，乾燥した国土をもち，オアシスでのナツメヤシの生産量が多い**モロッコ**が該当する。**サ**は**トルコ**である。

問6 | 24 | 正解は②

図7中，**S**はスペインやフランスに多く居住しており，**T**はドイツに圧倒的多数の人々が居住していることが読み取れる。ヨーロッパ各国には外国人居住者が多いが，近隣国や旧植民地からの移動が多い。モロッコはかつて国土の一部が**フランスの植民地**であったことから，フランスでの居住者が多いと考えられよう。よって，**モロッコ人**は**S**が該当する。**T**は**トルコ人**である。トルコ人は，ドイツが第二次世界大戦後，経済復興から成長期にかけて不足する労働力を受け入れた際に多く移住した。次に図8の難民数についてみると，2005年以来**タ**の受け入れ数が多いが，特に2011年以降急増していることが読み取れる。この時期が**シリア内戦**の時期であることを想起できれば，シリアから多くの難民が発生し，その多くを隣国のトルコが受け入れたと考えられよう。よって，モロッコは残る**チ**が該当する。

22 2021年度：地理B/本試験（第2日程）〈解答〉

第5問 標準 福岡県福岡市付近の地域調査

問1 25 正解は②

写真1中，アは手前に大きな内海のような水域が広がり，その奥にはさらに右手に入り込んだ細い水域がみられる。また，手前には大きな橋が架かっている。よって，水域の形態から図1中Aが該当する。イは右手に水域が広がるが，左手から手前の大きな埠頭をはじめ，いくつかの埠頭が水域に向かって突き出ていることが読み取れる。よってCが該当する。ウは右側奥から左手前に向かって流れる川筋がみられ，途中右手から別の川が合流していること，川筋に沿って広い道路が通っていることが読み取れる。よってBが該当する。

問2 26 正解は④

①不適。もし市町村内に福岡市より多くの学校や企業が立地しているのであれば，多数の住人が福岡市へ通勤・通学しているとは考えにくい。

②不適。福岡市に隣接した県外の市町村には，福岡市への通勤・通学率が上位の市町村はみられない。

③不適。福岡市への通勤・通学率が中位の市町村の中にも，例えば図の下方の佐賀県との境界にある市など，鉄道に沿って人口集中地区が分布している。

④適当。福岡市の人口集中地区の中心部から南東方向などに鉄道に沿って人口集中地区が広がっていることから，住宅地などの開発が進んだと考えられよう。

問3 27 正解は③

表1をみると，産業別の就業者数は，Eは製造業が1位であるが，Fは卸売業・小売業が1位で，製造業は3位までに入っていない。会話文中，福岡市は交通の拠点で，「広域に商品などを供給する」大企業の支店が立地しているとあることから，卸売業が産業の中心的役割を担っていると考えられる。よって，福岡市はF，全国はEが該当する。次に空欄カについては，福岡市は九州の広域中心都市であり，県庁所在地でもあるため，政治・行政の中心地ともいえるだろうが，「広域に商品などを供給する大企業の支店」数を九州地方の他都市と比較して推測できるのは，経済の中心地であることだと考えられる。よってXが該当する。

問4 28 正解は②

表2中，シは唯一人口増加率がマイナスを示す地域で，老年人口増加率がサとスに比べて半分ほどの低い数値になっている。高齢化がある程度進み，人口の過疎化がみられる地域と考えると，郊外に位置するLが該当する。続いてサとスを比べると老年人口増加率はさほど変わらないものの，サの方が人口増加率がかなり大きいこ

とが読み取れる。Jの説明文では「新しいマンションが建ち並んでいた」とあるのに対し，Kは「古い戸建ての住宅が並んでいた」とあることから開発が進んでいるとは考えにくく，Jの方が人口増加率は高いと考えられよう。よって，サはJ，スはKが該当する。

問5　29　正解は④

①適当。史跡や寺社は人の手により作られ，特に寺社は人々の信仰とも深くかかわってきたため，古くから人々が住んでいたことを示すと考えられよう。

②適当。河道の形状は，侵食，堆積作用や洪水などにより変化することが考えられ，また，河道の付け替えなど人為的な変化も考えられる。河道の形状が地域の歴史を判断する手掛かりになるといえよう。

③適当。図3から，1950年頃以降の埋立地では幅広い道路や直交する道路網がみられ，建物の空間利用をみても計画的な都市開発をうかがわせる。

④不適。公共施設や学校は，古くからの土地でも埋立地でも建設されており，これらの施設の有無では土地の新旧は判断できない。

問6　30　正解は②

①適当。福岡市は，九州地方の広域中心都市であることから大学や企業が多く，進学や就職のために九州地方の各県から転入する人は多いと考えられよう。

②不適。福岡市への転入者の多さが，そのまま各県の人口増加を表しているとは考えにくい。また，日本の都道府県別人口は，大都市圏や沖縄などを除きほとんど（47中40）が減少傾向にある（2019年）。中国・四国地方の各県も例外ではない。

③適当。大阪圏や名古屋圏は，福岡市との経済力の差はあまり大きくなく，進学や就職の面で東京圏ほど人口を引きつける力はないので，転出者数と転入者数が均衡していると考えられる。

④適当。広域中心都市の福岡市からでも東京圏への転出数は突出しており，人口の**東京一極集中**を反映していると考えられよう。

第2回 試行調査：地理B

問題番号 (配点)	設問	解答番号	正解	配点	チェック
第1問 (20)	問1	1	③	3	
	問2	2	⑥	4	
	問3	3	③	4	
	問4	4	③	3	
	問5	5	⑥	3	
	問6	6	③	3	
第2問 (20)	問1	7	④	3	
	問2	8	②	3	
	問3	9	⑤	4	
	問4	10	④	3	
	問5	11	④	3	
	問6	12	③	4	
第3問 (20)	問1	13	①	3	
	問2	14	②	3	
	問3	15	⑤	4	
	問4	16	①	3	
	問5	17	②	3	
	問6	18	③	4	

問題番号 (配点)	設問	解答番号	正解	配点	チェック
第4問 (20)	問1	19	③	3	
	問2	20-21	③-⑦	4 (各2)	
	問3	22	①	3	
	問4	23	④	3	
	問5	24	⑥	3	
	問6	25-26	③-⑦	4 (各2)	
第5問 (20)	問1	27	②	3	
	問2	28	②	3	
	問3	29	③	3	
	問4	30	③	4	
	問5	31	①	3	
	問6	32	③	3	

（注）－（ハイフン）でつながれた正解は，順序を問わない。

※平均点については，2018年11月の試行調査受検者のうち，3年生の得点の平均値を示しています。

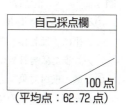

（平均点：62.72点）

2　第2回　試行調査：地理B〈解答〉

第1問　標準　世界の自然特性

問1　1　正解は③

図1から，細長い島々が海岸線に**平行**して分布している様子が読み取れる。営力に関しては，造山運動・造陸運動などの地殻変動や火山活動を**内的営力**と呼ぶのに対し，谷を刻む侵食作用のほか，風化・運搬・堆積の各作用は太陽エネルギーに起因するために**外的営力**と呼ばれる。なお，「海岸線と同じ向きの稜線をもった地形が沈水」した海岸地形をダルマチア式海岸と呼び，クロアチア西岸などにみられる。

問2　2　正解は⑥

地震は主にプレートの境界付近で発生するので，中央をカリブプレートが占める**A**には震央が東部と西部に分かれる**ク**が該当する。東アジア付近を示す**B**は日本列島に沿う東部や南部に震央が並んでいる**カ**，東南アジアの島嶼部を示す**C**はスンダ列島に沿う西部から南部にかけて震央が並んでいる**キ**がそれぞれ該当する。**プレートの狭まる境界付近の火山**は，大陸プレートなどの下に沈み込んだ海洋プレートが融解して生じたマグマに由来するため，**海溝より陸側**に分布する。例えば日本列島付近では，地震が頻発する日本海溝に対し，火山前線は東北地方などを通過するので，jが地震の震央，kが火山と判断できる。

問3　3　正解は③

サ. 正しい。赤道付近に位置する地点**E**は，年間を通して北東貿易風と南東貿易風が収束する**熱帯収束帯（赤道低圧帯）**の影響を受けるため湿潤である。特に北東貿易風が吹き込む1月は，海洋からの湿った大気が流入して多雨となる。

シ. 誤り。地点**F**では南東貿易風が吹くものの，アンデス山脈は海岸線に沿って北西から南東に延びているので風下側とならない。地点**F**では湧昇流を伴いながら沖合を北流する**寒流**（ペルー海流）の冷却効果で大気が安定するため，年間を通して乾燥している。

ス. 正しい。大気の接触を遮るような山脈が存在しない中緯度の地点**G**付近では，北側の暖気と南側の寒気の境界に**前線**が形成されやすく，両月とも湿潤である。

問4　4　正解は③

①**不適**。最高気温35℃以上という基準さえ満たせば，例えば36℃でも39℃でも一律に「猛暑日」と扱われ，その日数を比較しても例年の気温との差がわからない。また猛暑日数が多くても，低温の日も多ければ例年より暑いとはいえない。

②**不適**。検討対象地点と周辺地域との今年の夏季の気温データを比較することはできるが，例年との比較はできない。

③**適当**。日々の気温は晴天・雨天などの天気やさまざまな要因で変動するので，例年の平均値を求めて今年と比較するとよい。

④**不適**。聞き取り調査から得られる通行する人の考えは各々の主観に過ぎず，客観的な裏付けを欠いている。

問5　⬜5⬜　正解は⑥

タ．水田などに利用されてきた「砂や泥の堆積した水はけの悪い土地」は低湿な氾濫原に広がる後背湿地で，河川の中・下流に位置するRが該当する。

チ．透水性の高い「砂や礫が堆積して形成された土地」は山麓部に広がる扇状地を指しており，湧水が得られる扇端に位置するQが該当する。

ツ．「水が得にくい」平坦な地形は台地（洪積台地）を指し，崖上に位置するPが該当する。台地は，形成年代が古い堆積平野が相対的に隆起した地形である。

問6　⬜6⬜　正解は③

自然災害には地震や火山噴火のほかに，水害や干ばつなど気象現象が引き起こすものも含まれ，世界各地で発生している。ただし人口の多いアジアでは，プレートの狭まる境界が通過し，しばしば熱帯低気圧も襲来するモンスーンアジアを中心に人口密度が高いため，被災者数が特に多くなる。よってヌを被災者数と考える。一方，経済的な損失は産業構造が高度化している先進国で大きくなると考えられ，南北アメリカやヨーロッパの割合が高いナを被害額と判断する。残るニが，最も地域的な偏りが小さく，発生件数であると考えられる。

第2問　やや難　資源・エネルギー開発と工業発展

問1　⬜7⬜　正解は④

まず，石油の埋蔵量が多い①は，ペルシア湾岸諸国を含む西アジアである。次に，**埋蔵量÷可採年数＝年間生産量**と求められることに注意すると，いずれのエネルギー資源も生産量が多い③は，経済活動が活発でエネルギー需要が大きい北アメリカと推定できる。同様に②はコロンビアを除いて石炭の生産が低調な中・南アメリカ，④はヨーロッパ向けに天然ガスが生産されているアフリカと考えられる。②と④の判別は難しいが，ベネズエラの石油埋蔵量が世界第1位（2016年）であることを思い出し，②を中・南アメリカと類推してもよいだろう。

問2　⬜8⬜　正解は②

①**適当**。両国ともに安定陸塊の楯状地で鉄鉱石の生産が盛んで，オーストラリアは輸出量で世界第1位，ブラジルは世界第2位である（2015年）。

②不適。原油の最大の輸入国はアメリカ合衆国で，日本は中国，インドに次いで第
4位である（2014年）。

③適当。図1中の写真から石油化学コンビナートや製鉄所の**大規模な生産施設**が確
認できる。資本集約的な素材型工業では，生産効率を高めるために大規模化やオー
トメーション化が図られてきた。

④適当。石油や鉄鉱石を原料とするプラスチックや鉄鋼などの工業製品の多くは，
自動車などの工業や建造物の原料として利用される。よって脱工業化の段階にあ
る先進国と比べて，近年，**経済成長の顕著な発展途上国**の方がこうした工業製品
の消費量の増加率は高いと考えられる。

問3 ┃ 9 ┃ 正解は⑤

表2中に1901年には1トンの鉄鋼製品を生産するのに4.0トンの石炭と2.0トン
の鉄鉱石が使用されていたことが示されているように，**重量減損原料を用いる鉄鋼
業は原則として資源産地に立地**してきた。特に1900年前後は輸送費を抑えるため
に鉄鉱石よりも使用量が多かった**石炭の産地**に偏在したと考えられ，**ウ**が該当する。
その後使用量が減少した石炭に対し，鉄鉱石の使用量が上回ったので，1960年前
後の製鉄所は**鉄鉱石産地に移った**と考えられ，**ア**が該当する。1970年代以降は坑
道掘りを行ってきた鉄鋼生産国の産出量が減少し，「図中の南東側の国が資源輸出
国となった」という条件に注意する。よって2000年前後には資源の**輸入に便利な
貿易港の周辺に立地**している**イ**が該当する。

問4 ┃ 10 ┃ 正解は④

①不適。東アジア・東南アジアにおける発展途上国の工業化は，**輸入代替型**から**輸
出指向型**の工業化政策に転換することで進んだ。

②不適。工業化で**国際分業**が進んだ東・東南アジア域内での貿易額は増加した。

③不適。中国では重化学工業化が進展した沿岸部と内陸部との地域間経済格差が拡
大し，工業化が進んだ**都市に大量の人口**が流入した。

④適当。東南アジア各国に進出した自動車工業は，**原材料や部品を相互に供給して**
生産の効率化を図っており，特にタイは完成車の生産や輸出の拠点となっている。

問5 ┃ 11 ┃ 正解は④

カはフィリピン，ニュージーランドなど**火山が多く分布する環太平洋諸国**が上位を
占めるので，地熱と判断する。アメリカ合衆国ではカリフォルニア州などの西部を
中心に，ハワイ島にも地熱発電所が立地している。**ク**は水力発電の比重が大きいブ
ラジルやカナダが上位国に含まれているので，水力と判断する。中国やロシアも水
量の豊かな河川に恵まれ，水力発電量が多い。残った**キがバイオマス**で，木質チッ

プや家畜の糞尿などが発電用燃料に用いられる。自動車用燃料として**バイオエタノール**が普及しているアメリカ合衆国やブラジル，バイオディーゼルが普及しているドイツなど，バイオマスが積極的に活用されている国が含まれている。

問6　12　正解は③

①**適当**。1人当たり二酸化炭素排出量は先進国で多くなる傾向があり，とりわけ8か国の中で最大であることが読み取れる**サはアメリカ合衆国**である。「環境問題への対策が遅れており」の判断は悩ましいが，アメリカ合衆国は2001年に京都議定書から離脱している。

②**適当**。二酸化炭素排出量が最大の**ス**は，急速な工業化の一方で，京都議定書による制約を受けなかった**中国**である。中国の2011年の二酸化炭素排出量は1990年の3倍以上に増加したことが読み取れるが，同期間の人口増加率はこれを下回っており，1人当たり二酸化炭素排出量は増加したと考えられる。

③**不適**。再生可能エネルギーや電気自動車が普及すると，化石燃料の消費に伴う二酸化炭素排出量が削減されるため，**サ**と**シ**の円の位置は左下方向に移行すると考えられる。なお，**シは日本**である。

④**適当**。中国と同様に二酸化炭素排出量が増加している**セはインド**である。中国やインドでは石炭が主要なエネルギー源であるうえ，人口規模がきわめて大きいため，今後も経済発展が進んで先進国などでの削減量を超える排出が続けば，世界全体の二酸化炭素排出量が増加すると考えられる。

第3問　標準　世界の生活文化の多様性

問1　13　正解は①

北アフリカから西アジアや中央アジアにかけて広く分布し，人口の多い南アジアや東南アジアにも普及した**イスラーム**の信者数は，カトリック，プロテスタント，東方正教などを合わせたキリスト教に次ぐ。よって**A**にはイスラームが該当する。対照的に**ヒンドゥー教**の分布は，インド周辺にほぼ限られる。また，多数派を占めるインドにおいてもイスラームなど他宗教を信仰する国民も少なからず存在するため，インドの総人口を下回る**B**がヒンドゥー教である。**プロテスタント**の信者は，北ヨーロッパ諸国のほか，旧イギリス植民地などに分布しているが，先進国であるアメリカ合衆国，カナダ，オーストラリアにはカトリックや他宗教を信仰する移民も多い。よってイスラームやヒンドゥー教より人口が少ない**C**がプロテスタントである。

問2　14　正解は②

①**適当**。キリスト教は，南北アメリカやオーストラリアなど，ヨーロッパ諸国の旧

6　第 2 回　試行調査：地理B〈解答〉

植民地を中心に広まっていることがわかる。

②不適。東方正教は，ロシアや東ヨーロッパ諸国などスラブ語派の言語が用いられ
ている国々を中心に広まっている。

③適当。7 世紀にアラビア半島で創始されたイスラームは，ムスリムとなったアラ
ブ人による交易や征服活動により北アフリカなどの近隣地域に広まった。

④適当。大乗仏教が交易路を通じて中央アジアから中国，東アジアに伝播したのに
対し，上座部仏教は紀元前 3 世紀頃にセイロン島を経て東南アジアへ伝わった。

問3　 15 　正解は⑤

K．比較的低緯度の砂漠気候区に位置する都市の雨温図である。日中の暑熱に対し
て「放熱性に優れた」衣服が着用されるほか，著しく乾燥して木材が乏しいた
め，問 4 の写真のような「土を素材とした日干しれんが」を用いた家屋がみら
れる。よってウが該当する。

L．温帯の地中海性気候区に位置する都市の雨温図である。ヨーロッパの地中海沿
岸地域は海底が隆起した影響で石灰岩に恵まれるほか，夏季を中心に乾燥する
気候下で牧羊業も発達してきたため，アが該当する。

M．亜寒帯（冷帯）に位置する都市の雨温図である。冬季の寒さが厳しい亜寒帯で
は樹種の揃ったタイガと呼ばれる針葉樹林が広がり，木材に恵まれる。気候が
寒冷で，土壌の肥沃度も低いために農業は低調で，森林では伝統的に狩猟が行
われてきた。よってイが該当する。

問4　 16 　正解は①

①適当。雨雲が発生しにくい砂漠気候区では，日中，強烈な日差しが照りつける。
小さい窓は日射による室温の上昇を抑えるほか，砂塵を伴う熱風の侵入を防ぐう
えで有効である。

②不適。降水がまれにしか発生しない砂漠気候区では屋根に勾配を設ける必要性が
低く，簡単な構造の平屋根が一般的である。

③不適。家屋が密集し，住民の接触機会が増すと疫病は伝染しやすくなると考えら
れる。元来，水が乏しい砂漠気候区では疫病を媒介する生物も少ない。家屋が密
集するのは，乾燥した一帯で水が得られる場所がオアシスに限られるためである。

④不適。集落付近にみえる樹木はオアシス農業で栽培されているナツメヤシである。
一般に夏季に降水をもたらす季節風が砂漠気候区で卓越するとは考えにくい。

問5　 17 　正解は②

トウモロコシは新大陸農耕文化で栽培されていた穀物であり，原産地は中央アメリ
カ付近（p）と推定されている。図に示されたジャガイモを参考にすると，トウモ

第2回 試行調査：地理B〈解答〉 7

ロコシも新大陸からヨーロッパの宗主国（**q**）に持ち込まれた後，各地に伝播した
と推測できる。

問6　18　正解は③

カ. 確かに日本ではさまざまな国の料理を提供する店が立地しているが，「食文化
の画一化」という文脈に注意して，特定国の資本や料理の影響が強まり，全国
各地で同じものが食べられるようになったことを述べた**U**を選ぶ。

キ. 欧米諸国の食文化の特徴の一つは，カロリーが高い肉類や乳製品を多く摂取す
る点にある。日本の1人当たりカロリー摂取量とその内訳の推移をみて，それ
らの値が欧米諸国に近似してきたと確認できれば食文化の画一化の根拠となる
ので，**X**を選ぶ。農産物輸出額は，日本や欧米諸国における農業の様子をうか
がう資料となるが，各国内での消費や食文化については検討できない。

第4問　標準　オセアニアの地誌

問1　19　正解は③

オークランドは緯度が高いために夏季は冷涼であるが，海洋からの**偏西風**が吹き込
んで年中湿潤なうえ，冬季も比較的温暖な西岸海洋性気候区に位置している。オー
クランドと緯度が近く，偏西風の影響を受けやすい位置にある都市は③である。な
お，低緯度に位置する①は Am や Aw などの**熱帯**，②は温暖湿潤気候区，④は地
中海性気候区に位置している。

問2　20　・　21　正解は③・⑦

Aに関して，堡礁はオーストラリア大陸の東岸に連続して分布する様子が読み取れ
る。一帯にみられる全長2000km以上に及ぶ世界最大のサンゴ礁をグレートバリ
アリーフと呼び，1981年に世界自然遺産に登録された。**B**に関しては，サンゴ礁
分布の周辺域には，裾礁が目立つものの堡礁が多く分布するとはいえない。氷期に
サンゴ礁の形成がすでにみられた赤道付近では，間氷期を迎えて海水面が上昇する
につれて環礁や堡礁が発達したのに対し，周辺域では海水温が上昇した間氷期にな
って形成が開始された裾礁が多い。**C**に関して，南アメリカ大陸の西岸には堡礁を
はじめとするサンゴ礁が分布していない。一帯では湧昇流を伴う寒流のペルー海流
が沖合を北流して**海水温が低い**ためにサンゴ礁が形成されていない。以上より，堡
礁について図を読み取った内容として適当なものは**A**と**C**，それぞれに関連するこ
とがらは**g**と**e**である。

8 第2回 試行調査：地理B〈解答〉

問3　22　正解は①

写真1よりKの木造住居には壁がなく，床も高い様子が見てとれる。テントなどの移動式住居は，農耕を行わない遊牧民が伝統的に利用してきた。太平洋島嶼国では，根栽農耕文化で栽培されてきたタロイモ，ヤムイモ，バナナなどを主食としているが，Lは地面より上に茎や葉しか見えないことからイモ類（タロイモ）と判断する。

問4　23　正解は④

先進国からのODA（政府開発援助）は，旧植民地のように歴史的なつながりがあるなど，社会的・経済的な関係が強い発展途上国を中心に実施されてきた。表1よりマーシャル諸島，ミクロネシア連邦，パラオの旧施政権国であったことが確認できるアメリカ合衆国は，これらの島嶼国への供与額が多いキである。同様にオーストラリアはパプアニューギニアの旧施政権国であり，近年，多文化主義政策を掲げ移民を積極的に受け入れてきた太平洋島嶼国との社会的・経済的関係が深まっていることも考慮すると，クが該当する。残ったカが日本で，各国にODAを実施しているが，太平洋島嶼国への供与額はオーストラリアより少ない。

問5　24　正解は⑥

P．カナダとアメリカ合衆国，ニュージーランドとオーストラリアは近接している。サモアも問4の図2よりオセアニアの島嶼国であると確認でき，スが該当する。

Q．2015年のニュージーランドとカナダで共通して移民が急増している国は中国とフィリピンである。いずれも経済発展しているアジア諸国で，シが該当する。

R．2015年のニュージーランドとカナダにおける移民送出国の違いを説明しようとしているので，政策の違いについて言及したサが該当する。具体的な違いは，ニュージーランドではオーストラリアとイギリスが，カナダではイランとパキスタンが上位国に含まれる点である。ニュージーランドの2か国については地理的な距離や歴史的な結びつきで説明できるのに対し，社会情勢の不安定な西アジアや南アジアからの移民が多いカナダは難民に対する積極的な受け入れ政策を進めてきたと考えられる。

問6　25 ・ 26　正解は③・⑦

現代世界では，死亡率の低下に伴って人口が急増した一方，雇用機会が不足している発展途上国から，さまざまな産業が発達して賃金水準が高いものの，人口転換の影響で労働力が不足している先進国への国際的な人口移動が活発化している。よって，送出国側の要因として②と④，受入国側の要因として⑤と⑧はそれぞれ適当。さらに本問では太平洋島嶼国が送出国，オーストラリアとニュージーランドが受入国としてみなせることに注意する。地震やサイクロンにしばしば見舞われ，海岸侵

食や浸水問題に直面している環礁も知られる太平洋島嶼国において，こうした居住環境の悪化は移住を促す要因になると考えられ，**①**は適当。しかし出生率が依然として高い太平洋島嶼国に少子高齢化は当てはまらないので，**③**は不適。一方，オーストラリアでは多様な言語や文化を尊重する<u>多文化主義</u>が掲げられてきたが，社会の暮らしやすさは移住者を呼び寄せる要因になると考えられ，**⑥**は適当。デジタルデバイドとは情報や情報技術をめぐって個人や地域・国家の間にみられる格差のことであるが，移住者を呼び寄せる要因になるとは考えにくく，**⑦**は不適。

第5問　やや易　大分県大分市と別府市を中心とする地域調査

問1　**27**　正解は**②**

A．別府市から大分市に入ったところで，進行方向の右側に高崎山をみることになるので，**ア**が該当する。

B．大分市に入る前に，別府市の大平山（扇山），鶴見岳，小鹿山と続く山地の東麓付近を通過しているので，**ウ**が該当する。

C．北側の雨乞岳と南側の冠山（烏帽子岳）との間の谷（大分川）に沿い，国道210号も並走しているため，**イ**が該当する。

問2　**28**　正解は**②**

①適当。「おういた」駅北側から本町付近を北に進み，川を渡ったところで西に向きを変えて「大分港」方面に路面電車が延びていた様子が読み取れる。

②不適。かつて「春日神社」の西側に立地していた「師範校」の敷地は，2018年の地図では勢家町に見える神社の西側，王子北町付近に当たる。「フェリー発着所」は王子港町付近の埋立地に設けられたことがわかる。

③適当。西側の山麓に広がっていた「歩四七」の軍用地には大分大学が開設されており，新春日町には高等学校も立地している。

④適当。大分城の北東側では直交する道路網や建物が建ち並ぶ様子がうかがえ，区画整理によって宅地化が進んだと考えられる。

問3　**29**　正解は**③**

①適当。図4より，1963年の軽工業と地場資源型素材工業の割合は48.5＋18.4＝66.9（％）と算出できる。

②適当。図4より，臨海型素材工業の割合が1980年にかけて拡大した様子が読み取れる。さらに図3から，第二次産業人口が1965年の2.4万人から1980年の4.6万人に増加したことも読み取れる。

③不適。1980年から1995年の期間に第二次産業就業者数は4.6万人から5.4万人

10 第2回 試行調査：地理B〈解答〉

に増加したものの，就業者の総数が約16万人から約20万人に増えたため，その割合は約29％から約27％に低下している。1995年から2000年にかけて就業者総数が微増したものの，2000年には第二次産業就業者数が5.3万人に減少しており，90年代後半にその割合はさらに低下したといえる。

④**適当**。1960年の第三次産業人口の割合は4.3（万人）÷約9（万人）×100＝約48（％）だったが，2015年は15.9（万人）÷約21（万人）×100＝約76（％）に上昇した。

問4 ┃ 30 ┃ 正解は③

D．家庭外で働く女性やワーキングマザーの増加を裏付ける資料には**キ**が該当する。**キ**のグラフからは，1995年の大分市の女性の労働力率は特に20歳代後半から30歳代で低かったが，2015年にはこうした傾向がほぼ解消されるとともに，60歳代までの各年齢階層で**女性の労働力率が上昇した**ことがわかる。

E．人口増減と「転入」との関係を裏付ける資料を選べばよい。よって，**カ**が該当する。**カ**の階級区分図からは，**大分市の人口が増加した一方，周辺自治体では減少した**ことが読み取れ，大分市に市外から人口が流入したと考えられる。

F．保育需要が偏在している根拠としては，保育所に入る年齢の子どもがいる世帯の分布がわかればよい。よって，**ク**が該当する。**ク**のメッシュマップからは，**大分市役所の周辺地区に6歳未満の子どもがいる子育て世帯が集まっている**様子が読み取れ，保育需要が市の中心部に偏在しているとわかる。

問5 ┃ 31 ┃ 正解は①

P．総観光客数が大きく増加した1970年前後は**高度経済成長期**に当たっており，所得の向上とともにレジャーを楽しむ国民が増加した。

Q．宿泊客数が落ち込んだ1970年代後半以降は，**第1次石油危機**を転機に日本経済が低成長に移行した時期と重なる。交通網の整備によって日帰りで観光に訪れやすくなった反面，宿泊客数は減少したと考えられる。

R．総観光客数が減少した1990年代前半は，1980年代後半から続いた**バブル経済**が崩壊し，景気が急激に悪化した時期と重なる。

問6 ┃ 32 ┃ 正解は③

タ．大分県を含む九州は，古代から朝鮮半島との文化的な交流が盛んであった。また，釜山と博多を結ぶ定期航路も開設されており，「歴史的，地理的なつながり」が深い国としては，**韓国**が妥当である。

チ．観光を振興する取り組みには，宿泊施設や交通網の整備，観光案内板の設置などハード面を充実させる施策のほか，専門的な知識を持った人材を育成するなどソフト面の対策も有効だと考えられ，**X**が該当する。**Y**にみられる「観光消費額の抑制」は，観光を通した地域の活性化に逆行する。

第1回 試行調査：地理B

問題番号	設問		解答番号	正解	備考	チェック
第1問	A	問1	1	④		
		問2	2	②		
		問3	3	③		
		問4	4	④		
	B	問5	5	③		
		問6	6	④		
第2問		問1	7	②	＊1	
		問2	8	③		
		問3	9	①		
		問4	10	②		
		問5	11	②		
		問6	12	④		
第3問		問1	13	②		
		問2	14	④		
		問3	15	④		
		問4	16	①		
		問5	17	④		
		問6	18	③		

問題番号	設問	解答番号	正解	備考	チェック
第4問	問1	19	②		
	問2	20	②		
	問3	21	③		
	問4	22	③		
	問5	23	⑤		
	問6	24	⑨		
第5問	問1	25	①		
	問2	26	⑤		
	問3	27	④		
	問4	28	③	＊2	
	問5	29	①		
	問6	30	④		

(注)
＊1 解答番号7は，図に誤りがあったとして参考問題とされた。
＊2 過不足なくマークしている場合のみ正解とする。

● 各設問の配点は非公表。

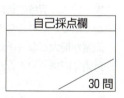

第1問 ── 熱帯の気候と日本の自然災害

A 《熱帯の気候》

問1 　1　　正解は ④

自転している地球の表面にはコリオリの力（転向力）が働き，高緯度から低緯度に移動する大気は東寄りの風，低緯度から高緯度に移動する大気は西寄りの風となる。亜熱帯高圧帯（中緯度高圧帯）から熱帯収束帯（赤道低圧帯）に吹く卓越風を貿易風と呼び，北側では北東風，南側では南東風となる。

問2 　2　　正解は ②

① 適当。サヘル地域には7月頃に「激しい対流活動や上昇気流」に伴う降水が生じやすい熱帯収束帯が接近することが図1から読み取れる。ただし，熱帯収束帯が「形成される範囲」のうちでもギニア湾に近い南部に位置すると，サヘル地域では降水に恵まれず干ばつが発生する場合がある。

② 不適。「太平洋東側の赤道付近」で「平年よりも海水温が高く」なるエルニーニョ現象は，貿易風が弱まることとの関連が指摘されており，熱帯収束帯とは直接関係がない。

③ 適当。「熱帯雨林気候に隣接する地域」では，主に熱帯収束帯がもたらす雨季と亜熱帯高圧帯がもたらす乾季をもつサバナ気候が分布している。

④ 適当。「北西太平洋の温帯の地域」に襲来する台風は，フィリピン近海で発生する。発生海域は，7月頃に「激しい対流活動や上昇気流」が生じ，「積乱雲が発生」しやすい熱帯収束帯の形成範囲に含まれることが図1から読み取れる。

問3 　3　　正解は ③

河川総流出量を流域面積で除して算出される「年流出高」の多い①・②には，流域の気候が湿潤で面積が狭い河川としてメコン川，ライン川が該当すると考えられる。メコン川の流域は，7月頃に熱帯収束帯の支配下に入るうえ，モンスーン（季節風）の影響もあって多雨となるので，9月に流量が最大となる①と判断する。メコン川流域では乾季となる1月に流量が多い②が残るライン川となるが，年中湿潤な気候下を流れるため季節的な流量の変化は小さい。一方，「年流出高」の少ない③・④は，流域の気候が乾燥または流域面積の広いオレンジ川，ナイル川のいずれかである。このうちナイル川には，熱帯収束帯の形成範囲に流域が含まれる7月に流量が最大となる③が該当する。南半球の低緯度地域では熱帯収束帯が南下する1月頃に雨季を迎えるため，オレンジ川は3月に流量が最大となる④が該当する。

問4 　4　 正解は④

砂丘の発達した砂漠が見えるアは，熱帯収束帯の範囲外に位置するYで撮影されたと考えられる。Yは年間を通して亜熱帯高圧帯に支配される砂漠気候区に属している。密度の高い樹林が見えるイは，年中高温で，熱帯収束帯の影響により湿潤となる赤道付近のZで撮影されたと考えられる。Z付近には多種多様な常緑広葉樹からなる熱帯雨林が分布している。樹木がまばらに生育する草原が見えるウは，熱帯収束帯の移動に伴って雨季と乾季が明瞭なサバナ気候区に位置するXで撮影されたものである。サバナ気候区では落葉広葉樹の疎林と丈の高い草本からなる熱帯草原が広がっている。

B 　標準　《日本の自然災害》

問5 　5　 正解は③

c．正しい。火砕流は，マグマから揮発した高温の火山ガスと固体の火山砕屑物が混合して高速で流下する現象である。

d．誤り。粒子の細かい火山灰は，大気中に長期間とどまると地表への日射を遮って気温低下を引き起こす可能性がある。1991年にフィリピンのピナトゥボ火山が噴火した際には地球の平均気温が約0.5℃低下した。

e．正しい。日本の火山前線付近では，マグマに由来する地熱を利用した発電が実用化されている。

問6 　6　 正解は④

海岸付近に災害の範囲が広がるカは，津波による水深1m以上の浸水を示していると考える。海底地震等によって引き起こされる津波は，海岸以外にも河川を遡上して被害を拡大する恐れがある。河岸に災害の範囲が広がるキは，河川が氾濫した際の水深1m以上の浸水を示している。クは等高線が集まる山麓部に災害の範囲が示されていることから，急傾斜地の崩壊を指している。

第2問 　標準　世界の食料問題

問1 　7　 正解は②

栄養不足人口率はアフリカで高く，ラテンアメリカおよびカリブ海諸国で低いことが表1に示されており，先進国ではさらに低い5％以下であることも注記されている。図1に関しては，企業的穀物農業が発達している新大陸に高位国が多いアを穀物自給率，アフリカに高位国が多いイを人口増加率と判断する。栄養不足人口率が高いアフリカでは高い人口増加率のほか，アより穀物自給率が低い傾向も見てとれ

4 第 1 回 試行調査：地理Ｂ〈解答〉

るため，②が正しい。なお，本問は図に誤りがあったとして参考問題とされた。

問2　8　正解は③

アジア東部を原産地とし，**高温で湿潤な気候を好む米**の主な生産国は，図3からインド，インドネシア，バングラデシュなどアジア諸国に偏っている様子が読み取れ，生産量が世界第1位の**P**には**中国**が該当する。西アジアを原産地とする**小麦**は，**冷涼で乾燥した気候を好む**ことから，主な生産国に国土の大部分が熱帯気候下に広がるブラジルは含まれない。よって小麦の生産量が第4位の**Q**を**アメリカ合衆国**と考え，残った**R**が**ブラジル**となる。企業的な穀物農業が発達したアメリカ合衆国は，トウモロコシと大豆の生産量で世界第1位となっている。なお，大豆は食用のほか，油脂や飼料としての用途も重要で，経済成長により需要が高まった中国向けの輸出が牽引してブラジルでの生産量が増大した点にも注意したい。

問3　9　正解は①

耕地1ha当たりの肥料の消費量が最も多い①は経営規模が小さいものの**集約的な農業**が営まれてきた**アジア**，最も少ない④が**焼畑農業**などの原始的農業が広く残る**アフリカ**である。②と③に関しては，乾燥地域を中心に牧草地が広がるオーストラリアを含む**オセアニア**が国土面積に占める農地の割合の比較的大きい③と考える。残った②が**ヨーロッパ**で，広大な森林をかかえるロシアが含まれるために農地面積の割合が小さい。ヨーロッパの営農規模は新大陸よりも小さいが，近年の健康志向を背景に有機農業が注目されており，耕地1ha当たりの肥料の消費量が南北アメリカより少ない点も特徴的である。

問4　10　正解は②

カ. 米の生産量に占める輸出量の割合は37127（千 t）／738064（千 t）×100＝約5.0％と求められるが，小麦（22.9％），トウモロコシ（12.2％），大豆（38.2％）と比較して目立って低い。海外市場を指向した大豆や小麦の商業的な栽培に対し，国内での消費を前提とする米は**自給的**に栽培されてきたといえる。

キ. 大豆の用途としては食料用のほか，**搾油用，飼料用**がある。会話文中に中国で「経済発展にともなって食生活が変化」したことが指摘されていることに注意し，肉類や乳製品の生産に用いられる**飼料用**の需要が急激に高まったと考える。

問5　11　正解は②

表4に「1970年代以降に急速にその経済的地位を上昇させた」と記されている**サ**は，石油資源を背景に「世界有数の高所得国」となった**サウジアラビア**である。1人1日当たり食料供給熱量は少ないが，「一部では食生活の欧米化がみられる」シ

第1回 試行調査：地理B〈解答〉　5

は，工業化が遅れた内陸国であるものの，スペインによる植民地統治を受けた**ボリビア**と判断できる。食生活の欧米化に関する記述がない一方で，**5歳未満の子供の死亡率**が比較的低い**ス**にはアジアの新興工業国である**タイ**が該当する。タイを含む東南アジアでは，都市部を中心に「屋台などの外食」が普及している。

問6　12　正解は④

①**適当**。「緑の革命」では，高収量品種の導入や灌漑施設の整備，化学肥料や農薬の普及などにより土地生産性が向上した。

②**適当**。豪雨，干ばつなどの異常気象がもたらす農業への悪影響は，堤防や灌漑施設の整備が遅れた発展途上国の貧しい農村部で特に深刻である。

③**適当**。日本を含む先進国では，食生活の多様化を背景に肉類・乳製品，果物，海産物などの食料品を世界中から輸入しているが，日常的に大量の食品が廃棄されている。ただし，食料品の輸入が「国内消費を上回る量」に達するかどうかの判断は難しい。

④**不適**。**フェアトレード**（公正な貿易）とは，農産物や加工品などを適正な価格で輸入することで発展途上国の生産者の生活を支援し，自立を促進する取り組みをいう。

第3問　標準　世界の人口と都市

問1　13　正解は②

①**不適**。ヨーロッパでは人口密度が高位の国が集中しておらず，オランダ，ベルギーなどに限られる。

②**適当**。図1中に「ヨーロッパとアジアの境界線」が引かれていることに注意すると，B・C国を含むアジアの面積は他地域よりも広く，人口が最も多いと判断できる。また，B国，バングラデシュ，日本，フィリピンなどが高位を示すほか，C国，インドネシア，パキスタン，ベトナムなど中位の国が残りの大部分を占めている。

③**不適**。アフリカの人口増加率は高いが，図1からは読み取れない。さらに，人口密度が高位に相当する国は2か国しか読み取れない。

④**不適**。ラテンアメリカでは，中央アメリカに中位の国が比較的多く，低位の国は特に南アメリカに集まっている。

問2　14　正解は④

図1中で人口が特に多い2か国のうち，バングラデシュとパキスタンの間に位置するB国がインド，日本や韓国の西側に位置するC国が中国である。ヨーロッパのA

6 第1回 試行調査：地理B〈解答〉

国はドイツやイタリアの西側に位置するフランス，南アメリカ最大の人口をかかえるD国はブラジルである。先進国であるフランス（A）の人口ピラミッドは，**老年人口の割合が高く年少人口の割合が低い①**である。1970年代末より**一人っ子政策**を推進してきた中国（C）の人口ピラミッドは40～44歳に対して35～39歳の人口が目立って少ない③である。数の多い1970年代生まれの世代が親となることでその子ども世代も一時的に増加したが，年少人口の割合は低下する傾向にある。インドとブラジルに関しては，**農村地域を中心に人口増加率が依然高いインド（B）**を**富士山型の②**，経済成長とともに人口転換が先行したブラジル（D）をつり鐘型へ変化しつつある④と判断する。

問3 　15　 正解は④

2015年現在も**合計特殊出生率**がきわめて高い**ア**は，人口増加率の高いアフリカに位置する**ナイジェリア**である。**イ**は1990年時点で1人当たりのGDPが**ア・ウ**よりも高かったことから，マキラドーラ制度を基盤に**輸出指向型工業**が成長し，ラテンアメリカNIEs（新興工業経済地域）と呼ばれた**メキシコ**と考える。残った**ウ**が**インドネシア**で，政情の安定化に伴って徐々に工業化が進展したが，1人当たりのGDPではメキシコより依然低い。

問4 　16　 正解は①

a．正しい。**カ**よりリオデジャネイロの沿岸部には高層ビルが建ち並んでいる様子が読み取れる。**ファベーラ**はブラジルの大都市にみられる**不良住宅地区（スラム）**であり，居住条件の悪い傾斜地などに形成されている。

b．正しい。**キ**よりシャンハイ（上海）の沿岸部には高層ビル群が建設されている様子が読み取れる。シャンハイは国内総生産（GDP）世界第2位に躍進した**中国でも最大規模の経済都市**で，商業・金融の世界的中心地の一つと言える。

c．正しい。ドバイはアラブ首長国連邦の港湾都市で**「巨額のオイルマネー」**を背景に都市開発が進展した。**ク**にみえる尖塔状のブルジュ・ハリファは，全高828.9m，206階建ての世界で最も高いビルである（2019年10月現在）。

問5 　17　 正解は④

鉄道の「ターミナル」が立地する都心に隣接する**E**は，近代になって中小の工場や商店，住宅が進出して市街地が形成された混合地区（漸移地帯）で，**シ**が該当する。欧米の大都市では，ここでスラム化などの**インナーシティ問題**が深刻化している事例もある。**E**の外側に広がる**F**には，地価が比較的安価であることや職場が集まる都心部と鉄道で結ばれていることを背景に住宅地が形成されており，**ス**が該当する。海上輸送との接点となる「港湾」に隣接する**G**には，鉄鋼業や石油化学工業などの

大規模な**工場**のほか，**倉庫**などの物流施設が立地しており，**サ**が該当する。近年は**ここでウォーターフロント開発**が進展し，住宅，商業・娯楽施設などが整備された事例もある。

問6　18　正解は③

夜間人口に対して約1.5倍の昼間人口をかかえる**タ**は，周辺地域からの通勤者が集まる「大都市圏の副都心」である**Y**と考えられる。百貨店などの商業施設も集積する副都心には多くの買い物客が集まり，年間商品販売額はきわめて大きくなる。一方，**昼夜間人口比率が100を下回るツ**はベッドタウンとしての開発が進んだ大都市郊外の**Z**で，通勤・通学で昼間人口が流出し，買回り品などの年間商品販売額も小さい。残った**チ**は夜間人口と昼間人口の差が小さい点が特徴で，職場と住宅との距離が近い地方都市の**X**が該当する。「交通と経済の中心」に隣接し，かつ「行政と文化の中心」である**X**は，ベッドタウンの**Z**よりも年間商品販売額が大きくなっている。

第4問　標準　ヨーロッパについての課題研究

問1　19　正解は②

夏季に乾燥することを示す①・③は**地中海性気候区**のハイサーグラフで，より高緯度かつ高原上に位置する**マドリード**がより気温の低い①，より低緯度に位置する**アテネ**が気温の高い③と考える。ヨーロッパ西部に位置する**ダブリン**は，**暖流の北大西洋海流**や偏西風の影響を強く受けるため，年間を通じて湿潤で，冬季も比較的温暖な②が該当し，残った④が**タリン**となる。西部とは対照的にヨーロッパ東部には冬季の寒さが厳しい亜寒帯（冷帯）が広がる。

問2　20　正解は②

平坦な地形に家畜が放たれた牧草地や耕地が広がる**ア**は，**混合農業**が営まれているヨーロッパ中部の**A**で撮影された景観と考えられる。傾斜地に樹木が規則的に並ぶ**イ**は，**地中海式農業**によりオリーブ栽培が盛んなイベリア半島の**C**で撮影された景観である。高峻な山脈を背景に牛が放牧されている様子が見てとれる**ウ**は，移牧による**酪農**が行われてきたアルプス山脈付近の**B**で撮影された景観である。

問3　21　正解は③

G国（ポーランド）では国民の多くが**スラブ語派**に属するポーランド語を用い，**カトリック**を信仰している。ポーランド，チェコ，スロバキア，ハンガリー，スロベニア，クロアチアは東ヨーロッパに位置するものの，西ヨーロッパや南ヨーロッパ

8　第 I 回　試行調査：地理B〈解答〉

と同様にカトリックが広まっている点に注意する。H国（ブルガリア）における主な言語はスラブ語派に属するブルガリア語，宗教は**正教会**（ブルガリア正教会）である。なお，同国の北側に位置し，**ラテン語派**の言語を公用語とするルーマニアと混同しないこと。

問4　22　正解は③

①不適。経済の面では，域内で流通する工業製品や農産物に対する関税を撤廃して，貿易を活発化させようとした。

②不適。EU の母体となった，ECSC（欧州石炭鉄鋼共同体）や EURATOM（欧州原子力共同体）は石炭や原子力エネルギーの共同管理・利用を目指した組織である。しかし風力発電や太陽光発電などの自然再生エネルギーは供給量が依然少なく，利用に適した自然条件を備えた国も限られるため，「資源をめぐる国家間の対立」が激しいとは言えない。

③適当。1989 年以降，東ヨーロッパ諸国では一党独裁体制が崩壊して民主化が進み，西ヨーロッパ諸国との政治的関係が改善された。

④不適。EU 加盟国はいずれもキリスト教を信仰する国民が多数を占めるほか，アルコールを飲む習慣も存在するなど文化的な共通性は高い。ただし，ブドウの生産が盛んでワインが日常的に飲まれているフランス，イタリアなどに対し，ドイツや北ヨーロッパ諸国では大麦を主原料とするビールの消費が多い。

問5　23　正解は⑤

1 人当たり GNI はルクセンブルクのように先進国の中でも**人口規模の小さい国で特に高く**なるので，P には**ク**が該当する。EU への拠出金額には各国の経済規模が反映され，ドイツのような人口規模の大きい先進国で多くなる。よって Q にはイギリス，フランス，イタリアなど EU 発足時からの中核国が含まれ，**カ**が該当する。他方，EU への拠出金額が少なく 1 人当たり GNI が低い R にはかつて**社会主義体制**下で経済発展の遅れた東ヨーロッパ諸国が含まれ，キが該当する。

問6　24　正解は⑨

図に示された国際的な人口移動は，7 か国からの矢印が集まるドイツのほか，フランス，イギリス，スペインなどに向かっていることが読み取れる。仮説 X に関しては，イギリスに旧植民地のインドやパキスタンから，スペインにエクアドルからの移動がみられるほか，北アフリカ諸国からフランスへの移動もさかんであり，検証する必要がある。ただしインド，パキスタン，エクアドルは「EU 加盟国および周辺国」ではないうえ，雇用や治安に関わるデータにも当たらない**サ～ス**では確かめることができない。仮説 Y に関しては，**シェンゲン協定**の発効によって主に EU

域内で「自由に出入国ができるようにな」ったものの，図から先進国どうしの相互移動は低調であることが確認できるため，「大量の人口移動」という仮説自体が妥当ではない。仮説**Z**に関しては，ドイツ，フランス，イギリスなどに EU 域外のほか，南ヨーロッパや東ヨーロッパからの人口が流入している様子が図から読み取れる。この動きを「賃金水準の低い国々から先進国に向けて」の移動と判断するためには，**ス**の「1 人当たり工業付加価値額についてのデータ」に基づいて各国の経済格差を検証すればよい。

第5問　やや難　静岡県中部の地域調査

問1　25　正解は①

①**適当**。地形図中には安倍川の水が流れている位置が示されているものの，実際の流路は増水などにより堤防間でしばしば移り変わってきた。

②**不適**。車窓の右側に見える山地の斜面は，大部分が**果樹園**で占められている。

③**不適**。南に進行する列車から見て，**右側となる西**からの日差しを受けるのは午後になってからである。静岡駅を午前 10 時に出発した列車は，約 6 〜7 km しか離れていない用宗駅付近に数分で到達すると考えられる。

④**不適**。図 1 よりトンネルを出た所に「小浜」の地名が見え，そこから焼津駅までの様子は図 3 に示されている。「小浜」から「サッポロビール工場」付近までの鉄道区間の東側（進行方向の左側）には**標高 170 m 以上の山地**があり，海を見ることができない。

問2　26　正解は⑤

各月とも気温が低い**ウ**は標高が高く冷涼な**軽井沢**である。「避寒地として古くから知られ」た静岡県中部に位置する静岡は，冬季の気温が東京よりも高い**ア・イ**のいずれかであるが，八丈島は暖流の**黒潮**（日本海流）が付近を通過するため冬季はより温暖になると考えられる。よって，**ア**を**静岡**，**イ**を八丈島と判断する。

問3　27　正解は④

静岡駅や焼津駅付近を中心に東部から南部にかけての沿岸部には**人口密度の高い都市的地域**が広がる一方，人口密度が「500 未満」や「0 またはデータなし」で占められる北部や西部には山地・丘陵地が広がり，**過疎化**が進んでいると考えられる。よって高位の単位地域が南東部に集中している**キ**を**第 3 次産業就業者率**，北部や西部にも高位の地域が分布する**カ**を**老年人口率**と判断する。一方，近年の急激な高齢化を背景に，過疎地域だけでなく人口の多い都市部でも老年人口の増加が顕著であり，**ク**が**老年人口の増加率**となる。

10　第1回 試行調査：地理B〈解答〉

問4　　28　　正解は③

写真1に見える防災施設は，上層部に続く階段が見えることから避難施設だと推測できる。海岸付近のほか，瀬戸川沿いにも分布しているが，図7が示す範囲は河口付近の低地に当たるため，山間部や山麓部で警戒される土石流ではなく，津波を想定した避難施設と考える。なお，洪水による浸水を防ぐ施設としては堤防や地下貯水池などがある。地震による液状化に関しては地盤を強化する取り組みや深く打ち込んだ杭を利用した建築法などの対策がとられてきた。

問5　　29　　正解は①

サ．正しい。M地点付近は山地の麓で，台地・段丘に挟まれた谷に当たることから，土石流を含む土砂災害の危険性が高い。砂防ダムは上流から流下してきた土砂を食いとめるとともに，谷の勾配を緩めて土砂災害の発生を抑える施設で，M地点付近に設置することは有効である。

シ．正しい。L地点付近は土砂災害に注意が必要な「急傾斜地崩壊危険箇所」となっていることが会話文に明記されている。また一帯は低湿な谷底平野に当たっており，洪水にも注意が必要である。

ス．正しい。河川敷に位置するN地点付近は，写真2から川の水面に近い高さであることが読み取れ，水害の危険性がきわめて高いことがうかがえる。

問6　　30　　正解は④

①適当。日本列島は環太平洋造山帯に位置するため，地震が頻発し，火山も多い。また季節風の影響を受けやすく，梅雨前線の停滞や台風の接近に伴う大雨も多い。

②適当。洪水被害の軽減を目的に造成された不連続な堤防を霞堤と呼ぶ。流路から溢れた水を上流側に向いた開口部から遊水地に一時的に逆流させる仕組みとなっている。

③適当。都市部を中心とした人口増加に伴って，水害や液状化の危険性が高い低湿地や土砂災害の危険性が高い斜面地にも住宅地が拡大している。

④不適。自然災害がもたらす人的被害は防災対策の普及により軽減されてきたが，経済発展に伴って経済的損失は増加する傾向がある。また，都市部と農村部では人口密度や経済活動に顕著な差が認められるため，被害の大きさは地域によってもちろん異なる。

||||||||||||||||||| NOTE |||||||||||||||||||||||||||||||||||||||||||||||||||||||||||||||||||||||||||||||||||||||||||||||||||||||||||||||||||||

||||||||||||||||| NOTE |||||||||||||||||||||||||||||||||||||||||||||||||||||||||||||||||||||||||||||||||||||||||||||||||||||||||||||||||||||

NOTE

NOTE

共通テスト対策の強い味方!

赤本ノート&ルーズリーフ
共通テスト対策の必須アイテム

マークシートに慣れる!&実力分析ができる!

「共通テスト赤本シリーズ」や「新課程攻略問題集」とセットで使って
過去問演習の効果を最大化 ※全科目対応

詳しい使い方はこちら

共通テスト赤本プラス
新課程攻略問題集

共通テスト&新課程の「試作問題」を徹底分析!

ラインナップ 全14点 好評発売中!

詳しくはこちら

国語の実用文も

新教科の情報も

分野別対策で**苦手克服**にも!
ばっちり対策!
選択科目もカバー

共通テスト 満点のコツ シリーズ

目からウロコのコツが満載!

伸び悩んでいる人に効く!!

英語〔リスニング〕／古文／漢文／生物基礎 ※2024年夏 刊行予定

詳しくはこちら

※書影は仮のものです

2025年版

共通テスト
過去問研究

地理総合、
地理探究

問題編

矢印の方向に引くと
本体から取り外せます ▶
ゆっくり丁寧に取り外しましょう

問題編

地理総合, 地理探究 （1回分）

●新課程試作問題[1]

地理B （9回分）

● 2024 年度　本試験
● 2023 年度　本試験
● 2023 年度　追試験
● 2022 年度　本試験
● 2022 年度　追試験
● 2021 年度　本試験（第1日程）[2]
● 2021 年度　本試験（第2日程）[2]
● 第2回試行調査[3]
● 第1回試行調査[3]

◎ マークシート解答用紙 （2回分）

> 本書に付属のマークシートは編集部で作成したものです。実際の試験とは異なる場合がありますが，ご了承ください。

※1　新課程試作問題は，2025年度からの試験の問題作成の方向性を示すものとして，2022年11月9日に大学入試センターから公表された問題です。
※2　2021年度の共通テストは，新型コロナウイルス感染症の影響に伴う学業の遅れに対応する選択肢を確保するため，本試験が以下の2日程で実施されました。
　　　第1日程：2021年1月16日(土)および17日(日)
　　　第2日程：2021年1月30日(土)および31日(日)
※3　試行調査はセンター試験から共通テストに移行するに先立って実施されました。
　　　第2回試行調査（2018年度），第1回試行調査（2017年度）

共通テスト

新課程試作問題

地理総合, 地理探究

新課程
試作

解答時間 60 分
配点 100 点

※本試作問題は，2025 年度大学入学共通テストか
ら新たに出題科目として設定される『地理総合，
地理探究』について具体的なイメージの共有の
ために作成・公表されたものです。

地理総合，地理探究

（解答番号 ☐1 ～ ☐30 ）

第1問 ニュースをきっかけに難民問題に関心をもったレイさんたちは，それぞれの疑問を整理し，次の資料1のような過程で追究した。難民問題に関する次の問い（問1～4）に答えよ。（配点 12）

資料1 難民問題に関するレイさんたちの疑問

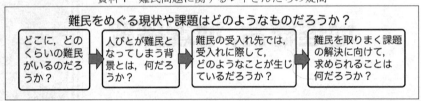

問1 レイさんたちは，難民が発生している地域や難民の数を把握するために，後の図1を作成した。図1に関するレイさんたちと先生との会話文中の下線部①～④のうちから，**誤りを含むもの**を一つ選べ。☐1

先　生　「2000年には約1200万人であった世界の難民は，2020年には約2070万人となりました。図1からは，どのようなことが読み取れますか」

レ　イ　「難民は，両年ともアフリカや①西アジアの国々で多く発生していることが分かります」

シノブ　「2000年と2020年の図を見比べると，この間に，②新たな内戦・紛争や政治的迫害が生じていることが推測できます。また，紛争や政情不安が長期化している国もありそうです」

カエデ　「受入れについてみると，両年とも受入れ数上位の多くが，③難民の出身国周辺の国であることが分かります」

先　生　「受入れ先の地域差について考えてみましょう。各国の経済規模との関係をみる指標として，GDP1ドル当たりの難民受入れ数があります」

レ イ 「例えば，2020年に同程度の難民を受け入れているドイツとアフリカのウガンダを比べると，④ドイツの値の方が大きくなると考えられます」

先 生 「難民の出身国と受入れ先の両方を調べていく必要がありますね」

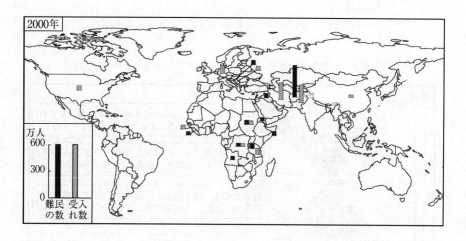

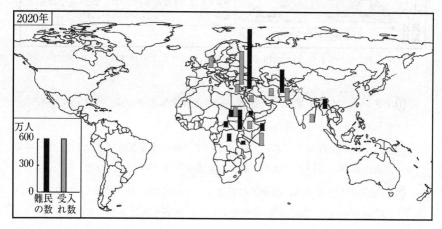

パレスチナ難民および国外に逃れたベネズエラ人は含まない。UNHCRの資料により作成。

図1　難民の数と受入れ数の上位10か国

問2 シノブさんは、難民が生まれる背景について、アフリカ中央部のコンゴ民主共和国(コンゴ)における紛争鉱物*を事例として調べ、次の資料2にまとめた。資料2について述べた文として**適当でないもの**を、後の①〜④のうちから一つ選べ。 2

*内戦・紛争にかかわる武装勢力の資金源となるおそれのある鉱物。

資料2 紛争鉱物であるタンタルのサプライチェーンの概念図

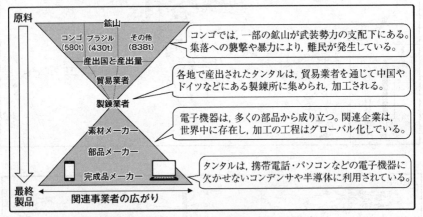

タンタルの産出量の統計年次は2019年。USGSの資料などにより作成。

① タンタルの産出量は、上位2か国で世界全体の半分以上を占めていることから、特定の地域に偏って分布しているといえる。
② 紛争鉱物をなくすためにコンゴ産のタンタルを禁輸することは、コンゴで正規に取引している企業や労働者の生活を圧迫することになる。
③ 完成品メーカーは、紛争鉱物が含まれているかを最も特定しやすいため、完成品メーカーに対して紛争鉱物の利用を規制することが効果的である。
④ タンタルをリサイクルして使用する仕組みを構築することは、取引価格を引き下げ、違法な取引を減らすために有効である。

問3 カエデさんは、難民の受入れ先に興味をもち、受入れに関する動向を調べた。次の文章ア～ウは、イタリア、オーストラリア、アフリカのザンビアのいずれかにおける難民の受入れ状況について述べたものであり、後の図2中のA～Cは、それぞれの難民の受入れ数を示したものである。オーストラリアに該当する文章と凡例との正しい組合せを、後の①～⑨のうちから一つ選べ。　3

ア　2002年まで内戦が続いた隣国から多くの難民を受け入れてきた。難民の自立や社会への統合を進めるため、滞在許可や土地を与える取組みがある。

イ　移民国家であり、1970年代のベトナム戦争で発生した難民を多く受け入れた。2001年以降は保護を求めて流入する難民への対応を厳しくした。

ウ　北アフリカなどから多くの難民が流入している。2010年以降、難民数や負担が増大し、国内では受入れに否定的な意見もある。

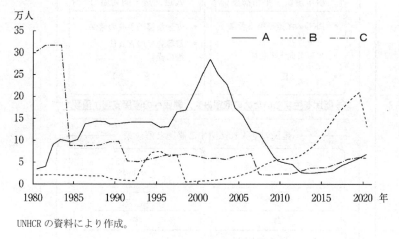

UNHCRの資料により作成。

図2　難民の受入れ数の推移

	①	②	③	④	⑤	⑥	⑦	⑧	⑨
文章	ア	ア	ア	イ	イ	イ	ウ	ウ	ウ
凡例	A	B	C	A	B	C	A	B	C

問4 難民をめぐる現状や課題について追究してきたレイさんたちは、これまでの学習で明らかにしてきた課題と、考えられる解決策について次の資料3にまとめた。資料3中の空欄EとFには語句aとbのいずれか、空欄カとキには語句xとyのいずれかが当てはまる。空欄Eとカに当てはまる語句の組合せとして最も適当なものを、後の①〜④のうちから一つ選べ。 4

資料3 レイさんたちがまとめたポスター

EとFに当てはまる語句

a　教育・職業訓練の提供

b　選挙・民主化に対する支援

カとキに当てはまる語句

x　責任の分担

y　多文化共生

	①	②	③	④
E	a	a	b	b
カ	x	y	x	y

第2問 自然環境と防災に関する次の問い(問1～4)に答えよ。(配点 13)

問1 次の図1と地震に関することがらについて述べた文として最も適当なものを，後の①～④のうちから一つ選べ。 5

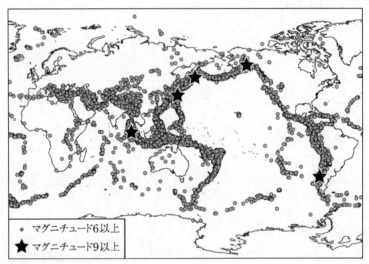

USGSの資料により作成。

図1 1900年以降に発生した地震の震央

① 巨大津波を伴う地震は，1900年より前にも繰り返し発生していたことが，地層に残された痕跡や古文書の記録などから知られている。
② 東京における地震の発生頻度は，ニューヨーク，パリ，ロンドンと同程度と考えられる。
③ マグニチュード9程度の地震は，広がるプレート境界で発生しやすい。
④ 陸域の活断層による地震では，せばまるプレート境界で起こる海溝型地震よりも，広域で強い揺れが発生しやすい。

問2 次の図2に示した地域について、地形と災害リスクを述べた文章中の下線部①〜④のうちから、**適当でないもの**を一つ選べ。 6

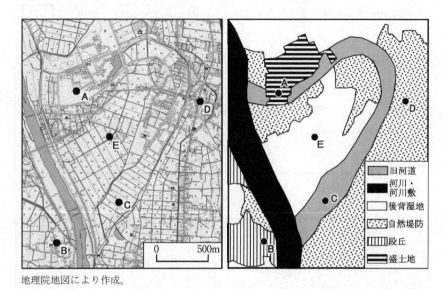

地理院地図により作成。

図2 ある地域の地形図と地形分類図

　この地域では、河川の蛇行部をショートカットする人工的な流路をつくることで、①増水時にも河川の水を流れやすくして洪水発生リスクの低減が図られた。旧河道の一部は盛土造成が行われ、この盛土造成地にある②地点Aは、地点Bよりも地震発生時に液状化が発生する可能性が高いと考えられる。河川氾濫時のリスクとしては、③地点Cは、浸水しやすく、浸水した状態が長時間継続しやすい。また、④地点Dは、地点Eよりも浸水深が大きくなり、浸水した状態が継続する時間も長くなる可能性が高いと考えられる。

問3 次の資料1は,後の図3中の①~④のいずれかに位置する自然災害伝承碑について,その碑文の一部を現代語に訳したものである。資料1の内容が記された自然災害伝承碑に該当するものを,図3中の①~④のうちから一つ選べ。 7

資料1　碑文の現代語訳(一部)

…突如として,山が鳴り,大地が大いに揺れ動き,立派な建物や民家が数多く倒壊しました。大地はひだのように割れ裂けて,水がしきりに噴き出し…(中略)…海潮はわきあがって,田畑をおおいつくします。田畑が水に沈み海のようである…

自治体の資料により作成。

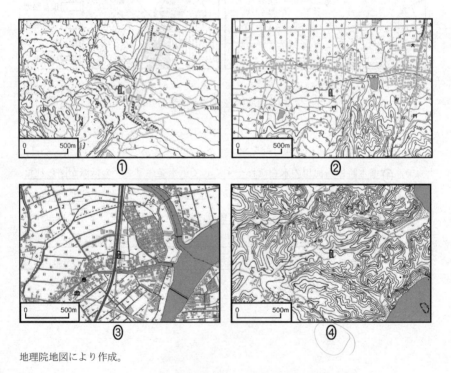

地理院地図により作成。

図3　いくつかの地域における自然災害伝承碑の位置

問4 次の図4中の天気図**ア**と**イ**は、異なる季節の典型的な気圧配置を示したものである。また、後の写真1中のJ～Lのうち二つは、**ア**と**イ**のいずれかの気圧配置時に日本で発生しやすい気象現象や、それによる被害を軽減するための構造物を撮影したものである。**ア**、**イ**とJ～Lとの組み合わせとして最も適当なものを、後の①～⑥のうちから一つ選べ。 8

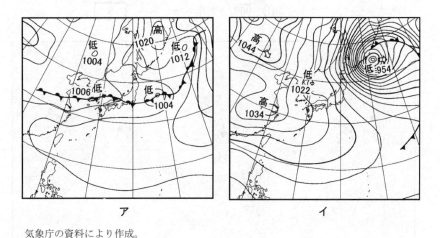

気象庁の資料により作成。

図4　異なる季節の天気図

写真1　構造物

	①	②	③	④	⑤	⑥
ア	J	J	K	K	L	L
イ	K	L	J	L	J	K

第3問　世界と日本の自然環境に関する次の問い(問1～5)に答えよ。
（配点　17）

問1　ハイサーグラフは，縦軸に月平均気温を，横軸に月平均降水量を示した折れ線グラフである。ハイサーグラフを描いた際に，その形が縦軸にほぼ平行になる地点を，次の図1中の①～④のうちから一つ選べ。　9

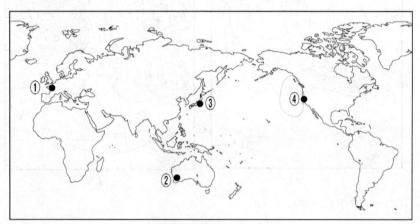

図　1

問2　次の図2は，太平洋に面したある地域の地形を分類して示したものであり，後の図3は，図2中の実線XYに沿った地形断面の模式図である。また，後の図4中のア～エは，A～Dのいずれかの地形が形成された時期を示している。Bが海岸段丘であり，ウの時期に形成されたものであるとした場合，Cの地形とそれが形成された時期との組合せとして最も適当なものを，後の①～⑥のうちから一つ選べ。　10

新課程試作問題：地理総合, 地理探究 13

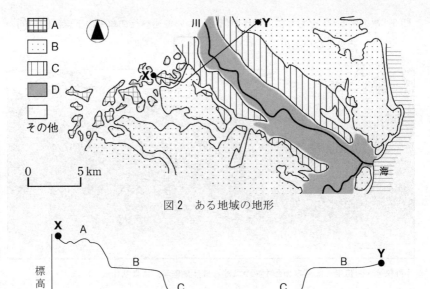

図2　ある地域の地形

図3　図2中の実線XYに沿った地形断面の模式図

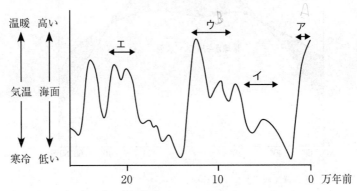

Lüthi et al. (2008)により作成。
図4　過去25万年間の気温と海面の変化

① 海岸段丘－ア　　② 海岸段丘－イ　　③ 海岸段丘－エ
④ 河岸段丘－ア　　⑤ 河岸段丘－イ　　⑥ 河岸段丘－エ

問3 次の図5〜7をもとに,世界の気候について述べた文章中の下線部①〜④のうち,**適当でないもの**を一つ選べ。 11

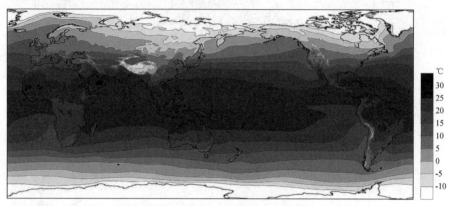

小野映介・吉田圭一郎『みわたす・つなげる自然地理学』により作成。

図5 世界における年平均気温の分布

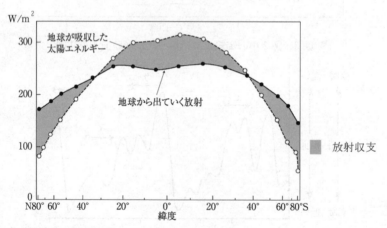

安成哲三『地球気候学』により作成。

図6 大気—地表面系における放射収支の緯度分布

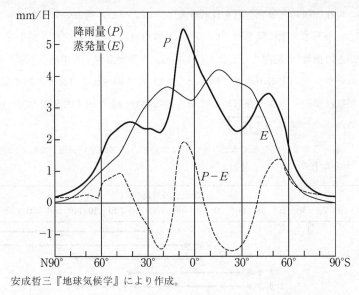

図7 緯度に沿った降水量と蒸発量の分布

　図5から,世界の気温は,緯度とほぼ平行に変化していることがわかる。これは図6から読み取れる①放射収支の緯度方向での違いと対応している。その空間的な不均衡を解消するために,②大気と海洋により熱エネルギーが輸送されていて,多様な気候を生み出す原動力となっている。

　図7から,世界の降水量は,赤道付近で多いことがわかる。これは③活発な対流活動が生じる熱帯収束帯(赤道低圧帯)の影響を受けているためである。また,図7から水収支を読み取ると,赤道付近での多量の降水には,貿易風によって④緯度45°付近から運ばれる水蒸気が加わっていると考えられる。

問 4 現在の植物と植物化石を比較することによって，過去の気候を復元できることがある。次の図8は，いくつかの植物種について，それらが生育する暖かさの指数*の範囲を示したものである。ある地点の1万年前の地層からエノキとケヤキの化石が産出されたとした場合，この地層が堆積した時の気候と，現在ほぼ同じ気候の都市として最も適当なものを，後の図9中の①〜④のうちから一つ選べ。12

*1年のうち月平均気温が5℃以上の月について，各月の平均気温と5℃との差を合計したもの。

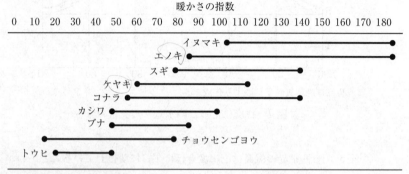

吉良龍夫『日本の森林帯』により作成。

図8　暖かさの指数と植物種との関係

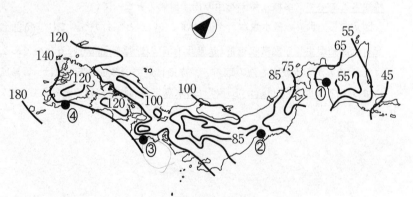

吉良龍夫『日本の森林帯』により作成。

図9　現在の暖かさの指数の分布

問5　人間社会は，自然環境の影響を受けながら，自然環境を利用し，改変している。次の図10中の矢印P～Rと矢印tは，矢印の方向に影響あるいは作用することを示している。また，後の文カ～クは，矢印P～Rのいずれかの具体的な事例について述べたものである。P～Rとカ～クとの組み合わせとして最も適当なものを，後の①～⑥のうちから一つ選べ。　13

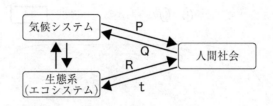

矢印tの例
　東京都と埼玉県にまたがる丘陵では，生物多様性の高い里山の自然が維持されている。

図10　自然環境と人間社会の模式図

カ　沖縄県では，サトウキビやパイナップルが特産品として栽培されている。
キ　名古屋市の中心部では，郊外に比べて気温が高くなっている。
ク　北海道東部の湿原では，貴重な生物を観察するエコツーリズムが行われている。

	①	②	③	④	⑤	⑥
P	カ	カ	キ	キ	ク	ク
Q	キ	ク	カ	ク	カ	キ
R	ク	キ	ク	カ	キ	カ

第4問

人や物，情報の移動からみた産業に関する次の問い（問1～5）に答えよ。
（配点　17）

問1　現代では，貯蔵性の低い生鮮食品も世界的に流通している。次の図1中の**ア**～**ウ**は，カナダ，サウジアラビア，ロシアのいずれかにおける2015～2019年の生食用ブドウの累計輸入量上位10か国を示したものである。国名と**ア**～**ウ**との正しい組合せを，後の①～⑥のうちから一つ選べ。　14

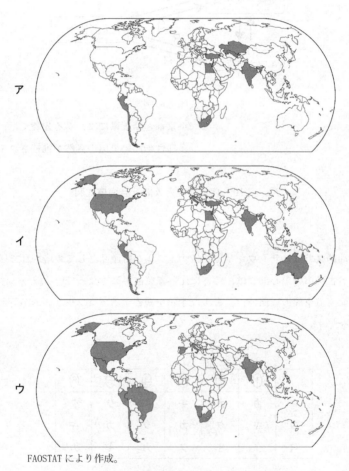

FAOSTATにより作成。

図1　各国における生食用ブドウの主な輸入先

新課程試作問題：地理総合, 地理探究　**19**

	①	②	③	④	⑤	⑥
カナダ	ア	ア	イ	イ	ウ	ウ
サウジアラビア	イ	ウ	ア	ウ	ア	イ
ロシア	ウ	イ	ウ	ア	イ	ア

問2　世界の貿易には，地理的条件や歴史的な結びつきが反映されている。次の表1中の**カ～ク**は，北アメリカ*，西ヨーロッパ**，東アジア***のいずれかである。地域名と**カ～ク**との正しい組合せを，後の①～⑥のうちから一つ選べ。　15

*　　アメリカ合衆国，カナダ。

**　　アイルランド，イギリス，イタリア，オランダ，スイス，スペイン，ドイツ，フランス，ベルギー，ポルトガル，ルクセンブルク。

***日本，韓国，中国(台湾，香港，マカオを含まない)，モンゴル。

表1　地域間の貿易額

(単位：10億ドル)

輸出　＼　輸入	カ	キ	ク
カ	2,270	508	377
キ	316	542	272
ク	469	700	606

統計年次は2020年。IMFの資料により作成。

	①	②	③	④	⑤	⑥
北アメリカ	カ	カ	キ	キ	ク	ク
西ヨーロッパ	キ	ク	カ	ク	カ	キ
東アジア	ク	キ	ク	カ	キ	カ

問3 工場の分布には，様々な立地条件が反映されている。次の資料1は，製紙・パルプ工場の分布と紙・板紙*の生産の流れを示したものである。資料1をもとに，日本の製紙・パルプ工場の特徴について述べた文として**適当でないもの**を，後の①〜④のうちから一つ選べ。 16

*板紙は，段ボールや包装に使われる厚い紙。

資料1 製紙・パルプ工場の分布と紙・板紙の生産の流れ

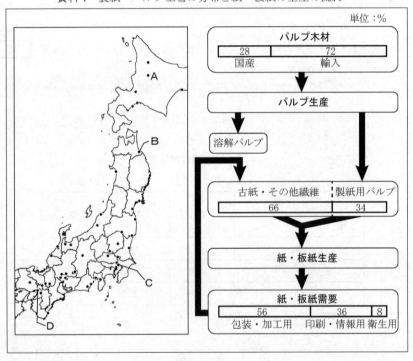

統計年次は2021年。日本製紙連合会の資料により作成。

① 工場Aでは，国産木材を調達しやすい立地条件をいかした生産をしている。
② 工場Bでは，原料を輸入しやすい立地条件をいかした生産をしている。
③ 工場Cでは，安価な労働力を得やすい立地条件をいかした生産をしている。
④ 工場Dでは，大量の古紙を調達しやすい立地条件をいかした生産をしている。

問4 都市は，様々な交通手段によって結びついている。次の図2中のサとシは航空と鉄道のいずれか，A～Cは愛知県，大阪府，北海道のいずれかである。航空と愛知県との正しい組合せを，後の①～⑥のうちから一つ選べ。 17

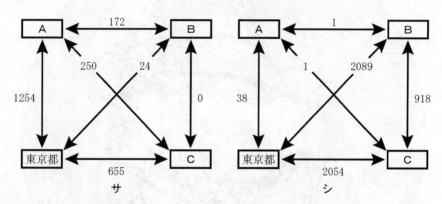

単位は万人，単位未満は切り上げ。統計年次は2019年度。国土交通省の資料により作成。

図2 4都道府県間の公共交通機関別旅客数

	①	②	③	④	⑤	⑥
航空	サ	サ	サ	シ	シ	シ
愛知県	A	B	C	A	B	C

問5 国際データ通信の多くは,次の図3に示した海底ケーブルを通じて行われている。後の表2は,国際データ通信量について示したものであり,通信先の割合には,各国・地域と諸外国との通信だけではなく,その国・地域を経由した通信も含まれている。図3と表2をもとに,国際データ通信について述べた文章中の下線部①〜④のうちから,**適当でないもの**を一つ選べ。 18

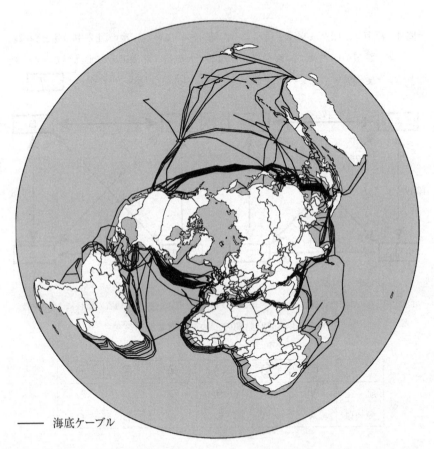

—— 海底ケーブル

TeleGraphyの資料により作成。

図3 主な海底ケーブル

新課程試作問題：地理総合, 地理探究　**23**

表2　国際データ通信量の上位8か国・地域における世界シェアと通信先の割合

（単位：%）

国・地域	世界シェア	通信先の割合				
		北アメリカ	ヨーロッパ	アジア	ラテンアメリカ	その他
香　港	14.3	9.5	3.3	82.9	0.0	4.3
アメリカ合衆国	11.9	8.8	24.5	23.7	38.8	4.2
イギリス	10.3	20.3	65.7	3.6	0.2	10.2
台　湾	5.1	36.6	0.1	63.2	0.0	0.1
中　国	4.2	63.5	10.7	25.6	0.0	0.2
日　本	3.6	43.1	2.2	52.7	0.0	2.0
ブラジル	3.1	76.4	1.7	0.0	21.8	0.1
ドイツ	3.0	2.3	89.0	1.0	0.1	7.6

中国の数値には台湾，香港，マカオを含まない。統計年次は世界シェアが2016年，通信先の割合が2017年。『ジェトロ世界貿易投資報告』により作成。

　世界で初めて敷設された海底ケーブルは，大西洋を横断するものであった。その後，大西洋には複数の海底ケーブルが開通し，①ヨーロッパ側の起点の多くがイギリスとなっている。アメリカ合衆国は，多くの国際データ通信の経由国となっており，海底ケーブルが集中している。特に，②ラテンアメリカは，北アメリカを経由地として，他の国・地域と国際データ通信を行っている。

　太平洋にも複数の海底ケーブルが敷設されており，アメリカ合衆国とアジアとの間の国際データ通信においては，③ほとんどのデータ通信が中国を経由している。世界シェアが1位の香港は，アジア域内と複数の海底ケーブルで結ばれ，④日本や韓国，ASEAN諸国との国際データ通信が多い。

第 5 問　高知県に住む高校生のチガヤさんは，授業でアフリカ地誌を学び，さらに興味や疑問をもった点について追究することにした。これに関する次の問い(問 1〜5)に答えよ。(配点　17)

問 1　チガヤさんは，文化が自然環境への適応としての側面をもっていると学び，アフリカにおける農業と自然環境との関係を考えた。チガヤさんは，次の図 1 中の地点 a〜d における季節的な降雨パターンを比較するため，後の資料 1 の計算式から乾燥指数の年指数と夏指数を求め，図 2 を作成した。図 2 中の**ア〜ウ**は，図 1 中の a〜c のいずれかの値であり，後の文 E〜G は，地点 a〜c のいずれかにおける農業について述べたものである。地点 c に該当する乾燥指数と文との組合せとして最も適当なものを，後の①〜⑨のうちから一つ選べ。　19

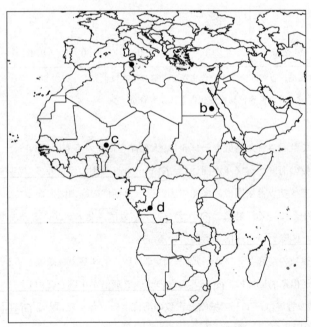

図 1　問 1・問 2 に関する地図

資料1　フランスの地理学者エマニュエル=ドゥ=マルトンヌによる乾燥指数の計算式

$$乾燥指数 = P \div (T + 10)$$

P(降水量)：年指数では年降水量(mm)，夏指数では6〜8月(南半球では12〜2月)の降水量(mm)の値をとる。

T(平均気温)：年指数では年平均気温(℃)，夏指数では6〜8月(南半球では12〜2月)の平均気温(℃)の値をとる。

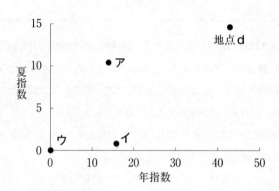

気象庁の資料により作成。

図2　図1中の地点a〜dの乾燥指数

E　小麦などを冬に栽培し，夏には休閑する農業が行われる。

F　雑穀などを夏に栽培するほか，牧畜が行われる。

G　遊牧や灌漑農業が行われる。

	①	②	③	④	⑤	⑥	⑦	⑧	⑨
乾燥指数	ア	ア	ア	イ	イ	イ	ウ	ウ	ウ
文	E	F	G	E	F	G	E	F	G

26 新課程試作問題：地理総合, 地理探究

問2 チガヤさんは，図1中の地点d周辺で行われている焼畑が，東南アジアやラ
テンアメリカでも行われており，1970年代まで高知県の山間部でも行われてい
たことを知った。これらの地域で焼畑が行われてきた背景に，共通の要因があ
ると考えたチガヤさんは，次の資料2に調べたことをまとめた。資料2中の空
欄カ〜クに当てはまる語句の組合せとして最も適当なものを，後の①〜⑧のう
ちから一つ選べ。 20

資料2 焼畑について

・年中湿潤または（ カ ）の気候条件で，森林が広がる地域で行われる。

・高知県の焼畑では，連作を続けると雑草が増えるので，休閑し，森に戻すことに
よって雑草を除いていた。植物の繁殖が旺盛で，雑草と作物が競合する（ カ ）の
環境のため，このような農法が生まれたと考えられる。

・休閑し，森に戻っていく途中では，（ キ ）などを行う。休閑中の土地は，里山
が果たすような機能を担っていると考えられる。

・日本では，主に山間地で行われてきた。20世紀後半に日本で衰退したのは，
（ ク ）が進み，農業が成り立たなくなったからだと考えられる。

	カ	キ	ク
①	夏雨型	森林産物の採集	過疎化
②	夏雨型	森林産物の採集	森林破壊
③	夏雨型	肥料の散布	過疎化
④	夏雨型	肥料の散布	森林破壊
⑤	冬雨型	森林産物の採集	過疎化
⑥	冬雨型	森林産物の採集	森林破壊
⑦	冬雨型	肥料の散布	過疎化
⑧	冬雨型	肥料の散布	森林破壊

問3 チガヤさんは，文化の広がりには，自然環境の影響とともに歴史的背景もあることを学び，アフリカとその周辺地域における文化に関する主題図を作成した。次の図3中の**サ**と**シ**は，宗教と，母語が属する語族*のいずれかについて，国・地域ごとに分類し，凡例を分けて示したものである。図3について述べた文として最も適当なものを，後の①〜④のうちから一つ選べ。 21

*諸語などと呼ばれるものも含む。

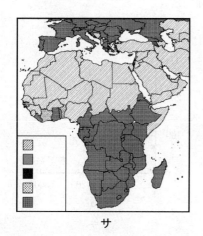
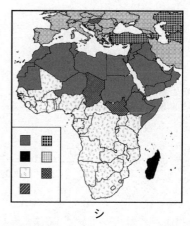

宗教の図は，宗派の違いは区別せず，最も多い宗教の人口割合が50%を超える場合はその宗教単体，超えない場合は宗教人口1位と2位の組合せによって分類して示した。語族の図は，話者人口が最大となる語族を示した。*The World Factbook* などにより作成。

図3 アフリカとその周辺地域における宗教と語族

① アフリカで最も広域に分布する二つの語族は，ともにヨーロッパに起源をもち，それぞれ植民地時代にアフリカに広がった。
② アフリカで最も広域に分布する二つの宗教は，ともにアフリカに起源をもつ一神教である。
③ アフリカの地中海沿岸諸国では，宗教の分布と語族の分布とが対応しているが，西アジアの地中海沿岸諸国ではあまり対応していない。
④ マダガスカルは，宗教がヨーロッパ，語族が西アジアと関係が深い。

問4 チガヤさんは、アフリカと他の地域との関係が大きく変化してきたことを学び、アフリカの国々における貿易相手国の地域差について、次の図4を作成し考えた。図4中のJとKは中国*とユーロ圏**のいずれか、タとチは輸出額と輸入額のいずれかである。ユーロ圏と輸出額に該当する記号の正しい組合せを、後の①〜④のうちから一つ選べ。22

* 台湾、香港、マカオを含まない。
** ユーロを通貨とするヨーロッパの19か国。

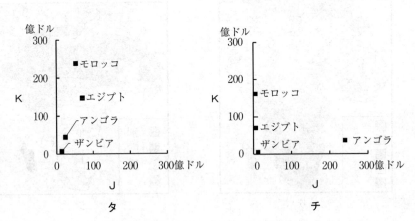

統計年次は2018年。IMFの資料により作成。

図4 アフリカのいくつかの国における中国およびユーロ圏との貿易額

	①	②	③	④
ユーロ圏	J	J	K	K
輸出額	タ	チ	タ	チ

問5 チガヤさんは、アフリカの課題の一つに人口増加の問題があることを学び、合計特殊出生率などを調べて、次の図5と図6を作成した。これらの図をもとにした先生との会話文中の空欄MとNに当てはまる語句の組合せとして最も適当なものを、後の①〜④のうちから一つ選べ。23

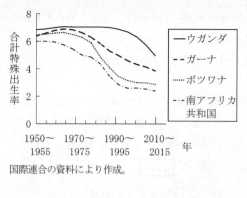

国際連合の資料により作成。

統計年次は2010-2015年。
国際連合の資料により作成。

図5　アフリカの合計特殊出生率の推移　　　　　図6

先　生　「アフリカでは人口増加が続いていますが，図5から，合計特殊出生率は，ほとんどの国で下がっていることが分かりましたね」

チガヤ　「人口の歴史について調べた時に，人口転換は，（　M　）の過程で起こると本で読みました。アフリカでもそういう変化は進んでいるから，合計特殊出生率の低下もそれにあわせて進行しつつあるのではないでしょうか」

先　生　「一方で，国によって出生率低下のペースは異なります。どのようなことが考えられますか」

チガヤ　「アフリカ各国の合計特殊出生率と（　N　）との関係を示した図6に，ヒントがあるように思います。合計特殊出生率と強い相関があるようにみえる（　N　）の改善などとともに，出生率の低下が進むのではないでしょうか」

	M	N
①	食の欧米化	がん死亡率
②	食の欧米化	乳児死亡率
③	都市化や経済発展	がん死亡率
④	都市化や経済発展	乳児死亡率

第6問

高校生のジュンさんたちは，日本の国土像を考えるために，自分たちの住む地方中核都市のＸ市を事例に，持続可能なまちづくりについて探究することにした。この学習に関する次の問い(問1～7)に答えよ。(配点　24)

問 1 ジュンさんたちは，Ｘ市の中でも地区によって特徴が異なることに気づき，次の図1中の地区ａ～ｃにおけるいくつかの指標を調べ，後の表1を作成した。表1中の**ア～ウ**は，地区ａ～ｃのいずれかである。ａ～ｃと**ア～ウ**との正しい組合せを，後の①～⑥のうちから一つ選べ。　24

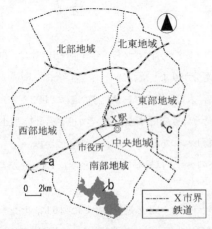

地区ａ：軽工業の工場や大型の量販店などに隣接した低層のアパートやマンションが立地

地区ｂ：2005年にＸ市と合併した農村地域で，庭のある敷地面積の広い住居が散在

地区ｃ：最近になって造成された住宅地で，主に戸建て住宅が立ち並ぶベッドタウン

Ｘ市の資料などにより作成。

図1　3地区の位置とその特徴

表1　3地区の世帯と人口に関する指標

(単位：％)

	単身世帯の割合	年少人口の割合
ア	53.3	14.7
イ	22.8	10.4
ウ	4.6	35.8

統計年次は2015年。国勢調査により作成。

	①	②	③	④	⑤	⑥
地区 a	ア	ア	イ	イ	ウ	ウ
地区 b	イ	ウ	ア	ウ	ア	イ
地区 c	ウ	イ	ウ	ア	イ	ア

問2 ジュンさんたちは，空き家問題に注目して次の図2を作成し，それをもとにした考察を後の文章にまとめた。図2中の凡例AとBは「倒壊の危険性がある」と「利活用できる」のいずれか，文章中の空欄カとキは「集合住宅」と「戸建て住宅」のいずれかが当てはまる。「倒壊の危険性がある」の凡例と「集合住宅」が当てはまる空欄との組合せとして最も適当なものを，後の①〜④のうちから一つ選べ。25

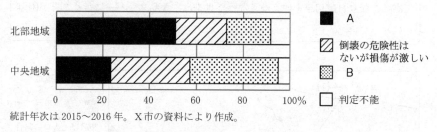

統計年次は2015〜2016年。X市の資料により作成。

図2　空き家についての状況

空き家の状況は，図2のとおり，山地が広がる北部地域と市街地の広がる中央地域では差異がある。北部地域では，（　カ　）の空き家の割合が中央地域より高い。それに対し，中央地域では，（　キ　）の空き家の割合も高い。

	①	②	③	④
倒壊の危険性がある	A	A	B	B
集合住宅	カ	キ	カ	キ

問3 ジュンさんたちは,X市内のある地区で買い物に関する聞き取り調査を行い,次の資料1と,聞き取り調査の内容に関する後の図3~5を作成した。ジュンさんたちが聞き取り調査をした地区として最も適当なものを,図3~5中の①~④のうちから一つ選べ。 26

資料1 聞き取り調査の結果

・この辺りは,50年前に大規模に造成された住宅地である。
・開発当時の入居者は,30歳前後の世代とその子どもが多かったが,その後,進学や就職,結婚を機に若者が転出し,今では高齢化が進んだ地域となった。
・食品スーパーへ買い物に行くには自家用車が使えれば問題ないが,歩いて行くには遠く,坂道が多いため自転車も使いにくい。
・バスの本数が少なく,食品スーパーまで遠回りで時間も運賃もかかる。
・高齢となり自家用車を使えなくなった世帯は,食品スーパーに行くことが困難になっている。

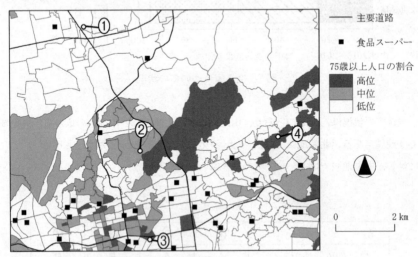

統計年次は2015年。国勢調査などにより作成。
図3 食品スーパーと地区別の75歳以上人口の割合

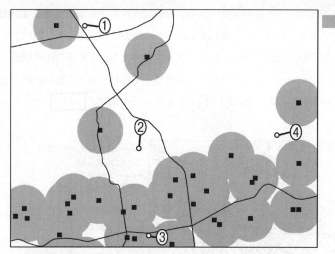

国土数値情報などにより作成。

図4　食品スーパーとそこから半径800mの範囲

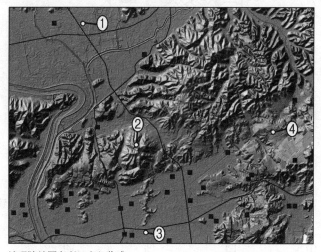

地理院地図などにより作成。

図5　食品スーパーと陰影起伏図

問4 ジュンさんたちは，モータリゼーションの進展に伴い，X市で交通渋滞が問題となっていることを知った。次の図6は，X市における渋滞発生区間などを示したものである。また，後の文章は，ジュンさんたちによる市役所の職員への聞き取り調査をまとめたものである。空欄**サ**と**シ**に当てはまる語句の組合せとして最も適当なものを，後の①〜④のうちから一つ選べ。 27

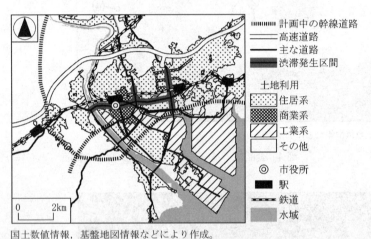

国土数値情報，基盤地図情報などにより作成。

図6 X市における土地利用と主な渋滞発生区間および計画中の幹線道路

　交通渋滞は，市内の住居系と商業・工業系の地域間を結ぶ幹線道路において，発生することが多い。また，X市内が出発地でも到着地でもない，市内を（　**サ**　）方向に通過するだけの交通によっても，渋滞は引き起こされている。
　X市は，市中心部への交通を分散させたり，通過するだけの交通が市中心部へ流入することを減らしたりすることで渋滞緩和を目指しており，（　**シ**　）型の幹線道路網の構築を計画している。

	①	②	③	④
サ	東西	東西	南北	南北
シ	格子状	放射・環状	格子状	放射・環状

新課程試作問題：地理総合，地理探究　**35**

問5　ジュンさんたちは，X市のまちづくりの参考となる外国の事例はないか先生に相談した。先生にもらったスウェーデンの都市Aに関する次の資料2について考察した文章中の下線部①〜④のうちから，**誤りを含むもの**を一つ選べ。　28

資料2　都市Aの地図と写真

地区eの案内図

造船所跡地に研究開発機能を集めた
サイエンスパーク

都市Aの資料などにより作成

　都市Aでは，パークアンドライド拠点を設置することで，①中心市街地の交通渋滞を緩和させようとしている。また，②中心市街地から郊外へ向かう自動車への課金ゲートを，中心市街地の周辺に設置している。都市Aでは，郊外の集合住宅地区まで路面電車が延びており，③車を所有しない人でも外出しやすいまちづくりを目指していることがわかる。さらに，サイエンスパークの設置によって，大学や企業の研究機関などの④知識集約型産業の誘致により，産業衰退地区を再生しようとしている。

問6 ジュンさんたちは，持続可能なまちづくりには生活の質を意識する必要があると考え，住まいと生活時間に注目した。次の図7中の**タ**と**チ**は都道府県別の平均通勤時間と持ち家住宅率のいずれか，PとQは奈良県と福岡県のいずれかである。持ち家住宅率と奈良県との正しい組合せを，後の①〜④のうちから一つ選べ。29

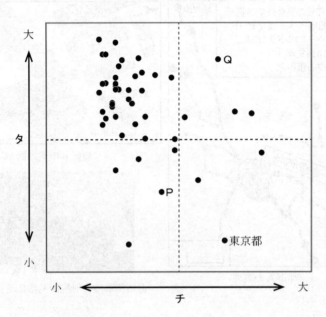

図中の破線は全国平均を表す。
統計年次は平均通勤時間が2016年，持ち家住宅率が2018年。
住宅・土地統計調査などにより作成。

図7 持ち家住宅率と平均通勤時間

	①	②	③	④
持ち家住宅率	タ	タ	チ	チ
奈良県	P	Q	P	Q

新課程試作問題：地理総合，地理探究　**37**

問 7　ジュンさんたちは，最後に，持続可能なまちづくりについて話し合った。次の会話文中の下線部**マ〜ム**と，それらを解決するための取組み**S〜U**との組合せとして最も適当なものを，後の**①〜⑥**のうちから一つ選べ。　30

ジュン　「大都市は，公共交通機関も充実して便利だし，お店も多くて買い物もしやすいね。そんなまちづくりをすれば暮らしやすくなると思うよ」

ヒカリ　「持続可能なまちづくりには，利便性の高さだけではなく過密の問題の解決も重要だと思う。<u>マ大都市は便利だけど家賃がとても高いし，人が多くて通勤ラッシュも激しいね</u>」

ジュン　「そう考えると，大都市よりも地方都市の方が住みやすいのかな」

アズサ　「X市もそうだったように，地方都市は，車社会で交通渋滞が発生している一方，車が運転できない人の中には買い物に困る人もいたよ。<u>ミ車がなくても暮らしやすいまちづくり</u>を目指すべきだと思うよ」

ユウキ　「X市で空き家のことについて調べたけど，空き家を放置していると老朽化して危険だから，持続可能なまちにはならないと思う。なんとかして<u>ム空き家を活用してもらう方法</u>を考えるべきだと思うよ」

ジュン　「国内の他地域の取組みや海外の取組みなども参考に，持続可能なまちづくりについて引き続き考えてみよう」

解決するための取組み

　S　住宅や商店，病院などの生活関連施設を一定の範囲内に再配置する。

　T　大企業の本社や国の行政機関の地方都市への移転を促す。

　U　地方移住を希望する人に受け入れ側が経済的な支援を行う。

	①	②	③	④	⑤	⑥
マ	S	S	T	T	U	U
ミ	T	U	S	U	S	T
ム	U	T	U	S	T	S

共通テスト
本試験

2024

地理 B

解答時間 60 分
配点 100 点

地理　B

(解答番号 1 ～ 30)

第1問 世界の自然環境と自然災害に関する次の問い(問1～6)に答えよ。
(配点　20)

問1　次の図1中のアとイは，イギリスとニュージーランドのいずれかにおける国土の標高別面積割合を示したものである。また，後の図2は，イギリスとニュージーランドにおける国土の土地利用割合を示したものであり，凡例AとBは，森林と牧草地のいずれかである。ニュージーランドに該当する図と牧草地に該当する凡例との正しい組合せを，後の①～④のうちから一つ選べ。　1

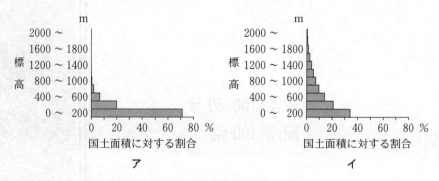

General Bathymetric Chart of the Oceans の資料により作成。

図　1

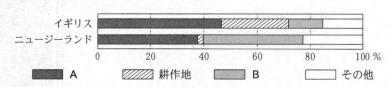

統計年次は 2018 年。FAOSTAT により作成。

図　2

	①	②	③	④
ニュージーランド	ア	ア	イ	イ
牧草地	A	B	A	B

問 2 地球上の寒冷な地域には，永久凍土と氷河・氷床が分布する。次の図3は，北緯30度から80度における，緯度ごとの陸地に占める永久凍土と氷河・氷床の割合を示したものである。図3に関することがらについて述べた文として**適当でないもの**を，後の①～④のうちから一つ選べ。 2

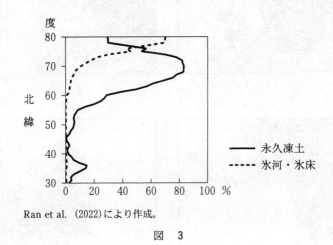

Ran et al. (2022)により作成。

図　3

① 北緯30度から45度における永久凍土の分布は，チベット高原やヒマラヤ山脈などアジアの高山地帯が中心である。

② 北緯45度から70度にかけて永久凍土の割合が増加する原因には，主に高緯度側ほど日射量や年平均気温が低下することがあげられる。

③ 北緯60度から80度にかけて氷河・氷床の割合が増加する原因には，主に高緯度側ほど降雪量が多くなることがあげられる。

④ 北緯70度から80度の氷河・氷床に覆われていない陸地では，ほとんどの地域で永久凍土が分布する。

問 3　次の図 4 中の D～G は，ヨーロッパのいくつかの地域でみられる海岸付近の地形を示したものである。また，後の文①～④は，図 4 中のいずれかの地域における海岸の特徴について述べたものである。E に該当するものを，①～④のうちから一つ選べ。　3

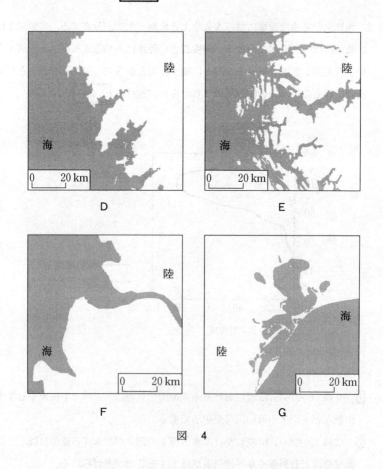

図　4

① 沿岸流で運ばれてきた土砂の堆積により，入り江の閉塞が進行している。
② 河川の侵食で形成された谷が沈水し，海岸線が複雑な入り江が連なる。
③ 大河川の河口部が沈水してできた深い入り江がみられる。
④ 氷食谷が沈水してできた深い入り江がみられる。

問4 世界の各都市の日照時間は，都市が位置する緯度や気候によって異なる。次の図5は，いくつかの都市における1月と7月の1日当たりの日照時間を示したものであり，①～④は，オスロ，シドニー，ムンバイ（ボンベイ），ローマのいずれかである。ムンバイに該当するものを，図5中の①～④のうちから一つ選べ。 4

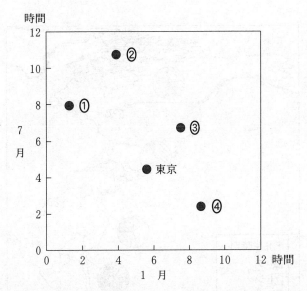

統計年次は，東京，オスロ，シドニー，ローマが1961～1990年の平均値，ムンバイが1971～1990年の平均値。
World Meteorological Organizationの資料により作成。

図 5

問5 次の図6は、カナダ、コロンビア、ボリビア、メキシコにおける洪水災害*の時期別発生割合を示したものであり、凡例**サ〜ス**は、3〜5月、9〜11月、12〜2月のいずれかである。発生時期と**サ〜ス**との正しい組合せを、後の①〜⑥のうちから一つ選べ。 5

*死者10名以上、被災者100名以上、非常事態宣言の発令、国際援助の要請のいずれか一つ以上をもたらしたもの。

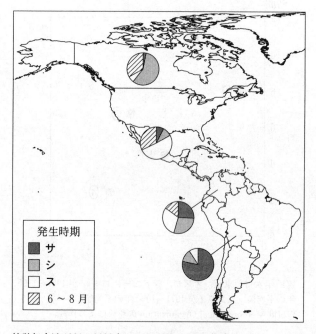

統計年次は1991〜2020年。EM-DATにより作成。

図 6

	①	②	③	④	⑤	⑥
3〜5月	サ	サ	シ	シ	ス	ス
9〜11月	シ	ス	サ	ス	サ	シ
12〜2月	ス	シ	ス	サ	シ	サ

問6 次の図7は，日本国内の1976年から2021年における，いくつかの気象観測項目の最大記録*が上位20位までの地点を示したものであり，凡例**タ**〜**ツ**は，最高気温，最大風速，日降水量のいずれかである。項目名と**タ**〜**ツ**との正しい組合せを，後の①〜⑥のうちから一つ選べ。 6

*全国のアメダスと気象官署等の日別観測値のうち，それぞれの地点における最大の値。

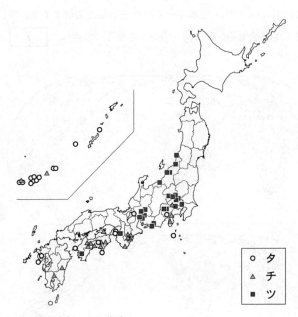

気象庁の資料により作成。

図 7

	①	②	③	④	⑤	⑥
最高気温	タ	タ	チ	チ	ツ	ツ
最大風速	チ	ツ	タ	ツ	タ	チ
日降水量	ツ	チ	ツ	タ	チ	タ

第2問 ヨシエさんたちは，地理の授業で鉄鋼業を手掛かりに，世界と日本の資源と産業の変化について探究した。この探究に関する次の問い（**問1～6**）に答えよ。
（配点 20）

問1 授業の冒頭で，先生は次の図1を示した。図1中のA～Cは，鉄鋼の原料となる鉄鉱石の産出量，輸出量，輸入量のいずれかについて，世界全体に占める割合が1％以上の国・地域とその割合を示したものである。項目名とA～Cとの正しい組合せを，後の**①**～**⑥**のうちから一つ選べ。 7

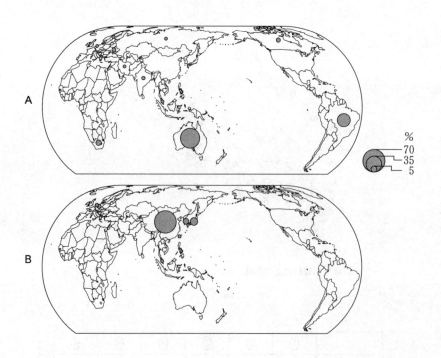

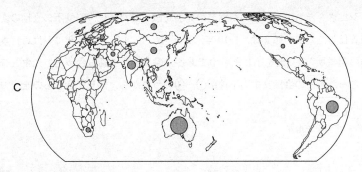

中国の数値には台湾，ホンコン，マカオを含まない。
統計年次は2017年。World Steel Associationの資料により作成。

図　1

	①	②	③	④	⑤	⑥
産出量	A	A	B	B	C	C
輸出量	B	C	A	C	A	B
輸入量	C	B	C	A	B	A

問 2 ヨシエさんたちは，日本の鉄鋼業の発展を調べるために，製鉄所の立地の変化に着目した。次の図2は，1910年，1940年，1974年，2022年における日本国内の製鉄所*の立地を示したものである。図2を見て話し合った，先生とヨシエさんたちとの会話文中の下線部①～④のうちから，**誤りを含むもの**を一つ選べ。 8

*銑鋼一貫工場を指す。

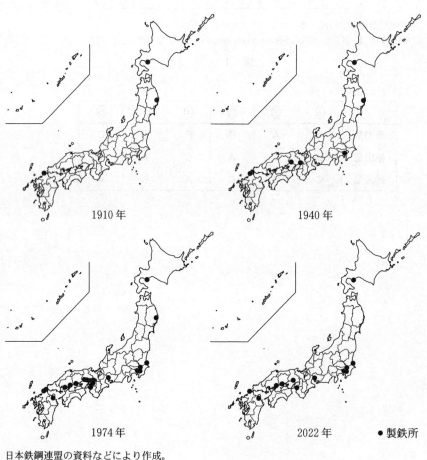

日本鉄鋼連盟の資料などにより作成。

図 2

先　生 「製鉄所の立地の変化には，どのような特徴がありますか」

ヨシエ 「1910 年の図を見ると，製鉄所はいずれも原料や燃料の産出地の近くに立地していたことが分かるよ」

マキオ 「製鉄に使われる原料や燃料の重量と製品の重量を比べると，①原料や燃料の方が重く，産出地の近くに立地することで輸送費を安くすることができるためだね」

ヨシエ 「1940 年の図を見ると，東京湾岸や大阪湾岸にも製鉄所が立地していたよ」

マキオ 「大市場の港湾近くに立地するようになったのは，②国内に埋蔵される原料や燃料が枯渇して，国外から輸入する傾向が強まったからだね」

ヨシエ 「1974 年の図を見ると，三大都市圏や瀬戸内の臨海部で製鉄所が増加しているね」

マキオ 「こうした製鉄所は主に，③臨海部に造成された埋立地に建設されたと思うよ」

ヨシエ 「2022 年の図を見ると，1974 年と比べて製鉄所が減少しているね」

マキオ 「外国との競争などによる，④経営の合理化や企業の再編が影響していると考えられるよ」

問3 ヨシエさんたちは,鉄鋼業などで原料や燃料として用いられる石炭の輸入相手国に着目した。次の図3は,日本におけるいくつかの国からの石炭輸入量の推移を示したものであり,E～Gは,アメリカ合衆国,インドネシア,オーストラリアのいずれかである。また,後の文章ア～ウは,図3中のE～Gのいずれかにおける石炭の生産や消費の特徴を述べたものである。E～Gとア～ウとの組合せとして最も適当なものを,後の①～⑥のうちから一つ選べ。 9

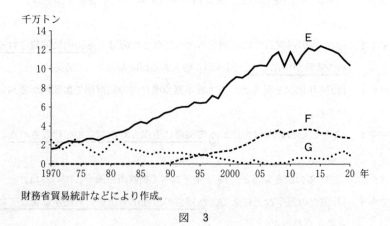

財務省貿易統計などにより作成。

図 3

ア 採掘技術の進歩などによって石炭産出量が急増したことで,輸出量が増加した。この国の国内でも火力発電を中心に消費量が増加している。

イ 世界有数の資源大国で,石炭は大規模な露天掘りによって大量に採掘されている。国内市場は小さく,採掘された石炭の多くが輸出されている。

ウ 石炭の確認埋蔵量は世界で最も多い。国内市場の大きさを背景に,この国の国内における消費量も世界有数である。

	①	②	③	④	⑤	⑥
E	ア	ア	イ	イ	ウ	ウ
F	イ	ウ	ア	ウ	ア	イ
G	ウ	イ	ウ	ア	イ	ア

問 4 ヨシエさんたちは，製造業が発展するためには，付加価値の高い製品の開発が重要だと学習した。次の図4は，いくつかの国における，1990年と2018年の人口1人当たりの製造業付加価値額*と，GDPに占める製造業の割合を示したものであり，①〜④は，イギリス，中国**，ドイツ，ベトナムのいずれかである。ドイツに該当するものを，図4中の①〜④のうちから一つ選べ。

10

*生産額から，賃金以外の生産に必要な諸経費を引いた，新たに作り出された価値の金額。
**台湾，ホンコン，マカオを含まない。

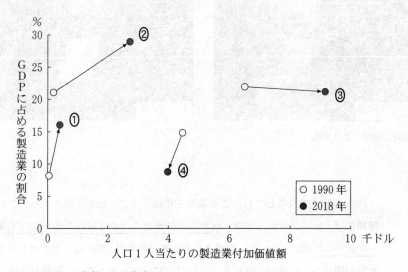

World Bank の資料により作成。

図 4

問 5 ヨシエさんたちは，日本国内での製造業の変化と地域への影響について調べた。次の図5は，日本の大都市圏のある地域における1988年と2008年の同範囲の空中写真である。図5に関することがらについて述べた文章中の下線部①～④のうちから，**適当でないもの**を一つ選べ。 11

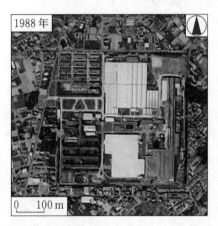
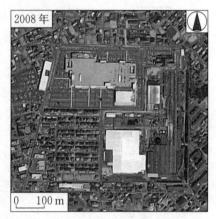

地理院地図により作成。

図 5

　1988年時点で操業していたこの繊維工場は，後に一部が閉鎖された。この時期には，日本の繊維工業は，①豊富な労働力を求めて国内の農村部に工場が移転する傾向がみられた。閉鎖された工場の敷地の一部には，大型複合商業施設が開業し，②単独で立地するスーパーマーケットよりも広範囲から買い物客が訪れている。一方で，2008年時点でも工場の一部は残っており，その西側は，③戸建ての住宅地へと変化している。大都市圏に残った工場の中には，高付加価値製品の生産や，④製品や技術の研究開発を行う拠点に転換するものもみられる。

問 6 最後にヨシエさんたちは，製造業が地域社会に様々な影響を及ぼしてきたことに着目した。次の資料1は，日本において製造業が盛んないくつかの地域における，資源や産業をめぐる新しい取組みについて，ヨシエさんたちがまとめたものである。資料1中の空欄P〜Rには，具体的な取組みを述べた文サ〜スのいずれかが当てはまる。P〜Rとサ〜スとの組合せとして最も適当なものを，後の①〜⑥のうちから一つ選べ。 12

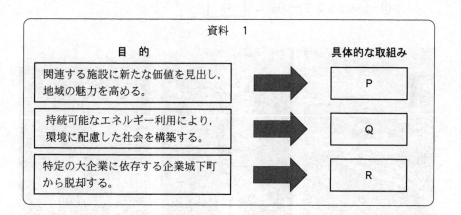

資料 1

具体的な取組み

サ 地元の中小企業が地域の大学や他企業と連携して，製造業の新たな分野に進出する。

シ 照明がともされた稼働中の工場群を，夜景として観賞できる機会を提供する。

ス 生ごみや間伐材を利用して発電する施設を建設し，地域の電力自給率を向上させる。

	①	②	③	④	⑤	⑥
P	サ	サ	シ	シ	ス	ス
Q	シ	ス	サ	ス	サ	シ
R	ス	シ	ス	サ	シ	サ

第3問　都市と生活文化に関する次の問い(問1～6)に答えよ。(配点　20)

問1　次の写真1中のA～Cは、日本のある大都市圏における都心、郊外、臨海地域のいずれかについて、1960年代の景観を撮影したものである。また、後の文章ア～ウは、A～Cのいずれかの地域における1960年代以降の様子について述べたものである。A～Cとア～ウとの組合せとして最も適当なものを、後の①～⑥のうちから一つ選べ。　13

A

B

C

(編集部注) 著作権の都合により、類似の写真と差し替えています。
A：毎日新聞社／ユニフォトプレス提供
B：朝日新聞社／ユニフォトプレス提供
C：毎日新聞社提供

写真　1

ア　この地域では、1960年代から1980年代にかけて、地価上昇などにより人口が減少していた。1990年代後半以降になると、地価下落や通勤の利便性を背景に、人口が増加に転じた。

イ　この地域では、1960年代当時、核家族世帯の転入が急増した。現在では高齢化が進んでいる場所がみられる一方、建て替えも進み、新たな転入者が増えている場所もある。

ウ　この地域では、1960年代当時、多数の人々が働いていた。現在では、広大な空き地を利用して大規模なレジャー施設が立地している。

	①	②	③	④	⑤	⑥
A	ア	ア	イ	イ	ウ	ウ
B	イ	ウ	ア	ウ	ア	イ
C	ウ	イ	ウ	ア	イ	ア

問 2 次の表1は，日本のいくつかの市区における昼夜間人口比率*と，それぞれの市区への通勤・通学者**が利用する主要な交通手段***の割合を示したものである。表1中の①〜④は，秋田市，東京都心の中央区，東京郊外の調布市，福岡市のいずれかである。福岡市に該当するものを，①〜④のうちから一つ選べ。 14

*昼間人口÷夜間人口×100。
**15歳以上の自宅外就業者・通学者。
***複数回答を含む。

表　1

	昼夜間人口比率	通勤・通学者が利用する 主要な交通手段の割合（%）		
		鉄　道	乗合バス	自家用車
①	456.1	91.6	10.5	3.9
②	109.8	33.2	17.3	30.0
③	103.7	5.2	4.9	70.8
④	83.9	49.7	12.8	10.9

統計年次は2020年。国勢調査により作成。

問 3 次の図1は，2015年における世界の人口500万人以上の都市圏について，1990年と2015年の人口を先進国*，BRICS，発展途上国に分けて示したものであり，凡例**カ**と**キ**は，先進国とBRICSのいずれかである。また，後の文章は，図1に関することがらについて述べたものであり，空欄**x**には，金融業と小売業・サービス業のいずれかが当てはまる。凡例**キ**に該当する語句と空欄**x**に当てはまる語句との組合せとして最も適当なものを，後の①～④のうちから一つ選べ。 15

*OECD加盟国。

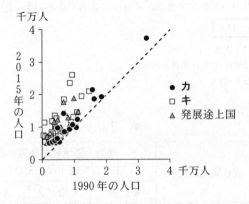

World Urbanization Prospects により作成。

図　1

図1中に示した発展途上国の都市圏において，人口が急増してきた要因の一つとして，農村部から人々が都市圏に流入したことがあげられる。そうした人々は，（ **x** ）に従事することが多い。

	①	②	③	④
キ	先進国	先進国	BRICS	BRICS
x	金融業	小売業・サービス業	金融業	小売業・サービス業

問4 次の図2は，いくつかの国における都市圏の人口規模*を，1位から10位まで示したものである。図2中の**サ〜ス**は，イタリア，オーストラリア，バングラデシュのいずれかである。国名と**サ〜ス**との正しい組合せを，後の①〜⑥のうちから一つ選べ。 16

*人口規模は，各国における人口規模1位の都市圏人口を100とした指数。

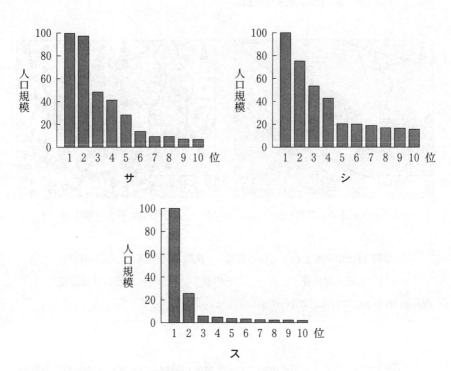

統計年次は2015年。*World Urbanization Prospects*により作成。

図 2

	①	②	③	④	⑤	⑥
イタリア	サ	サ	シ	シ	ス	ス
オーストラリア	シ	ス	サ	ス	サ	シ
バングラデシュ	ス	シ	ス	サ	シ	サ

問 5　次の図 3 は，アメリカ合衆国のフィラデルフィア都市圏とメキシコのメキシコシティ都市圏において，貧困が問題となっている地区*の分布を示したものである。図 3 に関することがらについて述べた文として**適当でないもの**を，後の①～④のうちから一つ選べ。　17

*フィラデルフィア都市圏は，1 世帯当たり所得中央値が下位 10 分の 1 の地区。メキシコシティ都市圏は，低級住宅地区。

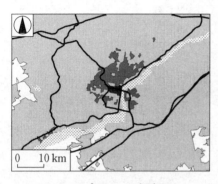
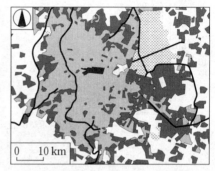

フィラデルフィア都市圏　　　　　メキシコシティ都市圏

■ 貧困が問題となっている地区　　■ 都心地区　　▨ 市街地
▨ 水域・湿地帯　　□ その他　　― 主要な高速道路

Diercke Weltatlas, 2017 などにより作成。

図　3

① フィラデルフィア都市圏において貧困が問題となっている地区は，早期から都市化したが，現在は住宅の老朽化や製造業の衰退がみられる。
② メキシコシティ都市圏において貧困が問題となっている地区は，上下水道などの社会基盤（インフラ）が十分に整備されていない場所に広がる。
③ 貧困が問題となっている地区の分布を比較すると，フィラデルフィア都市圏の方が都市圏中心部に集中している。
④ 貧困が問題となっている地区は，両都市圏ともに主要な高速道路に沿って放射状に広がっている。

問 6 次の図4は，アメリカ合衆国のいくつかの都市において家庭で使用されている主要な言語の割合を示したものである。図4中の①~④は，後の図5中のシアトル，ミネアポリス，ロサンゼルス，マイアミのいずれかである。シアトルに該当するものを，図4中の①~④のうちから一つ選べ。 18

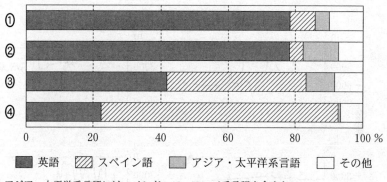

アジア・太平洋系言語には，インド・ヨーロッパ系言語を含まない。
統計年次は2020年。American Community Surveyにより作成。

図 4

図 5

第4問 環太平洋の地域に関する次の問い（問1～6）に答えよ。（配点　20）

問1　太平洋には多様な海底地形がみられる。次の図1は，後の図2中の線A～Dのいずれかに沿った地形断面を示したものである。線Bに該当するものを，図1中の①～④のうちから一つ選べ。　19

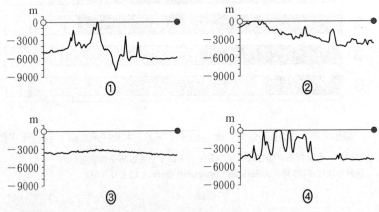

高さは強調して表現してある。NOAAの資料により作成。

図　1

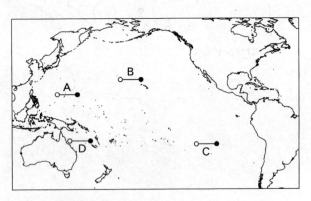

線A～Dの実距離は等しい。

図　2

問 2　環太平洋の地域には様々な民族衣装がみられ，その素材や機能は地域の気候の特徴を反映している。次の図3中のF〜Hは，環太平洋のいくつかの地点における月平均気温と月降水量をハイサーグラフで示したものであり，後の文**ア〜ウ**は，図3中のF〜Hのいずれかの地点とその周辺でみられる民族衣装を説明したものである。F〜Hと**ア〜ウ**との組合せとして最も適当なものを，後の**①〜⑥**のうちから一つ選べ。 20

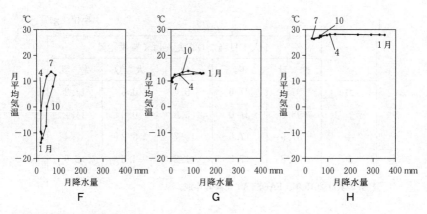

気象庁の資料により作成。

図　3

ア　アルパカの毛を用い，防寒性に優れた，頭からかぶる着脱が容易な衣服。
イ　トナカイの毛皮や皮を用い，保温性と断熱性に優れた，全身を覆う衣服。
ウ　木綿を用い，通気性と吸湿性に優れた，腰に巻く衣服。

	①	②	③	④	⑤	⑥
F	ア	ア	イ	イ	ウ	ウ
G	イ	ウ	ア	ウ	ア	イ
H	ウ	イ	ウ	ア	イ	ア

24 2024年度：地理Ｂ/本試験

問 3　環太平洋の地域の食文化は，人々の摂取する栄養量を通してみえてくる。次の表1は，いくつかの国における1人1日当たりのたんぱく質供給量を，肉，魚，大豆，牛乳別に示したものであり，**カ〜ク**は，日本，カナダ，ベトナムのいずれかである。国名と**カ〜ク**との正しい組合せを，後の①〜⑥のうちから一つ選べ。　21

表　1

（単位：g）

	1人1日当たりのたんぱく質供給量				
	総量	肉	魚	大豆	牛乳
カ	107.1	31.6	5.4	0.8	17.2
チ リ	93.2	31.0	3.8	0.0	11.1
キ	87.9	17.6	16.7	8.2	7.4
ク	86.8	17.3	11.2	4.6	2.0

統計年次は2019年。FAOSTATにより作成。

	①	②	③	④	⑤	⑥
日　本	カ	カ	キ	キ	ク	ク
カナダ	キ	ク	カ	ク	カ	キ
ベトナム	ク	キ	ク	カ	キ	カ

問 4　環太平洋の島嶼国・地域には，世界各地から観光客が来訪する。次の図4は，いくつかの国・地域における2019年の観光客数を出発地域別の割合で示したものである。図4中の**サ〜ス**は，後の図5中のグアム，ハワイ，フィジーのいずれか，凡例JとKはアジアとヨーロッパ*のいずれかである。グアムとヨーロッパとの正しい組合せを，後の①〜⑥のうちから一つ選べ。　22

*ヨーロッパの数値にはロシアを含む。

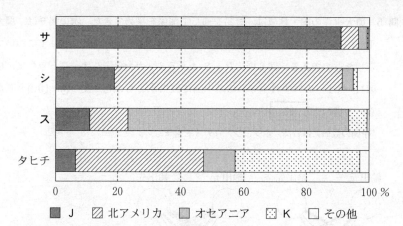

図 4

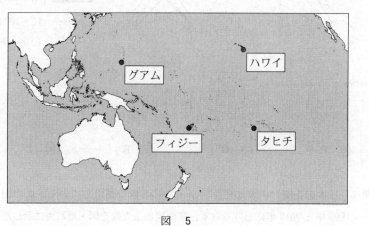

図 5

	①	②	③	④	⑤	⑥
グアム	サ	サ	シ	シ	ス	ス
ヨーロッパ	J	K	J	K	J	K

問5 環太平洋の国・地域は，貿易を通じて関係を深めてきた。次の図6は，環太平洋のいくつかの国における相手国への輸出額を，1999年と2019年について示したものである。図6中のP～Sは，アメリカ合衆国，オーストラリア，中国*，ペルーのいずれかである。中国に該当するものを，後の①～④のうちから一つ選べ。　23

*中国の数値には台湾，ホンコン，マカオを含まない。

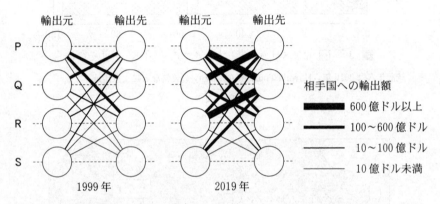

図　6

① P　　　② Q　　　③ R　　　④ S

問6 日本の企業は，環太平洋の国・地域に多く進出している。次の図7は，1999年と2019年における日本企業の現地法人数を国・地域別に示したものである。図7に関することがらについて述べた文章中の下線部①～④のうちから，**適当でないもの**を一つ選べ。　24

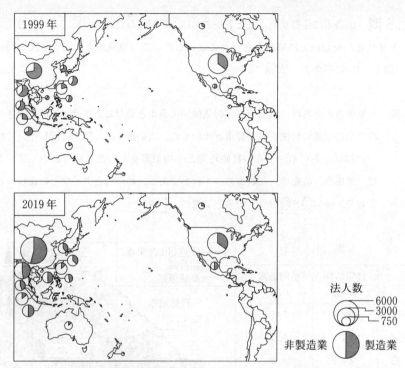

製造業・非製造業の数が開示されている国・地域のうち，1999年と2019年の法人数がいずれも100未満である国・地域を除いている。
中国の数値には台湾，ホンコン，マカオを含まない。
『海外進出企業総覧(国別編)』により作成。

図　7

　1999年から2019年にかけて，日本の企業は新たに，①北アメリカよりもアジアに多く進出した。また，この間の法人数の内訳の変化をみると，②アジアで非製造業の割合が高まった。北アメリカに進出している日本の企業には，③ソフトウェアや人工知能(AI)の開発に関わる企業が含まれる。一方，アジアに進出している日本の製造業として自動車産業がある。日本の自動車企業は，④進出先の工場において部品の生産から完成車の組立てまでを一貫して行っている。

第5問

広島市に住むサチさんとトモさんは，島根県石見地方の浜田市に住む親戚のマサさんを訪ねて地域調査を行うことにした。この地域調査に関する次の問い（問1〜6）に答えよ。（配点 20）

問1 サチさんたちは，浜田市の冬の気候が広島市と異なるとマサさんから聞き，浜田市の気候の特徴を他の都市と比較した。次の表1は，図1に示したいくつかの都市における，1月の日照時間と平均気温を示したものであり，**ア**〜**ウ**は，浜田市，広島市，三次市のいずれかである。都市名と**ア**〜**ウ**との正しい組合せを，後の①〜⑥のうちから一つ選べ。 25

表1

	日照時間 （時間）	平均気温 （℃）
ア	138.6	5.4
イ	85.7	1.9
ウ	64.2	6.2

1991〜2020年の平年値。
気象庁の資料により作成。

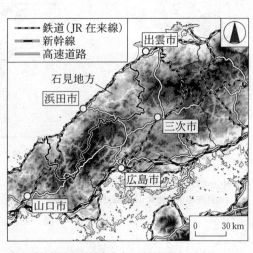

色の濃い部分ほど標高の高い地域を示している。
国土数値情報などにより作成。

図1

	①	②	③	④	⑤	⑥
浜田市	ア	ア	イ	イ	ウ	ウ
広島市	イ	ウ	ア	ウ	ア	イ
三次市	ウ	イ	ウ	ア	イ	ア

問 2 サチさんたちは，広島市と浜田市の間にバスが毎日多く運行されていることに興味をもち，生活の中における様々な地域への移動を調べた。次の図 2 は，図 1 中の石見地方の各地区*におけるいくつかの商品やサービスの主な購買・利用先を示したものであり，カ～クは，衣料品・身回品，娯楽・レジャー**，食品のいずれかである。項目名とカ～クとの正しい組合せを，後の①～⑥のうちから一つ選べ。26

*1969 年時点での市町村。
**身回品は靴やカバンなどを，娯楽・レジャーは旅行などを指す。

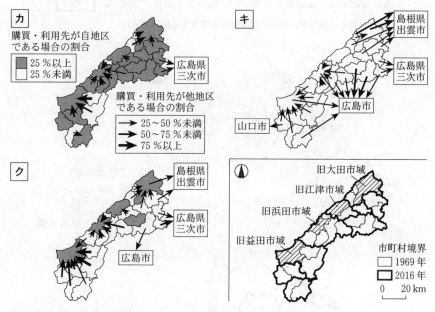

購買・利用先に関する凡例は，カ～クで共通である。
統計年次は 2016 年。『島根県商勢圏実態調査報告書』などにより作成。

図 2

	①	②	③	④	⑤	⑥
衣料品・身回品	カ	カ	キ	キ	ク	ク
娯楽・レジャー	キ	ク	カ	ク	カ	キ
食料品	ク	キ	ク	カ	キ	カ

問 3　マサさんと合流後，市役所を訪れたサチさんたちは，浜田市が地域住民による活動を推進するためにまちづくりセンター*を設置していることを知り，その立地を他の施設と比較した。次の図3は，浜田市における人口分布といくつかの施設の立地を示したものである。また，後の図4は，図3中の小学校区a〜cのいずれかにおける最寄りの施設への距離別人口割合を示したものであり，図4中のXとYはコンビニエンスストアとまちづくりセンターのいずれか，サとシは小学校区bとcのいずれかである。まちづくりセンターと小学校区bとの正しい組合せを，後の①〜④のうちから一つ選べ。 27

*社会教育や生涯学習，協働の地域活動を推進する拠点施設。

国勢調査などにより作成。

図　3

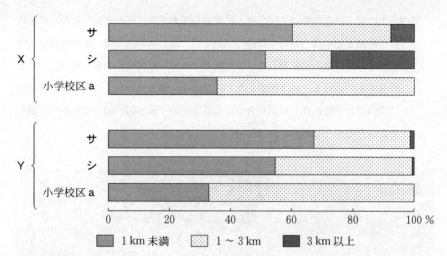

施設への距離は，直線で計測した。
国勢調査などにより作成。

図　4

	①	②	③	④
まちづくりセンター	X	X	Y	Y
小学校区 b	サ	シ	サ	シ

問 4 次にサチさんたちは，マサさんに案内してもらい，写真を撮りながら浜田市の市街地とその周辺のいくつかの地域を回った。次の図 5 は，地理院地図にサチさんたちによる撮影地点を示したものであり，写真 1 中の E ～ H は，それぞれ図 5 中の地点 E ～ H で撮影したものである。図 5 と写真 1 に関することがらについてサチさんたちが話し合った会話文中の下線部①～④のうちから，**誤りを含むもの**を一つ選べ。 28

図　5

写真　1

マ　サ　「港町として栄えていたことが，浜田城築城の一因なんだよ。城の麓には城下町が広がっていたんだ」

サ　チ　「かつてEのあたりが港の中心であったのは，①内湾のため，波が穏やかで船を安全に停泊させることができたからだね」

ト　モ　「Fには，古くからの街道が通っているよ。写真では，②モータリゼーションに対応した大規模な再開発がされているね」

マ　サ　「土地の改変状況はどのようになっているかな」

サ　チ　「山が海岸に迫っていて，平地が少ないね。漁業関連の施設が集積しているGのあたりは，③広い土地を造成するため，海を埋め立てて造られたと考えられるよ」

ト　モ　「住宅地であるHは，④高台にあり，切土や盛り土をして造成されたことが読み取れるね」

問5 市内の資料館を訪れたサチさんたちは，浜田に関する商品流通の歴史に興味をもち，次の資料1を作成した。資料1をもとにサチさんたちが話し合った会話文中の空欄**タ**と**チ**に当てはまる語句の組合せとして最も適当なものを，後の①〜④のうちから一つ選べ。 29

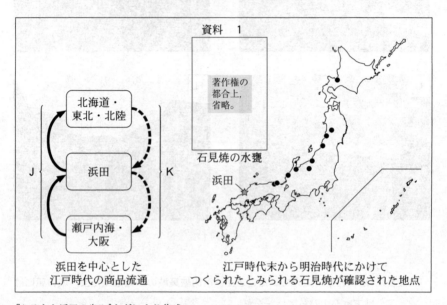

資料1

石見焼の水甕

浜田を中心とした江戸時代の商品流通

江戸時代末から明治時代にかけてつくられたとみられる石見焼が確認された地点

『ふるさと浜田の歩み』などにより作成。

マ　サ　「浜田は，かつて物流の拠点の一つとして，にぎわっていたんだよ」

ト　モ　「江戸時代の商品流通をみると，瀬戸内海・大阪から北海道・東北・北陸に向かう経路Jでは，浜田へ（　**タ**　）などが運ばれていたんだね」

マ　サ　「浜田をはじめとする石見地方の特産品の一つに，甕などの陶器があったよ。この陶器は，石見地方で採れる粘土などを原料としたもので，石見焼と呼ばれて明治時代に最盛期を迎えたといわれているよ」

サ　チ　「浜田から東北・北陸地方へは，主に（　**チ**　）で運ばれたと考えられるね」

2024年度：地理Ｂ／本試験　**35**

	①	②	③	④
タ	米・昆布	米・昆布	砂糖・塩	砂糖・塩
チ	海　路	陸　路	海　路	陸　路

問 6　サチさんたちは，石見地方が現在では過疎問題に直面していることを知り，その発生要因と解決に向けた取組みについて，次の資料２にまとめた。資料２中の①～④は，Ｐ～Ｓを目的とする石見地方での取組みのいずれかの具体例である。Ｐを主な目的とする具体例として最も適当なものを，①～④のうちから一つ選べ。　30

資料　2

**なぜ過疎問題が
発生するのか？**

・雇用の少なさ

・生活環境の不便さ

・大都市からの遠さ

・地域への関心の低下

・魅力のアピール不足

過疎問題の解決のために必要なことは？

【地域内の人々に向けて】

Ｐ　地域文化に対する愛着の醸成

Ｑ　日常生活における利便性の向上

【地域外の人々に向けて】

Ｒ　移住者の働く場所の確保

Ｓ　魅力ある地域産品の宣伝

【石見地方でみられる取組みの具体例】

①　交通空白地域における乗合タクシーの運行

②　地元で水揚げされる水産物のブランド化

③　伝統行事の保存・継承に対する支援

④　廃校を利用したサテライトオフィスの整備

共通テスト
本試験

2023

地理 B

解答時間 60 分
配点 100 点

地　理　B

（解答番号　1　〜　31　）

第1問　自然環境と自然災害に関する次の問い（**問1〜6**）に答えよ。（配点　20）

問1　自然環境に関する様々な現象の理解には，それぞれの時間スケールと空間スケールの認識が必要になる。次の図1は，気候や気象に関するいくつかの現象についておおよその時間スケールと空間スケールを模式的に示したものであり，①〜④は，エルニーニョ・ラニーニャ現象，地球温暖化，低気圧・台風，モンスーンのいずれかである。モンスーンを示したものとして最も適当なものを，図1中の①〜④のうちから一つ選べ。　1

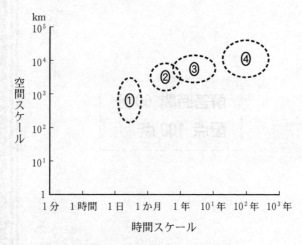

日本気象学会編『新教養の気象学』などにより作成。

図　1

問2 サンゴ礁やマングローブの分布は，海水温，海水の塩分，海水の濁度などの影響を受ける。次の図2中のアとイは，南北アメリカにおけるサンゴ礁とマングローブのいずれかの分布を示したものである。また，後の図3は，主な海流を示したものである。マングローブと海流の向きとの正しい組合せを，後の①～④のうちから一つ選べ。 2

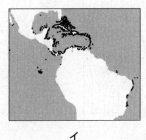

ア　　　　　イ

・サンゴ礁または
　マングローブ

UN Environment Programme World Conservation Monitoring Centre の資料などにより作成。

図　2

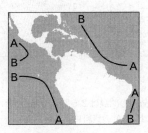

AとBを結ぶ実線は海流を示す。

図　3

	①	②	③	④
マングローブ	ア	ア	イ	イ
海流の向き	AからB	BからA	AからB	BからA

問 3 次の図4は，東京といくつかの都市における月別・時間別の気温分布を等値線で示したものであり，**カ〜ク**は，オーストラリアのパース，ロシアのヤクーツク，ボリビアのラパスのいずれかである。都市名と**カ〜ク**との正しい組合せを，後の①〜⑥のうちから一つ選べ。 3

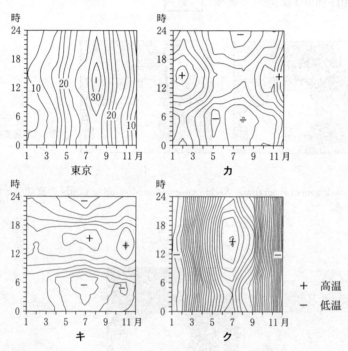

気温の単位は℃。等値線の間隔は2.5℃。時間はすべて現地時間。
統計年次は2020年。NOAAの資料により作成。

図 4

	①	②	③	④	⑤	⑥
パース	カ	カ	キ	キ	ク	ク
ヤクーツク	キ	ク	カ	ク	カ	キ
ラパス	ク	キ	ク	カ	キ	カ

問 4 次の図 5 中の①〜⑤は，自然災害の影響を受ける大西洋周辺のいくつかの地域を示したものである。また，後の文 J と K は，いくつかの地域で発生する自然災害について述べたものである。これらのうち，J と K の両方が当てはまる地域と，J のみが当てはまる地域を，図 5 中の①〜⑤のうちから一つずつ選べ。

J と K の両方　　4　　・ J のみ　　5

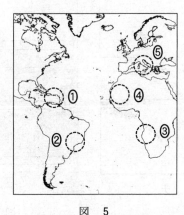

図　5

J　火山が分布し，噴火に伴う噴出物や火砕流などによる災害が発生する。
K　熱帯低気圧が頻繁に襲来し，強風や大雨，高潮などによる災害が発生する。

問5 次の図6中の**タ～ツ**は、図7中のP～Rのいずれかの範囲において発生した地震*の震源について、東西方向の位置と深度を示したものである。**タ～ツ**とP～Rとの正しい組合せを、後の①～⑥のうちから一つ選べ。| 6 |

*2012～2020年に発生したマグニチュード3以上の地震。

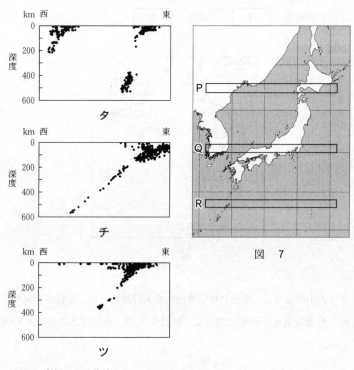

USGSの資料により作成。

図 6

	①	②	③	④	⑤	⑥
タ	P	P	Q	Q	R	R
チ	Q	R	P	R	P	Q
ツ	R	Q	R	P	Q	P

問6 次の図8は，日本の都市内を流れる小規模な河川について，短時間の豪雨の降水量と河川の水位の変化を模式的に示したものであり，凡例XとYは，都市化の前と後のいずれかである。また，後の文章は，図8に関することがらについて述べたものである。空欄**マ**に当てはまる語句と，空欄**ミ**に当てはまる文との組合せとして最も適当なものを，後の①〜④のうちから一つ選べ。　7

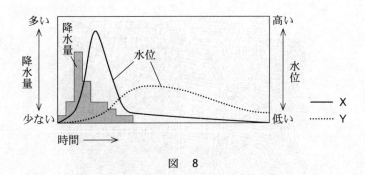

図　8

雨の降り方が同じであっても，都市化の前と後では河川の水位の変化が異なり，都市化によって（　**マ**　）のように変化する。これは，（　**ミ**　）ことが主な要因である。

（　**ミ**　）に当てはまる文

m　河道が改修され，遊水地や放水路が造られた
n　森林や田畑が減少し，地表面が舗装された

	①	②	③	④
マ	XからY	XからY	YからX	YからX
ミ	m	n	m	n

第2問　資源と産業に関する次の問い(問1～6)に答えよ。(配点　20)

問1　次の図1は、中世ヨーロッパにおける村落の模式図である。この村落の形態や農業に関することがらについて述べた文として最も適当なものを、後の①～④のうちから一つ選べ。　8

William R. Shepherd, *Historical Atlas* により作成。

図　1

① 教会や集落は、防御のための濠に囲まれていた。
② 耕作地を春耕地、秋耕地、休閑地に分けて輪作していた。
③ 土壌侵食を防ぐため、耕作地を短冊状に分割して利用していた。
④ 農民は、耕作地に隣接した場所に分散して居住していた。

問 2 次の図2は、いくつかの地域における耕作地に占める灌漑面積の割合と、1 ha 当たりの穀物収量を示したものであり、①~④は、アフリカ、中央・西アジア、東アジア、ヨーロッパのいずれかである。東アジアに該当するものを、図2中の①~④のうちから一つ選べ。 9

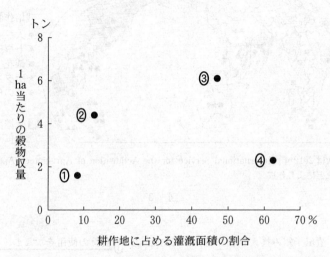

統計年次は 2017 年。AQUASTAT などにより作成。

図 2

問 3　次の図 3 は，世界における遺伝子組み換え作物の栽培状況と栽培面積の上位 5 か国を示したものである。図 3 に関することがらについて述べた文章中の下線部①〜④のうちから最も適当なものを一つ選べ。　10

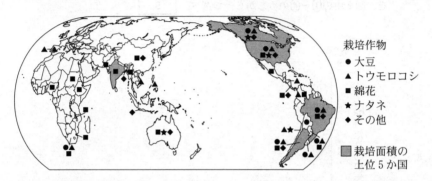

統計年次は 2019 年。International Service for the Acquisition of Agri-biotech Applications の資料などにより作成。

図　3

　遺伝子組み換え作物を導入することで，①農薬の使用をなくし，単位面積当たりの収量を向上させることができるため，その栽培面積は拡大している。②栽培国数の内訳をみると，発展途上国よりも OECD 加盟国の方が多い。遺伝子組み換え作物の栽培拡大の背景には，多国籍アグリビジネスの存在がある。③栽培面積の上位 5 か国は，国土面積が広く，いずれの国でも企業的な大規模農業が中心に行われている。また，世界では，④遺伝子組み換え作物の栽培を食用の作物以外に限定したり，栽培自体を行わない国がみられる。

問 4　後の図 4 は，いくつかの食肉について，世界に占める生産量が 1 ％ 以上の国・地域における生産量に占める輸出量の割合を示したものである。図 4 中の A〜C は，牛肉，鶏肉，羊肉のいずれかである。品目名と A〜C との正しい組合せを，後の①〜⑥のうちから一つ選べ。　11

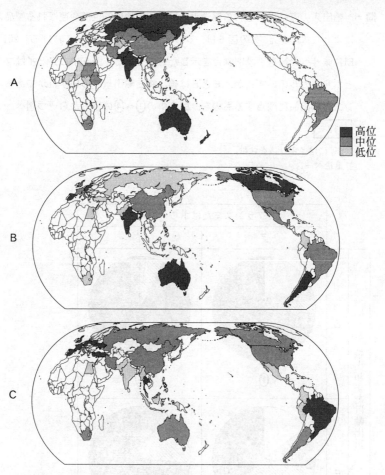

加工品などを含む。牛肉には，水牛，ヤクなどの肉を含む。
統計年次は2019年。FAOSTATにより作成。

図　4

問5 輸出入の際に用いられる輸送手段は，国の地理的位置や運ばれる製品の性質によって異なる。次の図5は，フランスとポルトガルにおける，2019年のEU*域外への輸送手段別割合を示したものである。図5中のアとイはフランスとポルトガルのいずれか，EとFは輸出額と輸出量**のいずれかである。フランスの輸出額に該当するものを，図5中の①～④のうちから一つ選べ。

12

*EUにはイギリスを含む。
**重量ベース。

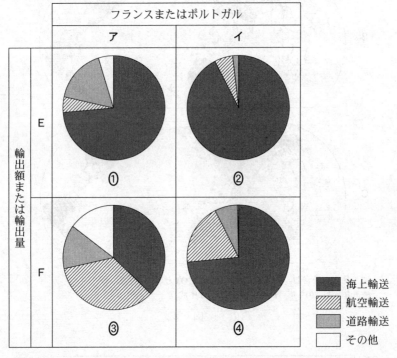

その他には鉄道などを含む。*Eurostat* により作成。

図 5

問6 環境意識の高まりや技術開発により，紙の生産には，木材から作られるパルプに加え，古紙の再生利用が進められている。次の図6は，いくつかの国におけるパルプと古紙の消費量を示したものである。図6中の**カ〜ク**はアメリカ合衆国，カナダ，ドイツのいずれか，凡例**X**と**Y**はパルプと古紙のいずれかである。ドイツとパルプとの正しい組合せを，後の**①〜⑥**のうちから一つ選べ。

13

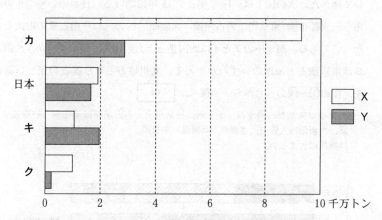

統計年次は2019年。FAOSTATにより作成。

図　6

	①	②	③	④	⑤	⑥
ドイツ	カ	カ	キ	キ	ク	ク
パルプ	X	Y	X	Y	X	Y

第3問

東京都に住む高校生のミノルさんは，祖父のカヲルさんが住む鹿児島県を訪ねたことをきっかけに，日本の人口や都市をめぐる諸問題について考えた。この探究に関する次の問い（**問1～6**）に答えよ。（配点 20）

問1 鹿児島県で生まれたカヲルさんは，1960年代前半に大学進学のため県外へ移動した。その話を聞いたミノルさんは，地方から大都市圏への人口移動について調べた。次の図1は，1960年と2018年における，日本のいくつかの地方から三大都市圏（東京圏，名古屋圏，大阪圏）*への人口移動とその内訳を示したものである。図1中の**ア**と**イ**は四国地方と九州地方**のいずれか，凡例**A**と**B**は東京圏と大阪圏のいずれかである。九州地方と東京圏との正しい組合せを，後の**①～④**のうちから一つ選べ。 14

*東京圏は東京都，埼玉県，千葉県，神奈川県，名古屋圏は愛知県，岐阜県，三重県，大阪圏は大阪府，京都府，兵庫県，奈良県。
**沖縄県は含まない。

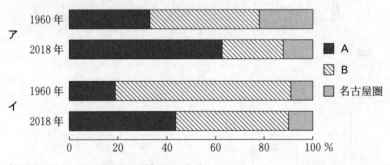

『住民基本台帳人口移動報告年報』により作成。

図　1

	①	②	③	④
九州地方	ア	ア	イ	イ
東京圏	A	B	A	B

問 2 大学を卒業したカヲルさんは東京で働いていたが，現在の東京は大きく変わったとミノルさんに話した。次の図 2 は，東京都区部のいくつかの指標の推移について，1970 年を 100 とした指数で示したものである。図 2 中の**カ～ク**は，工業地区の面積，住宅地の平均地価，4 階以上の建築物数のいずれかである。項目名と**カ～ク**との正しい組合せを，後の**①～⑥**のうちから一つ選べ。

15

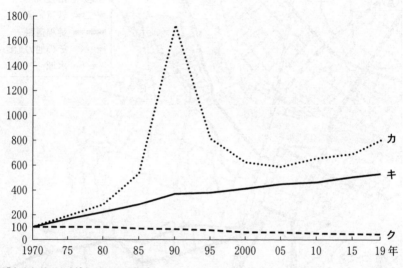

『東京都統計年鑑』などにより作成。

図 2

	①	②	③	④	⑤	⑥
工業地区の面積	カ	カ	キ	キ	ク	ク
住宅地の平均地価	キ	ク	カ	ク	カ	キ
4 階以上の建築物数	ク	キ	ク	カ	キ	カ

問3 カヲルさんは，1980年代に転職にともなって鹿児島県へ戻った。次の図3は，カヲルさんが現在住んでいるある地方都市の様子を示したものである。また，後の会話文**サ**～**ス**は，図3中の地点**D**～**F**のいずれかの地点における，周辺の景観について話し合ったものである。**D**～**F**と**サ**～**ス**との組合せとして最も適当なものを，後の①～⑥のうちから一つ選べ。 16

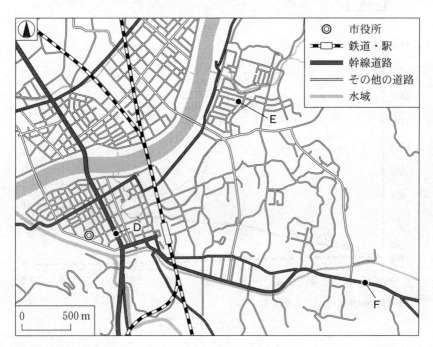

図 3

2023年度：地理Ｂ／本試験　17

【会話】

サ

> カヲル　「1980 年代以前から幹線道路が整備されていたけれど，2000 年代前半までは，周辺には水田や畑が広がっていたんだ」
>
> ミノル　「現在は，道路沿いに全国チェーンの店舗がみられるよ。店舗には広い駐車場があるね」

シ

> カヲル　「1980 年代以前は，水田や畑が広がっていたけれど，近年は市内でも人口が大きく増えている地域の一つなんだ」
>
> ミノル　「現在は，開発が進んで住宅が増えているね」

ス

> カヲル　「1980 年代中頃までは，百貨店やスーパーマーケットがあって，大変にぎわっていたんだ」
>
> ミノル　「現在は，自動車は走っているけれど人通りは少ないね。シャッターが閉まったままの店舗もあるよ」

	①	②	③	④	⑤	⑥
D	サ	サ	シ	シ	ス	ス
E	シ	ス	サ	ス	サ	シ
F	ス	シ	ス	サ	シ	サ

問4 ミノルさんは，カヲルさんから過疎化の進行によって全国で様々な問題が起きていることを聞いた。次の図4は，過疎市町村*の面積が都道府県面積に占める割合，老年人口の増加率，老年人口に占める食料品へのアクセスが困難な人口**の割合を示したものである。図4を見てミノルさんたちが話し合った会話文中の下線部①〜④のうちから，**誤りを含むもの**を一つ選べ。 17

*総務省が定める要件を満たす市町村。
**自宅から店舗まで500m以上，かつ自動車利用が困難な老年人口。

過疎市町村の面積が都道府県面積に占める割合（2015年）

老年人口の増加率（2005〜2015年）

老年人口に占める食料品へのアクセスが困難な人口の割合（2015年）

国勢調査などにより作成。

図 4

ミノル 「過疎市町村は，人口減少率や高齢化の進展度合いなどで決まると学校で
習ったよ。全体的な傾向として，①過疎市町村の面積が都道府県面積に
占める割合は，三大都市圏よりも三大都市圏以外の地域で高い傾向にある
ね」

カヲル 「最近の老年人口の増加率は，三大都市圏の方が高い傾向にあるね」

ミノル 「②三大都市圏における老年人口の増加傾向は，三大都市圏以外からの高
齢者の流入が主な原因であると考えられるよ」

カヲル 「老年人口に占める食料品へのアクセスが困難な人口の割合が高い都道府
県は，三大都市圏以外に多いよ」

ミノル 「農山村地域では，③移動が困難な高齢者のために，食料品を積んで集落
を回る移動販売車があると聞いたよ」

カヲル 「老年人口に占める食料品へのアクセスが困難な人口の割合が高い都道府
県は，神奈川県などの三大都市圏にもみられるね」

ミノル 「これは，④駅から離れた丘陵地に1970年代前後に開発された住宅地に
住む高齢者が多いことも理由の一つだと思うよ」

カヲル 「過疎化・高齢化に伴う問題の解決は，日本全体の課題といえるね。高齢
化は，日本の人口構造の変化とも関係しているよ。調べてみたらどうか
な」

問 5　東京に戻ったミノルさんは，少子高齢化に伴う労働力不足を考える指標として，従属人口指数*があることを先生から聞き，次の図5を作成した。図5は，いくつかの国における，将来予測を含む従属人口指数の推移を示したものであり，①〜④は，日本，エチオピア，中国**，フランスのいずれかである。日本に該当するものを，図5中の①〜④のうちから一つ選べ。　18

*(年少人口＋老年人口)÷生産年齢人口×100で算出。従属人口指数が60の場合，100人の生産年齢人口で60人の年少人口と老年人口を支えることを意味する。
**台湾，ホンコン，マカオを含まない。

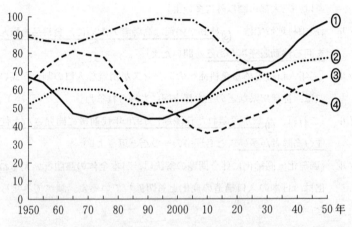

2020年以降は予測値。
World Population Prospects により作成。

図　5

2023年度：地理Ｂ／本試験　**21**

問 6 ミノルさんは，労働力の不足を補うために外国から労働者を受け入れている
国があることを学んだ。次の表1は，イギリスにおける1990年，2005年，
2019年の外国生まれの人口について上位5か国を示したものである。表1中
の**マ〜ム**は，アイルランド，インド，ポーランドのいずれかである。国名と
マ〜ムとの正しい組合せを，後の**①〜⑥**のうちから一つ選べ。　19

表　1

（単位：万人）

順位	1990 年		2005 年		2019 年	
1 位	マ	61.2	ミ	54.9	ミ	91.8
2 位	ミ	40.0	マ	46.3	ム	91.4
3 位	パキスタン	22.8	パキスタン	38.0	パキスタン	60.5
4 位	ドイツ	21.3	ム	32.9	マ	44.3
5 位	アメリカ合衆国	14.2	ドイツ	26.1	ドイツ	34.8
総計		365.0		592.6		955.2

総計には6位以下も含む。
International Migrant Stock 2019 により作成。

	①	②	③	④	⑤	⑥
アイルランド	マ	マ	ミ	ミ	ム	ム
インド	ミ	ム	マ	ム	マ	ミ
ポーランド	ム	ミ	ム	マ	ミ	マ

第4問

インドと中国は地理的に連続しており，ともに人口が多く経済発展を遂げている。この地域に関する次の問い（問1～6）に答えよ。（配点 20）

問1 次の図1は，インドと中国周辺の地形を示したものであり，後の表1は，図1中のA～Dのいずれかの範囲における耕地，草地・裸地，森林の面積割合を示したものである。図1中のCに該当するものを，表1中の①～④のうちから一つ選べ。 20

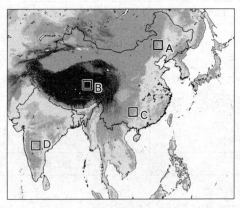

色の濃い部分ほど標高の高い地域を示している。
国土地理院の資料により作成。

図 1

表 1

(単位：%)

	耕 地	草地・裸地	森 林	その他
①	96.3	0.4	0.8	2.5
②	50.4	45.7	0.8	3.1
③	15.9	0.3	72.5	11.3
④	10.2	88.6	0.1	1.1

国土地理院の資料により作成。

問 2　次の図 2 は，インドと中国*の行政区**を作付総面積に占める小麦と米の割合により区分したものであり，凡例 a〜d は，行政区ごとの小麦と米の作付面積の割合により設定したグループを示したものである。また，図 3 は，図 2 中の凡例 a〜d のグループの設定基準を示したものであり，a〜c は，ア〜ウのいずれかである。a〜c とア〜ウとの正しい組合せを，後の①〜⑥のうちから一つ選べ。　21

*台湾，ホンコン，マカオを含まない。
**インドの州には連邦直轄地を含み，島嶼部を除く。中国の省には，省に相当する市・自治区を含む。いずれも国境係争地を除く。

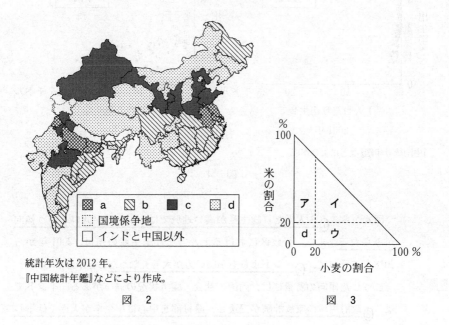

統計年次は 2012 年。
『中国統計年鑑』などにより作成。

図　2　　　　　　　　　　　　図　3

	①	②	③	④	⑤	⑥
a	ア	ア	イ	イ	ウ	ウ
b	イ	ウ	ア	ウ	ア	イ
c	ウ	イ	ウ	ア	イ	ア

問 3　次の図 4 は，インドと中国*の行政区**について，2001 年と 2018 年の 1 人当たり総生産と出生率を示したものである。図 4 に関することがらについて述べた文章中の下線部①〜④のうちから，**適当でないもの**を一つ選べ。　22

*台湾，ホンコン，マカオを含まない。
**インドの州には連邦直轄地を含み，島嶼部を除く。中国の省には，省に相当する市・自治区を含む。いずれも国境係争地を除く。

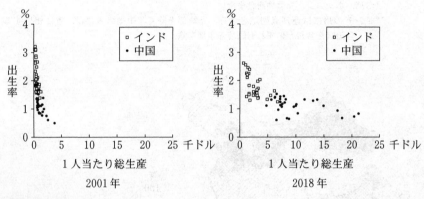

図　4

　図 4 から，①1 人当たり総生産が高い地域では，出生率が低いという傾向がみられる。また，行政区における 1 人当たり総生産の差は，2001 年から 2018 年にかけて，②インドよりも中国の方が大きくなったことが分かる。
　こうした傾向の背景には，両国の社会・経済状況の違いがある。インドでは，③政府主導の家族計画が浸透し，農村部を中心に出生率が大きく低下した。中国では政府による経済特区や外国企業による投資などの偏在により，④沿岸部と内陸部との経済格差が大きくなっている。

問 4 次の図5は，インドと中国*における2000年と2017年の産業別GDPの割合を示したものである。図5中のJとKはインドと中国のいずれか，凡例サとシは運輸・通信業と農林水産業のいずれかである。インドと運輸・通信業との正しい組合せを，後の①～④のうちから一つ選べ。 23

*台湾，ホンコン，マカオを含まない。

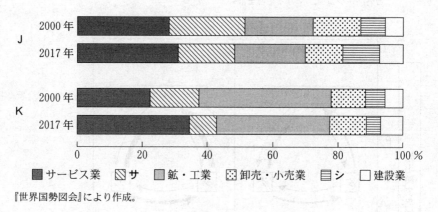

図 5

	①	②	③	④
インド	J	J	K	K
運輸・通信業	サ	シ	サ	シ

問5 次の図6は、インド、中国*、オーストラリアについて、1995年と2019年における3か国間の輸出額と移民の送出数を示したものである。図6中の**タ**と**チ**はインドと中国のいずれか、PとQは輸出額と移民の送出数のいずれかである。中国と輸出額との正しい組合せを、後の①～④のうちから一つ選べ。| 24 |

*台湾、ホンコン、マカオを含まない。

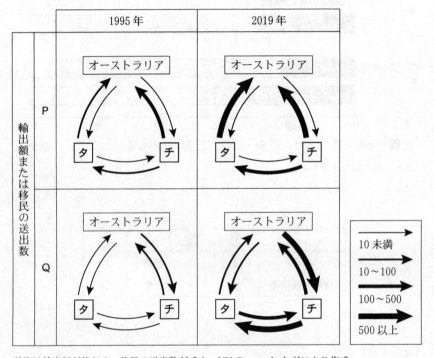

単位は輸出額が億ドル、移民の送出数が千人。UN Comtrade などにより作成。

図　6

	①	②	③	④
中国	タ	タ	チ	チ
輸出額	P	Q	P	Q

問6 次の図7は，インドと中国周辺におけるPM 2.5*の地表面での濃度を示したものであり，SとTは，2018年の1月と7月のいずれかである。図7に関することがらについて述べた文章中の空欄マとミに当てはまる語句の組合せとして最も適当なものを，後の①～④のうちから一つ選べ。 25

*大気中に浮遊している直径2.5μm(マイクロメートル)以下の微粒子。

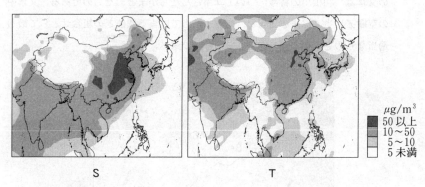

SPRINTARS開発チームの資料により作成。

図　7

インドと中国では，工場などからの煤煙(ばいえん)や自動車からの排ガスによる大気汚染が問題となっている。原因物質の一つであるPM 2.5は，季節によって広がりに違いがあり，図7中のSが（　マ　）を示したものである。近年，日本ではユーラシア大陸から飛来するPM 2.5が問題となっており，国際的な対応が求められている。このように，原因となる物質が複数の国にまたがって拡大していく環境問題の例としては，（　ミ　）があげられる。

	①	②	③	④
マ	1 月	1 月	7 月	7 月
ミ	海洋ごみの漂着	土地の塩性化（塩類化）	海洋ごみの漂着	土地の塩性化（塩類化）

第5問 東京の高校に通うユキさんは，友人のツクシさんと利根川(とねがわ)下流域の地域調査を行った。この地域調査に関する次の問い(問1〜6)に答えよ。(配点 20)

問1 現地調査の前に，ユキさんたちは利根川の特徴を調べた。次の図1は，関東地方の主な河川の分布といくつかの地点A〜Cを示したものである。また，後の文章は，利根川の特徴についてユキさんたちがまとめたものである。文章中の空欄アに当てはまる語句と，空欄イに当てはまる数値との組合せとして最も適当なものを，後の①〜⑥のうちから一つ選べ。26

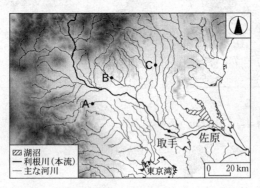

色の濃い部分ほど標高の高い地域を示している。
国土数値情報などにより作成。

図 1

　利根川の流域面積は，日本最大である。かつて東京湾に流れていた利根川の本流は，江戸時代に現在の流路に変更された。現在の利根川の流域には，図1中の地点（ ア ）が含まれている。また，利根川下流域は，かつて広大な潟湖(せきこ)になっていたが，土砂の堆積や干拓によって現在では大部分が陸地になった。図1中の取手(とりで)から佐原(さわら)までの区間における河川の勾配は，1万分の1程度であり，取手と佐原の河川付近の標高差は，約（ イ ）である。

① AとB ― 4 m　　② AとB ― 40 m　　③ AとC ― 4 m
④ AとC ― 40 m　　⑤ BとC ― 4 m　　⑥ BとC ― 40 m

問2 ツクシさんは，利根川下流域の土地利用を調べた。次の図2は，陰影をつけて地形の起伏を表現した地図であり，後の図3中の①〜④は，図2中のE〜Hのいずれかの範囲における土地利用の割合を示したものである。Fに該当するものを，図3中の①〜④のうちから一つ選べ。 27

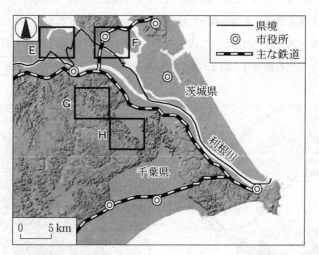

図　2

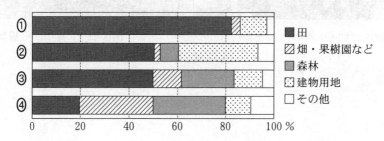

河川・湖沼を除いた値。統計年次は2017年。国土数値情報により作成。

図　3

問 3 ユキさんたちは，利根川下流域での都市の発展や交通手段の変遷について調べた。次の図 4 は，佐原周辺のある地域における，1931 年と 2019 年に発行された 2 万 5 千分の 1 地形図（原寸，一部改変）である。また，後の図 5 は，取手から河口までの利根川本流における渡船と橋のいずれかの分布を示したものであり，**サ〜ス**は，1932 年の橋，1981 年の渡船，1981 年の橋のいずれかである。後の会話文中の空欄 J には図 4 中の a と b のいずれか，空欄 K には図 5 中の**サ〜ス**のいずれかが当てはまる。空欄 J と空欄 K に当てはまる記号の組合せとして最も適当なものを，後の ①〜⑥ のうちから一つ選べ。 28

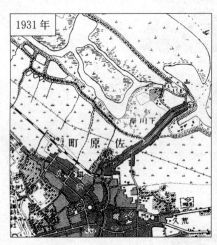

2019 年の図中の点線は小野川を示す。

（図は $\frac{85}{100}$ に縮小——編集部）

図 4

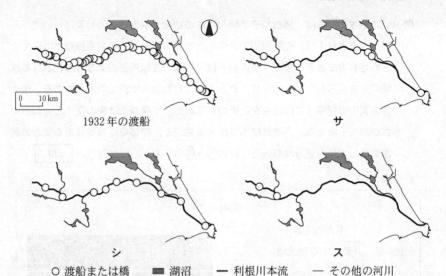

1932年の渡船　　サ

シ　　ス

○ 渡船または橋　　■ 湖沼　　— 利根川本流　　— その他の河川

橋には鉄道と高速道路を含まない。海岸線と河川・湖沼は現在のものである。
千葉県立大利根博物館編『水郷の生活と船』などにより作成。

図　5

ユ　キ 「1931年と2019年の地形図を比較して佐原周辺の都市の発達を調べたよ。佐原周辺は，江戸時代の水運によって発展し始めたんだ」

ツクシ 「図4中のaとbは，どちらも2019年に市街地になっているけれど，より古くから中心地として発達していたのは（　J　）だね」

ユ　キ 「1930年代以降，この地域では他にどのような変化があったかな」

ツクシ 「1932年と1981年における渡船と橋の分布を図5にまとめたよ。1932年には，多くの地点で渡船が利用されているね。1932年に橋が架かっていた地点は，川幅が比較的狭い所に限られていたそうだよ」

ユ　キ 「自動車交通の増加に対応して道路網が整備されてきたことを考えると，1981年の橋の分布は，（　K　）の図であるとわかるね」

① a－サ　　② a－シ　　③ a－ス
④ b－サ　　⑤ b－シ　　⑥ b－ス

問4 ユキさんたちは，博物館を訪問し，この地域の水害とその対策について学んだ。次の資料1は，佐原周辺で発生した水害の年表とその対策施設についてまとめたものである。また，後の図6は，現在の佐原周辺のある地域における水域の分布を示したものであり，タとチは，利根川の支流上の地点である。後の会話文中の空欄Pには地点タとチのいずれか，空欄Qには後の文fとgのいずれかが当てはまる。空欄Pに当てはまる地点と，空欄Qに当てはまる文との組合せとして最も適当なものを，後の①～④のうちから一つ選べ。| 29 |

資料　1

水害の年表
1906年　八筋川(はちすじかわ)で堤防決壊
1910年　十六島(じゅうろくしま)で堤防決壊
1938年　十六島で浸水被害
1941年　十六島で浸水被害

1921年に完成した水害対策施設

十六島実年同好会編『新島の生活誌』などにより作成。

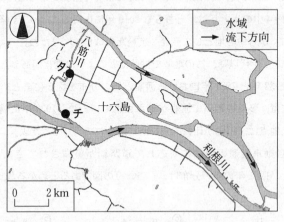

地理院地図により作成。

図　6

学芸員　「かつてこの地域では，利根川の支流への逆流などにより，水害が発生していました。このような被害を防ぐために，1921年に図6中の（　P　）の位置に，資料1中の写真のような水門が設置されました。さらに，1940年以降に排水ポンプの設置が進んだことにより，現在では浸水被害も少なくなりました」

ツクシ　「この地域は，安心して住めるようになったのですね」

学芸員　「ただし，数年前に台風が接近した際に，避難指示が出されました。利根川のような大きな河川の下流域では，今後も洪水に備えるための取組みを進めていくことが必要です」

ユ　キ　「大きな河川の下流域では，（　Q　）などの取組みが行われていますね」

（　Q　）に当てはまる文

　f　決壊を防ぐため，堤防を補強する

　g　土砂の流出や流木を防ぐため，ダムを建設する

	①	②	③	④
P	タ	タ	チ	チ
Q	f	g	f	g

34　2023年度：地理Ｂ／本試験

問5　利根川下流域でウナギ漁が盛んであったことを知ったツクシさんは，ウナギの現状について調べ，次の資料2にまとめた。資料2中のマとミは，国内の養殖生産量と，国外からの輸入量のいずれかである。また，後の写真1中のsとtは，利根川下流域の河川周辺において撮影したものであり，資料2中の空欄Xには，sとtのいずれかが当てはまる。国内の養殖生産量に該当する記号と，空欄Xに当てはまる写真との組合せとして最も適当なものを，後の①～④のうちから一つ選べ。　30

資料　2

ニホンウナギの生態と水産資源としてのウナギの現状

　ニホンウナギは，河川などで成長した後，海へ下り産卵するといわれている。1970年代以降，日本国内のウナギの漁獲量は減少し，現在，日本国内で消費されるウナギのほとんどは，国内での養殖生産と輸入によってまかなわれている。近年，利根川下流域では，写真1中の（　Ｘ　）にみられるような取組みが行われており，ニホンウナギや川魚などの水産資源の回復に寄与することが期待されている。

日本国内におけるウナギの供給量の推移

(単位：トン)

	国内漁獲量	マ	ミ	合　計
1973年	2,107	15,247	6,934	24,288
1985年	1,526	39,568	41,148	82,242
2000年	765	24,118	133,211	158,094
2015年	70	20,119	31,156	51,345

水産庁の資料により作成。

　s　石材を用いて整備された護岸　　　t　本流の堰のそばに設置された流路

写真　1

	①	②	③	④
国内の養殖生産量	マ	マ	ミ	ミ
X	s	t	s	t

問 6 ユキさんたちは，さらに考察を深めるために，先生のアドバイスを参考にして新たに課題を探究することにした。次の表1は，新たな探究課題に関する調査方法を，ユキさんたちがまとめたものである。探究課題の調査方法としては**適当でないもの**を，表1中の①～④のうちから一つ選べ。　31

表　1

新たな探究課題	調査方法
地域の都市化により，農地の分布はどのように変化したか？	①　撮影年代の異なる空中写真を入手し，年代別の土地利用図を作成する。
橋の開通により，住民の生活行動はどのように変化したか？	②　聞き取り調査により，周辺住民に生活行動の変化を尋ねる。
防災施設の整備により，住民の防災意識はどのように変化したか？	③　GISを用いて，防災施設から一定距離内に住む人口の変化を調べる。
環境の変化により，利根川流域の漁獲量はどのように変化したか？	④　図書館やインターネットで資料を入手し，漁獲量の推移を調べる。

共通テスト
追試験

2023

地理 B

解答時間 60 分
配点 100 点

地　理　B

(解答番号 1 ～ 30)

第1問 自然環境と自然災害に関する次の問い(問1～6)に答えよ。(配点 20)

問1　次の表1中の①～④は，後の図1中の地点ア～エのいずれかにおける年降水量，最少雨月，最少雨月の降水量を示したものである。地点エに該当するものを，表1中の①～④のうちから一つ選べ。　1

表　1

	年降水量 (mm)	最少雨月	最少雨月の降水量 (mm)
①	837.0	1 月	13.4
②	775.2	2 月	48.2
③	375.3	8 月	2.2
④	281.4	1 月	2.3

『理科年表』により作成。

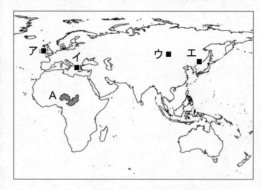

World Wildlife Fund の資料などにより作成。

図　1

問 2　次の図 2 は，図 1 中のある河川の流域 A を示したものであり，次の図 2 中の c と d を結ぶ線は，流域 A を流れる河川の主な流路を示したものである。また，後の文章は，流域 A について説明したものであり，空欄 F には，後の文カとキのいずれかが当てはまる。河川の流れる方向と空欄 F に当てはまる文との組合せとして最も適当なものを，後の①〜④のうちから一つ選べ。　2

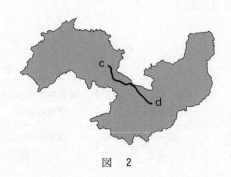

図　2

　流域 A を流れる河川のように，河川が海洋には到達せず，湖や湿地に流れ込むものを内陸河川とよぶ。流域 A の下流にある湖には，雨季に上流で降った雨水が流入する。内陸河川の流域では環境問題が生じやすく，流域 A では（　F　）が問題になっている。

（　F　）に当てはまる文
カ　人口の急増に伴う過伐採や過放牧による砂漠化の進行
キ　地下水路を用いた灌漑農業による水資源の枯渇

	①	②	③	④
河川の流れる方向	c から d	c から d	d から c	d から c
F	カ	キ	カ	キ

40 2023年度：地理B/追試験

問 3 侵食の速さは，その土地の地形や気候，地殻変動，土地利用などの影響を受ける。次の表2中の**サ～ス**は，アペニン山脈，グレートディヴァイディング山脈，スリランカ高原のいずれかの地域における侵食の速さを示したものである。また，後の文J～Lは，**サ～ス**のいずれかの地域の状況を説明したものである。**サ～ス**とJ～Lとの組合せとして最も適当なものを，後の**①**～**⑥**のうちから一つ選べ。 3

表 2

（単位：mm/千年）

	過去数千年間の 侵食の速さ	最近数十年間の 侵食の速さ
サ	200～580	120～440
シ	15～ 21	2～ 10
ス	5～ 11	50～800

複数の流域で測定されたデータのため，値には幅がある。
von Blanckenburg (2005) などにより作成。

J　活断層があり，山崩れが発生することがある。

K　地殻変動は活発ではなく，森林伐採が進んでいる。

L　地殻変動は活発ではなく，森林に覆われている。

	①	②	③	④	⑤	⑥
サ	J	J	K	K	L	L
シ	K	L	J	L	J	K
ス	L	K	L	J	K	J

問 4 次の図3は，熱帯付近の海域を示したものである。また，後の図4中の①〜④は，図3中のP〜Sのいずれかの海域における，熱帯低気圧の移動経路と主な移動方向を示したものである。海域Rに該当するものを，図4中の①〜④のうちから一つ選べ。 4

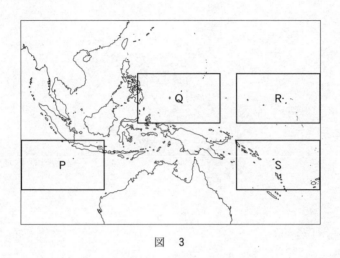

図 3

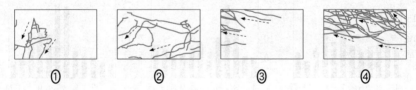

熱帯低気圧の移動経路を実線で，主な移動方向を矢印で，それぞれ示している。
期間は2017〜2019年。気象庁の資料などにより作成。

図 4

問5 次の図5中の地点X～Zは，いくつかの主要河川の流量観測地点を示したものである。また，後の図6中のタ～ツは，図5中のX～Zのいずれかの地点における月平均流量の年変化*を示したものである。X～Zとタ～ツとの正しい組合せを，後の①～⑥のうちから一つ選べ。 5

*各月の平均流量の合計を100％とした。

図　5

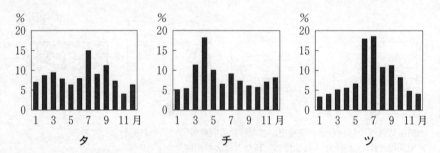

2010～2019年の平均値。国土交通省の資料により作成。

図　6

	①	②	③	④	⑤	⑥
X	タ	タ	チ	チ	ツ	ツ
Y	チ	ツ	タ	ツ	タ	チ
Z	ツ	チ	ツ	タ	チ	タ

問 6 次の図 7 は，日本のある地域について陰影をつけて地形の起伏を表現したものであり，図 8 は，図 7 と同じ範囲の地形を分類して示したものである。図 8 中の凡例マ～メは，旧河道，自然堤防，扇状地*，台地・段丘のいずれかである。また，後の文①～④は，マ～メのいずれかにおいて豪雨時に想定される危険性についてそれぞれを比較して述べたものである。凡例メの危険性について述べた文として最も適当なものを，後の①～④のうちから一つ選べ。 6

*崖崩れの堆積物による地形を含む。

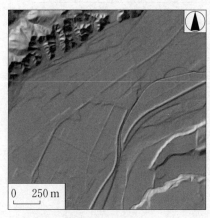

国土地理院の資料により作成。

図 7

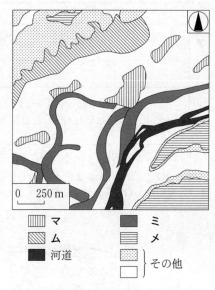

国土地理院の資料により作成。

図 8

① 一部で浸水の危険性はあるが，土砂災害の危険性は低い。
② 一部で土砂災害の危険性はあるが，浸水の危険性は最も低い。
③ 浸水の危険性は最も高いが，土砂災害の危険性は低い。
④ 土砂災害の危険性は最も高いが，浸水の危険性は低い。

第2問 資源と産業に関する次の問い(問1〜6)に答えよ。(配点 20)

問1 食物を長期間保存する手段の一つに缶詰がある。次の図1は、缶詰に利用される主な金属の生産国とその割合を示したものであり、**ア**と**イ**は、アルミニウムと粗鋼のいずれかである。また、後の図2は、それらの原料の主な産出地を示したものであり、凡例**A**と**B**は、ボーキサイトと鉄鉱石のいずれかである。粗鋼に該当する記号と、鉄鉱石に該当する凡例との正しい組合せを、後の①〜④のうちから一つ選べ。　7

中国の数値には台湾、ホンコン、マカオを含まない。統計年次は2019年。
USGS Minerals Yearbook により作成。

図　1

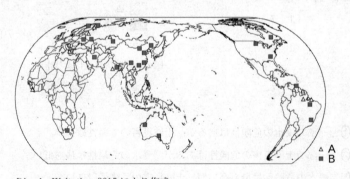

Diercke Weltatlas, 2015により作成。

図　2

① ア－A　　② ア－B　　③ イ－A　　④ イ－B

問 2　次の図3は、カツオ・マグロ類を使用したツナ缶詰の生産量と輸入量について、世界に占める割合が1％以上の国・地域を示したものである。図3に関することがらについて述べた文章中の下線部①～④のうちから、最も適当なものを一つ選べ。　8

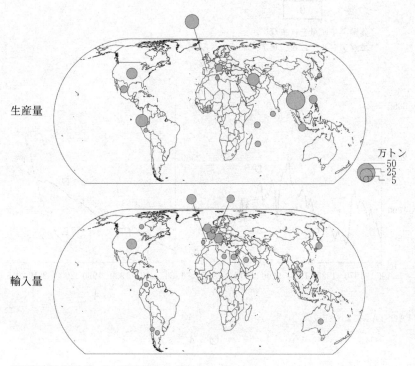

統計年次は2018年。FAOSTATにより作成。

図　3

　ツナ缶詰の主要な生産地をみると、インド洋の島嶼国では、①原料の漁獲域に近いことをいかして、ツナ缶詰が生産されている。また、ヨーロッパでは、②市場に近い内陸国にツナ缶詰の工場が多く立地している。
　ツナ缶詰の消費について考えると、アメリカ合衆国やスペインでは、③自国生産によって、国内需要のほとんどを充足しているといえる。また、西アジアや北アフリカでは、④伝統的な食文化を背景に、ツナ缶詰はほとんど消費されていない。

問 3 次の図 4 は，二つの地域における漁獲量*と養殖業生産量の推移を示したものであり，カとキは，南アメリカの太平洋沿岸国**と東南アジアのいずれかである。また，図 4 中のDとEは，漁獲量と養殖業生産量のいずれかである。南アメリカの太平洋沿岸国と漁獲量との正しい組合せを，後の①〜④のうちから一つ選べ。 9

*養殖業生産量を含まない。
**エクアドル，コロンビア，チリ，ペルー。

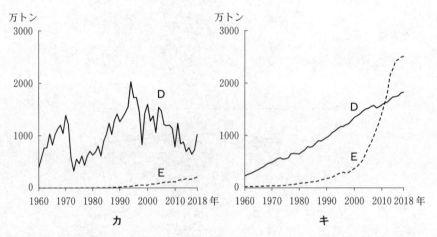

FAOSTATにより作成。

図 4

	①	②	③	④
南アメリカの太平洋沿岸国	カ	カ	キ	キ
漁獲量	D	E	D	E

問4 次の図5は，いくつかの国における米の栽培カレンダーを示したものであり，①～④は，イタリア，インドネシア，コートジボワール，チリ*のいずれかである。コートジボワールに該当するものを，図5中の①～④のうちから一つ選べ。 10

*中南部。

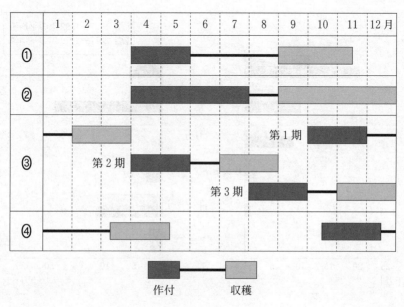

U.S. Department of Agriculture の資料により作成。

図 5

問5 次の図6は，世界における穀物の輸出入量を地域別に集計*したものであり，サとシは輸出量と輸入量のいずれか，GとHは北アメリカとヨーロッパのいずれかである。輸入量と北アメリカとの正しい組合せを，後の①～④のうちから一つ選べ。 11

*同一地域内の各国間の輸出入量も含まれる。

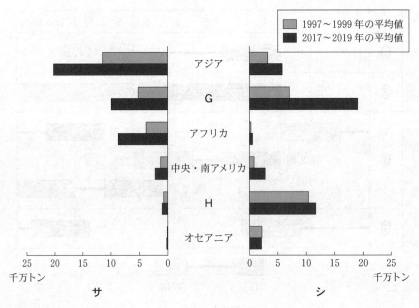

FAOSTATにより作成。

図 6

	①	②	③	④
輸入量	サ	サ	シ	シ
北アメリカ	G	H	G	H

問6 次の図7は,携帯電話と固定電話について,いくつかの国における人口百人当たりの契約数の変化を示したものであり,J〜Lは,オーストラリア,ブラジル,モンゴルのいずれかである。国名とJ〜Lとの正しい組合せを,後の①〜⑥のうちから一つ選べ。 12

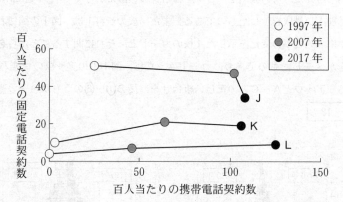

World Development Indicators により作成。

図 7

	①	②	③	④	⑤	⑥
オーストラリア	J	J	K	K	L	L
ブラジル	K	L	J	L	J	K
モンゴル	L	K	L	J	K	J

第3問 日本の人口や都市について、ユミさんたちが行った探究に関する次の問い（問1～6）に答えよ。（配点 20）

問1 まず、ユミさんたちは、日本の人口動態や人口構成の特徴を世界と比較しながら考えた。次の図1は、日本を含む4つの国における1970年と2010年の年齢別人口構成を示したものである。また、後の資料1は、図1の国における出生率・死亡率の変化を示した4枚のカードと、それに関することがらをユミさんがメモしたものであり、カードA～Cは、図1中のア～ウのいずれかである。ア～ウとA～Cとの正しい組合せを、後の①～⑥のうちから一つ選べ。 13

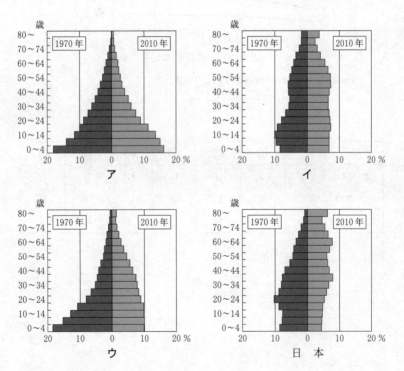

World Population Prospects により作成。

図 1

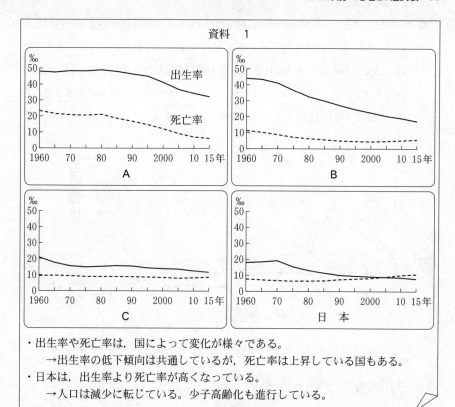

資料　1

・出生率や死亡率は，国によって変化が様々である。
　→出生率の低下傾向は共通しているが，死亡率は上昇している国もある。
・日本は，出生率より死亡率が高くなっている。
　→人口は減少に転じている。少子高齢化も進行している。

World Population Prospects により作成。

	①	②	③	④	⑤	⑥
ア	A	A	B	B	C	C
イ	B	C	A	C	A	B
ウ	C	B	C	A	B	A

問2 ハヤトさんは，国際的な人の移動によっても人口が変化することに注目し，いくつかの国における社会増加率の推移を調べ，日本と比較した。次の図2は，いくつかの国における社会増加率の推移を示したものであり，①～④は，日本，フランス，ベトナム，メキシコのいずれかである。日本に該当するものを，図2中の①～④のうちから一つ選べ。 14

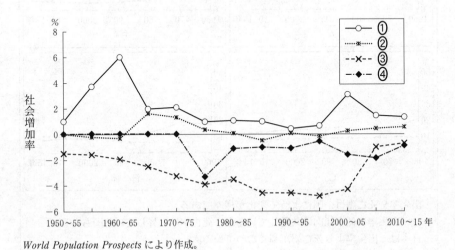

World Population Prospects により作成。

図 2

問 3　ユミさんは，いくつかの国における現在の合計特殊出生率について日本と比
較し，その背景を考察した。ユミさんが考察した内容として下線部に**誤りを含
むもの**を，次の①～④のうちから一つ選べ。　15

① 　アメリカ合衆国の合計特殊出生率が日本より高い背景の一つとして，<u>外国
からの移民を多く受け入れてきた</u>ことがある。

② 　韓国の合計特殊出生率が日本より低い背景の一つとして，<u>大学進学率が高
く，教育費の家計への負担が大きい</u>ことがある。

③ 　シンガポールの合計特殊出生率が日本より低い背景の一つとして，<u>日本よ
りも早くから平均寿命が延びた</u>ことがある。

④ 　ノルウェーの合計特殊出生率が日本より高い背景の一つとして，<u>日本より
も早くから少子化対策に取り組んだ</u>ことがある。

54 2023年度：地理B/追試験

問 4　先進国で少子化対策がとられてきたことを知ったハヤトさんは，取組みのための財源を国民がどのように負担しているかに注目した。次の表1は，いくつかの国における社会保障負担率*と租税負担率**を示したものであり，**サ〜ス**は，日本，アメリカ合衆国，デンマークのいずれかである。国名と**サ〜ス**との正しい組合せを，後の①〜⑥のうちから一つ選べ。　　16

*医療保険や年金保険などの社会保障負担額を国民所得で除した値。
**国税や地方税の合計である租税収入金額を国民所得で除した値。

表　1

(単位：%)

	社会保障負担率	租税負担率
フランス	25.6	42.7
サ	18.2	26.1
シ	8.4	23.4
ス	1.2	61.9

統計年次は2018年。財務省の資料により作成。

	①	②	③	④	⑤	⑥
日　本	サ	サ	シ	シ	ス	ス
アメリカ合衆国	シ	ス	サ	ス	サ	シ
デンマーク	ス	シ	ス	サ	シ	サ

問 5　子育て環境や出生率に日本国内でも地域差があることを知ったユミさんたちは，いくつかの指標を都道府県単位で調べた。後の図3中の**タ〜ツ**は，単独世帯の割合，夫婦共働き世帯の割合，平日の平均通勤・通学時間のいずれかについて，全国を100とした場合の各都道府県の値を示したものである。項目名と**タ〜ツ**との正しい組合せを，後の①〜⑥のうちから一つ選べ。　　17

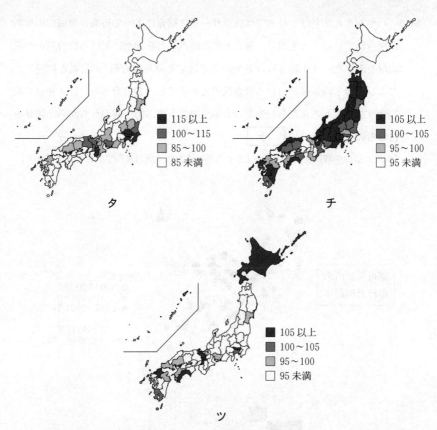

統計年次は，単独世帯の割合が2015年，夫婦共働き世帯の割合が2017年，平日の平均通勤・通学時間が2016年。国勢調査などにより作成。

図 3

	①	②	③	④	⑤	⑥
単独世帯の割合	タ	タ	チ	チ	ツ	ツ
夫婦共働き世帯の割合	チ	ツ	タ	ツ	タ	チ
平日の平均通勤・通学時間	ツ	チ	ツ	タ	チ	タ

問6 ハヤトさんたちは，日本では保育サービス拡充によって待機児童問題の解消が図られていることを知り，東京大都市圏内のある地域における保育所の整備状況を調べた。次の図4は，地域内に立地する認可保育所*の定員と開設年，および6歳未満世帯員のいる世帯数の変化を示したものである。図4を見て話し合ったハヤトさんたちと先生の会話文中の下線部①〜④のうちから，誤りを含むものを一つ選べ。 18

*施設の広さや職員数などで国が定める基準を満たし，認可を得て設置された保育所。

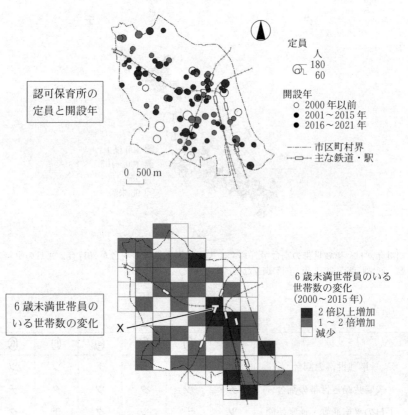

2021年の自治体の資料などにより作成。

図 4

先　生　「この地域では人口の増加が続いていて，東京都区部などへ鉄道で通勤する人が多くみられます。保育所もたくさんあるようですが，保育所の立地にはどのような傾向がありますか」

ハヤト　「鉄道駅の付近に，保育所が集中して立地しているようです。なぜそのような傾向になるのでしょうか」

ユ　ミ　「①鉄道で通勤する人が子どもを預ける際の利便性を考えると，駅付近の保育所が利用しやすいと思います」

ハヤト　「駅 X から半径 500 m 以内の地域には，②就学前の子どものいる世帯が2000 年から 2015 年にかけて 2 倍以上増加したところがあり，保育所の需要が高まっていると思います」

先　生　「保育所の開設年や定員数について，何か特徴はあるでしょうか」

ユ　ミ　「③2001 年以降に開設された保育所が過半数ですが，特に 2016 年以降に開設のペースが加速しているようです」

ハヤト　「④定員の多い保育所は，就学前の子どものいる世帯が，2000 年から2015 年にかけて 2 倍以上増加した地域に立地する傾向があるようです。待機児童問題の解消に向けた取組みが進んでいるのだと思います」

第4問

地中海を囲む北アフリカ，西アジア，ヨーロッパは，経済や歴史・文化など，様々な面で結びついている。地中海周辺の地域に関する次の問い（**A・B**）に答えよ。（配点 20）

A 地中海周辺の地域の自然と社会に関する次の問い（問1～4）に答えよ。

問1 地中海周辺の地域では，自然環境をいかして様々な自然エネルギーが発電に利用されている。次の図1は，主な発電施設をエネルギー源別に示したものであり，凡例**ア～ウ**は，水力，地熱，風力のいずれかである。エネルギー源と**ア～ウ**との正しい組合せを，後の①～⑥のうちから一つ選べ。| 19 |

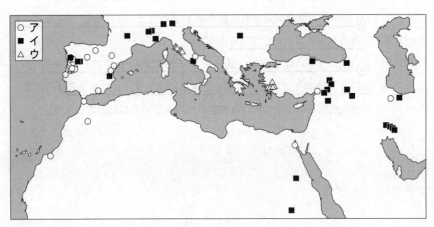

地図の範囲内における発電能力の上位30か所。同種の発電施設が集積している地点は，記号を重ねて示している。Global Power Plant Database により作成。

図　1

	①	②	③	④	⑤	⑥
水　力	ア	ア	イ	イ	ウ	ウ
地　熱	イ	ウ	ア	ウ	ア	イ
風　力	ウ	イ	ウ	ア	イ	ア

問2 北アフリカの農業には，ヨーロッパとの結びつきがみられる。次の図2は，モロッコにおけるトマトの栽培面積と，生産量，輸出量，EU諸国向け輸出量*の推移を示したものである。図2に関することがらについて述べた文章中の下線部①〜④のうちから，**適当でないもの**を一つ選べ。 20

*各年におけるEU加盟国の合計値。2011年はデータなし。

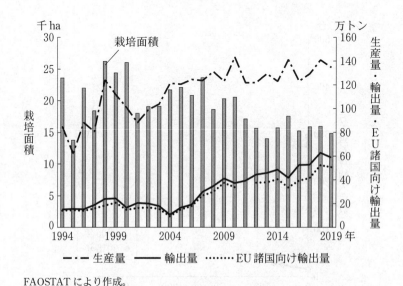

図　2

　モロッコは，世界有数のトマトの輸出国であり，アルプス以北のヨーロッパ諸国に多くの生鮮トマトを輸出している。その背景には，①輸出先との気温や日照時間の違いをいかして，トマトが生産されてきた点があげられる。特に，1990年代以降にEUやヨーロッパ諸国との経済連携協定の締結が進むと，②国外からの投資が増加し，2000年代後半以降に輸出量が増えた。
　1994年と2019年を比較すると，モロッコでは，③トマト生産における土地生産性が向上した。また，輸出量全体に対して，④EU諸国向けの輸出の割合が高まったことがわかる。

問 3 次の図 3 は，2005 年と 2015 年における，いくつかの国の完成乗用車*の 1 万人当たり輸出台数と輸入台数を示したものであり，D〜F は，イスラエル，スペイン，モロッコのいずれかである。国名と D〜F との正しい組合せを，後の①〜⑥のうちから一つ選べ。 21

*トラック，バスを除く。

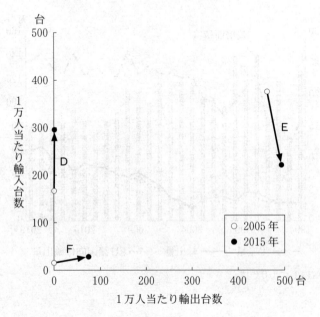

UN Comtrade により作成。

図 3

	①	②	③	④	⑤	⑥
イスラエル	D	D	E	E	F	F
スペイン	E	F	D	F	D	E
モロッコ	F	E	F	D	E	D

問4 地中海周辺の地域の多様なつながりは，人や資金の流れからもみえてくる。次の図4は，北アフリカと西アジアの国々における，イギリスとフランスからの2018年の観光客数と国際援助額について示したものである。図4中のカとキは観光客数と国際援助額のいずれか，凡例JとKはイギリスとフランスのいずれかである。国際援助額とフランスとの正しい組合せを，後の①〜④のうちから一つ選べ。 22

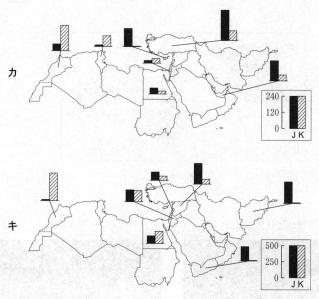

単位は，観光客数は1万人，国際援助額は100万ドル。観光客数と国際援助額について，イギリスとフランスの合計値の上位7か国とその内訳を示している。
UNWTOの資料などにより作成。

図 4

	①	②	③	④
国際援助額	カ	カ	キ	キ
フランス	J	K	J	K

B 地中海に面したスペインとチュニジアは，地中海周辺の地域の文化や経済の特徴が表れている。両国に関する次の問い(**問5～6**)に答えよ。

問5 次の図5に示したスペインのセビリアとチュニジアのチュニスでは，類似した都市景観がみられる。後の写真1は，両都市の中心部を撮影した衛星画像と，旧市街を撮影した景観写真である。写真1に関することがらについて述べた文章中の下線部①～④のうちから，**適当でないもの**を一つ選べ。 23

図 5

写真：Alamy/アフロ　　　　　　　　写真：富井義夫/アフロ
チュニスの景観写真は，著作権の都合上，類似の写真に差し替え。

写真 1

セビリアとチュニスは，①都市中心部がともに旧市街と新市街に分かれている。両都市の旧市街では，イスラーム世界における都市形成の歴史を反映して，②衛生環境を向上させるために道の幅を広くし，風通しをよくしている。

セビリアは，③夏季には冬季よりも多くの国際観光客が訪れる観光地であるとともに，旧市街は市民生活の場となっている。チュニスの旧市街では，④日用品を扱う店舗が立地する市場が現存し，住民の日常生活を支えている。

問6 次の図6は，スペインとチュニジアについて，全就業人口に占める産業別・男女別の就業人口割合の推移を示したものである。チュニジアの第3次産業を示す図に該当するものを，図6中の①～④のうちから一つ選べ。　24

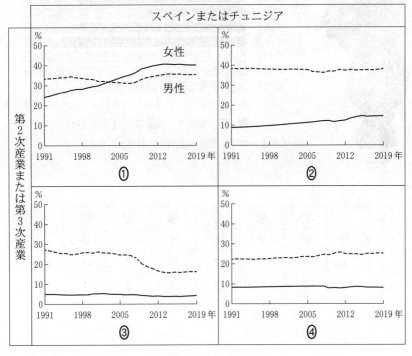

第1次産業は示していない。ILOSTATにより作成。

図　6

第5問

香川県高松市の高校に通うセイラさんたちは,高知県須崎市周辺の地域調査を行った。この地域調査に関する次の問い(問1〜6)に答えよ。(配点 20)

問1 次の写真1のニホンカワウソをモチーフにしたキャラクターに興味をもったセイラさんたちは,須崎市の位置する高知県の特徴を考えるために,高知県と香川県から東京都,愛知県,大阪府,福岡県への公共交通機関別の旅客数を調べ,図1を作成した。図1中の凡例**ア〜ウ**は,航空,鉄道,バスのいずれかである。公共交通機関名と**ア〜ウ**との正しい組合せを,後の**①〜⑥**のうちから一つ選べ。25

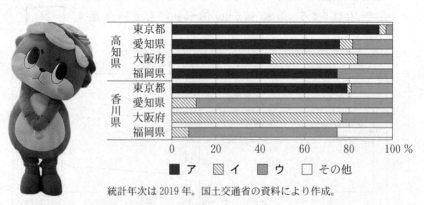

写真 1　　　　　　　　　図 1

	①	②	③	④	⑤	⑥
航　空	ア	ア	イ	イ	ウ	ウ
鉄　道	イ	ウ	ア	ウ	ア	イ
バ　ス	ウ	イ	ウ	ア	イ	ア

問 2 ニホンカワウソが新荘川沿いにかつて生息していたことに関心をもったセイラさんたちは，次の図2と図3を作成した。図3は，図2中の矢印の方向の景観を立体的に示したものである。図2と図3に関することがらについて述べた文として**適当でないもの**を，後の①〜④のうちから一つ選べ。26

地理院地図により作成。

図　2

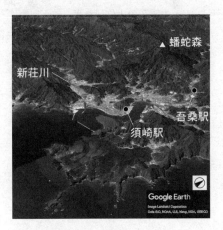

Google Earth により作成。

図　3

① 須崎湾から北西に伸びる国道は，大部分が新荘川のつくった谷を通る。
② 須崎湾周辺では，沈水地形がみられる。
③ 土讃線の吾桑駅は，砂州上に位置している。
④ 蟠蛇森から吾桑駅にかけての斜面は，新荘川の流域には含まれない。

問 3 ニホンカワウソが絶滅種に認定されていることを知ったセイラさんたちは,絶滅の主な要因を次の資料1にまとめ,人間活動の影響について調べることにした。まずセイラさんたちは,資料1に示した「市街地の拡大」に着目した。後の文章は,図4で示した須崎市中心部の1936年と2017年に発行された2万5千分の1地形図(原寸,一部改変)に関することがらを,セイラさんたちがまとめたものである。図4に関することがらについて述べた文章中の下線部①〜④のうちから,最も適当なものを一つ選べ。 27

資料　1

ニホンカワウソとは？
・生態系の上位捕食者
・かつて日本各地の山・川・海に生息

絶滅までの経緯
・明治期以降　乱獲,密猟
・1928年　捕獲禁止令
・1979年　新荘川で最後の目撃
・2012年　絶滅種に認定

絶滅にかかわる要因
◆**人間活動の影響**
・「市街地の拡大」
・「農業の近代化」
・「自然災害への対策」
　　　　⋮
◆**自然の影響**

佐藤・加藤(2013)などにより作成。

　1936年から2017年の間に,須崎市中心部では大きく土地利用が変化した。この間に沿岸部では,①富士ヶ浜が埋め立てられ,その埋立地上に鉄道が延伸された。須崎港の沿岸は埋め立てられたほか,湾奥部には,②斜面に盛土してセメント工場が建てられた。内陸部では,市街地が須崎駅の西側に拡大し,③池ノ内の水田地帯では,ため池が完全に埋め立てられ,道路がつくられた。④池山の北側には,いくつかの公共施設が建てられ,新たな住宅地が広がった。

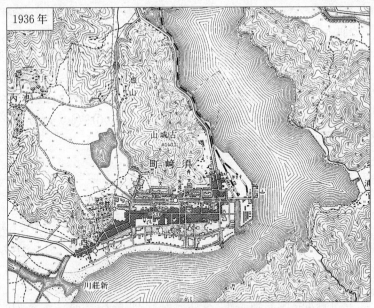
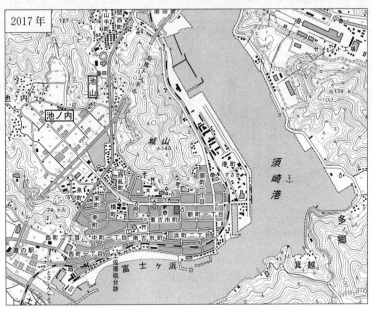

図　4　(図は $\frac{85}{100}$ に縮小——編集部)

68 2023年度：地理B/追試験

問 4 次にセイラさんたちは，資料1に示した「農業の近代化」に注目し，須崎市と高知県の農業の現状について調べ，次の資料2にまとめた。資料2中の表は，須崎市と高知県における主な野菜の品目別作付面積と産出額を示したものである。また，資料2中の図は，東京都中央卸売市場におけるミョウガの生産地別入荷量と市場価格の月ごとの変化を示したものである。資料2に関することがらについて述べた文として**適当でないもの**を，後の①～④のうちから一つ選べ。 28

資料　2

		ミョウガ	キュウリ	ショウガ	ナ　ス	野菜合計
作付面積	須崎市	70	25	6	0	123
(ha)	高知県	108	117	434	245	2,029
産出額 (億円)	高知県	94	71	100	135	715

統計年次は2019年。農林水産省の資料などにより作成。

① 高知県では，ミョウガの単位面積当たり産出額が，キュウリよりも高い。

② 須崎市は，高知県全体に比べミョウガとショウガの生産に特化している。

③ ミョウガの市場価格は，入荷量の少ない時期に高くなる傾向がある。

④ ミョウガの生産地別入荷量は，1年を通して高知県産が過半数を占める。

問5 セイラさんたちは，資料1に示した「自然災害への対策」について，須崎市周辺でみられる津波への対策事例の写真とその目的を次の資料3にまとめた。津波への対策の目的として下線部に**誤りを含むもの**を，資料3中の下線部①〜④のうちから一つ選べ。 29

資料 3

写真 河川の河口部にある水門
目的 ①津波の際に，河川の周辺住民が一時的に避難すること

写真 集落の海沿いにある堤防
目的 ②津波の際に，ゲートを閉め，堤防より陸地側の建物の被害を軽減すること

写真 集落内の津波に関する石碑
目的 ③津波が石碑の地点まで到達したことを後世に伝えること

写真 市街地内のビルの外壁に付けられた，幅が広く傾斜がゆるい階段
目的 ④津波の際に，高台まで避難できない周辺住民が緊急に避難すること

問6 セイラさんたちは，調査のまとめとして，次の図5を見ながら生物多様性について話し合った。図5は，日本の在来種のカモシカと外来種のアライグマの生息分布を5kmメッシュで示したものであり，図5中の**カ**と**キ**は，カモシカとアライグマのいずれかである。また，後の会話文中の空欄**a**には**カ**と**キ**のいずれか，下線部**b**に関する取組みの具体例には後のＸとＹのいずれかが当てはまる。空欄**a**に当てはまる分布図と，下線部**b**に関する取組みの具体例との組合せとして最も適当なものを，後の①〜④のうちから一つ選べ。 30

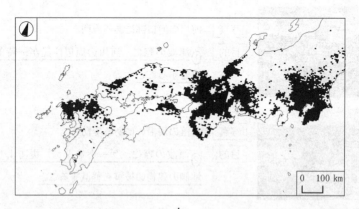

カ

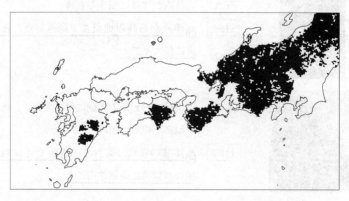

キ

統計年次は，アライグマが2017年，カモシカが2018年。
環境省の資料により作成。

図 5

セイラ 「ニホンカワウソの絶滅には，乱獲や人間活動の拡大が大きく影響していたね。生物多様性の減少には，ほかにどのような理由があるかな」

ショウ 「人間がペットとして持ち込んだ外来種が在来種の生息をおびやかして，生物多様性に影響を与えていそうだね。図5のカモシカとアライグマの生息分布図を比較すると，（　a　）がアライグマだと判断できるね」

サナ 「ほかには，b 人間の自然への働きかけによって長らく保たれてきた生物多様性についても，働きかけを続けていくことが課題となっているよ」

セイラ 「生物多様性を考えるには，自然と人間との関係についてもっと深く学んでいく必要があるね」

下線部 b に関する取組みの具体例

　X　石灰石の採掘のために斜面が削り取られた日本の山において，植生を回復させるための植林ボランティアに参加する。

　Y　野焼きによって維持されてきた日本の草原において，担い手が少なくなった野焼き作業のボランティアに参加する。

	①	②	③	④
a	カ	カ	キ	キ
b	X	Y	X	Y

共通テスト
本試験

2022

地理 B

解答時間 60 分
配点 100 点

地　理　B

（解答番号　1 ～ 31）

第1問　世界の自然環境や自然災害に関する次の問い（**問1 ～ 6**）に答えよ。
（配点　20）

問1　大陸棚*は大陸プレートの縁辺部に広がる。次の図1中の**a**と**b**のいずれかは東南アジア周辺，また，**ア**と**イ**のいずれかは中央アメリカ周辺の大陸棚の分布を正しく示したものである。東南アジア周辺と中央アメリカ周辺の大陸棚を正しく示した記号の組合せを，後の**①**～**④**のうちから一つ選べ。　1

*水深200 mより浅い海域を大陸棚とする。

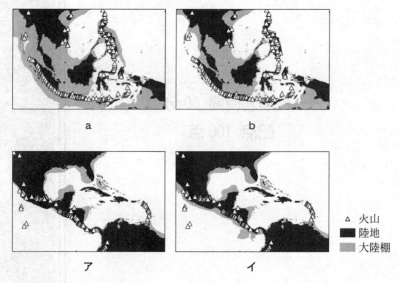

火山はすべて正しい位置にある。NOAAの資料などにより作成。

図　1

①　aとア　　　**②**　aとイ　　　**③**　bとア　　　**④**　bとイ

問 2　土砂供給や海面変動などの影響を受けて，河口には特徴的な地形がつくられることがある。次の図2中のAとBは，ヨーロッパの二つの河川の主な河道を示したものであり，後の表1中のカとキは，河川AとBのいずれかにおける年平均流量と河道の標高の割合*を示したものである。また，後の文xとyは，図2中の河川AとBのいずれかにおける河口にみられる地形の特徴について述べたものである。河川Bに該当する記号と文との正しい組合せを，後の①～④のうちから一つ選べ。　2

*それぞれの河川の主な河道の長さを100％とした場合の値。

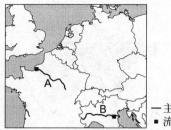

Natural Earthなどにより作成。

図　2

表　1

	年平均流量 (m³/秒)	河道の標高の割合(％)			
		100 m 未満	100～500 m	500～1,000 m	1,000 m 以上
カ	1,539	70.5	26.3	1.7	1.5
キ	467	79.8	20.2	0.0	0.0

NOAAの資料などにより作成。

x　過去に形成された谷に海水が侵入してできたラッパ状の地形
y　河川によって運搬された砂や泥などが堆積してできた低平な地形

	①	②	③	④
記号	カ	カ	キ	キ
文	x	y	x	y

問3 地形や気候の影響を受けて，世界の大河川の流域には様々な植生がみられる。次の図3中のE～Hは，チベット高原に源流をもついくつかの河川の流域と主な河道を示したものである。また，後の表2は，図3中のE～Hのいずれかにおける，流域面積全体に占めるいくつかの植生などの面積割合を示したものである。Gに該当するものを，表2中の①～④のうちから一つ選べ。3

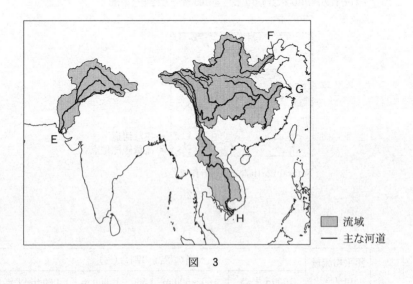

図 3

表 2

(単位：％)

	常緑広葉樹林の割合	落葉広葉樹林の割合	低木・草地の割合	裸地(砂や岩など)の割合
①	31.0	10.3	7.4	0.0
②	14.5	13.7	13.0	0.0
③	0.7	0.5	38.0	18.3
④	0.4	4.1	28.9	8.9

Geospatial Information Authority of Japan, Chiba University and collaborating organizations の資料などにより作成。

問4 次の図4は，オーストラリアにおける1月の気温，1月の降水量，7月の気温，7月の降水量のいずれかを等値線で示したものである。図4中のPとQは気温と降水量のいずれか，サとシは1月と7月のいずれかである。1月の気温に該当するものを，図4中の①〜④のうちから一つ選べ。　4

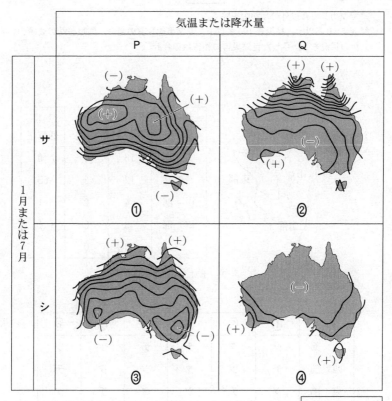

気温は月平均気温，降水量は月平均の日降水量。等値線の間隔は気温が2℃，降水量が1mm/日。NOAAの資料により作成。

図　4

問 5 次の図 5 は，アフリカを 5 地域に区分*して示したものである。また，表 3 は，この 5 地域について，1990 年から 2019 年の期間における地震，火山噴火，熱帯低気圧による自然災害の発生数**を集計したものであり，**タ**～**ツ**は，北部，西部，東部のいずれかである。地域と**タ**～**ツ**との正しい組合せを，後の **①**～**⑥** のうちから一つ選べ。 5

*マダガスカル以外の島嶼国を除く。
**死者 10 名以上，被災者 100 名以上，非常事態宣言の発令，国際援助の要請のいずれかの状況をもたらした自然災害の報告数の合計。

図 5

表 3

	地 震	火山噴火	熱帯低気圧
タ	13	0	0
チ	12	2	53
中 部	4	2	1
南 部	3	0	1
ツ	0	0	1

EM-DAT により作成。

	①	②	③	④	⑤	⑥
北 部	タ	タ	チ	チ	ツ	ツ
西 部	チ	ツ	タ	ツ	タ	チ
東 部	ツ	チ	ツ	タ	チ	タ

問 6 自然災害の種類は，地域や季節によって大きく異なる。次の図 6 は，日本における土砂災害*と雪崩による被害の発生状況を時期ごとに示したものであり，**マ**～**ム**は，3～5 月，6～8 月，9～11 月のいずれかである。時期と**マ**～**ム**との正しい組合せを，後の **①**～**⑥** のうちから一つ選べ。 6

*崖崩れ，地すべり，土石流。

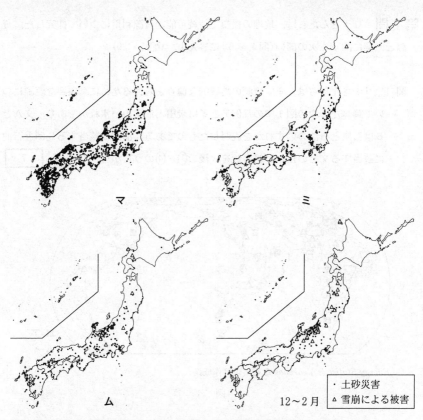

該当する災害が1回以上発生した5kmメッシュの代表点の分布。
統計年次は2006～2009年。国土交通省の資料により作成。

図 6

第2問　リナさんたちは，地理の授業で持続可能な資源利用について探究した。資源と産業に関する次の問い（問1～6）に答えよ。（配点　20）

問1　リナさんたちは，まず資源の地域的な偏りを考えるために，主要な資源について調べた。次の図1中の凡例**ア**と**イ**は炭田と油田のいずれかであり，文**A**と**B**は石炭と石油のいずれかを説明したものである。油田に該当する凡例と石油に該当する文との正しい組合せを，後の①～④のうちから一つ選べ。　7

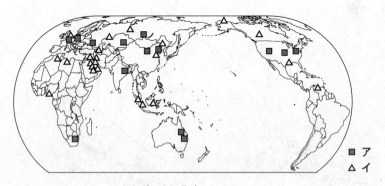

*Energy Statistics Yearbook*などにより作成。

図　1

A　この資源は，生産量上位10か国の世界に占める割合が9割を超えており，世界最大の生産国と消費国が同一である。

B　この資源は，世界のエネルギー供給量の約3分の1を占めており，確認されている埋蔵量の約半分が特定の地域に偏っている。

	①	②	③	④
凡例	ア	ア	イ	イ
文	A	B	A	B

問2 次にリナさんたちは，先生から配られた資料1をもとに，世界の地域別の資源利用とその環境への影響について考えた。資料1中の図2は，世界の人口と世界の1次エネルギー消費量の推移を示したものであり，凡例**カ**と**キ**は，アフリカとヨーロッパのいずれかである。凡例**キ**に該当する地域名と，資料1中の文章の空欄**X**に当てはまる語句との正しい組合せを，後の**①**～**④**のうちから一つ選べ。 8

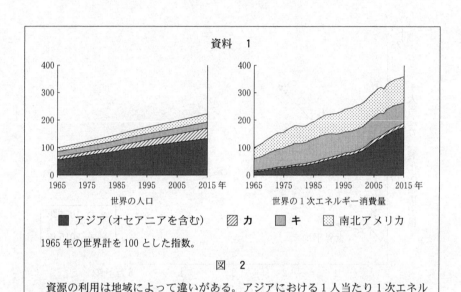

資源の利用は地域によって違いがある。アジアにおける1人当たり1次エネルギー消費量は（ X ）ことをグラフから読み取ることができる。人口増加に伴う資源の需要増加は，環境にどのような影響を与えるだろうか？

World Population Prospects などにより作成。

	①	②	③	④
キ	アフリカ	アフリカ	ヨーロッパ	ヨーロッパ
X	増えている	変化していない	増えている	変化していない

問3 次にリナさんたちは，1995年と2015年における各国のデータを調べて，経済発展が環境へ及ぼす影響について考察した。次の図3は，いくつかの国 a～c と世界平均について，1人当たりGDPと1人当たり二酸化炭素排出量の変化を示したものである。また，後の文**サ**～**ス**は，図3中の a～c のいずれかにおける変化の背景をリナさんたちが整理したものである。a～c と**サ**～**ス**との組合せとして最も適当なものを，後の①～⑥のうちから一つ選べ。 9

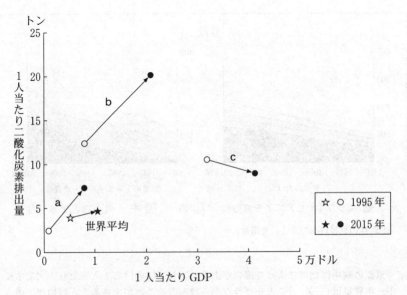

World Development Indicators により作成。

図 3

サ 産業構造の転換に伴い脱工業化が進み，再生可能エネルギーの普及も進んだ。

シ 資源が豊富にあるため，国内の燃料消費のコストが低いことや，世界的な資源需要の高まりを背景に経済成長が進んだ。

ス 農業や軽工業が中心であったが，その後は工業化が進み，重工業の比率が高まった。

	①	②	③	④	⑤	⑥
a	サ	サ	シ	シ	ス	ス
b	シ	ス	サ	ス	サ	シ
c	ス	シ	ス	サ	シ	サ

12 2022年度：地理B／本試験

問 4 リナさんたちは，経済発展が環境へ及ぼす影響についての考察をふまえ，化
石燃料と再生可能エネルギーの発電量について調べた。次の表 1 は，いくつか
の国における化石燃料と再生可能エネルギーについて，発電量と総発電量*に
占める割合を示したものである。表 1 をもとに環境への負荷について話し合っ
た。先生とリナさんたちとの会話文中の下線部 e ～ g について，正誤の組合せ
として正しいものを，後の①～⑧のうちから一つ選べ。| 10 |

*化石燃料と再生可能エネルギーのほか，原子力などを含む。

表 1

	化石燃料		再生可能エネルギー	
	発電量 (億 kWh)	総発電量に 占める割合(%)	発電量 (億 kWh)	総発電量に 占める割合(%)
中 国	46,783	70.5	16,624	25.1
アメリカ合衆国	26,915	62.8	7,182	16.8
日 本	8,199	76.7	1,682	15.7
ドイツ	3,461	52.9	2,163	33.1
カナダ	1,247	18.9	4,322	65.6
世界全体	165,880	64.5	62,695	24.4

再生可能エネルギーは，水力，太陽光，地熱，風力などの合計。中国の数値には台湾，ホンコ
ン，マカオを含まない。
統計年次は 2017 年。『世界国勢図会』により作成。

先　生　「環境への負荷を，化石燃料と再生可能エネルギーの二つから考えてみましょう。化石燃料による発電は環境への負荷が大きく，再生可能エネルギーによる発電は環境への負荷がきわめて小さいとした場合，表1から環境への負荷はどのように考えられますか」

リ　ナ　「e 国別でみた環境への負荷は，中国が最も大きくなるのではないでしょうか」

ナオキ　「人口を考慮して環境への負荷を考えると，f 1人当たりでみた環境への負荷は，アメリカ合衆国が最も大きくなると思います」

カオル　「近年は再生可能エネルギーも普及しているので，国ごとで評価するときには，発電量の大小ではなく構成比で考えるのが重要だと思います。g 発電量の構成比でみると，ドイツが環境への負荷が最も小さい構成比であると考えます」

エミコ　「持続可能な資源利用に向けて環境への負荷を軽減する方法を考えていくことが重要ですね」

	①	②	③	④	⑤	⑥	⑦	⑧
e	正	正	正	正	誤	誤	誤	誤
f	正	正	誤	誤	正	正	誤	誤
g	正	誤	正	誤	正	誤	正	誤

問5 リナさんたちは，環境への負荷の軽減に寄与する森林資源に注目し，資源とその利用についてまとめた。次の図4は，いくつかの国における森林面積の減少率，木材輸出額，木材伐採量を示したものであり，K～Mはエチオピア，ブラジル，ロシアのいずれか，凡例タとチは薪炭材と用材*のいずれかである。ブラジルと薪炭材との正しい組合せを，後の①～⑥のうちから一つ選べ。 11

*製材・ベニヤ材やパルプ材などの産業用の木材。

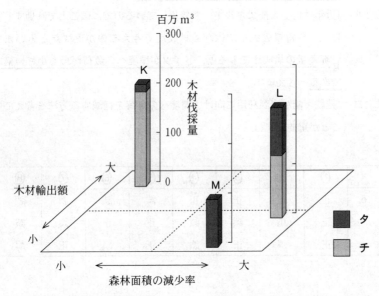

森林面積の減少率は1995年から2015年までの変化。森林面積の減少率と木材輸出額は相対的に示してある。統計年次は2017年。FAOSTATなどにより作成。

図 4

	①	②	③	④	⑤	⑥
ブラジル	K	K	L	L	M	M
薪炭材	タ	チ	タ	チ	タ	チ

問 6 リナさんたちは，これまで調べたことをもとに，循環型社会に向けた持続可能な資源利用の課題と取組みについて資料 2 にまとめた。各国でみられる取組みのうち，循環型社会に寄与するものとして**適当でないもの**を，資料 2 中の①〜④のうちから一つ選べ。 12

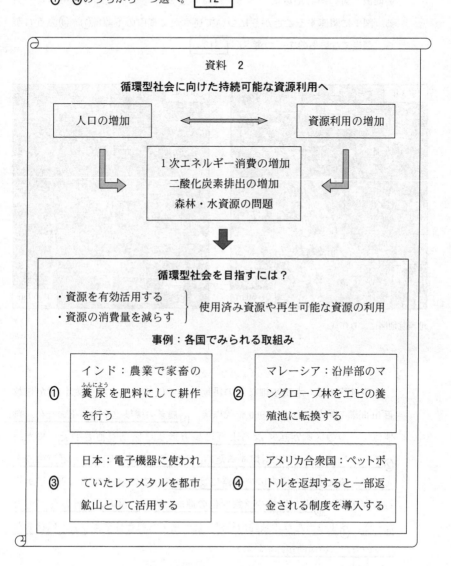

第3問　村落・都市と人口に関する次の問い（問1～6）に答えよ。（配点　20）

問1　社会や経済の変化は，伝統的な村落にも影響を及ぼす。次の図1は，富山県の砺波平野のある地域における，1963年と2009年の同範囲の空中写真である。図1に関連することがらについて述べた文章中の下線部①～④のうちから，**適当でないもの**を一つ選べ。 13

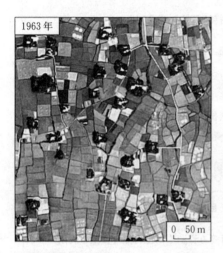

地理院地図により作成。

図　1

　この村落では，水田や畑などの耕地の中に伝統的な家屋が数十mから数百m間隔で並んでいる。1960年代以降，①農業の機械化や効率化のため，耕地は，一つの区画が広くなるように長方形状に区切り直された。また，②モータリゼーションに対応するため，かつての耕地を区切るあぜ道のほとんどが，舗装されて幅の広い道路に変わった。この地域では，1963年から2009年の間に③人口増加や核家族化の進展に伴い，耕地の一部は住宅地となった。④1戸当たりの敷地面積は，近年建てられた住宅よりも，伝統的な家屋の方が広い傾向がみられる。

問2 現代の都市では，生活を支える様々な公共サービスが提供されている。次の図2は，日本のある地域における人口分布といくつかの公共施設の立地を示したものであり，凡例**ア〜ウ**は，交番・駐在所，ごみ処理施設*，500席以上の市民ホールのいずれかである。公共施設名と**ア〜ウ**との正しい組合せを，後の**①〜⑥**のうちから一つ選べ。14

*ごみ処理施設には，最終処分場を含み，し尿処理施設は含まない。

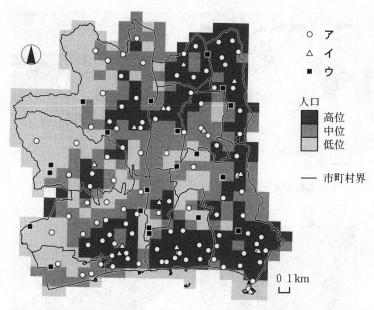

国土数値情報などにより作成。

図　2

	①	②	③	④	⑤	⑥
交番・駐在所	ア	ア	イ	イ	ウ	ウ
ごみ処理施設	イ	ウ	ア	ウ	ア	イ
市民ホール	ウ	イ	ウ	ア	イ	ア

問3 先進国の大都市内部の衰退した地区において，専門的職業従事者などの経済的に豊かな人々の流入と地区の再生が進む現象は，ジェントリフィケーションという概念で説明される。次の図3は，ある先進国の大都市の中心業務地区付近の概要といくつかの指標を示したものである。ジェントリフィケーションがみられる地区として最も適当なものを，図3中の①〜④のうちから一つ選べ。
15

中心業務地区付近の概要

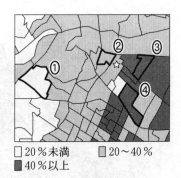

2000年の居住者の貧困率

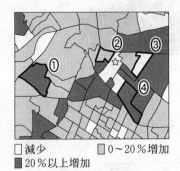

大学を卒業している居住者の増減
（2000〜2015年）

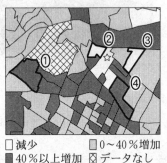

賃料の増減
（2000〜2015年）

UCLA Lewis centerの資料などにより作成。

図 3

問 4 次の図4は，ヨーロッパの主要な都市の空港*における，ヨーロッパ以外から到着する航空便の旅客数の内訳を，出発地域別に示したものである。図4中のカ～クはパリ，フランクフルト，マドリードのいずれか，凡例AとBはアフリカと北アメリカ**のいずれかである。パリと北アメリカとの正しい組合せを，後の①～⑥のうちから一つ選べ。 16

*一つの都市に複数の空港が存在する場合は合計値。
**北アメリカにはメキシコを含まない。

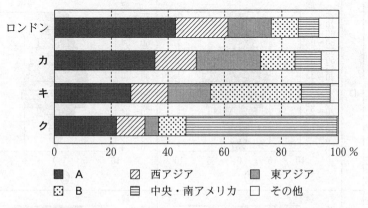

図 4

	①	②	③	④	⑤	⑥
パ リ	カ	カ	キ	キ	ク	ク
北アメリカ	A	B	A	B	A	B

問5 次の図5は，人口ピラミッドを示したものであり，サとシはシンガポールとドイツのいずれか，DとEは国全体と外国生まれのいずれかである。シンガポールの外国生まれに該当するものを，図5中の①～④のうちから一つ選べ。

17

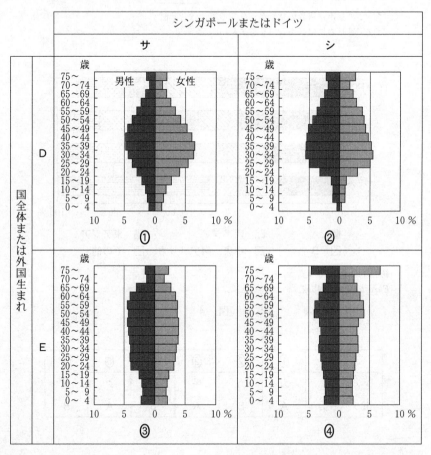

統計年次は2019年。*International migrant stock 2019* により作成。

図 5

問6 人口増減は，国や地域により状況が異なる。次の図6は，いくつかの国における1980年，2000年，2019年の出生率と死亡率を示したものであり，①～④は，カナダ，韓国，バングラデシュ，マレーシアのいずれかである。マレーシアに該当するものを，図6中の①～④のうちから一つ選べ。 18

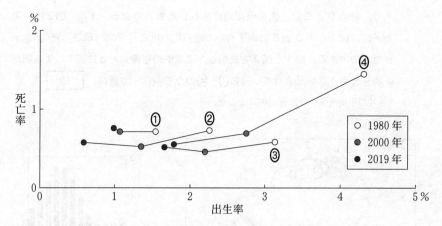

World Development Indicators により作成。

図 6

第4問 ラテンアメリカに関する次の問い(**A・B**)に答えよ。(配点 20)

A ラテンアメリカの自然と社会に関する次の問い(問1~4)に答えよ。

問1 次の図1は，ラテンアメリカの二つの河川の流域と主な河道を示したものであり，地点DとEは，流量観測地点を示したものである。また，図2中の**ア**と**イ**は，図1中のDとEのいずれかの地点における月平均流量の年変化*を示したものである。図1と図2を説明した文章中の空欄aとbに当てはまる記号と語句との正しい組合せを，後の**①**~**④**のうちから一つ選べ。 19

*各月の平均流量の合計を100%とした。

 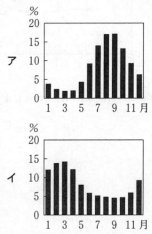

Global Runoff Data Centreの資料などにより作成。

図 1　　　　　　　　　　　　図 2

　河川の流量とその季節変化は，流域の気候の影響を受けている。地点Dの月平均流量の年変化を示す図は(　a　)となる。地点DとEを流れる河川の年平均流量には10倍以上の差があり，地点Eを流れる河川の年平均流量は，地点Dを流れる河川よりも(　b　)。

	①	②	③	④
a	ア	ア	イ	イ
b	多い	少ない	多い	少ない

問2 各国の電力の供給源は、経済力や得られる資源などにより異なる。次の図3は、ラテンアメリカのいくつかの国におけるエネルギー源別の発電量の割合を示したものであり、凡例J～Lは、火力、再生可能エネルギー*、水力のいずれかである。エネルギー源とJ～Lとの正しい組合せを、後の①～⑥のうちから一つ選べ。 20

*太陽光、地熱、風力などを含み、水力を除く。

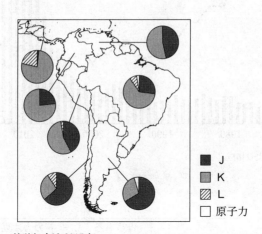

統計年次は2017年。
Energy Statistics Yearbook などにより作成。

図 3

	①	②	③	④	⑤	⑥
火 力	J	J	K	K	L	L
再生可能エネルギー	K	L	J	L	J	K
水 力	L	K	L	J	K	J

問 3 次の図4は，ブラジルの農産物の輸出額と，輸出総額に占める農産物の割合の推移を示したものであり，後の図5は，1971年と2019年におけるブラジルの農産物の輸出品目の内訳を示したものである。図4と図5から読み取れることがらとその背景について述べた文章中の下線部①〜④のうちから，**適当でないもの**を一つ選べ。 21

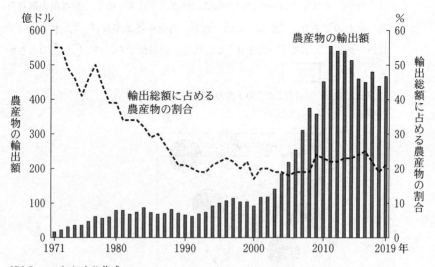

図　4

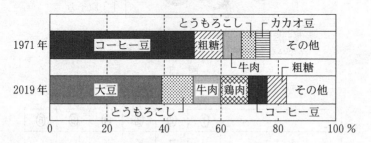

図　5

ブラジルでは，農産物が重要な外貨獲得源であり，1970年代初頭の農産物の輸出は，①大土地所有制を背景とした商品作物の生産に支えられていた。1990年代にかけては，②工業化が進展して輸出に占める農産物の割合は低下した。2000年代には，③農業が輸出指向型産業の性格を強めていった。1971年と比較すると，2019年には穀物や肉類の輸出額が増加するとともに，④コーヒー豆の輸出額は減少し，モノカルチャー経済からの脱却が進んでいる。

問4 次の図6は，ラテンアメリカのいくつかの国における，GNI（国民総所得）に占める所得上位10％層の所得の割合と，1人当たりGNIを示したものであり，カ～クは，アルゼンチン，ブラジル，ボリビアのいずれかである。国名とカ～クとの正しい組合せを，後の①～⑥のうちから一つ選べ。 22

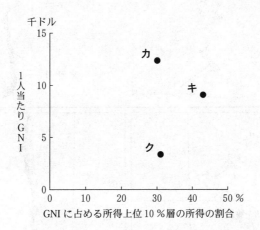

統計年次は2018年。World Bankの資料により作成。

図 6

	①	②	③	④	⑤	⑥
アルゼンチン	カ	カ	キ	キ	ク	ク
ブラジル	キ	ク	カ	ク	カ	キ
ボリビア	ク	キ	ク	カ	キ	カ

B 南太平洋の東部と西部に位置するチリとニュージーランドに関する次の問い（問5～6）に答えよ。

問5 次の図7に示したチリとニュージーランドには，自然条件において共通する点と異なる点がある。後の①～④の文は，両国の自然条件の特徴を述べたものである。これらのうち，**チリのみ**に当てはまるものと，**ニュージーランドのみ**に当てはまるものを，①～④のうちから一つずつ選べ。

チリ 23 ・ニュージーランド 24

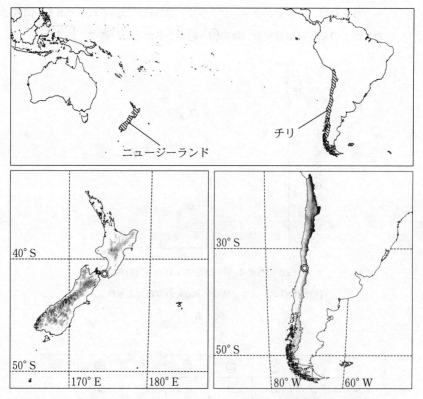

色の濃い部分ほど標高の高い地域を示している。◎は首都の位置を示している。

図 7

① 寒流の影響で，1年を通して降雨のほとんどない地域がある。

② 首都は，偏西風の影響を受けて年中湿潤な地域に位置している。

③ フィヨルドなどの氷河地形や，山岳氷河がみられる地域がある。

④ 変動帯に位置しているため，国内に火山があり，地震が頻発する。

問6 チリとニュージーランドでは，貿易を通じた他地域との結びつきが変化している。次の表1は，チリとニュージーランドの輸出総額に占める鉱産物の割合と，1985年と2018年における輸出総額の地域別割合を示したものである。表1中の**サ**と**シ**はチリとニュージーランドのいずれか，**X**と**Y**は北アメリカ*と西ヨーロッパ**のいずれかである。チリと西ヨーロッパとの正しい組合せを，後の①～④のうちから一つ選べ。　25

*メキシコを含まない。
**アイルランド，イギリス，イタリア，オーストリア，オランダ，スイス，スペイン，ドイツ(1985年は西ドイツと東ドイツとする)，フランス，ベルギー，ポルトガル，ルクセンブルク。

表　1

(単位：％)

	鉱産物の割合(2018年)	輸出総額の地域別割合					
		1985年			2018年		
		東アジア	X	Y	東アジア	X	Y
サ	30.4	17.3	23.8	35.5	50.5	15.2	10.8
シ	2.2	21.3	16.2	19.5	37.4	10.9	8.1

東アジアの数値は，日本，韓国，台湾，中国，ホンコン，マカオの合計。
UN Comtrade により作成。

	①	②	③	④
チ リ	サ	サ	シ	シ
西ヨーロッパ	X	Y	X	Y

第5問

東北地方に住む高校生のリサさんとユイさんは，北海道苫小牧市とその周辺の地域調査を行った。この地域調査に関する次の問い（**問1〜6**）に答えよ。
（配点 20）

問 1 リサさんたちは，調査に出発する前に次の図1を見て，苫小牧市周辺の景観の特徴について考えた。図1から考えられることがらについて述べた文として最も適当なものを，後の**①〜④**のうちから一つ選べ。 26

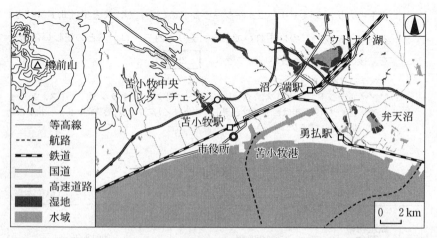

地理院地図により作成。

図　1

① 南側からフェリーで苫小牧港に近づくと，進行方向に向かって右側に市街地と樽前山が見えるだろう。

② 列車で勇払駅から東に向かうと，左側に弁天沼やウトナイ湖の水面が見えるだろう。

③ 沼ノ端駅のそばを通る国道を北西方向に歩いていくと，その先に湿地の見える場所があるだろう。

④ バスで苫小牧中央インターチェンジから高速道路を西に向かうと，右側には市街地が，左側には樽前山が見えるだろう。

問 2　先生から借りた過去の 5 万分の 1 地形図(原寸，一部改変)を見たリサさんたちは，次の図 2 のように，苫小牧市周辺で多くの川が河口付近で屈曲し，流路が頻繁に変化していることに気づいた。川の流路が変化している理由を知るために，リサさんたちは，苫小牧市内の博物館を訪問して学芸員に質問した。リサさんたちと学芸員との会話文中の空欄ア～ウに当てはまる語句の組合せとして最も適当なものを，後の①～⑧のうちから一つ選べ。　27

 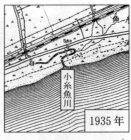 

図　2　(図は $\frac{85}{100}$ に縮小——編集部)

リ　サ　「なぜ，この地域では図 2 のように多くの川が河口付近で曲がり，海岸線と平行に流れるのですか」

学芸員　「苫小牧市の海岸は，直線的に砂浜が続くのが特徴です。これは，(ア)によって運ばれる砂の堆積が最も大きな理由です。他方で，この地域では(イ)になると，河川の流量が大幅に減少するため，河口付近が砂でふさがれて，川の流路がたびたび変わるのです」

ユ　イ　「(イ)には，河川よりも海の運搬・堆積作用の方が(ウ)なるということですね」

	①	②	③	④	⑤	⑥	⑦	⑧
ア	沿岸流	沿岸流	沿岸流	沿岸流	潮汐	潮汐	潮汐	潮汐
イ	夏季	夏季	冬季	冬季	夏季	夏季	冬季	冬季
ウ	大きく	小さく	大きく	小さく	大きく	小さく	大きく	小さく

問3 リサさんたちは，苫小牧港の整備と苫小牧市の発展について，市役所の職員から話を聞いた。次の図3は，苫小牧市周辺の概要と，陰影をつけて地形の起伏を表現した苫小牧港と室蘭港の地図である。また，後の図4は苫小牧港と室蘭港の海上貨物取扱量の推移を，図5は2018年における両港の海上貨物取扱量の内訳を示したものである。これらの図をもとにした，リサさんたちと職員との会話文中の下線部①～④のうちから，**誤りを含むもの**を一つ選べ。 28

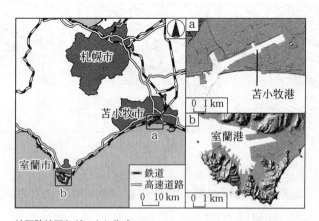

地理院地図などにより作成。

図　3

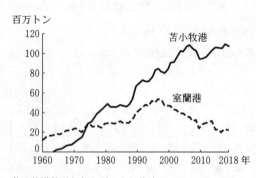

苫小牧港統計年報などにより作成。

図　4

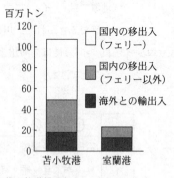

苫小牧港統計年報などにより作成。

図　5

職　員　「室蘭港は，1960 年代まで工業製品や北海道の内陸部で産出されたエネル
　　　　ギー資源を本州に積み出す，北海道でも有数の港湾でした」

リ　サ　「①室蘭港が，内湾に面していて波が穏やかな天然の良港だからですね」

職　員　「一方で，現在の苫小牧港は，1963 年に大規模な掘り込み式の港湾として
　　　　整備されてから，急速に海上貨物取扱量を増やしていきます」

ユ　イ　「苫小牧港が発展したのは，②人口が多い札幌市やその周辺の地域に近い
　　　　ことと，北海道の中央部からの輸送距離が短縮できたためでしょうね」

職　員　「かつての苫小牧市では，戦前に立地した一部の大工場がみられる程度で
　　　　した。苫小牧港が整備されて以降，港湾に関連する産業も成長しました。
　　　　人口も増え，苫小牧市は北海道内で屈指の工業都市となりました」

リ　サ　「苫小牧市で港湾関連の産業が発達したのは，③港の近くが平坦で，巨大
　　　　な倉庫や工場を造りやすかったことも関係していますね」

職　員　「2018 年時点で苫小牧港は，北海道で最も海上貨物取扱量が多い港湾で
　　　　す。苫小牧港は，フェリーが海上貨物取扱量の半分以上を占めているのが
　　　　特徴です」

ユ　イ　「フェリーを除いた海上貨物取扱量をみると，④苫小牧港は，海外との貿
　　　　易の占める割合が室蘭港よりも高いですね。苫小牧港は，北海道の重要な
　　　　海の玄関口となっているのですね」

32 2022年度：地理B/本試験

問4 市役所の職員の話に興味をもったリサさんたちは，苫小牧港整備以降の工業の変化を統計で確認した。次の表1は，製造業のいくつかの業種の変化について，北海道の製造品出荷額に占める苫小牧市の割合と，苫小牧市の製造品出荷額に占める各業種の割合を示したものである。また，表1中のA～Cは，食料品，石油製品・石炭製品，パルプ・紙・紙加工品のいずれかである。業種とA～Cとの正しい組合せを，後の①～⑥のうちから一つ選べ。 | 29 |

表　1

(単位：%)

	北海道の製造品出荷額に占める 苫小牧市の割合		苫小牧市の製造品出荷額に占める 各業種の割合	
	1971 年	2018 年	1971 年	2018 年
A	28.6	31.6	54.1	9.6
B	3.7	69.5	0.7	56.1
C	0.9	0.4	5.8	0.7

『工業統計表』などにより作成。

	①	②	③	④	⑤	⑥
食料品	A	A	B	B	C	C
石油製品・石炭製品	B	C	A	C	A	B
パルプ・紙・紙加工品	C	B	C	A	B	A

問5 リサさんたちは，苫小牧市内のいくつかの住宅地区を歩き，建物や街並みの特徴をメモした資料1と，1995年と2015年の年齢別人口構成を示す図6を作成した。図6中の**カ**と**キ**は，資料1中の地区**d**と**e**のいずれかにおける人口構成の変化を示したものであり，**X**年と**Y**年は，1995年と2015年のいずれかである。地区**d**に該当する図と1995年との正しい組合せを，後の①～④のうちから一つ選べ。 | 30 |

資料　1

地区 d　市中心部の社員用住宅地区

工場従業員とその家族向けの住宅団地。空き部屋もいくつかある。冬に洗濯物を乾かせるよう，ベランダに覆いがつけられている。

地区 e　郊外の戸建て住宅地区

30年ほど前に造成された地区。車が2台以上ある家が目立つ。北向きの玄関には，屋根や覆いのある家が多い。

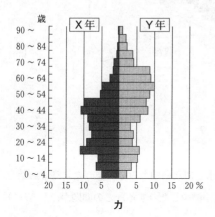
カ

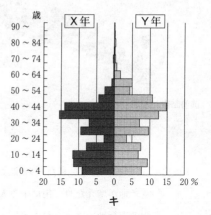
キ

国勢調査により作成。

図　6

	①	②	③	④
地区 d	カ	カ	キ	キ
1995年	X 年	Y 年	X 年	Y 年

問6 現地での調査を終えたリサさんたちは，学校に戻り調査結果と地域の問題について次の図7を見ながら先生と話し合った。図7は，1995年から2015年にかけての人口増減を示したものである。また，会話文中の空欄Eには語句サとシのいずれか，空欄Fには文タとチのいずれかが当てはまる。空欄EとFに当てはまる語句と文との組合せとして最も適当なものを，後の①〜④のうちから一つ選べ。 31

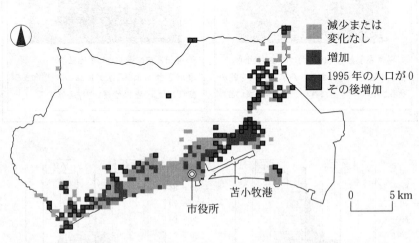

国勢調査などにより作成。

図 7

リ　サ 「苫小牧市では，私たちの住む市と似た問題もみられました。空き店舗や空き地が増えたり，街に来る人が減少したりするなどの問題が，（　E　）側の市街地ではみられます」

先　生 「同じような問題は，全国の地方都市でも共通してみられます。では，この問題の解決に向けた取組みを，構想してみてください」

ユ　イ 「この問題の解決には，（　F　）が考えられるのではないでしょうか。この取組みは，温室効果ガスの削減にもつなげられると思います」

先　生 「いいですね。今回の調査と考察を私たちの住む市でも活用してください」

（　E　）に当てはまる語句

　サ　市役所の西

　シ　苫小牧港の北

（　F　）に当てはまる文

　タ　郊外で大型の駐車場を備えたショッピングセンターの開発や，大規模なマ
　　　ンションの建設を進めること

　チ　利用者の予約に応じて運行するバスの導入や，公共交通機関の定時運行に
　　　よって利便性を高めること

	①	②	③	④
E	サ	サ	シ	シ
F	タ	チ	タ	チ

共通テスト
追試験

2022

地理 B

解答時間 60 分
配点 100 点

地　理　Ｂ

(解答番号 [1] ～ [30])

第1問　世界の自然環境と自然災害に関する次の問い（**A・B**）に答えよ。
(配点　20)

A　次の図1を見て，世界の自然環境に関する後の問い（**問1～3**）に答えよ。

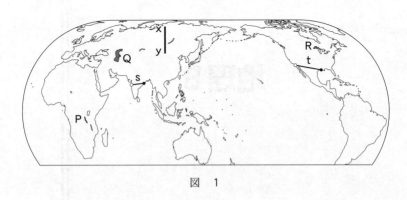

図　1

問1　大陸の東西では，同緯度帯でも気候が大きく異なることがある。次の表1は，図1中の線ｓとｔの西端と東端における月降水量を示したものであり，①～④は，線ｓの1月と7月，線ｔの1月と7月のいずれかである。線ｓの7月に該当するものを表1中の①～④のうちから一つ選べ。[1]

表　1

(単位：mm)

	西　端	東　端
①	790.5	281.3
②	73.0	96.0
③	1.3	93.8
④	0.6	13.9

気象庁の資料により作成。

問 2 土壌や植生の特徴は気候帯の影響を受けている。次の写真1中のア～ウは，図1中の線分x―yに沿った地域にみられる植生を撮影したものである。また，後の文J～Lは，ア～ウのいずれかの土壌の特徴について述べたものである。ア～ウとJ～Lとの組合せとして最も適当なものを，後の①～⑥のうちから一つ選べ。 2

写真 1

J 鉄分が溶脱した灰白色のやせた酸性土壌が分布する。
K 腐植層の発達が悪く，夏は凍土が融け湿地状になるやせた土壌が分布する。
L 腐植の集積した栗色の土壌が分布する。

	①	②	③	④	⑤	⑥
ア	J	J	K	K	L	L
イ	K	L	J	L	J	K
ウ	L	K	L	J	K	J

40 2022年度：地理B/追試験

問 3 世界の湖は，様々な成因により水深が異なり，また湖が位置する地域の気候により塩分に違いが生じている。次の表2中の**カ～ク**は，図1中のP～Rのいずれかにおける最大水深と塩分を示したものである。**カ～ク**とP～Rとの正しい組合せを，後の①～⑥のうちから一つ選べ。　3

表　2

	最大水深(m)	塩分(g/リットル)
カ	1,471	0.6
キ	1,025	12.8
ク	406	0.1

『理科年表』などにより作成。

	①	②	③	④	⑤	⑥
カ	P	P	Q	Q	R	R
キ	Q	R	P	R	P	Q
ク	R	Q	R	P	Q	P

B 地形変化と自然災害に関する次の問い(**問4～6**)に答えよ。

問4 気候変動と海岸線の変化は密接に関係している。次の図2中のdとeは，温暖期と寒冷期のいずれかの時期における関東地方の海岸線を示したものである。また，後の文章は，図2に関連することがらを述べたものである。温暖期に該当する図と文章中の空欄**サ**に当てはまる語句との組合せとして最も適当なものを，後の**①**～**④**のうちから一つ選べ。 4

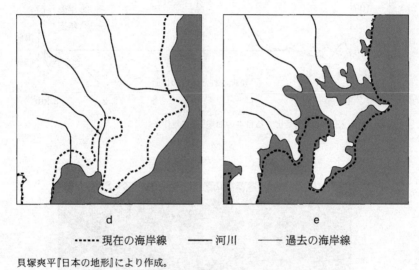

・・・・・ 現在の海岸線　――― 河川　――― 過去の海岸線

貝塚爽平『日本の地形』により作成。

図　2

地球は温暖期と寒冷期を繰り返してきた。温暖期における関東地方では，現在よりもやや気温が高く，沿岸の一部ではサンゴもみられた。一方，寒冷期における関東地方の平野では，（　**サ**　）が発達していた。

	①	**②**	**③**	**④**
図	d	d	e	e
サ	V字谷	U字谷	V字谷	U字谷

問 5　次の図3は，ある港における突堤建設以降の海岸線の変化を示したものであり，後の写真2は，港と突堤付近を上空から撮影したものである。図3と写真2から考えられることがらについて述べた文として最も適当なものを，後の①～④のうちから一つ選べ。　5

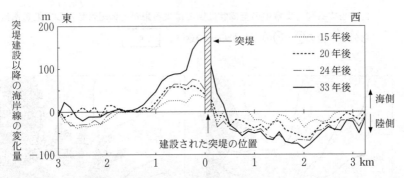

小池一之・太田陽子編『変化する日本の海岸』により作成。

図　3

国土地理院の資料により作成。

写真　2

① 突堤の西側での海岸侵食は，港から2km付近が最大となっている。
② 突堤の西側1km付近では，1年当たりの海岸線の侵食速度が増している。
③ 海岸線の変化から，沿岸流は西から東へ流れていることがわかる。
④ 突堤の東側では，主に土砂の埋立てによって海岸線が変化している。

問 6　津波の被害は，地形の違いにより異なる。次の図4は，インドネシアのある平野における2004年インド洋大津波の浸水範囲と浸水深，および地形の分布を示したものである。図4の範囲における津波の状況について考えられることがらを述べた文①～④のうちから，**適当でないもの**を一つ選べ。　6

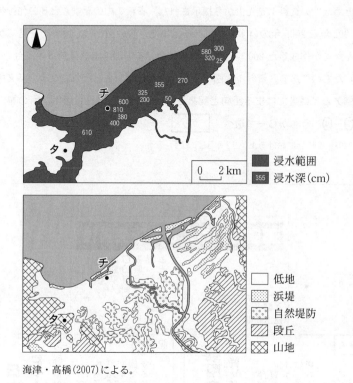

図　4

① 地点**タ**は山地に位置するため，津波が到達しなかった。
② 地点**チ**付近は低地で海岸線に近いため，浸水深が周囲より大きい。
③ いくつかの河川では，津波が遡上している。
④ 浜堤は標高が高く，そのほとんどが津波による浸水を免れた。

第2問

ゲンさんたちは，地理の授業で製造業のグローバル化について探究した。ゲンさんたちが探究したことに関する次の問い（問1～6）に答えよ。（配点　20）

問1　ゲンさんたちは，自動車産業のグローバル化に関する新聞記事の切抜きをまとめた次の資料1を先生から提示された。資料1中の記事AとBの発行年は，1992年と2005年のいずれかである。また，後の図1は，資料1を見てゲンさんたちが作成した2000年と2019年における国別の国内自動車生産台数*を示したものである。資料1と図1をもとにしたゲンさんたちによる会話文中の空欄アとイに当てはまる語句と記事との組合せとして最も適当なものを，後の①～④のうちから一つ選べ。　7

*2019年時点における上位12か国。

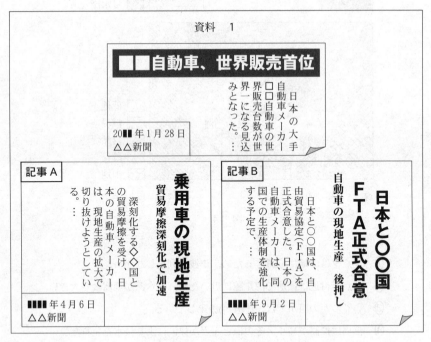

資料　1

■■自動車、世界販売首位

日本の大手自動車メーカー□□自動車の世界販売台数が世界一になる見込みとなった。…

20■■年1月28日
△△新聞

記事A

乗用車の現地生産
貿易摩擦深刻化で加速

深刻化する◇◇国との貿易摩擦を受け、日本の自動車メーカーは、現地生産の拡大で切り抜けようとしている。…

■■■■年4月6日
△△新聞

記事B

日本と○○国
FTA正式合意

自動車の現地生産　後押し

日本と○○国は、自由貿易協定（FTA）正式合意した。日本の自動車メーカーは、同国での生産体制を強化する予定で、…

■■■■年9月2日
△△新聞

日本経済新聞などにより作成。

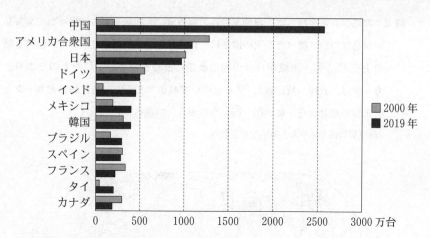

中国の数値には台湾，ホンコン，マカオを含まない。
国際自動車工業連合会の資料により作成。

図　1

ゲ　ン　「資料1から，日本の大手自動車メーカーの販売台数が世界一になったことがわかるね」

ナオコ　「でも図1を見ると，日本の国内生産台数は1位ではないね。また，中国やインドなどの新興工業国では国内生産台数が大きく増加しているね」

ゲ　ン　「日本では国内生産台数は減少しているよ。日本の動きは，図1に示した欧米の先進工業国と（　ア　）傾向だね」

リョウ　「2000年以降に日本の自動車メーカーが現地生産を進めようとした主な背景も，資料1の記事（　イ　）からうかがえるね」

ケイタ　「製造業の生産拠点の移動が進んできたのかな。もっと調べてみよう」

	①	②	③	④
ア	共通する	共通する	異なる	異なる
イ	A	B	A	B

問 2　次にゲンさんたちは，自動車以外の製造業にも興味をもち，様々な工業製品の貿易について調べた。次の図2は，いくつかの工業製品について，輸出金額の上位15か国・地域が世界の輸出金額に占める割合を示したものであり，**カ〜ク**は，衣類，航空機*，テレビのいずれかである。工業製品名と**カ〜ク**との正しい組合せを，後の①〜⑥のうちから一つ選べ。 8

*航空機の部分品や人工衛星などを含む。

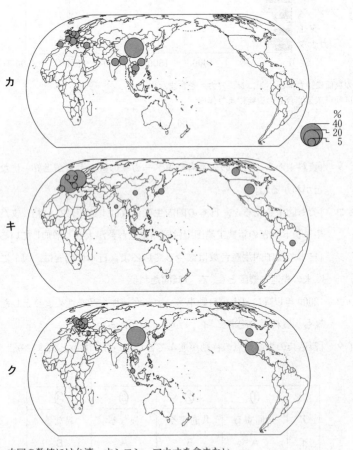

中国の数値には台湾，ホンコン，マカオを含まない。
統計年次は2016年。『国際連合貿易統計年鑑』により作成。

図　2

2022年度：地理B／追試験　47

	①	②	③	④	⑤	⑥
衣　類	カ	カ	キ	キ	ク	ク
航空機	キ	ク	カ	ク	カ	キ
テレビ	ク	キ	ク	カ	キ	カ

問3　ゲンさんたちは，製造業の生産拠点が国境を越えて広がっていることを知り，日本企業がどのような対応をとってきたのかを非製造業と対比しながら調べた。次の表1は，いくつかの国における2000年と2019年の日本企業の海外現地法人に占める製造業と非製造業の割合を示したものであり，サとシは製造業と非製造業のいずれか，DとEはアメリカ合衆国とベトナムのいずれかである。製造業とアメリカ合衆国との正しい組合せを，後の①～④のうちから一つ選べ。　9

表　1

（単位：％）

	サ		シ	
	2000年	2019年	2000年	2019年
D	73.7	57.8	26.3	42.2
E	44.5	35.7	55.5	64.3
シンガポール	38.9	16.8	61.1	83.2

『海外事業活動基本調査』により作成。

	①	②	③	④
製造業	サ	サ	シ	シ
アメリカ合衆国	D	E	D	E

問4 ゲンさんたちは，製造業のグローバル化と産業構造の変化について考えるため，いくつかの国タ〜ツの1980年，1995年，2016年の産業別就業者割合を次の図3に示した。また，文J〜Lは，タ〜ツのいずれかにおける製造業のグローバル化と産業構造の変化について述べたものである。タ〜ツとJ〜Lとの組合せとして最も適当なものを，後の①〜⑥のうちから一つ選べ。 10

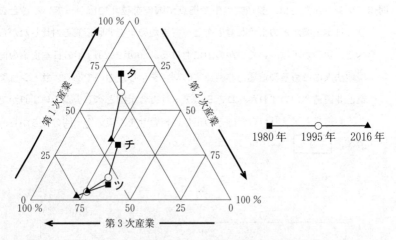

1980年と1995年の統計値のない国は，できるだけ近い年の値を用いた。
『世界国勢図会』などにより作成。

図 3

J 1980年から1995年にかけては製造業の拡大が経済成長を牽引していたが，それ以降は製造業の生産拠点が国内から国外に移動している。

K 1980年には農林水産業が中心であったが，2016年には工業製品の世界的な生産拠点としての役割が高まっている。

L 3か国の中では最も早い時期から経済のサービス化が進み，製造業においては付加価値の高い製品の生産が拡大している。

	①	②	③	④	⑤	⑥
タ	J	J	K	K	L	L
チ	K	L	J	L	J	K
ツ	L	K	L	J	K	J

問 5 ゲンさんたちは，製造業において知的財産の役割が大きくなっていることを知り，次の図 4 に，いくつかの国における知的財産使用料の受取額と支払額との関係を 1 人当たり GNI（国民総所得）別に示した。図 4 を見たゲンさんたちの会話文中の下線部①〜④のうちから，**誤りを含むもの**を一つ選べ。 11

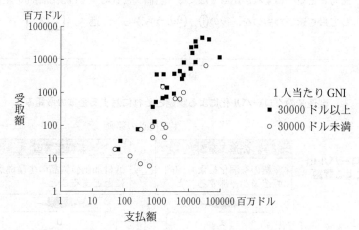

統計年次は，1 人当たり GNI が 2017 年，知的財産使用料の収支が 2019 年。
IMF の資料などにより作成。

図 4

先　生 「製造業では，特許権や商標権などの知的財産の保護が重要になり，知的財産使用料の受取りや支払いという形で国際的に取引されていますね。図 4 からどんなことが考えられるかを話し合ってみましょう」
ゲ　ン 「所得水準が相対的に低い国では，受取額よりも支払額の方が多いね。①先進工業国の特許を使って生産をするようになったからかな」
リョウ 「所得水準が相対的に高い国には，受取額と支払額ともに多い国もあるね。②先進工業国間での取引も多いことを反映しているからかな」
ナオコ 「所得水準が高いけど受取額が少ない国もあるよ。③取引相手となる国との経済連携協定を結んでいないからかな」
先　生 「特許などは，企業が外国の生産拠点で使った際にも支払いが必要ですね」
ケイタ 「所得水準が高い国の方が受取額も多くなる傾向があるね。先生の話をふまえると，④先進工業国の多国籍企業が増加しているからかな」

問6 製造業のグローバル化について探究してきたゲンさんたちは，先進工業国と新興工業国における製造業のグローバル化による課題とそれに対する企業の取組みについて，次の資料2にまとめた。資料2中の空欄aには先進工業国の取組みを示した語句マとミのいずれか，空欄bには新興工業国の取組みを示した語句PとQのいずれかが当てはまる。空欄aとbに当てはまる語句の組合せとして最も適当なものを，後の①～④のうちから一つ選べ。　12

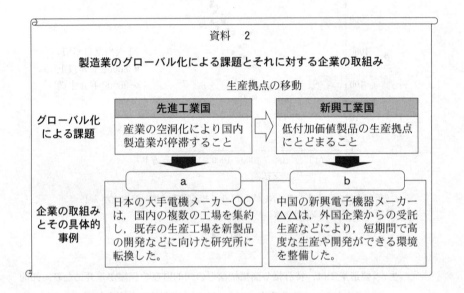

aに当てはまる語句

　マ　企業間ネットワークの強化　　　ミ　技術革新の加速化

bに当てはまる語句

　P　製品のブランド化　　　　　　　Q　高い技術力の獲得

	①	②	③	④
a	マ	マ	ミ	ミ
b	P	Q	P	Q

2022年度：地理B/追試験　**51**

第3問　人口と都市に関する次の問い（問1～6）に答えよ。（配点　20）

問1　次の表1は，いくつかの国について，人口密度と人口増加率の変化を示した
ものであり，①～④は，アルジェリア，カタール，ニュージーランド，ベトナ
ムのいずれかである。アルジェリアに該当するものを，表1中の①～④のうち
から一つ選べ。　13

表　1

	人口密度 （人/km^2）	人口増加率(%)	
		1980～2000 年	2000～2020 年
①	294	47.2	21.8
②	248	164.9	386.3
③	18	61.5	41.3
④	18	22.6	25.0

人口密度の統計年次は 2020 年。
『世界国勢図会』などにより作成。

問2 次の図1は，いくつかの国における人口千人当たり死亡数の推移を示したものであり，A～Cは，日本，アメリカ合衆国，フィリピンのいずれかである。また，後の図2中のア～ウは，これら3か国のいずれかについて，年齢別人口構成を示したものである。アメリカ合衆国に該当する正しい組合せを，後の①～⑨のうちから一つ選べ。 14

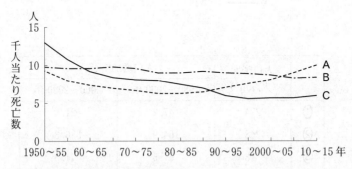

World Population Prospects により作成。

図　1

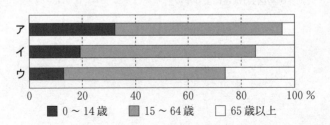

統計年次は2015年。*World Population Prospects* により作成。

図　2

	①	②	③	④	⑤	⑥	⑦	⑧	⑨
千人当たり死亡数	A	A	A	B	B	B	C	C	C
年齢別人口構成	ア	イ	ウ	ア	イ	ウ	ア	イ	ウ

問3 次の図3は，先進国*と発展途上国**における都市人口と農村人口のいずれかの推移を示したものである。先進国の都市人口に該当するものを，図3中の①～④のうちから一つ選べ。15

*北アメリカとヨーロッパの国々，日本，オーストラリア，ニュージーランド。
**先進国以外の国・地域でメキシコを含む。

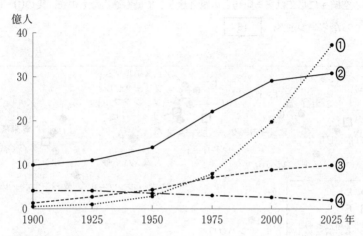

2025年は予測値。*World Urbanization Prospects* などにより作成。

図　3

問 4 多国籍企業の集中度などが特に高い都市を世界都市とみなすことがある。次の図4は，2000年と2020年のいずれかの時点における上位20の世界都市の地理的な位置を模式的に示したものであり，凡例EとFは，この20年間に上位20に加わった都市と外れた都市のいずれかである。また，後の文章は，世界都市に関連することがらを述べたものである。図4中の凡例Fと文章中の空欄aに当てはまる語句との組合せとして最も適当なものを，後の①～④のうちから一つ選べ。 16

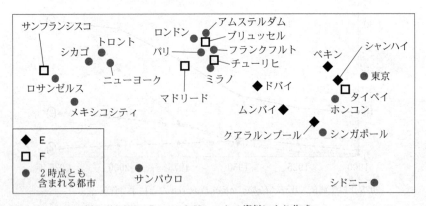

図 4

　世界都市は，国際分業の進展に伴う激しい競争に直面している。その結果，上位20の都市の入れ替わりが起きている。世界都市は，多国籍企業が集まるだけでなく，世界的な（ a ）として重要な役割を果たしている。

	①	②	③	④
F	加わった都市	加わった都市	外れた都市	外れた都市
a	金融業の取引拠点	製造業の生産拠点	金融業の取引拠点	製造業の生産拠点

問 5 次の図5中のカ~クは，日本のある大都市を中心とする地域において世帯総数に占める，高齢者夫婦のみ世帯，20~29歳の単身者世帯，乳幼児のいる世帯の割合のいずれかを示したものである。項目名と図5中のカ~クとの正しい組合せを，後の①~⑥のうちから一つ選べ。 17

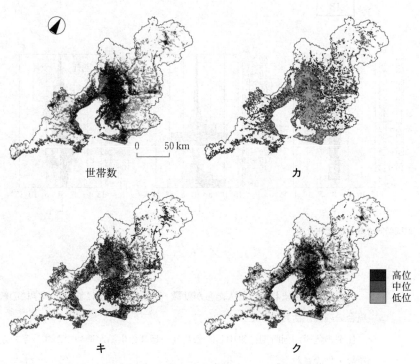

1kmメッシュの値。統計年次は2015年。国勢調査により作成。

図 5

	①	②	③	④	⑤	⑥
高齢者夫婦のみ世帯	カ	カ	キ	キ	ク	ク
20~29歳の単身者世帯	キ	ク	カ	ク	カ	キ
乳幼児のいる世帯	ク	キ	ク	カ	キ	カ

問6 次の図6は，日本の大都市圏郊外に位置し，1970年代に入居が始まったニュータウン内のある地区における人口ピラミッドを時期別に示したものであり，J～Lは，1975年，1995年，2015年のいずれかである。また，後の文サ～スは，いずれかの時期に地区で生じていた現象を述べたものである。J～Lとサ～スとの組合せとして最も適当なものを，後の①～⑥のうちから一つ選べ。18

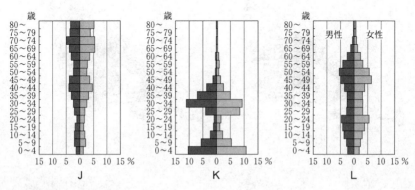

国勢調査などにより作成。

図　6

サ　この地区で生まれ育った人たちが就職・結婚などを機に転出し，学校の統廃合の議論が活発化した。

シ　住宅の建設が同時期に集中し，公共サービスの供給が追いつかず，学校が新設・増設された。

ス　住宅の老朽化や空き家の発生といった住環境の悪化が生じ，学校の跡地利用が進んだ。

	①	②	③	④	⑤	⑥
J	サ	サ	シ	シ	ス	ス
K	シ	ス	サ	ス	サ	シ
L	ス	シ	ス	サ	シ	サ

第4問 ヨーロッパに関する次の問い(問1～6)に答えよ。(配点 20)

問1 次の図1中のA～Dは，いくつかの都市の位置を示したものであり，後の図2中の①～④は，都市A～Dのいずれかの雨温図である。都市Aに該当するものを，図2中の①～④のうちから一つ選べ。19

図 1

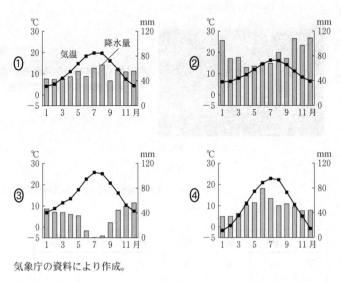

気象庁の資料により作成。

図 2

問 2 次の写真1中の**ア～ウ**は，図1中の x ～ z のいずれかの範囲における，侵食により形成された特徴的な地形を撮影したものである。**ア～ウ**と x ～ z との組合せとして最も適当なものを，後の①～⑥のうちから一つ選べ。 20

ア  溶食による凹地が多数みられ，その底では農作物が栽培されている。

Daniela Ribeiro, ZRC SAZU

イ  深い谷が形成されており，大型の遊覧船の往来がみられる。

Zbynek Burival / Shutterstock.com

ウ  水はけのよい谷の斜面をいかして，果樹栽培が行われている。

ユニフォトプレス提供

写真　1

＊ウは編集の都合上，類似の写真に差し替え。

	①	②	③	④	⑤	⑥
ア	x	x	y	y	z	z
イ	y	z	x	z	x	y
ウ	z	y	z	x	y	x

問3 次の図3中のJ〜Lは,人口密度,外国生まれの人口の割合,第1次産業就業者割合のいずれかを示したものである。項目名とJ〜Lとの正しい組合せを,後の①〜⑥のうちから一つ選べ。 21

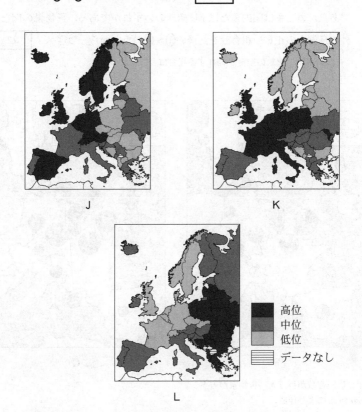

統計年次は,人口密度と第1次産業就業者割合が2018年,外国生まれの人口の割合が2020年。*World Population Prospects* などにより作成。

図 3

	①	②	③	④	⑤	⑥
人口密度	J	J	K	K	L	L
外国生まれの人口の割合	K	L	J	L	J	K
第1次産業就業者割合	L	K	L	J	K	J

問4 次の図4中のPとQは，EU圏内の都市の空港から出発した年間の旅客数と貨物量のいずれかについて，2018年の上位12都市*を示したものである。また，図4中の凡例は，旅客数または貨物量と，その目的地の内訳を示したものであり，**カ**と**キ**は国内またはEU圏外のいずれかである。貨物量の図とEU圏外の凡例との正しい組合せを，後の①～④のうちから一つ選べ。 22

*一つの都市に複数の空港が存在する場合は合計値。

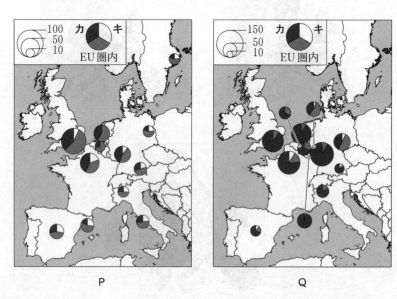

単位は旅客数が百万人，貨物量が万トン。
Eurostat により作成。

図 4

	①	②	③	④
貨物量	P	P	Q	Q
EU圏外	カ	キ	カ	キ

問5 次の図5中のS～Uは，いくつかの同系統の言語の分布を示したものであり，文サ～スは，S～Uのいずれかの言語について述べたものである。S～Uとサ～スとの組合せとして最も適当なものを，後の①～⑥のうちから一つ選べ。 23

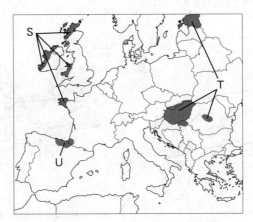

ロン・E・アシャー『世界民族言語地図』などにより作成。

図　5

サ　かつて広い範囲で使用されていた形跡がヨーロッパ各地の地名などに残るが，現在は限られた地域で使用されている。

シ　周囲に分布するラテン語派の言語より起源が古く，他の言語と系統関係がみられない孤立言語とみなされている。

ス　ユーラシア大陸中央部に起源をもつとされ，周囲に分布する言語とは異なる語族に属している。

	①	②	③	④	⑤	⑥
S	サ	サ	シ	シ	ス	ス
T	シ	ス	サ	ス	サ	シ
U	ス	シ	ス	サ	シ	サ

問6 次の図6は、旧東ドイツ地域に存在し、1993年に閉山した褐炭*の採掘場とその周辺について、1980年と2015年の土地利用を示したものである。図6に関連することがらについて述べた文章中の下線部①〜④のうちから、**適当でないもの**を一つ選べ。 24

*石炭の一種で不純物を多く含む。

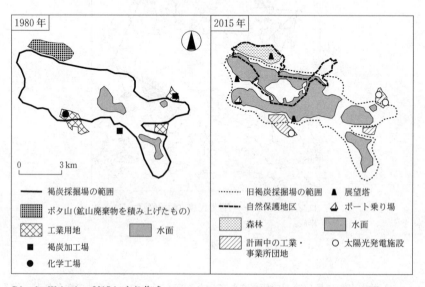

図 6

ドイツでは、褐炭は発電や化学工業に使われてきた。図6の褐炭採掘場は、大規模な露天掘りによってできた凹地が閉山後に湖に改変されたほか、①自然保護地区が設けられ、かつてのボタ山に展望塔が設置されるなど、観光客も訪れる場所となった。また、②褐炭加工場や化学工場の跡地は森林になった。

この地域の土地利用変化には、ドイツの③1次エネルギー供給に関する政策の変化が反映されている。ドイツでは、他地域の閉山した鉱山においても、自然環境の再生や、④産業の歴史を示す遺構を活用・保存する取組みがみられ、産業遺産の有効利用が図られている。

第5問

長野県飯田市の高校に通うリュウさんたちは，飯田市の地域調査を行った。この地域調査に関する次の問い（問1～6）に答えよ。（配点 20）

問1 リュウさんたちは，飯田市の自然環境を理解するために，飯田市を南北に流れる天竜川の流域全体に関する特徴を図書館やインターネットで調べ，次の図1～3を入手した。これらの図をもとにしたリュウさんたちによる会話文中の下線部①～④のうちから，**誤りを含むもの**を一つ選べ。 25

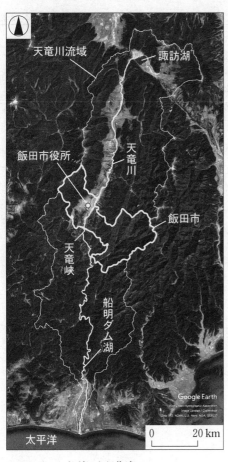

Google Earth などにより作成。

図 1

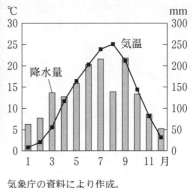

国土交通省の資料により作成。

図 2

気象庁の資料により作成。

図 3

64 2022年度：地理B／追試験

リュウ 「天竜川流域を示した図1を見ると，天竜川は，諏訪湖を出た後に南下
し，太平洋にそそいでいるよ。飯田市よりも上流の_①天竜川の左岸と右
岸の流域面積を比較すると，左岸の方が広くなっているね」

ウ　タ 「図1の天竜峡よりも上流では河川に沿って市街地や農地が広がってい
るけれど，_②天竜峡から船明ダム湖にかけては，より山がちになってい
るね」

ミドリ 「天竜川の本流と支流の河床の標高と，河口からの距離との関係を示した
図2を見ると，_③天竜川に合流している支流の勾配は，天竜川の本流よ
りも緩やかなことがわかるね」

リュウ 「天竜川の流量はどうなっているのだろう。図3の飯田市の雨温図から，
_④天竜川の水量は冬よりも夏の方が多くなると考えられるね」

ウ　タ 「こうした河川の特徴を活かして，飯田市から河口部まで木材を運搬して
いたそうだよ」

ミドリ 「天竜川の流域全体から，飯田市の自然環境の特徴が理解できるね」

問 2 リュウさんたちは,飯田市の市域が天竜川をまたいで広がっていることに興味をもち,飯田市の地表面の傾斜,人口,小学校と児童数に関する次の図 4 を作成した。図 4 から読み取れることがらについて述べた文として最も適当なものを,後の①~④のうちから一つ選べ。 26

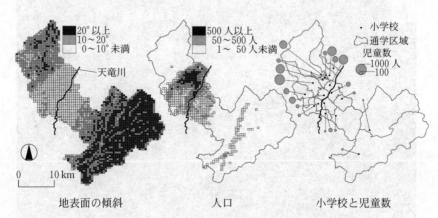

図　4

① 天竜川に沿った地表面の傾斜が小さい地域は,人口が少ない。
② 天竜川から離れた地表面の傾斜が大きい地域は,小学校の通学区域が広い。
③ 天竜川の東側の方が,西側に比べて児童数が多い。
④ 小学校は地形条件や人口にかかわらず,均等に分布している。

問 3 リュウさんたちは，地理院地図の機能を活用して作成した次の図 5 を見ながら現地調査を行い，地形の特徴を確認した。リュウさんたちが話し合った会話文中の下線部①〜④のうちから，**誤りを含むもの**を一つ選べ。 27

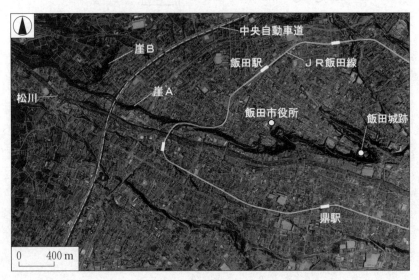

図 5

リュウ 「市街地には，天竜川の支流である松川が西から東に流れているよ。飯田駅や飯田市役所は松川の北側にあるね。崖Aは松川の流れに沿っているけど，崖Bは松川の流れにほぼ直交するから，①崖Bは，松川による侵食でつくられたものではないと思うよ」
ウタ 「②飯田城跡は，段丘の末端付近に立地しているね」
ミドリ 「JR飯田線には大きく曲がっている箇所があるね。③駅がある場所の標高は，鼎駅の方が飯田駅よりも高いね」
リュウ 「④中央自動車道は，松川がつくった氾濫原と段丘面を横切って建設されているね」

問4 リュウさんたちは，1947年の大火をきっかけに飯田駅の南東側で大規模な復興事業が実施されたことを知った。そこで，リュウさんたちは市街地にどのような大規模火災の被害軽減策がみられるかを観察し，地点E〜Hで写真を撮影し，次の資料1にまとめた。大規模火災の被害軽減策として当てはまらないものを，資料1中の①〜④のうちから一つ選べ。 28

越山ほか(2001)などにより作成。

問5 飯田市の農業に興味を持ったリュウさんたちは，飯田市周辺で盛んに栽培されているリンゴとキュウリについて，長野県全体の出荷時期と出荷先を調べた。次の図6は，東京および名古屋の中央卸売市場における都道府県別の入荷量の月ごとの変化を，年間の入荷量を100としたときの割合で示したものである。図6中のJとKはリンゴとキュウリのいずれか，カとキは東京と名古屋のいずれかである。東京の中央卸売市場におけるリンゴの入荷割合に該当するものを，図6中の①〜④のうちから一つ選べ。29

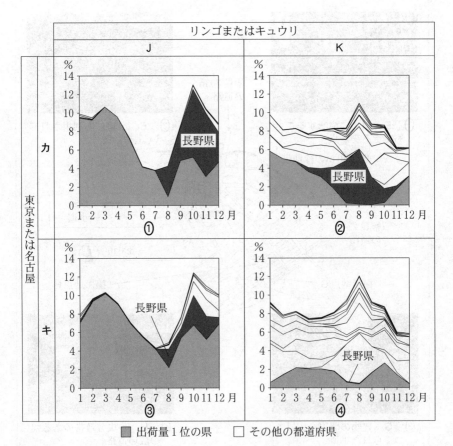

図 6

問 6 リュウさんたちは高校に戻って，環境モデル都市に選定されている飯田市の取組みについて先生も交えて話し合った。先生が用意した次の図7は，日本の森林資源量の年別の数値を示したものであり，後の資料2は，リュウさんたちがまとめた森林資源の活用案である。リュウさんたちと先生との会話文中の空欄**サ**には後の文 e と f のいずれか，空欄**シ**には資料2中の X と Y のいずれかが当てはまる。空欄**サ**と**シ**に当てはまる文と活用案との組合せとして最も適当なものを，後の①〜④のうちから一つ選べ。 30

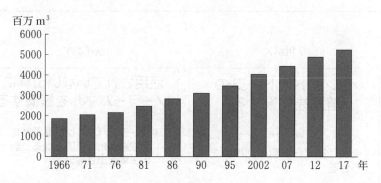

数値は樹木の幹の体積を示す。林野庁の資料により作成。

図 7

先　生 「図7は，日本全体における森林資源量の年別の数値を示したものですが，飯田市でも同様の傾向がみられます。この図からどんなことが考えられますか」

リュウ 「宅地化などで森林がなくなっていると思っていたけれど，森林の資源量は増加しているんですね」

ウ　タ 「この要因として，（　**サ**　）によって伐採量が減少していることがあげられると思います」

先　生 「飯田市は森林面積の割合が80％以上と高い値を占めていますし，これらの森林資源を活用することが重要ですね。グループで話し合い，活用案をまとめてみてください」

ミドリ 「二つの活用案を考え,資料2を作ってみました。森林資源を持続的に活用するためには,活用案(シ)の方がより有効だと思います」
先　生 「今後の授業でさらに学びを深めていきましょう」

(サ)に当てはまる文
　　e　環境意識の高まりや新たな規制の制定で,樹木の伐採が制限されたこと
　　f　高齢化の進展や後継者問題などで,林業従事者が不足したこと

資料　2

活用案X

ペレットストーブの普及を促進する

・ペレットを燃料にしたストーブを使えば化石燃料の利用量を減らせる

ペレット：間伐材やこれまで利用されてこなかった端材などを粉砕して固めたもの

活用案Y

活用されていない山林にソーラーパネルを設置する

・ソーラーパネルは,発電時に地球温暖化の原因となる二酸化炭素を出さない

	①	②	③	④
サ	e	e	f	f
シ	X	Y	X	Y

共通テスト

本試験
（第1日程）

地理 B

2021

解答時間 60 分
配点 100 点

地　理　B

（解答番号 $\boxed{1}$ ～ $\boxed{32}$）

第1問 世界の自然環境に関する次の問い（**A・B**）に答えよ。（配点 20）

A 地理の授業で世界の気候と自然災害について学んだコハルさんのクラスは，気候の成り立ちやその変動の影響について各班で探究することにした。世界の気候と自然災害に関する次の問い（問1〜3）に答えよ。

問1 各地の雨温図の特徴に影響を与える気候因子を確認するために，コハルさんの班は，仮想的な大陸と等高線および地点**ア〜カ**が描かれた次の資料1を先生から渡された。これらの地点から2地点を選択して雨温図を比較するとき，海からの距離による影響の違いが強く現れ，それ以外の気候因子の影響ができるだけ現れない組合せとして最も適当なものを，下の**①〜④**のうちから一つ選べ。$\boxed{1}$

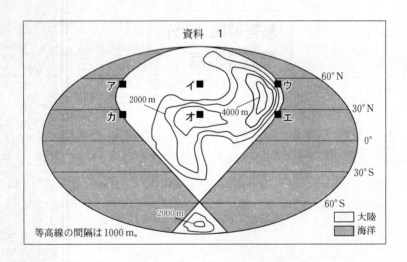

① アとイ　　② イとウ　　③ エとオ　　④ オとカ

問 2　次に，コハルさんの班は，ある地点DとEの二つの雨温図が描かれた次の資料2を先生から渡されて，雨温図に示された気候の特徴とその原因となる大気大循環について話し合った。下の会話文中の空欄**サ**と**シ**に当てはまる語の正しい組合せを，下の①～④のうちから一つ選べ。　2

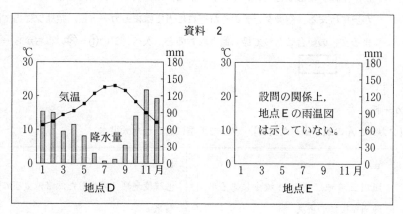

気象庁の資料により作成。

コハル　「地図帳で調べてみると，地点DとEはどちらも沿岸にあり，地点Eは地点Dからほぼ真南に約800 km離れているようだね」
イズミ　「最暖月や最多雨月は，それぞれ両地点で現れる時期がほぼ同じだね」
ミツハ　「地点DとEが位置する緯度帯では，降水量が多い時期の雨は，主に（　**サ**　）という気圧帯の影響を強く受けていることを授業で習ったよ」
コウ　「月降水量30 mm以上の月が続く期間に注目すると，地点Eの方が地点Dよりも（　**シ**　）のは，この気圧帯の移動を反映していると考えられるね」

	①	②	③	④
サ	亜寒帯低圧帯（高緯度低圧帯）	亜寒帯低圧帯（高緯度低圧帯）	熱帯収束帯（赤道低圧帯）	熱帯収束帯（赤道低圧帯）
シ	長 い	短 い	長 い	短 い

4 2021年度：地理Ｂ／本試験（第Ⅰ日程）

問 3　コハルさんたちはまとめとして，気候変動などに関連した世界各地の自然災
害の原因について，各班で調べてカードに書き出した。次のａ～ｄは，タカシ
さんの班とコハルさんの班のカードであり，次ページの会話文は，その内容に
ついて意見交換したときのものである。会話文中の空欄**タ**にはａとｂのいずれ
か，空欄**チ**にはｃとｄのいずれか，空欄**ツ**には次ページの文ＧとＨのいずれ
かが当てはまる。空欄**タ**と**チ**のそれぞれに当てはまるカードと，空欄**ツ**に当ては
まる文との組合せとして最も適当なものを，次ページの①～⑧のうちから一つ
選べ。 3

カード

【タカシさんの班が調べた災害】　タイで雨季に起こった大洪水

> **a**
> 河川上流域での森林減少による水
> 源涵養機能の喪失

> **b**
> 低緯度地域で発生した熱帯低気圧の
> 襲来

【コハルさんの班が調べた災害】　東アフリカで飢餓をもたらした大干ばつ

> **c**
> 貯水・給水施設の不足や内戦に伴う
> 農地の荒廃

> **d**
> ラニーニャ現象を一因とした大気
> の循環の変化

タカシ 「自然災害には複数の原因があり，"災害のきっかけ"と"災害に対する弱さ"に分けられそうだよ」

コハル 「なるほど。そうすると，"災害に対する弱さ"に対応するのは，タイの洪水についてはカード（　タ　），東アフリカの大干ばつについてはカード（　チ　）だね」

タカシ 「被害を軽減するためには，"災害に対する弱さ"への対策を講じるとともに，"災害のきっかけ"が起こる状況を事前に知っておく必要がありそうだね」

コハル 「タイの洪水については，例えば，タイの雨季に降水量が多かった事例と（　ツ　）事例とで周辺の気圧配置や気流などを比較すると，タイでの"災害のきっかけ"を考えるヒントが得られそうだよ」

（　ツ　）に当てはまる文
　　G　雨季に降水量が少なかった
　　H　乾季に降水量が多かった

	①	②	③	④	⑤	⑥	⑦	⑧
タ	a	a	a	a	b	b	b	b
チ	c	c	d	d	c	c	d	d
ツ	G	H	G	H	G	H	G	H

B 地理の授業で，世界の代表的な山を教材に取りあげて，世界の自然環境やその変化を考えることにした。次の図1と下の図2を見て，下の問い（**問4〜6**）に答えよ。

Google Earth により作成。

図　1

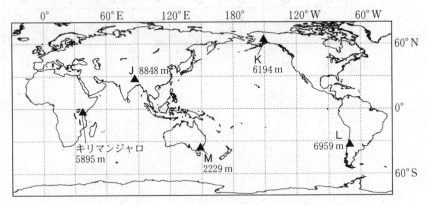

『理科年表』などにより作成。

図　2

2021年度：地理Ｂ／本試験（第１日程）　7

問 4　次の先生と生徒たちの会話文中の空欄**マ**と**ミ**に当てはまる正しい数字を，下の**①**～**④**のうちから一つずつ選べ。ただし，同じものを繰り返し選んでもよい。**マ**〔 4 〕・**ミ**〔 5 〕

先　生「学校の休みを利用して，図１に示したアフリカ大陸最高峰のキリマンジャロに登ってきました。キリマンジャロは，標高が 5895 m で，山頂付近には小規模な氷河がある火山です。図２はキリマンジャロと，ユーラシア，北アメリカ，南アメリカ，オーストラリアの各大陸における最高峰の山 Ｊ～Ｍ の位置と標高を示しています。図１や図２からどのようなことが考えられるでしょうか」

アズサ「現在の変動帯に位置している山は，山 Ｊ～Ｍ の中で（　**マ**　）つあります」

チヒロ「氷河が分布している山は，山 Ｊ～Ｍ の中で（　**ミ**　）つあります」

先　生「なるほど。みなさん様々な視点から山をとらえることができていますね」

　　① 1　　　　　　**②** 2　　　　　　**③** 3　　　　　　**④** 4

問5 次の写真1は，図1中の地点PとQで先生が登山中に撮影したものであり，下の生徒たちの発言ヤとユは，写真1を見て両地点の自然環境を比較したものである。生徒たちの発言ヤとユの内容について**誤りを含むものをすべて選び**，その組合せとして正しいものを，下の①～④のうちから一つ選べ。 6

地点　P　　　　　　　地点　Q

写真　1

生徒たちの発言

ヤ 「森林の有無は降水量のみで決まるので，地点Pの方が地点Qに比べて降水量が多いと考えられます」

ユ 「標高が高くなるにつれて気温は下がるので，地点Pは地点Qよりも気温が高いと考えられます」

① ヤとユ
② ヤ
③ ユ
④ 誤りを含むものはない

問 6 生徒たちは，世界の山岳氷河の中に，急激に縮小しているものがあることを教わった。そこで，氷河の縮小に伴って，氷河に覆われた流域から流出する水の構成要素やその変化，それが生活に与える影響を調べ，次の資料3に模式図としてまとめた。資料3中の空欄ラには下の図3中のf～hのいずれか，空欄リには下の文XとYのいずれかが当てはまる。空欄ラとリに当てはまる図と文との組合せとして最も適当なものを，下の①～⑥のうちから一つ選べ。 7

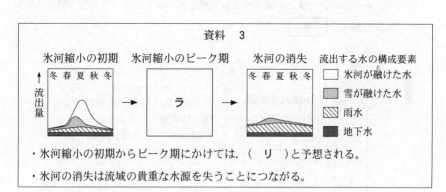

・氷河縮小の初期からピーク期にかけては，（ リ ）と予想される。
・氷河の消失は流域の貴重な水源を失うことにつながる。

IPCCの資料などにより作成。

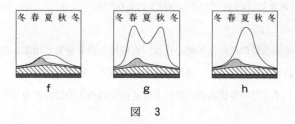

図 3

X 発電や農業などに利用できる水の量が一時的に増える
Y 氷河が融けた水によって発生する洪水の頻度が減少する

	①	②	③	④	⑤	⑥
ラ	f	f	g	g	h	h
リ	X	Y	X	Y	X	Y

10 2021年度：地理B／本試験（第1日程）

第2問 産業に関する次の問い（問1～6）に答えよ。（配点 20）

問1 次の表1は，小麦の主要輸出国について，小麦の生産量，小麦の1ha当たり収量，国土面積に占める耕地の割合を示したものであり，A～Cは，アメリカ合衆国，フランス，ロシアのいずれかである。また，下の文ア～ウは，表1中のA～Cのいずれかにおける小麦生産の特徴と背景について述べたものである。A～Cとア～ウとの組合せとして最も適当なものを，下の①～⑥のうちから一つ選べ。 8

表　1

	小麦の生産量 （百万トン）		小麦の1ha 当たり収量 （トン）	国土面積に 占める耕地 の割合(%)
	1997年	2017年		
A	67.5	47.4	3.1	17.5
B	44.3	86.0	3.1	7.5
C	33.8	38.7	7.3	35.5

統計年次は2017年。FAOSTATにより作成。

ア 生産活動の自由化が進められ，大規模な農業企業が増加した。

イ 農村振興のために，補助金を支払う政策が推進された。

ウ バイオ燃料や植物油の原料となる他の穀物との競合が生じた。

	①	②	③	④	⑤	⑥
A	ア	ア	イ	イ	ウ	ウ
B	イ	ウ	ア	ウ	ア	イ
C	ウ	イ	ウ	ア	イ	ア

問2 次の図1中のカとキは、2000年と2017年のいずれかについて、漁獲量*と養殖業生産量の合計の上位8か国を示したものであり、凡例EとFは、漁獲量と養殖業生産量のいずれかである。2017年の図と養殖業生産量の凡例との正しい組合せを、下の①～④のうちから一つ選べ。 9

*養殖業生産量を含まない。

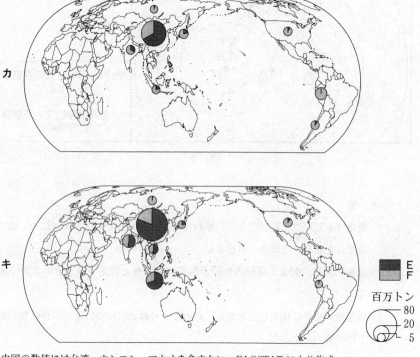

中国の数値には台湾，ホンコン，マカオを含まない。FAOSTATにより作成。

図　1

	①	②	③	④
2017年	カ	カ	キ	キ
養殖業生産量	E	F	E	F

問3 工場は，原料や製品の輸送費が小さくなる地点に理論上は立地するとされている。次の図2は，原料産地から工場までの原料の輸送費と，市場で販売する製品の輸送費を示した仮想の地域であり，下の条件を満たす。また，図2中の①～④の地点は，工場の建設候補地を示したものである。総輸送費が最小となる地点を，図2中の①～④のうちから一つ選べ。 10

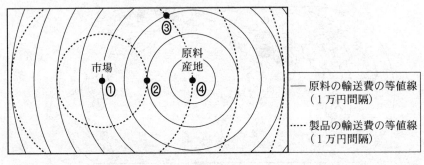

図　2

条　件

・使用する原料は1種類であり，原料産地から工場まで原料を輸送し，工場で生産した製品を市場まで輸送する。
・総輸送費は，製品1単位当たりの原料の輸送費と製品の輸送費の合計である。
・輸送費は距離に比例して増加し，距離当たり輸送費について，原料は製品の2倍の費用がかかる。
・市場や原料産地にも工場を建設できる。

2021年度：地理B/本試験（第Ⅰ日程）　13

問4　工業の立地には原料や製品の輸送費が影響し，主な原料が同じであっても製品の性質によって工場の立地パターンが異なる場合がある。次の文**サ〜ス**は，飲用牛乳，バター，アイスクリーム*のいずれかの輸送費について述べたものであり，下の表2中の**J〜L**は，東日本に立地する工場数をそれぞれ地域別に示したものである。**サ〜ス**と**J〜L**との正しい組合せを，下の**①〜⑥**のうちから一つ選べ。　11

*乳脂肪分8％以上のもので，原料は生乳のほかクリーム，バター，脱脂粉乳など。

サ　製品に比べて原料の輸送費が多くかかる。

シ　原料と製品の輸送費はほとんど変化しない。

ス　原料に比べて製品の輸送費が多くかかる。

表　2

	J	K	L
北海道	51	29	4
東　北	50	6	17
関　東	60	11	26

年間生産量5万リットル未満のアイスクリーム工場は含まない。
統計年次は2018年。『牛乳乳製品統計調査』により作成。

	①	②	③	④	⑤	⑥
サ	J	J	K	K	L	L
シ	K	L	J	L	J	K
ス	L	K	L	J	K	J

問5 日本の企業は，経済のグローバル化に伴い，海外への直接投資を積極的に増やしてきた。次の図3は，日系海外現地法人の売上高のうち，製造業の売上高について主な国・地域別の構成比の推移を示したものであり，**タ〜ツ**は，ASEAN*，アメリカ合衆国，中国**のいずれかである。国・地域名と**タ〜ツ**との正しい組合せを，下の**①〜⑥**のうちから一つ選べ。 12

*インドネシア，タイ，フィリピン，マレーシアの4か国の値。
**台湾，ホンコン，マカオを含まない。

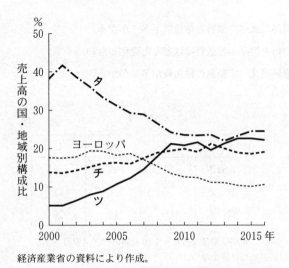

経済産業省の資料により作成。

図 3

	①	②	③	④	⑤	⑥
ASEAN	タ	タ	チ	チ	ツ	ツ
アメリカ合衆国	チ	ツ	タ	ツ	タ	チ
中国	ツ	チ	ツ	タ	チ	タ

問6 次の図4は，日本のいくつかの商業形態の店舗数について，立地する地区の特徴別の割合を示したものであり，X～Zは，大型総合スーパー*，コンビニエンスストア，百貨店のいずれかである。また，図4中の凡例マとミは，住宅街とロードサイド**のいずれかである。コンビニエンスストアとロードサイドとの正しい組合せを，下の①～⑥のうちから一つ選べ。 13

*衣食住にわたる各種商品を販売し，売場面積3,000 m² 以上（特別区及び政令指定都市は6,000 m² 以上）のもの。
**国道など主要道路の沿線。

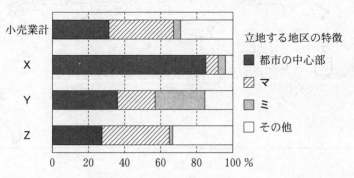

都市の中心部は，駅周辺と市街地の商業集積地区およびオフィス街地区。
統計年次は2014年。商業統計表により作成。

図　4

	①	②	③	④	⑤	⑥
コンビニエンスストア	X	X	Y	Y	Z	Z
ロードサイド	マ	ミ	マ	ミ	マ	ミ

第3問 都市と人口に関する次の問い(問1～6)に答えよ。(配点 20)

問1 都市は，社会・経済的条件だけでなく，様々な自然条件のもとで立地している。下の図2中の①～④は，図1中のア～エのいずれかの範囲における人口100万人以上の都市の分布を示したものである。イに該当するものを，図2中の①～④のうちから一つ選べ。 14

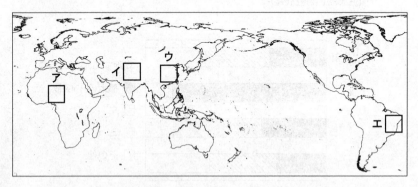

図　1

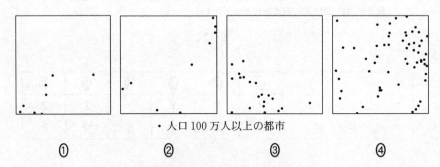

・人口100万人以上の都市

統計年次は2015年。*World Urbanization Prospects*により作成。

図　2

問 2　次の図 3 中の**カ〜ク**は，オーストラリア，韓国，ケニアのいずれかの国における，国全体の人口および人口第 1 位の都市の人口に占める，0〜14 歳，15〜64 歳，65 歳以上の人口の割合を示したものであり，a と b は，国全体あるいは人口第 1 位の都市のいずれかである。オーストラリアの人口第 1 位の都市に該当する正しい組合せを，下の**①〜⑥**のうちから一つ選べ。　15

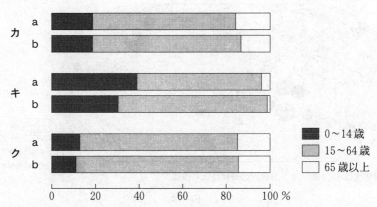

統計年次は，オーストラリアが 2016 年，韓国が 2018 年，ケニアが 2019 年。
Australian Bureau of Statistics の資料などにより作成。

図　3

① カ—a　　② カ—b　　③ キ—a
④ キ—b　　⑤ ク—a　　⑥ ク—b

問 3 次の図4は、インド系住民*の人口上位20か国とその国籍別の割合を示したものである。図4とそれに関連することがらについて述べた文として最も適当なものを、下の①〜④のうちから一つ選べ。 16

*インド国籍を有する者と、インド出身者またはその子孫で移住先の国籍を有する者との合計。

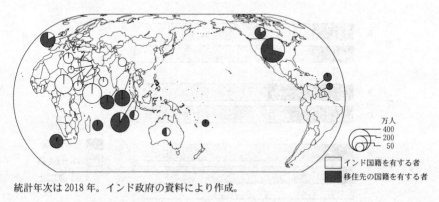

統計年次は2018年。インド政府の資料により作成。

図 4

① インド系住民のうち、移住先の国籍を有する者は、英語を公用語とする国やイギリスの植民地であった国に多く分布する。

② 東南アジアやラテンアメリカには、第二次世界大戦以前に、観光業に従事するために移住したインド出身者の子孫が多く居住している。

③ 1970年代のオイルショック以降に増加した西アジアのインド系住民の多くは、油田開発に従事する技術者である。

④ 1990年代以降、インド国内の情報通信技術産業の衰退に伴い、技術者のアメリカ合衆国への移住が増加している。

問 4 大都市圏の内部では，人口分布の時系列変化に一定のパターンがみられる。次の図5は，島嶼部を除く東京都における2010年の市区町村と1925年の人口密集地*を示したものである。また，下の表1中のサ～スは，図5中のA～Cのいずれかの市区町村における1925～1930年，1965～1970年，2005～2010年の人口増加率を示したものである。A～Cとサ～スとの正しい組合せを，下の①～⑥のうちから一つ選べ。 17

*1925年時点の市区町村のうち，人口密度が4,000人/km² 以上のもの。

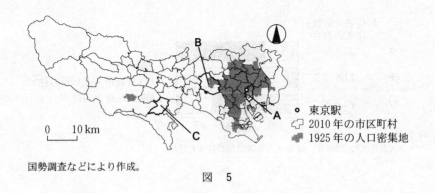

国勢調査などにより作成。

図 5

表 1

(単位：％)

	1925～1930年	1965～1970年	2005～2010年
サ	103.9	3.0	4.0
シ	6.3	－18.9	24.8
ス	2.6	65.3	1.2

国勢調査により作成。

	①	②	③	④	⑤	⑥
A	サ	サ	シ	シ	ス	ス
B	シ	ス	サ	ス	サ	シ
C	ス	シ	ス	サ	シ	サ

問5 近年，日本の都市や農村の多くで，居住者のいない住宅が増加している。次の図6は，日本のいくつかの市区町村について，居住者のいない住宅の割合とその内訳を，空き家*，賃貸用・売却用の住宅，別荘などの住宅に分けて示したものである。また，下の文E～Gは，図6中のタ～ツのいずれかの市区町村の特徴について述べた文である。E～Gとタ～ツとの正しい組合せを，下の①～⑥のうちから一つ選べ。 18

*人が長期間住んでいない住宅や取り壊すことになっている住宅。

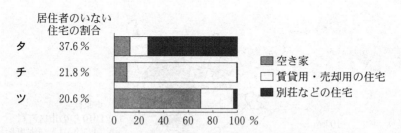

統計年次は2018年。住宅・土地統計調査により作成。

図 6

E　観光やレジャーのために多くの人々が来訪する。

F　高齢化や過疎化によって人口減少が進んでいる。

G　転出者や転入者の多い大都市圏に含まれる。

	①	②	③	④	⑤	⑥
E	タ	タ	チ	チ	ツ	ツ
F	チ	ツ	タ	ツ	タ	チ
G	ツ	チ	ツ	タ	チ	タ

問6 急速に経済発展した台湾のタイペイ(台北)では,交通網の再編成が政策上の課題になっている。次の図7は,タイペイのバス専用レーンの分布を設置時期別に示したものであり,図8は,地下鉄路線とバス路線の長さの推移について,1998年の値を100とした指数で示したものである。図7と図8に関連することがらについて述べた下の文章中の下線部xとyの正誤の組合せとして正しいものを,下の①~④のうちから一つ選べ。 19

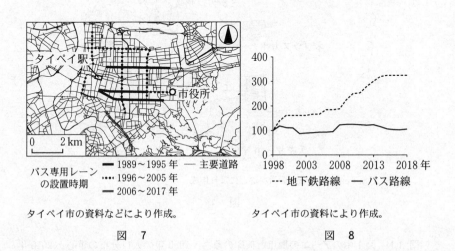

図 7　　　　　　　　　　　　　図 8

　タイペイの従来の都心部はタイペイ駅周辺であり,市役所周辺にも副都心が計画的に整備された。都心部・副都心の周辺におけるバス専用レーンは,主に<u>都心部・副都心と郊外を結ぶ道路から順に整備されてきた。</u>
x
　市民の移動にかかる環境負荷が小さい都市交通体系への再編が求められるようになり,2000年代半ば以降,<u>大量輸送の可能な地下鉄路線が拡充してきた。</u>
y

	①	②	③	④
x	正	正	誤	誤
y	正	誤	正	誤

第4問　アメリカ合衆国に関する次の問い（**A・B**）に答えよ。（配点　20）

A　次の図1を見て，アメリカ合衆国に関する下の問い（**問1～4**）に答えよ。

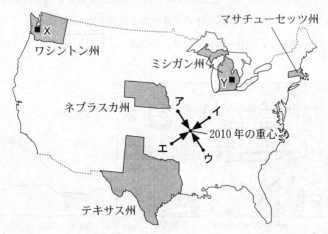

U.S. Census Bureau の資料などにより作成。

図　1

問 1 (1)　図1中の**ア～エ**の地点と矢印のうち，1950年の人口分布の重心と2010年の重心への移動方向を示したものとして最も適当なものを，次の**①～④**のうちから一つ選べ。　20

① ア　　　② イ　　　③ ウ　　　④ エ

(2)　(1)で示された，1950年から2010年にかけての重心の移動が生じた要因として最も適当なものを，次の**①～④**のうちから一つ選べ。　21

① 安価な労働力を指向した工場の進出と先端技術産業の成長
② 製鉄業や自動車産業の成長と雇用の増加
③ 大陸横断鉄道の開通と開拓の進展
④ 農村部から大都市圏への大規模な人口の移動

2021年度：地理B/本試験（第１日程） **23**

問 2　次の表１は，図１中に示したいくつかの州における取水量の水源別の割合と使用目的別の割合を示したものであり，表１中の**カ～ク**は，テキサス州，ネブラスカ州，マサチューセッツ州のいずれかである。州名と**カ～ク**との正しい組合せを，下の①～⑥のうちから一つ選べ。　　22

表　1

（単位：％）

	水源別の割合		使用目的別の割合		
	地下水	地表水	工業用水	生活用水	農業用水
カ	61.3	38.7	31.3	3.1	65.6
キ	27.0	73.0	40.8	48.5	10.6
ク	33.8	66.2	58.6	14.2	27.2

統計年次は 2015 年。USGS の資料により作成。

	①	②	③	④	⑤	⑥
テキサス州	カ	カ	キ	キ	ク	ク
ネブラスカ州	キ	ク	カ	ク	カ	キ
マサチューセッツ州	ク	キ	ク	カ	キ	カ

問 3 図1中のミシガン州とワシントン州は，ほぼ同緯度に位置しており，面積もほぼ同じである。次の図2中のサとシは，図1中のXとYのいずれかの地点における月平均気温と月降水量をハイサーグラフで示したものである。また，下の表2中のGとHは，ミシガン州とワシントン州のいずれかにおける小麦とテンサイの年間生産量を示したものである。地点Xに該当するハイサーグラフとワシントン州に該当する作物の年間生産量との正しい組合せを，下の①～④のうちから一つ選べ。 23

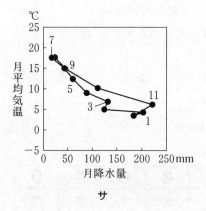
サ

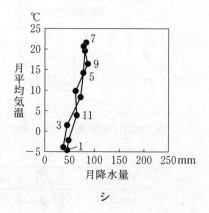
シ

気象庁の資料により作成。

図 2

表 2

	小麦(万ブッシェル)	テンサイ(千トン)
G	15,321	87
H	3,572	4,278

ブッシェルは穀物の計量単位で，1ブッシェルは約35リットルに相当する。
統計年次は2017年。USDAの資料により作成。

	①	②	③	④
ハイサーグラフ	サ	サ	シ	シ
作物の年間生産量	G	H	G	H

問4 次の図3は，ミシガン州とワシントン州の州全体，およびミシガン州とワシントン州の人口最大都市であるデトロイト市とシアトル市における，人種・民族別人口割合を示したものである。図3中のタとチは，ミシガン州とワシントン州のいずれか，JとKは，州全体と人口最大都市のいずれかである。ミシガン州の州全体に該当するものを，図3中の①〜④のうちから一つ選べ。24

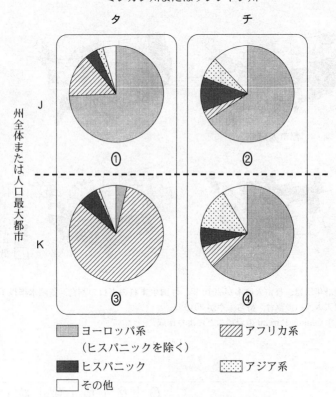

図 3

B　アメリカ合衆国の社会と経済の多様性に関する次の問い（**問5・6**）に答えよ。

問5　次の図4は、アメリカ合衆国の各州*における都市人口率と、社会経済にかかわるいくつかの指標を示したものであり、図4中の**マ**～**ム**は、外国生まれの人口の割合、貧困水準以下の収入の人口の割合、持ち家率のいずれかである。指標名と**マ**～**ム**との正しい組合せを、下の**①**～**⑥**のうちから一つ選べ。　25

*コロンビア特別区（ワシントンD.C.）を含み、アラスカ州とハワイ州を除く。

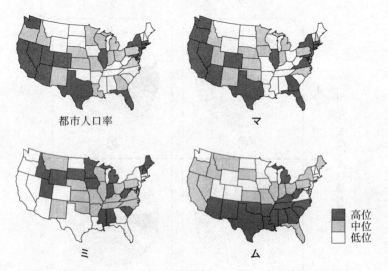

統計年次は、都市人口率が2010年、外国生まれの人口の割合、貧困水準以下の収入の人口の割合、持ち家率が2016年。
U.S. Census Bureauの資料などにより作成。

図　4

	①	②	③	④	⑤	⑥
外国生まれの人口の割合	マ	マ	ミ	ミ	ム	ム
貧困水準以下の収入の人口の割合	ミ	ム	マ	ム	マ	ミ
持ち家率	ム	ミ	ム	マ	ミ	マ

問6 次の図5は，2012年と2016年のアメリカ合衆国の大統領選挙における，各州*の選挙人**の数と選挙人を獲得した候補者の政党を示したものである。図5から読み取れることがらとその背景について述べた下の文章中の空欄ラとリに当てはまる語句の正しい組合せを，下の①～④のうちから一つ選べ。26

*コロンビア特別区（ワシントンD.C.）を含み，アラスカ州とハワイ州を除く。
**有権者が投票で大統領選挙人を選出し，この選挙人が大統領を選出する。一部の州を除いて，各州で最も得票の多い候補者が，その州のすべての選挙人を獲得する。

アメリカ合衆国連邦政府の資料などにより作成。

図 5

図5を見ると，両時点とも民主党の候補者が選挙人を獲得した州は（　ラ　）に多い。この要因として，地域の産業構造の特徴や有権者の社会経済的特性などがあげられる。五大湖沿岸の地域では，2012年の民主党に代わって，2016年には共和党の候補者が選挙人を獲得した州が多く分布する。これは，グローバル化の影響で衰退したこの地域の製造業について，共和党の候補者が（　リ　）政策を主張したことなどが大きく影響したと考えられている。

	①	②	③	④
ラ	南部や中西部	南部や中西部	ニューイングランドや西海岸	ニューイングランドや西海岸
リ	移民労働力を増やす	工場の海外移転を抑制する	移民労働力を増やす	工場の海外移転を抑制する

第5問 京都市に住む高校生のタロウさんは，京都府北部にある宮津市の地域調査を行った。次の図1を見て，この地域調査に関する下の問い（**問1～6**）に答えよ。
（配点 20）

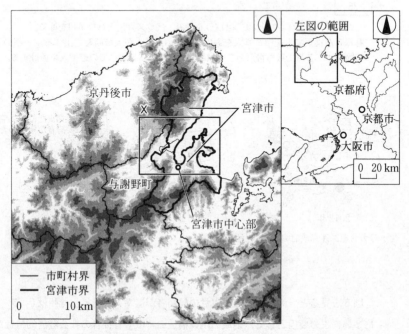

左図の陸地では，色の濃い部分ほど標高の高い地域を示している。
宮津市界の一部は水面上にある。
国土数値情報などにより作成。

図　1

問1 タロウさんは，京都府における人口変化の地域差と京都市との関係を調べるために，主題図を作成した。次の図2は，京都府の各市町村について，1990～2015年の人口増減率と2015年の京都市への通勤率を示したものである。図2から読み取れることがらを述べた文として正しいものを，下の①～④のうちから一つ選べ。 27

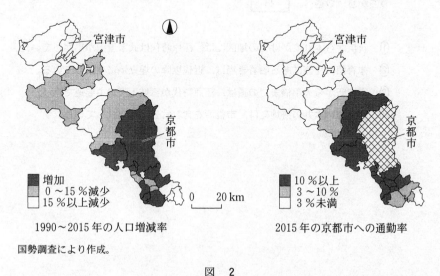

図 2

① 宮津市とその隣接市町村では，すべての市町村で人口が15％以上減少している。

② 京都市への通勤率が10％以上の市町村では，すべての市町村で人口が増加している。

③ 京都市への通勤率が3～10％の市町村の中には，人口が増加している市町村がある。

④ 京都市への通勤率が3％未満の市町村の中には，人口が増加している市町村がある。

30 2021年度：地理B／本試験（第1日程）

問 2 タロウさんは，宮津市の中心部が城下町であったことに関心をもち，現在の
地形図と江戸時代に描かれた絵図を比較して，地域の変化を調べることにし
た。次ページの図3中の**ア**は，宮津市中心部の現在の地形図であり，**イ**は，**ア**
とほぼ同じ範囲の江戸時代に描かれた宮津城とその周辺の絵図を編集したもの
である。図3から読み取れることがらとして最も適当なものを，次の①～④の
うちから一つ選べ。　　28

① 新浜から本町にかけての地区には，江戸時代は武家屋敷が広がっていた。

② 体育館の北側にある船着き場は，近代以降の埋立地に立地している。

③ 宮津駅から大手橋までの道は，江戸時代から城下町の主要道であった。

④ 宮津城の本丸の跡地には，市役所を含む官公庁が立地している。

地理院地図により作成。

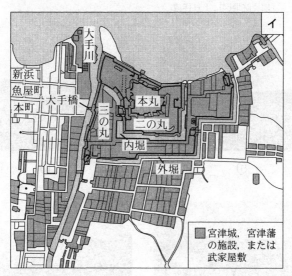

弘化2 (1845) 年に描かれた絵図を編集したものであるため歪みがある。
『宮津市史』をもとに作成。

図 3

問３　宮津湾と阿蘇海の間にある砂州は天橋立と呼ばれ，有名な観光地であることを知ったタロウさんは，様々な地点から天橋立の写真を撮影した。次の図４は，図１中のＸの範囲を示したものであり，下の写真１は，図４中の地点Ａ〜Ｄのいずれかから矢印の方向に撮影したものである。地点Ａに該当するものを，写真１中の①〜④のうちから一つ選べ。　29

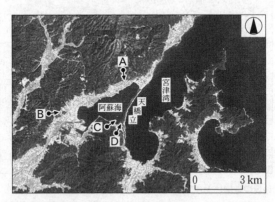

地理院地図により作成。

図　４

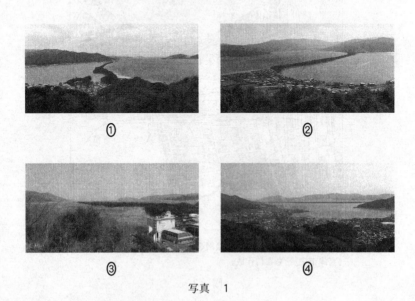

写真　１

問 4 天橋立近くの土産物店で丹後ちりめんの織物製品が数多く売られているのを見たタロウさんは，丹後ちりめんについて調べ，次の資料1にまとめた。資料1中の空欄カ～クに当てはまる語の正しい組合せを，下の①～⑧のうちから一つ選べ。 30

資料 1

●丹後ちりめんの特徴
- 生地に細かい凹凸のある絹織物。
- しわが寄りにくく，風合いや色合いに優れる。
- 主要な産地は京都府の京丹後市と与謝野町で，冬季の（ カ ）季節風が生産に適する。

丹後織物工業組合提供

●丹後ちりめんの動向
- 1960～70年代：豊富な労働力や広い土地を求めた京都市の西陣織の業者から仕事を請け負い，生産量が多かった。
- 1980～90年代：和服を着る機会が減少したことと（ キ ）な織物製品の輸入が急増したことで，生産が縮小した。
- 2000年以降：洋服の生地や，スカーフ，インテリア用品などの商品開発を進めるとともに，（ ク ）により海外市場へ進出しつつある。

	カ	キ	ク
①	乾いた	安価	大量生産
②	乾いた	安価	ブランド化
③	乾いた	高価	大量生産
④	乾いた	高価	ブランド化
⑤	湿った	安価	大量生産
⑥	湿った	安価	ブランド化
⑦	湿った	高価	大量生産
⑧	湿った	高価	ブランド化

問 5　タロウさんは，宮津市北部の山間部にある集落で調査を行った。次の資料2は，ある集落の住民に対してタロウさんが実施した聞き取り調査の結果を整理したものと，その内容から考察したことをまとめたものである。タロウさんの考察をまとめた文として**適当でないもの**を，資料2中の①～④のうちから一つ選べ。　31

資料　2

【聞き取り調査の結果】

●小学校（分校）の廃校

　・かつては集落に子どもが多かったため，分校が設置されていた。

　・廃校に伴い，集落の小学生は，遠くの学校に通うことになる。

●伝統的な文化や技術の継承

　・春祭りで行われていた太刀振り神事が途絶えてしまった。

　・集落にある植物を用いた織物や和紙がつくられてきた。

●都市と農村の交流

　・NPOや地元企業などにより，棚田の保全が進められている。

　・集落の周辺で，ブナ林や湿地などをめぐるツアーが行われている。

●移住者の増加

　・米作りや狩猟を行うことを目的として移住してきた人がいる。

　・移住者の中には，古民家を改修して居住する人がいる。

【考察】

　①　小学校の廃校は，若年層の継続的な流出や少子化が背景にある。

　②　住民の高齢化により，伝統的な文化や技術の担い手が減少している。

　③　自然環境への関心の高まりにより，都市と農村の交流が進められている。

　④　移住者の増加は，宮津市における人口の郊外化が背景にある。

問 6　天橋立で多くの外国人を見かけたタロウさんは，外国人観光客の動向を調べることにした。次の図 5 は，2018 年の外国人延べ宿泊者数*と，その 2013 年に対する比を都道府県別に示したものである。また，下の文章は，図 5 から読み取れることがらとその背景について述べたものであり，空欄**サ**には大阪府と沖縄県のいずれか，空欄**シ**には下の文 F と G のいずれかが当てはまる。空欄**サ**に当てはまる府県名と空欄**シ**に当てはまる文との組合せとして最も適当なものを，下の①～④のうちから一つ選べ。 32

*宿泊者数×宿泊数。

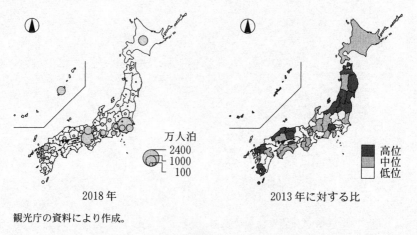

図　5

　2018 年の外国人延べ宿泊者数をみると，東京都が最多であり，次に多いのが（　**サ**　）である。また，2013 年に対する比をみると，外国人延べ宿泊者数が少ない県で高位を示すところが多く，この背景として，（　**シ**　）外国人旅行者が増加し，外国人の宿泊地が多様化したことが考えられる。

F　温泉や農山漁村を訪れて体験型の観光を楽しむ
G　ショッピングや大型テーマパークを楽しむ

① 大阪府 ― F　② 大阪府 ― G　③ 沖縄県 ― F　④ 沖縄県 ― G

共通テスト

本試験
（第2日程）

地理B

解答時間 60分
配点 100点

地　理　B

(解答番号 1 ～ 30)

第1問　世界の自然環境と災害に関する次の問い(A・B)に答えよ。(配点　20)

A　マキさんたちは，2005～2014年に報告された土砂災害発生地点を，次の図1のようにまとめ，世界で発生している土砂災害についてクラスで探究することになった。世界の土砂災害と人間活動に関する下の問い(問1～3)に答えよ。

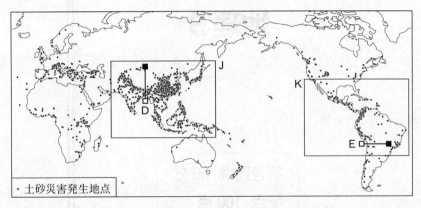

Froude and Petley (2018)により作成。

図　1

問1 マキさんたちは，図1から「土砂災害を発生させる要因は山脈の地形的特徴にあるのではないか」という仮説を立て，世界の山脈について調べることにした。次の図2中のアとイは，図1中の線DとEのいずれかに沿った地形断面である。また，下の文GとHは，図1中の線DとEのいずれかが横断する山脈について述べたものである。図1中の線Dに該当する図と文との組合せとして最も適当なものを，下の①～④のうちから一つ選べ。 1

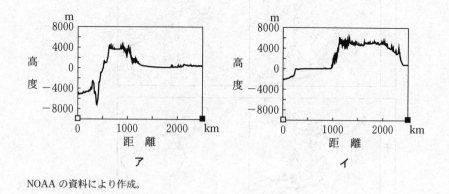

図 2

NOAA の資料により作成。

G 海洋プレートが沈み込む変動帯にあり，火山が多い。
H 大陸プレートどうしが衝突する変動帯にあり，褶曲や断層が多い。

	①	②	③	④
図	ア	ア	イ	イ
文	G	H	G	H

問2 マキさんたちは，降雨と土砂災害との関係について考察するために，いくつかの地域における月別の土砂災害発生地点の違いを調べた。次の図3中のカとキは，図1中のJとKの範囲における，1月と7月のいずれかの土砂災害発生地点を示したものである。図3をもとに話し合った，下の会話文中の下線部①〜④のうちから，誤りを含むものを一つ選べ。 2

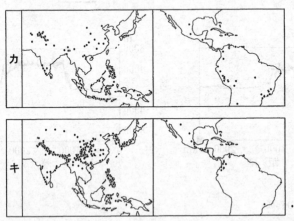

・土砂災害発生地点

統計年次は2005〜2014年。Froude and Petley (2018)により作成。

図 3

マ　キ　「アジアでは，カの時期に土砂災害が少ないようだね。南アジアに①北西から季節風（モンスーン）が吹き寄せて，乾季になる時期だね」

チナツ　「ペルー付近は，カの時期に土砂災害が多発する傾向にあるよ。キの時期よりも②熱帯収束帯（赤道低圧帯）が南に位置して，降水量が増える時期だね」

マ　キ　「キの時期は，日本で土砂災害が多発しているね。この時期の日本は，③海上から吹く暖かく湿った風の影響を受けているね」

チナツ　「中央アメリカでキの時期に土砂災害が多いのは，④熱帯低気圧の襲来も影響しているようだよ」

問3 マキさんたちは,土砂災害が多発している東アジアにおける人間の営みと土砂の流出との関係について調べることにした。先生から提示された次の図4は,黄河から海への土砂流出量の変化を示したものである。図4で示された土砂流出量の変化について,その背景と影響をマキさんたちがまとめた下のカード①~④のうちから,**適当でないもの**を一つ選べ。 3

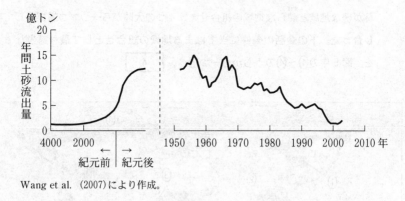

Wang et al. (2007)により作成。

図 4

紀元後に黄河流域における人間活動が活発化し,土砂流出量の増加をもたらした。	1960年代半ば以降に土砂流出量の減少傾向が続き,海岸侵食のリスクが増大した。
①	②
黄河流域における水力発電需要の増加が,土砂の流出を促進した。	黄土高原における植林などの土壌保全が,土砂の流出を抑制した。
③	④

B　高校生のフミさんたちは，国の研究所の研究員から地球規模の森林の分布とそれらの特徴，森林における災害についての特別授業を受けた。世界の森林に関する次の問い(**問4～6**)に答えよ。

問 4　最初に，研究員は人工衛星の観測から得られた世界の森林分布を示し，その特徴について考えてみようと提案した。フミさんたちは，次の図5のように森林が密な地域と疎らな地域の組合せを，4つの大陸から一つずつ選び出して話し合った。下の会話の条件に当てはまる地域の組合せとして最も適当なものを，図5中の①～④のうちから一つ選べ。　4

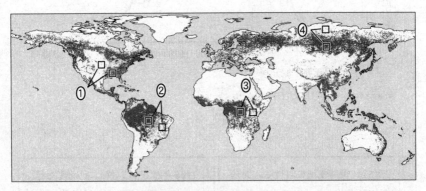

点は森林の分布を示す。JAXAの資料により作成。

図　5

フ　ミ　「地図帳を見ると，森林が密な地域よりも，疎らな地域は標高が低いようだね」

ユ　ウ　「森林が密な地域と疎らな地域の年降水量を比べると，この4つの組合せの中で最も差が小さいようだよ」

サ　キ　「森林が疎らな地域よりも，密な地域の方が年平均気温は高いね。そのことが，この地域において，森林が密か疎らかの違いの主な要因となっているようだね」

問 5 次に，研究員は，世界の森林のうち，熱帯雨林，温帯林，亜寒帯林を対象に森林の違いを考えてみようと提案した。次の資料1は，世界全体におけるそれぞれの森林の炭素量を，植物と土壌が占める割合に分けて研究員が示したものである。資料1をもとに，森林の特徴についてフミさんたちがまとめた文として下線部が最も適当なものを，下の①～④のうちから一つ選べ。 5

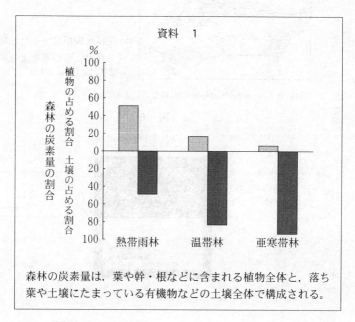

森林の炭素量は，葉や幹・根などに含まれる植物全体と，落ち葉や土壌にたまっている有機物などの土壌全体で構成される。

USDAの資料などにより作成。

① 熱帯雨林の土壌の炭素量の割合が最も小さいのは，主に落ち葉などの分解が速いためと考えられる。
② 温帯林の植物の炭素量の割合が熱帯雨林に比べて小さいのは，近年の人為的な開発の影響を強く受けているためと考えられる。
③ 亜寒帯林の植物の炭素量の割合が最も小さいのは，主に降水量が少ないことによって成長が制限されているためと考えられる。
④ 植物と土壌の炭素量の割合を比較すると，緯度が低い地域の森林ほど，有機物を含む土壌層が厚く，樹木の成長がよいと考えられる。

問 6　最後に，研究員とフミさんたちは，世界の森林で起きる災害の一つとして，カナダの森林火災を取り上げ，次の図6と下の写真1を見ながら話し合った。次ページの会話文中の空欄PとQに当てはまる語句と文との組合せとして最も適当なものを，次ページの①～④のうちから一つ選べ。　6

　　　　　※　森林火災が発生した地域
　　　　　　　7月の気温が平年よりも
　　　　　　　2℃以上高い地域

Natural Resources Canada の資料などにより作成。

図　6

今日の森林火災の危険性

高い

TODAY'S FOREST FIRE DANGER
HIGH

写真　1

研究員 「森林面積が広いカナダでは，森林火災が大きな災害の一つです。図6
　　　　は，2018年に森林火災が発生した地域と7月の気温が平年よりも2℃以
　　　　上高い地域を重ねて示したものです」

フ　ミ 「気温が平年よりも高い地域で火災が多いようですが，そうではない地域
　　　　でも火災がみられますね」

研究員 「森林火災が発生したり，拡大したりする要因として，気温の高さ以外に
　　　　どのようなことが考えられますか」

サ　キ 「森林火災の発生や拡大には，（　P　）も影響していると思います」

研究員 「そうですね。現地では写真1のような表示で森林火災の危険性が予報さ
　　　　れています。これらの図や写真から，火災の危険性を予報する意味を考え
　　　　てみましょう」

フ　ミ 「この地域の森林では，（　Q　）だと思います」

研究員 「皆さん，しっかりと考察できましたね」

　（　P　）に当てはまる語句

　　サ　雨がほとんど降っていない日数の多さ

　　シ　風が弱い日数の多さ

　（　Q　）に当てはまる文

　　タ　落ち葉や土壌の表層も燃えて広がりやすいため，消火が困難になる危険性
　　　を知らせる必要があるから

　　チ　焼畑をしていると燃え広がりやすくなるため，農業従事者に危険性を知ら
　　　せる必要があるから

	①	②	③	④
P	サ	サ	シ	シ
Q	タ	チ	タ	チ

第2問 産業と貿易に関する次の問い(問1～6)に答えよ。(配点 20)

問1 産業の立地と地域の人口は深く結びついているが、その関係は産業の特性によって異なる。次の図1は、都道府県の人口と産業別就業者数を示したものであり、ア～ウは、農林業、製造業、小売業のいずれかである。産業とア～ウとの正しい組合せを、下の①～⑥のうちから一つ選べ。 7

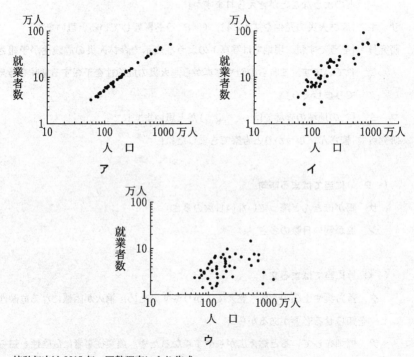

統計年次は2015年。国勢調査により作成。

図 1

	①	②	③	④	⑤	⑥
農林業	ア	ア	イ	イ	ウ	ウ
製造業	イ	ウ	ア	ウ	ア	イ
小売業	ウ	イ	ウ	ア	イ	ア

問 2　農業の立地には，地域の自然条件のほか，市場からの距離が重要な要因となる。市場からの距離と農業地域の形成を説明した仮想のモデルに関する次の条件と下の説明文を読んで，空欄**カ**に当てはまるものを，下の図2中の①～④のうちから一つ選べ。　8

条　件

- 市場が一つだけ存在する。
- 自然条件はどこも同じで，生産にかかる費用は一定である。
- 作物を市場へ運ぶ輸送費は距離に比例する。
- 農地面積当たり収益は，作物の販売価格から生産にかかる費用と輸送費を引いて求める。

説明文

　図2は，横軸に市場からの距離を，縦軸に作物別に見込める農地面積当たり収益を示したものである。作物Aは作物Bより輸送費が多くかかるが，市場での販売価格は高い。より収益の高い作物が選択されるならば，横軸の線上で生産される作物の分布は（　**カ**　）のようになる。

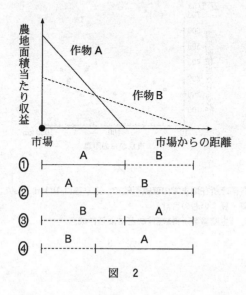

図　2

問 3　農業の立地には市場からの距離に加え様々な要因が作用する。次の図3中のサ～スは，米，野菜，果樹のいずれかについて，東日本の14都県における，東京からの距離と農地面積当たり収益の推計値*を示したものである。また，次ページの図4中のD～Fは，田，畑，樹園地のいずれかについて，その14都県の農地面積の構成比を指数で示したものである。野菜と畑との正しい組合せを，次ページの①～⑨のうちから一つ選べ。　9

*農地面積当たり収益は，作物別農業産出額を田，畑，樹園地の面積で割った値。

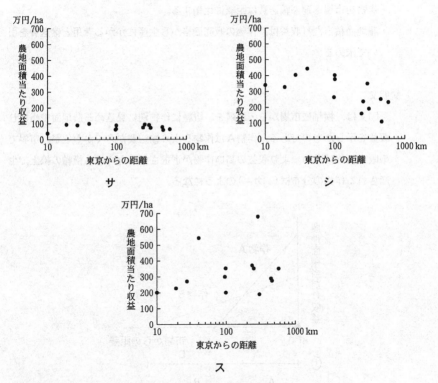

東京からの距離は各県庁所在地までの直線距離で，東京都は10kmとした。
野菜の産出額は野菜・豆・いもの合計。
統計年次は2017年。『生産農業所得統計』などにより作成。

図　3

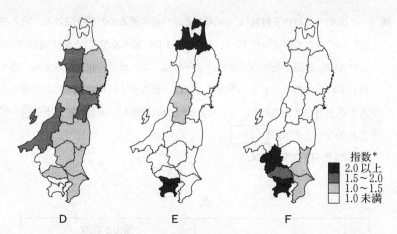

*各都県の農地面積に占める田，畑，樹園地の構成比を，それぞれ全国の構成比で割ったもの。
統計年次は2017年。『作物統計調査』により作成。

図 4

	①	②	③	④	⑤	⑥	⑦	⑧	⑨
野菜	サ	サ	サ	シ	シ	シ	ス	ス	ス
畑	D	E	F	D	E	F	D	E	F

問4 次の①～④の文は，世界各地の産業の立地について述べたものである。このうち，市場からの距離の近さが立地に強く影響している例として最も適当なものを，①～④のうちから一つ選べ。　10

① アメリカ合衆国のシアトルには，航空機組立産業が立地している。
② イタリアのフィレンツェには，付加価値の高い繊維産業が立地している。
③ インドのバンガロールには，英語対応のコールセンターが立地している。
④ 東京には，出版や印刷に関係する産業が立地している。

50 2021年度：地理Ｂ／本試験(第2日程)

問5　2国間で行われる貿易は，各国の資源や産業構造の影響を受ける。次の表1は，いくつかの国について，1人当たり GDP(国内総生産)と輸出依存度*をもとに4つに分類したものであり，Ｊ～Ｌは，シンガポール，ベトナム，カナダのいずれかである。また，下の**タ～ツ**は，日本がＪ～Ｌのいずれかの国から輸入する主要な品目である。Ｊ～Ｌと**タ～ツ**との正しい組合せを，下の①～⑥のうちから一つ選べ。　11

*輸出額を GDP で割った値。

表　1

		輸出依存度	
		50 % 未満	50 % 以上
1人当たり GDP	2万ドル未満	インドネシア	Ｊ
	2万ドル以上	Ｋ	Ｌ

統計年次は 2016 年。『世界国勢図会』により作成。

タ　機械類(集積回路など)や医薬品

チ　機械類(電気機器など)や衣類

ツ　石炭や肉類

	①	②	③	④	⑤	⑥
J	タ	タ	チ	チ	ツ	ツ
K	チ	ツ	タ	ツ	タ	チ
L	ツ	チ	ツ	タ	チ	タ

問6 次の図5は，ある3か国の2017年における訪日観光客数と，1人当たり旅行消費額およびその内訳を示したものであり，マ～ムは，アメリカ合衆国，韓国，中国*のいずれかである。また，図5中の凡例PとQは，買い物代と宿泊費のいずれかである。アメリカ合衆国と買い物代との正しい組合せを，下の①～⑥のうちから一つ選べ。 12

*台湾，ホンコン，マカオを含まない。

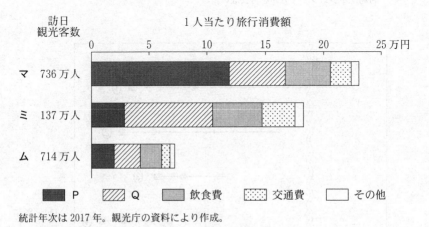

図 5

	①	②	③	④	⑤	⑥
アメリカ合衆国	マ	マ	ミ	ミ	ム	ム
買い物代	P	Q	P	Q	P	Q

第3問 人口と村落・都市に関する次の問い(問1～6)に答えよ。(配点 20)

問1 次の図1は、いくつかの国について、老年人口率が7％，14％，21％に達した年，または達すると予測されている年を示したものであり，①～④は，カナダ、中国*，日本，フランスのいずれかである。カナダに該当するものを，図1中の①～④のうちから一つ選べ。 13

*台湾，ホンコン，マカオを含まない。

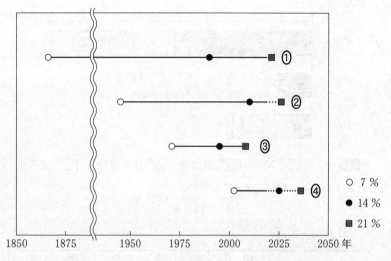

図中の点線は予測を示す。*World Population Prospects* などにより作成。

図 1

問2 次の図2は，いくつかの国における女性の労働力率を年齢階級別に示したものであり，凡例**ア**〜**ウ**は，アメリカ合衆国，韓国，フィンランドのいずれかである。国名と**ア**〜**ウ**との正しい組合せを，下の**①**〜**⑥**のうちから一つ選べ。14

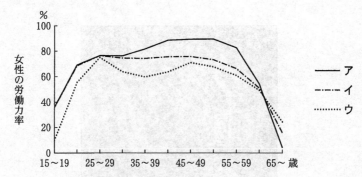

アメリカ合衆国の15〜19歳は16〜19歳の値。
統計年次は2017年。『世界の統計』により作成。

図　2

	①	②	③	④	⑤	⑥
アメリカ合衆国	ア	ア	イ	イ	ウ	ウ
韓国	イ	ウ	ア	ウ	ア	イ
フィンランド	ウ	イ	ウ	ア	イ	ア

問3 次の写真1は，ある集落の景観を撮影したものである。下の文カとキのいずれかは，写真1のような形態の集落が分布する地域について述べたものであり，文aとbのいずれかは，このような形態の利点を説明したものである。写真1のような形態の集落に該当する文の組合せとして最も適当なものを，下の①～④のうちから一つ選べ。 15

Googleマップにより作成。

写真 1

分布する地域

カ 開発の歴史が新しく，村落が計画的につくられた地域

キ 平野部で農業生産性が高く，外敵への備えが必要であった地域

形態の利点

a 各農家の近くに耕地が集まっており，耕作や収穫の利便性が高い。

b 教会や広場があり，農業や社会生活などで共同作業を行いやすい。

	①	②	③	④
分布する地域	カ	カ	キ	キ
形態の利点	a	b	a	b

問 4 次の図3は，ある三つの国A〜Cにおける都市人口率の推移を示したものであり，下の文サ〜スは，A〜Cのいずれかの国における社会・経済的な状況について述べたものである。A〜Cとサ〜スとの組合せとして最も適当なものを，下の①〜⑥のうちから一つ選べ。 16

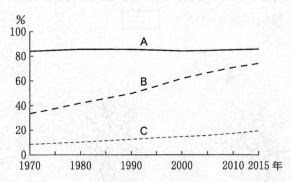

図 3

サ 植民地支配のもとで多数のプランテーションが開発されたものの，ルックイースト政策などにより外国資本の導入が進み，工業化の進展が著しい。

シ 長期的な植民地支配を受けることはなかったものの，モノカルチャー経済の傾向が残っており，近年でも最大の輸出品目はコーヒー豆である。

ス 鉄鉱石・石炭などの鉱産資源や農畜産物の輸出額が大きいものの，脱工業化が進み，就業人口に占める第3次産業就業者の割合が高い。

	①	②	③	④	⑤	⑥
A	サ	サ	シ	シ	ス	ス
B	シ	ス	サ	ス	サ	シ
C	ス	シ	ス	サ	シ	サ

問5 次の図4は,ある大都市における主な鉄道網と,いくつかの移動手段について,出勤目的の移動者数が多い地区間を線で結んだものであり,EとFは,自動車と鉄道のいずれかである。また,下の文章は,図4から読み取れることがらを述べたものであり,空欄Xには,図4中の地区タとチのいずれかが当てはまる。自動車に該当する図と空欄Xに当てはまる地区との正しい組合せを,下の①~④のうちから一つ選べ。 17

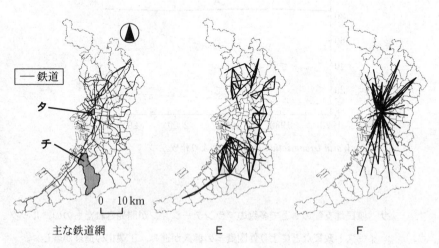

地区間の移動者数が,自動車は500人以上,鉄道は2,000人以上を示した。
統計年次は2010年。国土数値情報などにより作成。

図 4

　大都市では,道路網や鉄道網の発達により,都市内部の人口分布は昼間と夜間で大きく異なる。夜間人口100人に対する昼間人口を示す昼夜間人口指数について,図4中の地区タとチを比べると,(X)の方が大きな値を示す。

① E―タ　　② E―チ　　③ F―タ　　④ F―チ

問 6 次の図 5 は，日本のある県庁所在都市の中心部におけるいくつかの施設の立地を示したものであり，凡例マ～ムは，公立中学校，コンビニエンスストア，ビジネスホテルのいずれかである。施設名とマ～ムとの正しい組合せを，下の ①～⑥ のうちから一つ選べ。 18

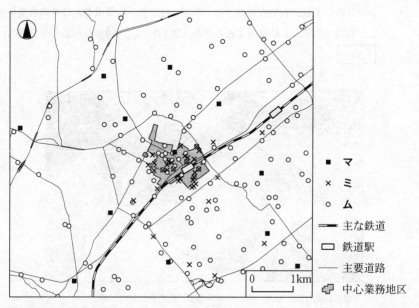

図 5

	①	②	③	④	⑤	⑥
公立中学校	マ	マ	ミ	ミ	ム	ム
コンビニエンスストア	ミ	ム	マ	ム	マ	ミ
ビジネスホテル	ム	ミ	ム	マ	ミ	マ

第4問 西アジアに関する次の問い(**A**・**B**)に答えよ。(配点 20)

A 西アジアの自然環境や社会経済に関する次の問い(**問1～4**)に答えよ。

問1 次の図1は，西アジアの地形を示したものであり，下の図2は，図1中のD～Gのいずれかの地点における1月と7月の月平均気温および月降水量を示したものである。Fに該当するものを，図2中の①～④のうちから一つ選べ。
19

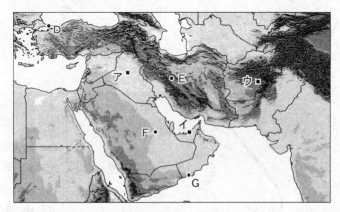

色の濃い部分ほど標高の高い地域を示し，陰影を付けている。

図 1

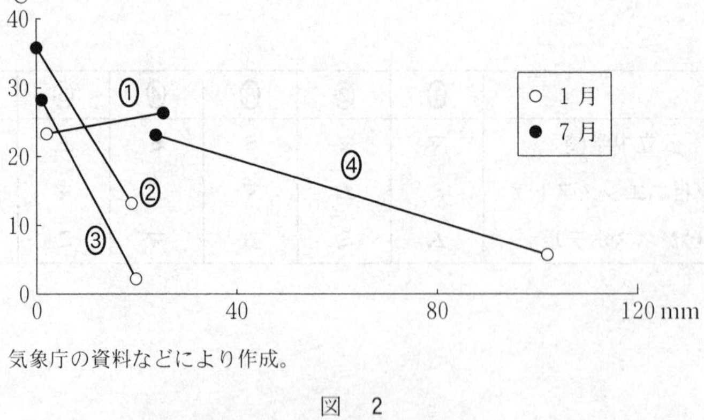

気象庁の資料などにより作成。

図 2

問 2 次の写真1中のJ～Lは，図1中のア～ウのいずれかの地点における水資源の確保に関する景観を撮影したものである。J～Lとア～ウとの正しい組合せを，下の①～⑥のうちから一つ選べ。 20

J　外来河川

K　淡水化施設

L　地下水路

Google Earth により作成。

写真　1

	①	②	③	④	⑤	⑥
J	ア	ア	イ	イ	ウ	ウ
K	イ	ウ	ア	ウ	ア	イ
L	ウ	イ	ウ	ア	イ	ア

問 3 次の図3は，1人当たりGNI（国民総所得）と1日当たり原油生産量によって西アジアの国々をa〜dの4つのグループに分けたものであり，下の図4は，各グループの分布を示したものである。図4中の凡例カ〜クは，図3中のa〜cのいずれかである。a〜cとカ〜クとの正しい組合せを，次ページの①〜⑥のうちから一つ選べ。 21

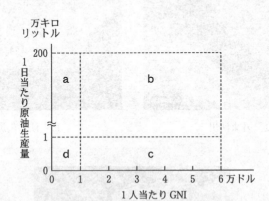

統計年次は2016年。『世界国勢図会』などにより作成。

図　3

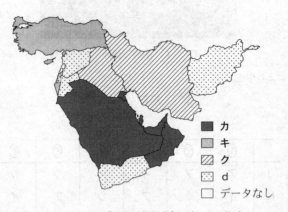

統計年次は2016年。『世界国勢図会』などにより作成。

図　4

	①	②	③	④	⑤	⑥
a	カ	カ	キ	キ	ク	ク
b	キ	ク	カ	ク	カ	キ
c	ク	キ	ク	カ	キ	カ

問4 次の図5は，アラブ首長国連邦のドバイにおける人口の推移を示したものであり，図6は，2015年のドバイにおける人口ピラミッドを示したものである。図5と図6をもとに考えられる，2000年以降のドバイの人口増加に寄与している要因として最も適当なものを，下の①〜④のうちから一つ選べ。

22

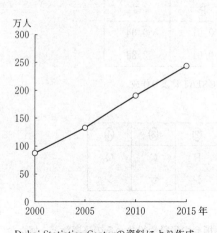

Dubai Statistics Centerの資料により作成。

図 5

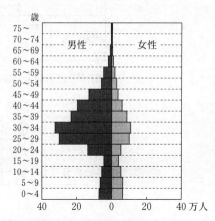

Dubai Statistics Centerの資料により作成。

図 6

① イスラーム（イスラム教）の聖地への外国からの巡礼
② 外国出身者における高い出生率
③ 建設工事の増加に伴う外国からの労働者の流入
④ 都市と農村の所得格差に伴う国内の人口移動

62 2021年度：地理Ｂ/本試験（第２日程）

B 西アジアのトルコと北アフリカのモロッコは，ともに地中海に面し，ヨーロッパとの結びつきも強い。両国に関する次の問い（**問５・６**）に答えよ。

問 5 次の表２は，いくつかの食料品について，トルコとモロッコの１人当たり年間供給量を示したものであり，ＰとＱはナツメヤシと豚肉のいずれか，サとシはトルコとモロッコのいずれかである。ナツメヤシとモロッコとの正しい組合せを，下の①〜④のうちから一つ選べ。　23

表　2

（単位：kg）

		１人当たり年間供給量	
		P	Q
国　名	サ	0.01	0.64
	シ	0.01	2.88

統計年次は 2013 年。FAOSTAT により作成。

	①	②	③	④
ナツメヤシ	P	P	Q	Q
モロッコ	サ	シ	サ	シ

問 6 人口の国際移動には，教育・雇用機会の獲得や紛争からの逃避など，様々な背景がある。次ページの図７中の凡例ＳとＴは，ヨーロッパ各国に居住するトルコ人とモロッコ人の数のいずれかを示したものである。また，次ページの図８中のタとチは，トルコとモロッコのいずれかが受け入れている難民数の推移を示したものである。モロッコに該当する正しい組合せを，次ページの①〜④のうちから一つ選べ。　24

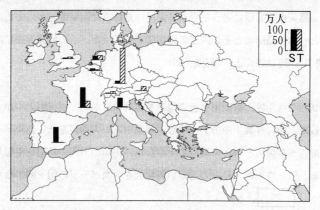

ヨーロッパ各国のうち,居住するトルコ人とモロッコ人の合計が10万人以上の国を示した。
統計年次は2017年。UN Population Division の資料により作成。

図 7

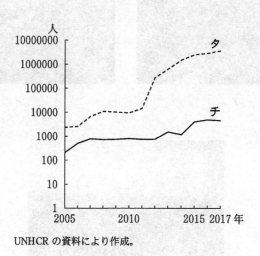

UNHCR の資料により作成。

図 8

	①	②	③	④
ヨーロッパ各国に居住するモロッコ人の数	S	S	T	T
モロッコが受け入れている難民数	タ	チ	タ	チ

第5問 福岡市の高校に通うヨウジさんは，夏休みに関東地方から来た友人のユウタさんと一緒に福岡市とその周辺の地域調査を行った。この地域調査に関する次の問い（問1～6）に答えよ。（配点 20）

問1 ユウタさんは，福岡市付近の地形を確認するため，飛行機の中から写真を撮影した。次の写真1中の**ア～ウ**は，福岡市とその周辺を示した次ページの図1中のA～Cのいずれかの地点の上空から，矢印の方向の景観を撮影したものである。**ア～ウ**とA～Cとの正しい組合せを，次ページの①～⑥のうちから一つ選べ。 25

ア

イ

ウ

写真 1

2021年度：地理B／本試験（第2日程）　65

地理院地図により作成。

図　1

	①	②	③	④	⑤	⑥
ア	A	A	B	B	C	C
イ	B	C	A	C	A	B
ウ	C	B	C	A	B	A

問 2 ヨウジさんは、ユウタさんに福岡市の都市圏を説明するために、GIS（地理情報システム）を用いて主題図を作成した。次の図 2 は、人口集中地区*の分布と福岡市への通勤・通学率を示したものである。図 2 に関連することがらを述べた文として最も適当なものを、下の ①～④ のうちから一つ選べ。26

*国勢調査において人口密度が 4,000 人/km² 以上、かつ隣接した地域の人口が 5,000 人以上を有する地域を指す。

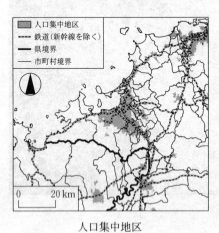
人口集中地区

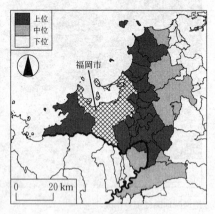
通勤・通学率

統計年次は 2015 年。国勢調査などにより作成。

図 2

① 福岡市への通勤・通学率が上位の市町村には、学校や企業が福岡市よりも多く立地していると考えられる。

② 福岡市への通勤・通学率が上位の市町村は、福岡県外の福岡市に隣接した市町村にも広がっている。

③ 福岡市への通勤・通学率が中位の市町村には、人口集中地区はみられない。

④ 福岡市を含む人口集中地区の広がりから、鉄道沿線では住宅地などの開発が進んできたと考えられる。

2021年度：地理B/本試験（第2日程） **67**

問 3 福岡市の産業に関心を持ったヨウジさんたちは，市役所を訪問し，職員から
詳しい話を聞いた。次の表 1 は，産業別の就業者数の上位 3 業種を示したもの
であり，EとFは全国と福岡市のいずれかである。また，下の会話文中の空欄
カ には，下の語句XとYのいずれかが当てはまる。福岡市に該当する記号と**カ**
に当てはまる語句との組合せとして最も適当なものを，下の①～④のうちから
一つ選べ。 27

表 1

順 位	E	F
1 位	製造業	卸売業・小売業
2 位	卸売業・小売業	医療・福祉
3 位	医療・福祉	その他サービス業*

*産業大分類での名称は，サービス業(他に分類されないもの)である。
統計年次は 2015 年。国勢調査により作成。

職　員「産業別の就業者数の順位を示した表 1 を見てください。福岡市と全国の
就業者数の順位には違いがあります」

ヨウジ「福岡市の産業にはどのような特徴がありますか」

職　員「福岡市は古くからの港町であり，現在も交通の拠点となっています。こ
のため，広域に商品などを供給する大企業の支店が立地しています」

ユウタ「そのような大企業の支店数を，九州地方の他都市と比較することで，福
岡市の（ **カ** ）としての特性を推測できますね」

X 経済の中心地

Y 政治・行政の中心地

	①	②	③	④
福岡市	E	E	F	F
カ	X	Y	X	Y

問 4 ヨウジさんたちは，福岡市都心の始発駅から電車に乗り，景観の変化を調べてみた。次の写真2中のJ～Lは，ヨウジさんたちがいくつかの駅の周辺で景観を撮影したものである。また，次ページの表2中のサ～スは，J～Lの写真を撮影した地点を含む市区町村のいずれかにおける，2005年から2015年の人口増加率と老年人口増加率を示したものである。J～Lとサ～スとの正しい組合せを，次ページの①～⑥のうちから一つ選べ。 28

J 始発駅から数分で着く駅であり，新しいマンションが建ち並んでいた。

K 始発駅から30分ほどで着く駅であり，丘の上に古い戸建ての住宅が並んでいた。

L 始発駅から1時間ほどで着く駅であり，駅周辺に田畑が広がっていた。

写真 2

2021年度：地理B／本試験(第2日程) **69**

表 2

(単位：%)

	人口増加率	老年人口増加率
サ	15.3	46.2
シ	−0.7	24.1
ス	3.6	49.0

統計年次は 2005～2015 年。
国勢調査により作成。

	①	②	③	④	⑤	⑥
J	サ	サ	シ	シ	ス	ス
K	シ	ス	サ	ス	サ	シ
L	ス	シ	ス	サ	シ	サ

問5 福岡市の海岸線に埋立地が多いことに気が付いたヨウジさんたちは，地理院地図に1950年頃の海岸線を書き入れた次の図3を見ながら付近を歩いて，土地利用を観察した。ヨウジさんたちが話し合った下の会話文中の下線部①～④のうちから，誤りを含むものを一つ選べ。　29

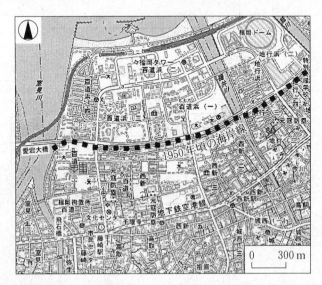

地理院地図により作成。

図　3

ヨウジ「藤崎駅を出てすぐに元寇防塁があったね」
ユウタ「①史跡や寺社は，古くから人々が住んでいたことを示していることが多いよ」
ヨウジ「愛宕大橋から飛石橋にかけては，河道がカーブしていたね。②河道の形状は古くからの土地かどうかを判別する手掛かりになるよ」
ユウタ「百道浜の方に歩いていくと整然とした住宅地が広がっていたね」
ヨウジ「建物の密度や区画の広さをみると，③埋立地では計画的な都市開発が行われてきたことが分かるよ」
ユウタ「④古くからの土地か埋立地なのかは，地図で公共施設や学校の有無を見ると判断できるよ」

問6 福岡市での地域調査を通じて地方中心都市の役割に関心を持ったユウタさんは，福岡市からみた日本の人口移動について考えた。次の図4は，各都道府県から福岡市への転入者数の方が多い場合は転入超過とし，福岡市から各都道府県への転出者数の方が多い場合は転出超過として，その超過人数を示したものである。図4に関連することがらを述べた文として下線部が**適当でないもの**を，下の①〜④のうちから一つ選べ。30

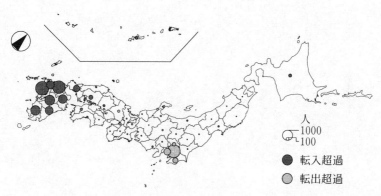

統計年次は2018年。『福岡市統計書』により作成。

図　4

① 九州地方の各県からの転入超過は，進学や就職をきっかけにした人口移動によると考えられる。
② 中国・四国地方のうち転入超過を示す地域は，人口の増加率が高いと考えられる。
③ 大阪圏や名古屋圏への転出超過や転入超過が少ないのは，転出者数と転入者数が均衡しているためと考えられる。
④ 東京圏への大幅な転出超過は，日本全体における人口の東京一極集中を反映していると考えられる。

共通テスト
第2回 試行調査

地理B

第2回
試 行

解答時間 60分
配点 100点

2　第2回 試行調査：地理B

地　理　B

$$\left(\text{解答番号}\boxed{\ \ 1\ \ }\sim\boxed{\ \ 32\ \ }\right)$$

第1問　人々の生活は，世界各地の自然環境とかかわりながら形成されてきた面が
ある。世界の自然特性を様々な角度から考えるための下の問い（**問1～6**）に答えよ。
（配点　20）

問1　現在では世界各地の自然環境を考察するために，GIS（地理情報システム）が
積極的に使われている。次の図1は，世界のある海岸地方の衛星データから
GISで作成した地図である。また，次ページの図2は，図1中の矢印の視点か
らの地形景観を3D化したものであり，図2の下の文章は，この地域の海岸
地形の形成過程についてまとめたものである。次ページの文章中の空欄**ア**と**イ**
に当てはまる語の正しい組合せを，次ページの**①**～**④**のうちから一つ選べ。
　　　　　　　　　　　　　　　　　　　　　　　　　　　　　　　　　　　　　
$\boxed{\ \ 1\ \ }$

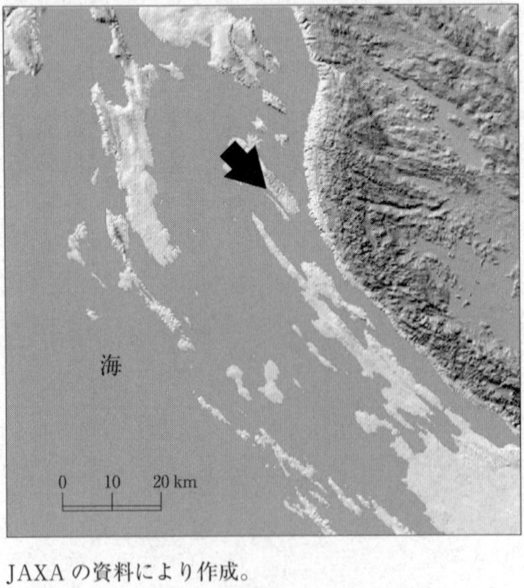

JAXAの資料により作成。

図　1

高さは強調して表現してある。Google Earth により作成。

図　2

　図1では，海岸線とほぼ（　ア　）して，細長い島々が配列している様子が読み取れる。これは，海岸線と同じ向きの稜線をもった地形が沈水し，稜線の一部が沈水から取り残されて島々ができたことを示している。すなわち，図2にみられる海岸付近の山地と島に挟まれた海域は，雨水や河川など主に（　イ　）営力により形成された谷に，海水が侵入してできたものと考えられる。

	①	②	③	④
ア	直交	直交	平行	平行
イ	外的	内的	外的	内的

問2　人々の生活に影響を及ぼす自然の力は，世界の中に偏在している。次ページの図3中のA〜Cは，火山噴火や地震などが多い地域を示している。また，次ページの図4中のカ〜クは，図3中のA〜Cのいずれかの範囲を示しており，jとkは火山または地震の震央*のいずれかである。図3中のAの範囲に当てはまる図と，図4中のjがあらわすものとの正しい組合せを，①〜⑥のうちか

ら一つ選べ。 2

*2000～2016年に観測されたマグニチュード6.0以上の地震の震央。

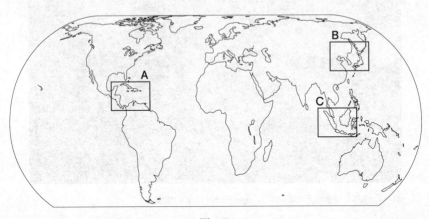

図 3

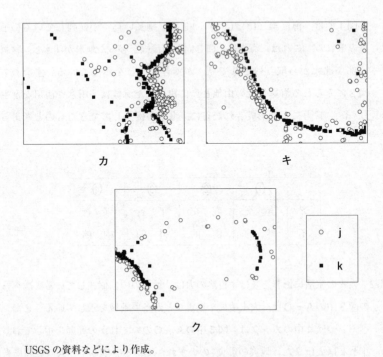

USGSの資料などにより作成。

図 4

	①	②	③	④	⑤	⑥
A	カ	カ	キ	キ	ク	ク
j	火山	地震の震央	火山	地震の震央	火山	地震の震央

問 3 世界各地の気候は様々な背景によって影響を受ける。次の図 5 中の**サ～ス**は，下の図 6 中の地点 E～G のいずれかにおける 1 月および 7 月の降水量を示したものである。図 5 中の**サ～ス**について述べた次ページの文中の下線部について，正誤の組合せとして正しいものを，次ページの①～⑧のうちから一つ選べ。 3

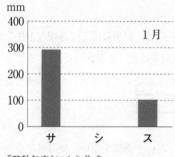
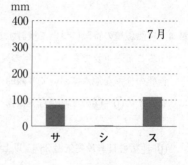

『理科年表』により作成。

図 5

図 6

6 第2回 試行調査：地理B

サ：1月に降水量が多く7月にも降水がみられることから，北東貿易風と南東貿易風の収束帯などの影響を受ける地点Eだろう。

シ：両月ともに降水量がほぼ記録されていないことから，高い山脈の風下側に位置するなどの影響で，低地の気温も低く雲が発達しにくい地点Fだろう。

ス：両月ともに降水がみられるが，大きく変化しないことから，寒気と暖気の境界に生じる前線などの影響を受ける地点Gだろう。

	①	②	③	④	⑤	⑥	⑦	⑧
サ	正	正	正	正	誤	誤	誤	誤
シ	正	正	誤	誤	正	正	誤	誤
ス	正	誤	正	誤	正	誤	正	誤

問 4 自然環境の特徴について検討するためには，目的に応じて適切な方法を選択することが重要である。「今年の夏季は例年に比べて暑かった」ということを，世界の様々な地点において客観的に検討するための方法として最も適当なものを，次の①～④のうちから一つ選べ。 | 4 |

① 「猛暑日」(最高気温35℃以上の日)という指標を用い，検討対象地点の猛暑日数平年値(30年間の平均値)と今年の猛暑日数とを比較する。

② 検討対象地点とその周辺にある気象観測所の今年の夏季の気温データを収集し，気温の分布図を作成する。

③ 検討対象地点における夏季の平均気温平年値(30年間の平均値)を求め，今年の夏季の平均気温と比較する。

④ 検討対象地点付近で，通行する人に聞き取り調査し，今年の夏季の気温についての考えを聞く。

問 5 人々の生活の場は，自然の特性を生かして形成されていることがある。次の図 7 は，日本の河川の上流から下流にかけての地形を模式的に示したものであり，下のタ～ツの文は，図 7 中の地点 P～R における典型的な地形と土地利用の特徴について述べたものである。P～R とタ～ツとの正しい組合せを，下の①～⑥のうちから一つ選べ。 5

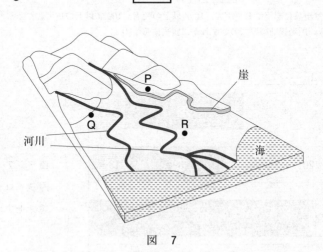

図 7

タ 河川近くの砂などが堆積した微高地は古くからの集落や畑などに，河川から離れた砂や泥の堆積した水はけの悪い土地は水田などに利用されてきた。

チ 砂や礫（れき）が堆積して形成された土地で，地下にしみこんだ伏流水が湧き出しやすく，水が得やすいため集落が形成されてきた。

ツ 3 地点の中では形成年代が古く，平坦な地形で，水が得にくいため開発が遅れる傾向があり，用水路の整備にともない水田や集落の開発が進んだ。

	①	②	③	④	⑤	⑥
P	タ	タ	チ	チ	ツ	ツ
Q	チ	ツ	タ	ツ	タ	チ
R	ツ	チ	ツ	タ	チ	タ

問6 自然災害にともなう被害の規模は，地域の自然条件とともに社会条件ともかかわりがある。次の図8中の**ナ〜ヌ**は，1986年から2015年の間に世界で発生した自然災害*の，発生件数，被害額，被災者数のいずれかについて地域別の割合を示したものである。**ナ〜ヌ**と指標名との正しい組合せを，下の**①〜⑥**のうちから一つ選べ。 6

*自然現象に起因する災害で，10名以上の死者，100名以上の被災者，非常事態宣言の発令，国際援助の要請のいずれかに該当するもの。

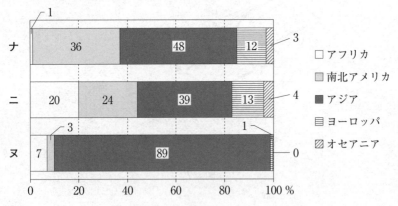

図 8

	ナ	ニ	ヌ
①	発生件数	被害額	被災者数
②	発生件数	被災者数	被害額
③	被害額	発生件数	被災者数
④	被害額	被災者数	発生件数
⑤	被災者数	発生件数	被害額
⑥	被災者数	被害額	発生件数

第2問 資源・エネルギーの開発と工業の発展に関する次の模式図を見て，図中の ⓐ～ⓕに関する下の問い（**問1～6**）に答えよ。（配点 20）

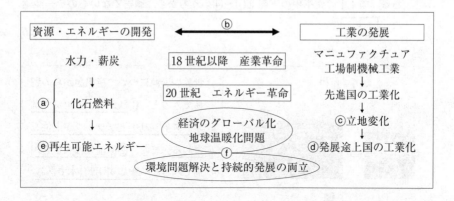

問1 ⓐに関して，次の表1は，世界のエネルギー資源の埋蔵量と，埋蔵量を年間生産量で除した可採年数を地域別に示したものであり，①～④は，アフリカ，北アメリカ（メキシコを含む），中・南アメリカ（メキシコを除く），西アジアのいずれかである。アフリカに該当するものを，表1中の①～④のうちから一つ選べ。 7

表　1

	石油		天然ガス		石炭	
	埋蔵量 (億バレル)	可採年数 (年)	埋蔵量 (兆 m³)	可採年数 (年)	埋蔵量 (億トン)	可採年数 (年)
①	8,077	70	79.1	120	12	752
②	3,301	126	8.2	46	140	141
③	2,261	31	10.8	11	2,587	335
欧州（ロシアを含む）・中央アジア	1,583	24	62.2	59	3,236	265
④	1,265	43	13.8	61	132	49
アジア（西アジアを除く）・太平洋	480	17	19.3	32	4,242	79

統計年次は2017年。
BP Statistical Review of World Energy の資料などにより作成。

問2 ⓑに関して，次の図1は，石油や鉄鉱石の利用を事例として，資源・エネルギーの産出から加工，さらには利用・消費について写真と文章で示したものである。図1中の文章中の下線部①～④のうちから，**適当でないもの**を一つ選べ。 8

産出

油田

鉄鉱石

世界の資源について産出国からの貿易でみると，①鉄鉱石の輸出量ではオーストラリアとブラジルが上位を占める。また，②原油の輸入量を国別でみると，最大の国は日本である。

加工

石油化学コンビナート

製鉄所

石油化学コンビナートや製鉄所では，資源を加工して化学製品や鉄鋼などを生産している。第二次世界大戦後は，③生産施設の大規模化やオートメーション化が進んだ。

利用・消費

自動車・船舶

建造物

利用・消費でみると，1人当たりのエネルギー消費量は発展途上国よりも先進国で多い。工業製品では，④先進国に比べ，発展途上国で消費量の増加率が高くなっている。

図 1

写真提供：ユニフォトプレス（図1内全て）

問3 ⓒに関して，資源使用量の変化とともに製鉄所の立地は変化してきた。次の図2は，仮想の地域を示したものであり，下の枠は地図中の凡例および仮想の条件である。このとき，次ページの図3中の**ア〜ウ**は，1900年前後，1960年前後，2000年前後のいずれかにおける鉄鋼生産国の製鉄所の立地場所を示したものである。輸送費の観点から年代順で立地の変化を考えたとき，年代と**ア〜ウ**との正しい組合せを，次ページの**①〜⑥**のうちから一つ選べ。ただし，地図で示されていない自然環境や社会環境は条件として考慮しない。　9

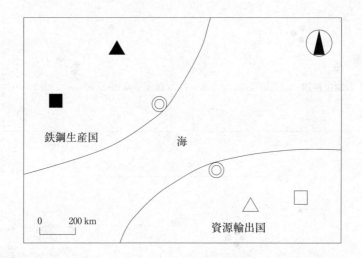

＜凡例および仮想の条件＞

・■石炭，▲鉄鉱石・・・坑道掘り
・□石炭，△鉄鉱石・・・露天掘り
・図中の◎は貿易港をもつ都市を示している。
・1970年代以降，坑道掘りは産出量が減少する一方，露天掘りは産出量が増加して，図中の南東側の国が資源輸出国となったとする。
・次ページの表2は，鉄鋼製品1トン当たりの石炭と鉄鉱石の使用量の推移を示している。

図　2

表 2 鉄鋼製品1トン当たりの石炭と鉄鉱石の使用量の推移

(単位：トン)

	1901年	1930年	1960年	1970年	2000年
石　炭	4.0	1.5	1.0	0.8	0.8
鉄鉱石	2.0	1.6	1.6	1.6	1.5

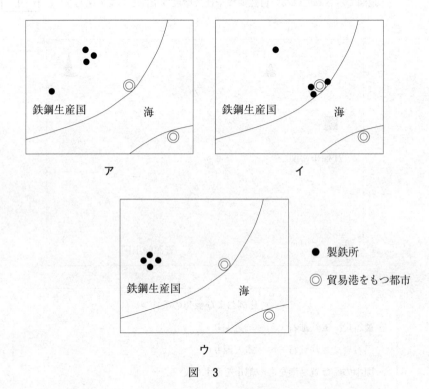

図 3

	①	②	③	④	⑤	⑥
1900年前後	ア	ア	イ	イ	ウ	ウ
1960年前後	イ	ウ	ア	ウ	ア	イ
2000年前後	ウ	イ	ウ	ア	イ	ア

第 2 回 試行調査：地理B　13

問 4　ⓓに関して，東アジア・東南アジアにおける発展途上国の工業化について述べた文として最も適当なものを，次の①〜④のうちから一つ選べ。　|10|

① 各国・地域の工業化は，輸出指向型から，外国資本の導入による輸入代替型の工業化政策に路線を転換することで進んだ。

② 工業化にともなって，先進国との貿易が増加して，東アジア・東南アジア域内の貿易額が減少した。

③ 中国の重化学工業化は，都市人口の増加を抑制し，国内の沿岸部と内陸部との地域間経済格差を緩和した。

④ 東南アジアの自動車工業は，原材料から最終製品までの生産において，国境を越えた工程間の分業によって発展した。

問 5　ⓔに関して，次の表3中の**カ〜ク**は，水力，地熱，バイオマスのいずれかの発電量上位5か国を示したものである。**カ〜ク**と再生可能エネルギー名との正しい組合せを，下の①〜⑥のうちから一つ選べ。　|11|

表　3

	1 位	2 位	3 位	4 位	5 位
カ	アメリカ合衆国	フィリピン	インドネシア	ニュージーランド	メキシコ
キ	アメリカ合衆国	中　国	ドイツ	ブラジル	日　本
ク	中　国	ブラジル	カナダ	アメリカ合衆国	ロシア

中国には，台湾，ホンコン，マカオを含まない。統計年次は，水力とバイオマスが2016年，地熱が2014年。『自然エネルギー世界白書2017』などにより作成。

	①	②	③	④	⑤	⑥
カ	水　力	水　力	地　熱	地　熱	バイオマス	バイオマス
キ	地　熱	バイオマス	水　力	バイオマス	水　力	地　熱
ク	バイオマス	地　熱	バイオマス	水　力	地　熱	水　力

問 6 ⓕに関して，次の図 4 は，二酸化炭素排出量の世界上位 8 か国について，1 人当たり二酸化炭素排出量と，1990 年を 100 とした指数で 2011 年の二酸化炭素排出量を示したものであり，円の大きさはそれぞれの国の二酸化炭素排出量を示している。図 4 から考えられることがらとその背景について述べた文として**適当でないもの**を，下の ①〜④ のうちから一つ選べ。 12

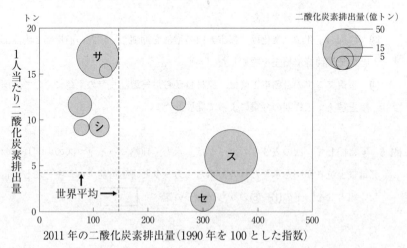

図　4

① **サ**は，環境問題への対策が遅れており，1 人当たり二酸化炭素排出量が 8 か国の中で最大となっている。

② **ス**は，急速な工業化によって，1 人当たり二酸化炭素排出量が増加している。

③ **サとシ**は，再生可能エネルギーや電気自動車が普及すると，それぞれの円の位置が右上方向に移行する。

④ **スとセ**は，今後も経済発展が進むと，世界全体の二酸化炭素排出量が大きく増加することが懸念されている。

第3問 高校生のミズホさんたちは，地理の授業で生活文化の多様性について学んだ。その学習の成果を学校の文化祭で他の生徒たちにも伝えるために，展示資料を作成することにした。展示資料Ⅰ～Ⅲに関する下の問い(**問1～6**)に答えよ。
(配点 20)

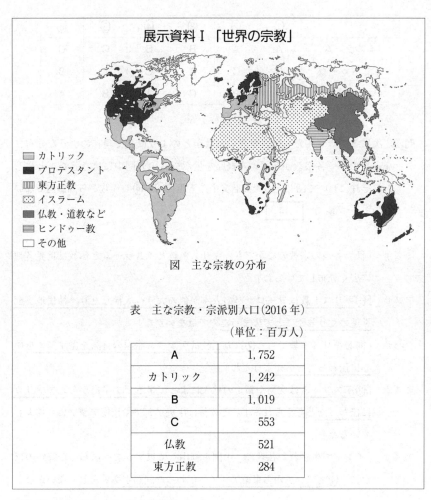

図は *Alexander Schulatlas* により作成。
表は *The World Almanac and Book of Facts* により作成。

16 第2回 試行調査：地理B

問1 ミズホさんたちは，世界の宗教の多様性を示すために，主な宗教の分布や人口について，展示資料Ⅰにまとめた。展示資料Ⅰの表中の**A〜C**は，イスラーム，ヒンドゥー教，プロテスタントのいずれかである。**A〜C**と宗教・宗派名との正しい組合せを，次の①〜⑥のうちから一つ選べ。 13

	①	②	③	④	⑤	⑥
イスラーム	A	A	B	B	C	C
ヒンドゥー教	B	C	A	C	A	B
プロテスタント	C	B	C	A	B	A

問2 次にミズホさんたちは，世界の宗教がどのようにして現在のような分布になったのか，各宗教が伝播する経路を展示資料Ⅰの図中に書き込むことにした。それについて話し合った会話文中の下線部①〜④のうちから，**適当でない**ものを一つ選べ。 14

ミズホ 「世界各地の宗教のなかでも，キリスト教とイスラームと仏教は世界各地に広く分布しているね」

アズサ 「①キリスト教はヨーロッパの人々が他の大陸へ入植したり，植民地支配を進めたりしたことで広まったのではないかな」

ツバサ 「同じキリスト教でも，②東方正教はゲルマン語派の言語を話す国々を中心に伝わっていったようだね」

ミズホ 「③イスラームは交易や領土の拡大によってアラビア半島から北アフリカに伝わったと考えられるよ。その後は中央アジアや東南アジアにも拡大しているね」

アズサ 「インドで生まれた仏教は，中国を経由して東アジアへ伝わった経路のほかに，④南アジアから東南アジアへ伝わった経路があるんじゃないかな」

展示資料Ⅱ「生活文化と自然環境」

表　各地域の伝統的な衣服と家屋

	伝統的衣服	伝統的家屋
ア地域	丈夫で加工しやすい毛織物を使った衣服	石灰岩などの加工しやすい石を利用した石積みの家屋
イ地域	狩猟で得た獣皮を裁断・縫製した衣服	豊富にある木材を加工して組立てられた木造家屋
ウ地域	放熱性に優れた麻や木綿を素材とする衣服	ⓐ土を素材とした日干しれんが積みなどの家屋

図　各地域に位置する都市の雨温図

図は『理科年表』により作成。

問3 ミズホさんたちは，生活文化の多様性が自然環境と関係していることを明らかにするために，気候に特色がある地域別に伝統的な衣服と家屋について調べ，展示資料Ⅱをまとめた。展示資料Ⅱの図中のK～Mは，表中のア～ウの地域に位置する都市の雨温図を示したものである。K～Mとア～ウとの正しい組合せを，次の①～⑥のうちから一つ選べ。 15

	①	②	③	④	⑤	⑥
K	ア	ア	イ	イ	ウ	ウ
L	イ	ウ	ア	ウ	ア	イ
M	ウ	イ	ウ	ア	イ	ア

問4 次にミズホさんたちは，生活文化と自然環境の関係を個別の事例で説明するために，各地域の伝統的家屋を説明するカードを作成した。次のカードは展示資料Ⅱの表中の下線部ⓐに関するものである。写真を説明した文として最も適当なものを，カード中の①～④のうちから一つ選べ。 16

① 強い日差しを避けるために窓は小さくなっている
② 集落内の風通しを良くするために屋根は平らになっている
③ 病害虫や疫病を防ぐために家屋が密集して建てられている
④ 季節風を避けるために樹木が植えられている

写真提供：ユニフォトプレス

図 主な作物の伝播経路

表 伝播経路および主食とする地域

作物	特徴
小麦	西アジアで栽培化され，ヨーロッパから中国にかけて伝わり，ヨーロッパ人が進出した地域にも広まった。
米	東は東南アジアから東アジア，西は南アジアまで伝わり，アジアでは広く主食とされている。
ジャガイモ	原産地の南アメリカからヨーロッパに持ち込まれ，現在でも南アメリカでは主食となっている地域がある。
トウモロコシ	・原産地はどこで，どのように伝播したか？（作成中） ・主食となっている地域はどこか？（作成中）

図は星川清親『栽培植物の起原と伝播』などにより作成。

問5 ミズホさんたちは，生活文化のなかでも食文化の多様性に着目して，展示資料Ⅲをまとめることにした。展示資料Ⅲの図と表は，小麦，米，ジャガイモの伝播経路および主食とする地域を示したものであり，図中のp〜sは，作成中のトウモロコシの原産地または伝播した地域を示している。トウモロコシの伝播経路を表した模式図として最も適当なものを，次ページの①〜④のうちから一つ選べ。 17

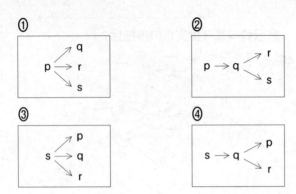

問 6 ミズホさんたちが文化祭で展示資料Ⅲについて説明していると，他の生徒から質問があった。次の会話文中の空欄**カ**と**キ**に当てはまる文の正しい組合せを，下の①〜④のうちから一つ選べ。 18

他の生徒 「世界の食文化は多様というけれど，最近は欧米諸国の文化が世界中に広がって，食文化はどんどん画一化されていってるんじゃないかな」
ミズホ 「確かに画一化している面もあるね。日本でも カ しているね」
他の生徒 「日本での食文化の画一化について，何か説明できるデータはないかな」
アズサ 「例えば キ を比較してみたらどうだろう」
ツバサ 「長い期間の推移をグラフにしてみる必要がありそうだね」

T フランス料理店やスペイン料理店など各国の料理を提供する店が立地
U アメリカ合衆国の巨大企業が全国各地でハンバーガーショップを展開

X 日本と欧米諸国の1人当たりカロリー摂取量とその内訳
Y 日本と欧米諸国の農産物輸出額とその内訳

① カ—T キ—X　　② カ—T キ—Y
③ カ—U キ—X　　④ カ—U キ—Y

第4問　オセアニアに関する下の問い（問1～6）に答えよ。（配点 20）

問1　ケッペンの気候区分で，次の図1中のオークランドと同じ気候区に含まれるオーストラリアの都市を，図1中の①～④のうちから一つ選べ。　19

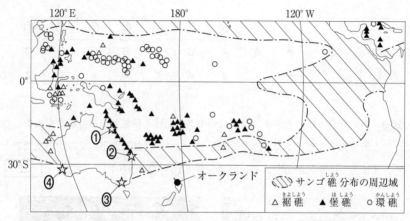

堀(1990)により作成。

図　1

問2　上の図1は，オーストラリアから南太平洋にかけてのサンゴ礁の分布を示しており，次のA～Cは図1からの読み取りを，次ページのe～gはA～Cのいずれかに関連することがらを述べた文である。堡礁について当てはまる，図の読み取りと関連することがらとの適当な組合せを，次ページの①～⑨のうちから二つ選べ。ただし，解答の順序は問わない。　20　・　21

【図の読み取り】

A　オーストラリア大陸の東岸に多くみられる。

B　サンゴ礁分布の周辺域に多く分布する。

C　南アメリカ大陸の西岸には分布しない。

【関連することがら】
　e　寒流や湧昇流により海水温が相対的に低い。
　f　現在の間氷期が始まり，海水温が上昇してから，サンゴ礁が形成可能になった。
　g　世界自然遺産のグレートバリアリーフを構成している。

	①	②	③	④	⑤	⑥	⑦	⑧	⑨
図の読み取り	A	A	A	B	B	B	C	C	C
関連することがら	e	f	g	e	f	g	e	f	g

問3　次の写真1は，太平洋島嶼国のサモアにおける伝統的な農村風景を撮影したものである。写真1に関連することがらについて述べた下の文章中の空欄アとイに当てはまる語の正しい組合せを，下の①～④のうちから一つ選べ。　22

K

L

写真　1

サモアは一年中暑く湿度が高いため，Kのような（　ア　）住居が数多くみられる。また，サモアの農村部に暮らす人々は自給自足に近い生活を送っており，Lのように，住居の周囲でココヤシなどとともに主食である（　イ　）を栽培している。しかし，近年は海外からの影響を受けて，伝統的な生活習慣や豊かな自然環境が変化しつつあり，持続可能な開発が課題である。

	①	②	③	④
ア	風通しの良い	風通しの良い	移動式の	移動式の
イ	タロイモ	バナナ	タロイモ	バナナ

問4 下の表1は，次の図2中の太平洋島嶼国の旧宗主国または国際連合の信託統治の旧施政権国を示したものである。また，次ページの図3は，太平洋島嶼国に対するいくつかの国からのODA(政府開発援助)供与額を示したものであり，**カ〜ク**はアメリカ合衆国，オーストラリア，日本のいずれかである。国名と**カ〜ク**との正しい組合せを，次ページの**①〜⑥**のうちから一つ選べ。 23

図 2

表 1

旧宗主国または 国際連合信託統治の旧施政権国	太平洋島嶼国
アメリカ合衆国	マーシャル諸島，ミクロネシア連邦，パラオ
イギリス	トンガ，フィジー，ソロモン諸島，ツバル，キリバス
オーストラリア	パプアニューギニア
ニュージーランド	サモア，クック諸島，ニウエ
2国(イギリス・フランス)	バヌアツ
3国(イギリス・オーストラリア・ニュージーランド)	ナウル

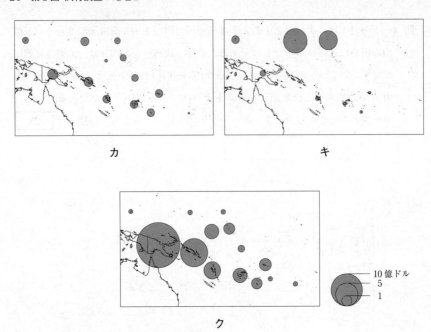

統計年次は2011～2015年の合計。
OECDの資料などにより作成。

図 3

	①	②	③	④	⑤	⑥
アメリカ合衆国	カ	カ	キ	キ	ク	ク
オーストラリア	キ	ク	カ	ク	カ	キ
日　本	ク	キ	ク	カ	キ	カ

第 2 回 試行調査：地理Ｂ　**25**

問 5　ニュージーランドとカナダは，太平洋を挟んで 1 万 km 以上も離れている
　　　が，その歴史，社会，生活文化などには共通点も多い。次の表 2 は，1985 年と
　　　2015 年におけるニュージーランドとカナダへの移民数が多い上位 5 位までの
　　　送出国を示したものである。また，下の文章は，表 2 の読み取りとそれに関連
　　　することがらについて述べたものであり，文章中の空欄 **P～R** には次ページの
　　　サ～スの文のいずれかが当てはまる。空欄 **P～R** と**サ～ス**との正しい組合せ
　　　を，次ページの**①～⑥**のうちから一つ選べ。　 **24**

表　2

順位	ニュージーランド		カナダ	
	1985 年	2015 年	1985 年	2015 年
1 位	オーストラリア	オーストラリア	ベトナム	フィリピン
2 位	イギリス	イギリス	ホンコン	インド
3 位	アメリカ合衆国	インド	アメリカ合衆国	中　国
4 位	サモア	中　国	イギリス	イラン
5 位	カナダ	フィリピン	インド	パキスタン

中国には，台湾，ホンコン，マカオを含まない。
ニュージーランド統計局の資料などにより作成。

　　移民の受入国となるニュージーランドとカナダでは，言語が共通する国から
　の移民が多い。1985 年をみると，ニュージーランドでオーストラリアやサモ
　アから，カナダでアメリカ合衆国から移民が多いのは，　 **P** 　ことが影
　響している。2015 年には，ニュージーランドとカナダとで共通する国からの
　移民が急激に増加しており，これは　 **Q** 　ためである。その一方で，
　 R 　ために，2015 年の移民数の送出国別順位にニュージーランドと
　カナダで違いがみられる。

サ 受入国での難民に対する政策が異なる
シ 経済発展した送出国との結びつきが強まった
ス 送出国と受入国とが地理的に近接している

	①	②	③	④	⑤	⑥
P	サ	サ	シ	シ	ス	ス
Q	シ	ス	サ	ス	サ	シ
R	ス	シ	ス	サ	シ	サ

問 6　2国間での人口移動には，送出国と受入国のそれぞれの国内における状況も影響する。次の図4は，オーストラリア・ニュージーランドと太平洋島嶼国との間の人口移動を引き起こす要因について，送出国と受入国とでまとめたものである。送出国と受入国とにおける人口移動の要因として**適当でないもの**を，図4中の①〜⑧のうちから二つ選べ。ただし，解答の順序は問わない。 25 ・ 26

図　4

第5問 高校生のリョウさんは，大分県大分市の大学に進学した姉のサツキさんを訪問して，大分市と別府市を中心とした地域の調査を行った。この地域調査に関する下の問い(問1〜6)に答えよ。(配点 20)

問1 リョウさんは，次の図1を参考に大分駅に行く経路を考えた。図1中のA〜Cは，リョウさんが候補とした経路を示したものであり，Aは日豊本線の列車を，Bは大分自動車道を通り大分駅前へ行く高速バスを，Cは久大本線の列車を，それぞれ使う経路である。また，次ページのア〜ウの文は，それぞれの経路の様子について，リョウさんが図1から読み取った内容である。A〜Cとア〜ウとの正しい組合せを，次ページの①〜⑥のうちから一つ選べ。27

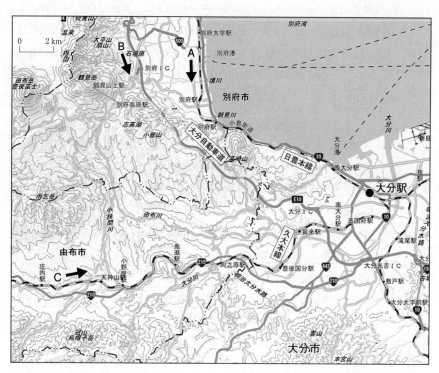

地理院地図により作成。

図 1

28 第2回 試行調査：地理B

　　ア　この経路では，大分市に入ると進行方向右側に山が迫るだろう。

　　イ　この経路では，大分市に入るまで国道沿いの谷を通ることが多いだろう。

　　ウ　この経路では，大分市に入るまで標高の高い山麓を通ることが多いだろう。

	①	②	③	④	⑤	⑥
A	ア	ア	イ	イ	ウ	ウ
B	イ	ウ	ア	ウ	ア	イ
C	ウ	イ	ウ	ア	イ	ア

問2　大分市の駅前商店街の観察から景観変化に関心をもったリョウさんは，新旧の地図を比較することにした。次ページの図2は，大分市中心部における1930年に発行された2万5千分の1地形図（原寸，一部改変）と，これとほぼ同じ範囲の2018年の地理院地図である。図2から読み取れるこの地域の変化を述べた次の会話文中の下線部①〜④のうちから，**適当でないもの**を一つ選べ。　　**28**

サツキ　「昔の大分市中心部の地形図を，大学の地理の先生からもらってきたよ。インターネットから出力した現在の地図と比べてみよう。大分駅前から北へ延びる大通りには，かつては①駅前から市街地中心部や海岸線に伸びる路面電車があったんだね。今もあったら便利だろうね」

リョウ　「路面電車は近年見直されてきているよね。海からの玄関口である②フェリー発着所は，昔は『師範校』だったんだ」

サツキ　「西側の山麓には，『歩四七*』や『練兵場』などの表記から分かるように，軍用地があったんだね。③現在では一部は学校用地などになっているのかな。大分城の北東に広がる④区画整理された地区も，今では宅地化しているね」

リョウ　「地図を見比べて確認しながら，もっと大分の街を歩いてみたいね」

*歩四七は，歩兵第47連隊を省略して示したものである。

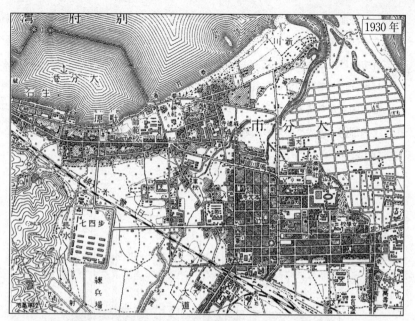

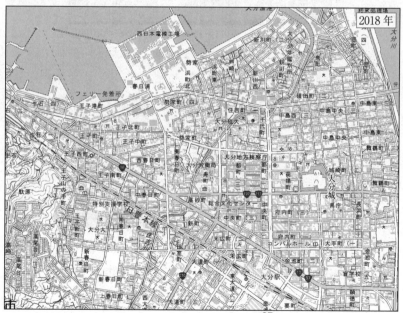

図 2 （図は $\frac{85}{100}$ に縮小——編集部）

問3 臨海部の工業地帯を地図でみたリョウさんは，大分市の産業変化に関する論文や統計データをインターネットで調べ，市の発展が「新産業都市*」指定の影響を受けたことを知った。次の図3は大分市の産業別就業者数の推移を，図4は大分市の工業種別従業者数の割合の推移を，それぞれ示したものである。図3と図4から読み取れることがらをリョウさんがまとめた次ページの文章中の下線部①〜④のうちから，**適当でないもの**を一つ選べ。29

*重化学工業などを育成し地域開発の拠点とした地域。

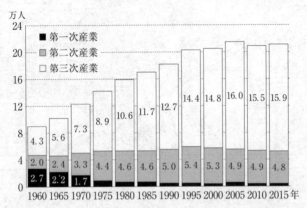

「分類不能」を除く。国勢調査などにより作成。

図 3

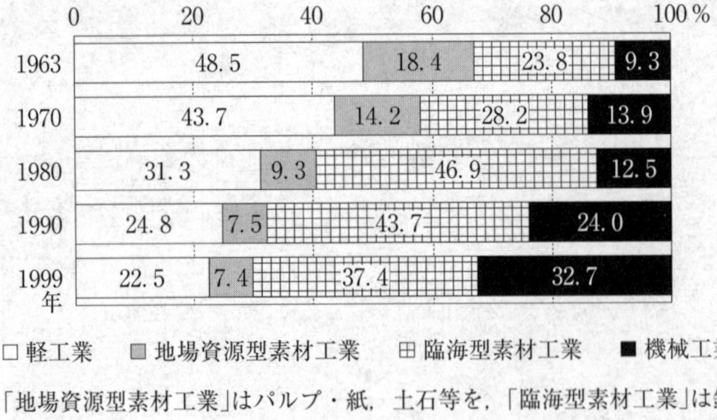

□ 軽工業　■ 地場資源型素材工業　⊞ 臨海型素材工業　■ 機械工業

「地場資源型素材工業」はパルプ・紙，土石等を，「臨海型素材工業」は鉄鋼や金属，化学工業を示す。
宮町(2004)により作成。

図 4

【リョウさんがまとめた文章】

　1963年には当時の地方工業として典型的であった①軽工業と地場資源型素材工業が全業種の約3分の2を占めていたが，1964年に新産業都市に指定され臨海部の大規模な埋め立てが進むと，②臨海型素材工業の拡大とともに第二次産業人口は増加した。その後，1980年から90年代末にかけて，③機械工業の大幅な伸びに支えられ，第二次産業人口割合も拡大した。工業都市としての成長を背景に大分市の人口も伸び，④1960年に全体の5割に満たなかった第三次産業人口は2015年には7割を超えるようになった。

問4　大分市で多くの保育所待機児童*が報告されていることを知ったリョウさんは，「なぜ大分市で保育所不足が生じたのだろう」という問いをもち，いくつかの資料をみながらサツキさんと仮説を立てた。次の図5は，リョウさんとサツキさんが考えた仮説を示しており，図中の資料D〜Fには，**仮説を考えるもととなった資料**として，次ページの図6中の**カ〜ク**がそれぞれ当てはまる。D〜Fとカ〜クとの組合せとして最も適当なものを，次ページの①〜⑥のうちから一つ選べ。　30

*保育所への入所を希望して入所できない児童のうち，一定の基準を満たす者。

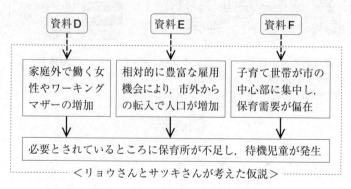

図　5

大分県内の人口増減率
(1995〜2015年)
行政界は2015年時点。
国勢調査により作成。

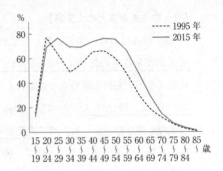

大分市の女性の年齢階級別労働力率
(1995年・2015年)
国勢調査により作成。

カ　　　　　　　　　　　キ

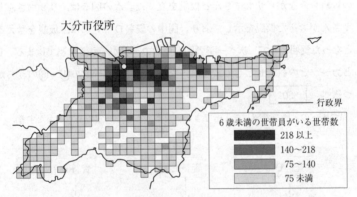

6歳未満の世帯員がいる世帯数の1kmメッシュマップ(2015年)
メッシュのない範囲はデータなし。
国土地理院の資料により作成。

ク

図　6

	①	②	③	④	⑤	⑥
D	カ	カ	キ	キ	ク	ク
E	キ	ク	カ	ク	カ	キ
F	ク	キ	ク	カ	キ	カ

問5 別府市の観光案内所に立ち寄ったリョウさんは,別府温泉が長い歴史をもつ観光地であることを知った。次の図7は,リョウさんが得た資料から作成したレポートの一部であり,図7中の空欄P〜Rには観光客数の増減に関する背景として,下のサ〜スのいずれかの文が当てはまる。P〜Rとサ〜スとの組合せとして最も適当なものを,下の①〜⑥のうちから一つ選べ。 31

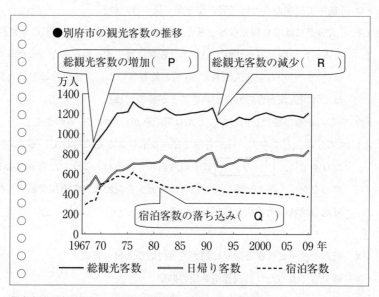

調査方法が変更されたため2010年以降の値は示していない。
別府市『観光動態要覧』により作成。

図 7

サ 国民所得の向上と全国的なレジャーブーム
シ 石油危機による低成長への転換や,交通網の整備
ス 日本経済における急激な景気の悪化

	①	②	③	④	⑤	⑥
P	サ	サ	シ	シ	ス	ス
Q	シ	ス	サ	ス	サ	シ
R	ス	シ	ス	サ	シ	サ

34 第 2 回 試行調査：地理 B

問 6 リョウさんとサツキさんは，観光やまちづくりを目指して，様々な取組みが
行われていることを話し合った。次の会話文中の空欄**タ**に入る国名と，**チ**に入
る具体的な取組みを述べた下の**X**または**Y**の文との組合せとして最も適当なも
のを，下の①〜④のうちから一つ選べ。 32

リョウ 「街中で外国からの観光客の姿を多く見かけたね」

サツキ 「大分県には温泉観光資源が多く，2015 年には海外から大分県に年間約 56
万人の宿泊観光客が訪れているよ。近年は歴史的，地理的なつながりの深
い（ **タ** ）から来る人たちが 56 ％と最も多いよ。大分県をはじめ九州で
は，外国人観光客の割合が高いことが特徴だね」

リョウ 「これからの観光に向けて，どんな取組みが行われているのかな」

サツキ 「大分にとどまらず，日本各地で様々な取組みが進められているよ。例え
ば日本では， **チ** にも取り組んでいるね。こうした取組みなどを
進めながら，観光を通して定住人口の減少を交流人口の増加で補い，持続
可能な地域の活性化を目指しているよ」

X 行政やサービスなど観光に関わる専門的な人材の育成

Y 観光客 1 人当たりの観光消費額の抑制

	①	②	③	④
タ	アメリカ合衆国	アメリカ合衆国	韓　国	韓　国
チ	X	Y	X	Y

共通テスト
第1回 試行調査

地理B

第1回
試行

解答時間 60分
配点 100点

地　理　B

(解答番号 1 ～ 30)

第1問 熱帯の気候と日本の自然災害に関する次の問い(A・B)に答えよ。

A　次の図1を見て，また下の先生と生徒の会話文を読み，下の問い(問1～4)に答えよ。

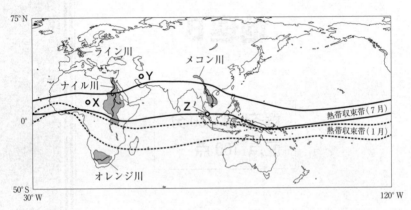

河川周辺に示された範囲は，当該河川の流域を示す。
吉良(1983)などにより作成。

図　1

先　生　「図1は熱帯収束帯が形成される範囲を示しています。熱帯収束帯では積乱雲が次々と発生していて，赤道低圧帯とも呼ばれます」
生　徒　「どうして熱帯収束帯では積乱雲が発生するのですか？」
先　生　「赤道付近では<u>a 南北からの風が収束</u>していて，また太陽からのエネルギーを多く受けることから，激しい対流活動や上昇気流が生じているためです」
生　徒　「赤道付近が熱帯雨林気候(Af)になるのは，熱帯収束帯の影響なのですね」
先　生　「その通りです。熱帯雨林気候だけでなく，<u>b その他の熱帯地域や周辺地域の気候も熱帯収束帯に影響を受けています</u>」

問 1 会話文中の下線部 **a** に関して，熱帯収束帯で収束する南北からの卓越風の風向の組合せとして正しいものを，次の①～④のうちから一つ選べ。 1

① 北西と南西 ② 北西と南東 ③ 北東と南西 ④ 北東と南東

問 2 会話文中の下線部 **b** に関して，そのように考えられる根拠を述べた文として**適当でないもの**を，次の①～④のうちから一つ選べ。 2

① アフリカのサヘル地域では，干ばつの被害を受けることがある。
② 太平洋東側の赤道付近では，平年よりも海水温が高くなる時期がある。
③ 熱帯雨林気候に隣接する地域では，雨季と乾季がみられる。
④ 北西太平洋の温帯の地域では，暴風雨をもたらす熱帯低気圧が襲来することがある。

問 3 次の表 1 中の①～④は図 1 中のオレンジ川，ナイル川，メコン川，ライン川のいずれかの河川の河口付近における年流出高*と，流量が最大になる月を示したものである。ナイル川に該当するものを，表 1 中の①～④のうちから一つ選べ。 3

*1 年間の河川総流出量を流域面積で除し，水深に換算したもの。

表 1

	年流出高(mm)	流量が最大になる月
①	618	9 月
②	436	1 月
③	14	7 月
④	9	3 月

Global Runoff Data Centre, University of New Hampshire の
資料により作成。

問 4 次の写真 1 中のア〜ウは，図 1 中の X〜Z のいずれかの地点の景観を撮影したものである。ア〜ウと X〜Z との正しい組合せを，下の ①〜⑥ のうちから一つ選べ。 4

写真提供：ユニフォトプレス

ア

イ

篠田雅人撮影

ウ

写真 1

	①	②	③	④	⑤	⑥
ア	X	X	Y	Y	Z	Z
イ	Y	Z	X	Z	X	Y
ウ	Z	Y	Z	X	Y	X

第 1 回 試行調査：地理B 5

B 日本の自然災害に関する次の問い（**問5～6**）に答えよ。

問5 火山について説明した次の文章中の下線部 c～e について，正誤の組合せとして正しいものを，下の**①**～**⑧**のうちから一つ選べ。 5

日本には 100 以上の活火山が存在し，その火山活動により様々な災害が引き起こされてきた。例えば，<u>c 高温のガスと固体粒子が一体となって高速度で流下する</u>火砕流（かさいりゅう）は，山麓（さんろく）に大きな被害をもたらす。また，火山灰は風下側に堆積し農作物などへ甚大な被害を与えるだけでなく，<u>d 大気中に長期間とどまって，地球規模の気温上昇を引き起こす</u>ことがある。その一方で，私たちは火山からの恩恵も受けており，その美しい景観を観光資源として活用したり，<u>e 地下の豊富な熱エネルギーを利用して地熱発電を行ったり</u>している。

	①	**②**	**③**	**④**	**⑤**	**⑥**	**⑦**	**⑧**
c	正	正	正	正	誤	誤	誤	誤
d	正	正	誤	誤	正	正	誤	誤
e	正	誤	正	誤	正	誤	正	誤

問6 次の図2は，ある地域で危惧されている災害の範囲を地形図上に示したものであり，図2中の**カ〜ク**は，河川が氾濫した際の水深1m以上の浸水，急傾斜地の崩壊，津波による水深1m以上の浸水のいずれかである。災害をもたらす現象名と**カ〜ク**との正しい組合せを，次ページの**①〜⑥**のうちから一つ選べ。 6

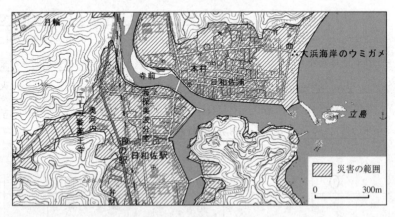

カ

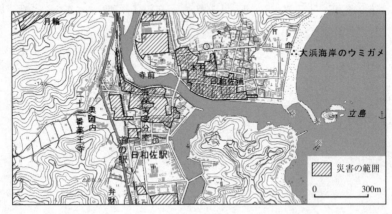

キ

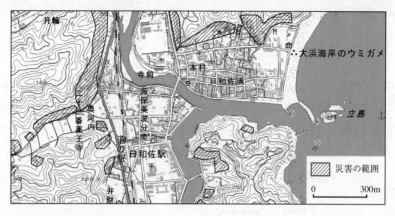

ク

自治体の資料などにより作成。地形図は地理院地図を用いた。

図 2

	河川が氾濫した際の水深1m以上の浸水	急傾斜地の崩壊	津波による水深1m以上の浸水
①	カ	キ	ク
②	カ	ク	キ
③	キ	カ	ク
④	キ	ク	カ
⑤	ク	カ	キ
⑥	ク	キ	カ

8　第Ⅰ回 試行調査：地理Ｂ

第2問　地理の授業で，「なぜ，世界で食料問題が起こっているのか？」をクラスで
探究していくことにした。世界の食料問題に関する次の問い（**問1〜6**）に答えよ。

問1　授業の最初，先生から世界の地域別に，発展途上国の栄養不足人口率が次の
表1のように示され，食料不足が生じている地域*を確かめた。次に，食料不
足が生じる理由を考察するため，穀物自給率と人口増加率をみることにした。
次ページの図1中の**ア**と**イ**は，穀物自給率，人口増加率のいずれかの指標につ
いて，その高低を国別に示したものである。栄養不足人口率と穀物自給率およ
び人口増加率との関係を述べた文として最も適当なものを，次ページの**①〜④**
のうちから一つ選べ。│　7　│

*先進国の栄養不足人口率は5％以下。

表　1

地　域	発展途上国の栄養不足人口率
アフリカ	20.7％
アジア	13.5％
ラテンアメリカおよびカリブ海諸国	6.4％
オセアニア	13.5％

統計年次は2010〜2012年。
The State of Food Insecurity in the World 2015 により作成。

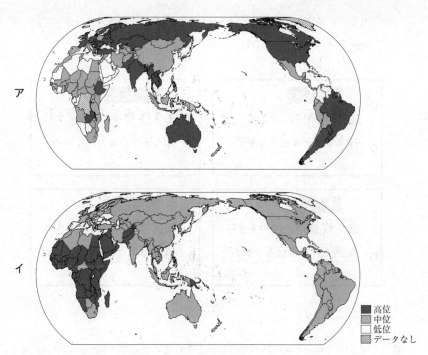

統計年次は穀物自給率が2011年,人口増加率が2010〜2015年の平均値。
国連人口統計などにより作成。

図　1

① アは穀物自給率,イは人口増加率を示しており,栄養不足人口率が高いところは,穀物自給率が高く,人口増加率が低い傾向がみられる。
② アは穀物自給率,イは人口増加率を示しており,栄養不足人口率が高いところは,穀物自給率が低く,人口増加率が高い傾向がみられる。
③ アは人口増加率,イは穀物自給率を示しており,栄養不足人口率が高いところは,穀物自給率が高く,人口増加率が低い傾向がみられる。
④ アは人口増加率,イは穀物自給率を示しており,栄養不足人口率が高いところは,穀物自給率が低く,人口増加率が高い傾向がみられる。

※問題文中の図に誤りがあったため,集計の対象外とすると大学入試センターから発表があった。

次に,世界で主食となっている主な作物について,各班に分かれて調べた。次の図2中のカードA〜Dは,各班が調べることにした課題である。

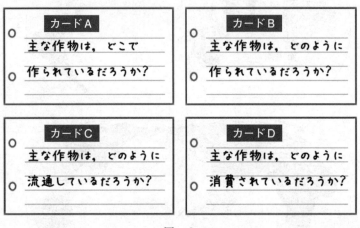

図 2

問2 図2中のカードAを調べた班は,主な作物の生産国を調べ,グラフにまとめた。次ページの図3は,小麦,米,トウモロコシ,大豆について,上位5か国とそれらが世界に占める割合を示したものであり,図3中のP〜Rは,アメリカ合衆国,中国*,ブラジルのいずれかである。P〜Rと国名との正しい組合せを,次の①〜⑥のうちから一つ選べ。 8

*台湾,ホンコン,マカオを含まない。

	P	Q	R
①	アメリカ合衆国	中 国	ブラジル
②	アメリカ合衆国	ブラジル	中 国
③	中 国	アメリカ合衆国	ブラジル
④	中 国	ブラジル	アメリカ合衆国
⑤	ブラジル	アメリカ合衆国	中 国
⑥	ブラジル	中 国	アメリカ合衆国

小麦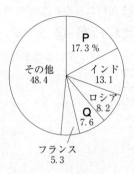

米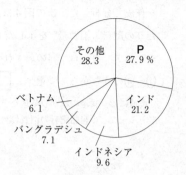

トウモロコシ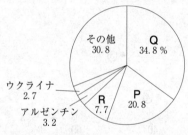

大豆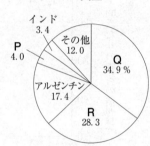

統計年次は2014年。
FAOSTATにより作成。

図　3

問3 図2中のカードBを調べた班は，世界の地域別に統計資料を用いて，グラフを作成し分析した。次の図4は，国土面積に占める農地*の割合と耕地1ha当たりの肥料の消費量**を示したものであり，①〜④は，アジア，アフリカ，オセアニア，ヨーロッパのいずれかである。アジアに該当するものを，図4中の①〜④のうちから一つ選べ。 9

*農地には，耕地のほか牧草地などを含む。
**ふん尿などの自給肥料の消費は含まない。

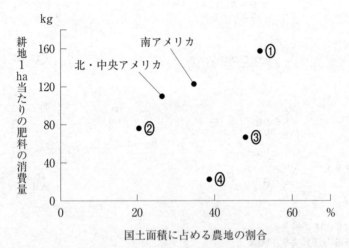

北・中央アメリカは，パナマ以北でカリブ海諸国を含む。
統計年次は2013年。
『世界国勢図会』により作成。

図　4

第Ⅰ回 試行調査：地理B　13

問 4 図2中のカードCを調べた班は，小麦，米，トウモロコシ，大豆の世界全体の生産量と輸出量を調べた結果を，表2にまとめて話し合った。そのとき用いられた次ページの図5は，大豆の輸入上位5か国の輸入量とその世界全体に占める割合を示している。下の会話文中の空欄**カ**と**キ**に当てはまる語句の正しい組合せを，次ページの**①**～**④**のうちから一つ選べ。　10

表　2

(単位：千 t)

作物名	生産量	輸出量
小　麦	711, 142	162, 798
米	738, 064	37, 127
トウモロコシ	1, 017, 537	124, 222
大　豆	278, 093	106, 169

統計年次は 2013 年。『世界国勢図会』により作成。

太　郎　「生産量で一番多いのは，トウモロコシだね」

桜　子　「逆に，大豆の生産量が一番少ないね」

次　郎　「輸出量を見ると，小麦が一番多いことがわかるね」

桃　子　「米は輸出量が少ないだけでなく，生産量に占める輸出量の割合も小さいから，（　**カ**　）に生産している国や地域が多そう」

三　郎　「逆に，大豆は生産量が少ないにもかかわらず，生産量に占める輸出量の割合が大きくなっているよ。図5にみられるように，それは世界の大豆輸入における中国の輸入量が拡大したことが，生産量に占める輸出量の割合を押し上げたみたいだね」

太　郎　「なぜ，中国の輸入量が急激に増加したのだろう？」

桜　子　「それは，中国では経済発展にともなって食生活が変化して，（　**キ**　）の大豆の需要が急激に高まったからでしょうね」

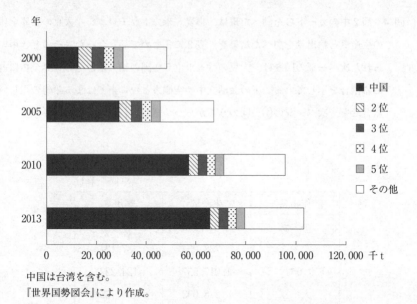

中国は台湾を含む。
『世界国勢図会』により作成。

図 5

	カ	キ
①	自給的	食料用
②	自給的	飼料用
③	商業的	食料用
④	商業的	飼料用

問 5 図 2 中のカード D を調べた班は，世界各国の飽食・飢餓と健康との関係について資料を集め探究を進めようと，表 3 を作成した。表 3 中の**サ～ス**は，サウジアラビア，タイ，ボリビアのいずれかである。またこの班では表 3 中の 6 か国を，2 か国ずつの**X～Z**の 3 グループに分類し，その考察した結果を表 4 にまとめた。**サ～ス**の国名として最も適当なものを，次ページの**①～⑥**のうちから一つ選べ。 | 11 |

表 3

国　名	1 人 1 日当たり 食料供給熱量 (kcal)	太りすぎ 人口の割合* （%）	5 歳未満の 子供の死亡率 （‰）
アメリカ合衆国	3,650	31.8	7
サ	3,063	35.2	15
ザンビア	1,911	4.2	64
シ	2,188	18.9	38
日　本	2,695	4.5	3
ス	2,752	8.5	12

*体重(kg)を身長(m)の 2 乗で割って算出される値が 25 以上の状態。

統計年次は，1 人 1 日当たり食料供給熱量は 2009～2011 年の平均値，太りすぎ人口の割合は 2008 年，5 歳未満の子供の死亡率は 2015 年。

世界銀行の資料などにより作成。

16 第 1 回 試行調査：地理 B

表 4

グループ	国 名	考察した結果
X	アメリカ合衆国 （ サ ）	ともに 1 人当たり食料供給熱量，太りすぎ人口の割合は高位である。両国とも世界有数の高所得国であり，**サ**は 1970 年代以降に急速にその経済的地位を上昇させた。
Y	ザンビア （ シ ）	ともに 1 人当たり食料供給量は低位で，5 歳未満の子供の死亡率は高位である。両国とも都市部への人口集中がみられ，**シ**の都市住民の一部では食生活の欧米化がみられる。
Z	日 本 （ ス ）	ともに 1 人当たり食料供給量は中位であり，太りすぎ人口の割合は低位である。**ス**では屋台などの外食の割合が高い。

	①	②	③	④	⑤	⑥
サウジアラビア	サ	サ	シ	シ	ス	ス
タ イ	シ	ス	サ	ス	サ	シ
ボリビア	ス	シ	ス	サ	シ	サ

問 6　各班で調べた内容についてさらにクラスで学習を深め，世界の食料問題とその取組みについてポスターにまとめた。文章中の下線部①〜④のうちから，**適当でないもの**を一つ選べ。　12

世界の食料問題とその取組み

〇年〇組

　世界の食料問題は発展途上国と先進国で違いがみられる。発展途上国では，所得水準が低く食料の十分に得られない地域がある。食料の増産を目的とした対策の一つとして，20世紀半ば以降に推進された「緑の革命」では，①高収量品種の導入や灌漑施設の整備などによっていくつかの国では穀物自給率が上昇した。ただし，農村部では十分にその恩恵を受けることができていない地域もみられる。近年では②世界各地で異常気象による農作物の不作が報告されており，貧しい農村部でその影響が大きい。

　一方，多くの先進国では，③国内消費を上回る量の食料品を輸入し，大量の食料が廃棄されるフードロスの問題が生じている。世界の一部では飢餓が生じているなか，先進国の飽食は発展途上国の犠牲のうえに成り立っているとも考えられる。国際貿易においては，④農産加工品などの輸入において先進国がフェアトレードを推進しており，発展途上国の農家の生活水準が悪化している。食料問題を解決するには，先進国と発展途上国との格差を是正していくことが必要であり，私たちも食料問題に真剣に向き合わなければならない。

第3問 世界の人口と都市に関する次の問い（問1～6）に答えよ。

問1　次の図1は，世界の主な国の人口のカルトグラムに人口密度を示したものである。図1から読み取れることがらを述べた文として最も適当なものを，下の①～④のうちから一つ選べ。 13

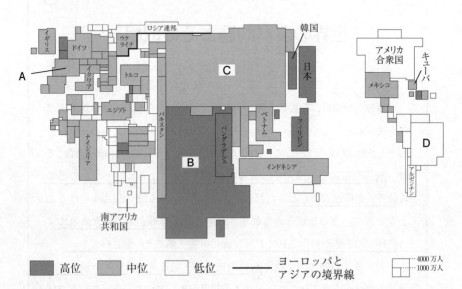

図　1

① ヨーロッパでは，国土面積が小さく，人口密度が高位の国が集中している。
② アジアは人口が最も多く，特に東アジアや南アジアでは人口密度が高位や中位の国が多い。
③ アフリカは人口増加率が高く，人口密度も高位の国が多い。
④ ラテンアメリカでは，人口密度が中位や低位の国が多く，特に中央アメリカでは低位の国が多い。

問2 次の図2中の①〜④は，図1中のA〜Dのいずれかの国の人口ピラミッドを示したものである。Dに該当するものを，図2中の①〜④のうちから一つ選べ。14

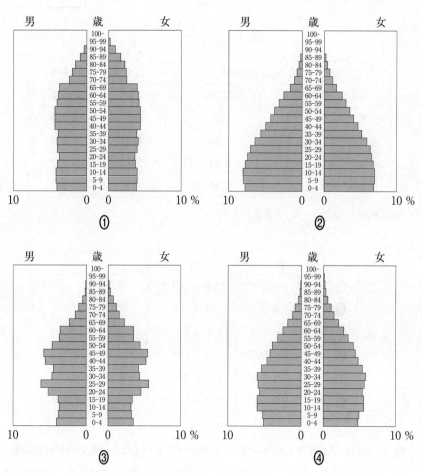

統計年次は2015年。
『国連人口統計』により作成。

図　2

20 第Ⅰ回 試行調査：地理B

問3 次の表1は，発展途上国の中でもBRICSに続く経済発展をみせているいくつかの国と日本の合計特殊出生率と1人当たりのGDPを示したものであり，ア〜ウはインドネシア，ナイジェリア，メキシコのいずれかである。ア〜ウと国名との正しい組合せを，下の①〜⑥のうちから一つ選べ。 15

表 1

	合計特殊出生率		1人当たりのGDP（ドル）	
	1990年	2015年	1990年	2015年
ア	6.49	5.59	686	2,763
イ	3.48	2.21	3,423	9,512
ウ	3.12	2.44	771	3,371
日 本	1.57	1.46	25,443	34,513

世界銀行の資料などにより作成。

	ア	イ	ウ
①	インドネシア	ナイジェリア	メキシコ
②	インドネシア	メキシコ	ナイジェリア
③	ナイジェリア	インドネシア	メキシコ
④	ナイジェリア	メキシコ	インドネシア
⑤	メキシコ	インドネシア	ナイジェリア
⑥	メキシコ	ナイジェリア	インドネシア

問4 次ページの写真1のカ〜クは，開発のすすむいくつかの都市の景観を撮影したものであり，次ページの文章は，各都市についての説明である。文章中の下線部a〜cについて，正誤の組合せとして正しいものを，下の①〜⑧のうちから一つ選べ。 16

カ

キ

ク

写真 1　　　　写真提供：ユニフォトプレス

カはリオデジャネイロであり，<u>近代的な開発が進んだ沿岸部に対して，土地条件の悪い傾斜地にはファベーラと呼ばれる不良住宅地区がみられる</u>。**キ**はシャンハイ(上海)であり，<u>沿岸部の広大な用地に高層ビル群が建設され，商業・金融の世界的な中心地として発展している</u>。**ク**はドバイであり，<u>巨額のオイルマネーを背景に，世界最高層のビルや都市インフラの建設が進んでいる</u>。

	①	②	③	④	⑤	⑥	⑦	⑧
a	正	正	正	正	誤	誤	誤	誤
b	正	正	誤	誤	正	正	誤	誤
c	正	誤	正	誤	正	誤	正	誤

問5 次の図3は，日本における大都市の内部構造を模式的に示したものであり，下のサ～スの文は，図3中のE～Gの各地区について述べたものである。サ～スとE～Gとの正しい組合せを，下の①～⑥のうちから一つ選べ。 17

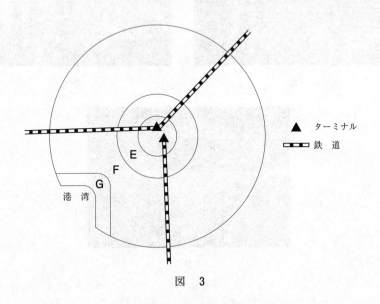

図 3

サ 大規模な工場や倉庫群などが立地している。
シ 中小の工場や商店などと住宅が混在している。
ス 鉄道に沿って住宅地が形成されている。

	①	②	③	④	⑤	⑥
E	サ	サ	シ	シ	ス	ス
F	シ	ス	サ	ス	サ	シ
G	ス	シ	ス	サ	シ	サ

問 6 次の**X〜Z**の文は，日本の人口 30 万人程度のいくつかの市区について，それらの市区のようすを述べたものであり，下の表 2 中の**タ〜ツ**は，それぞれの市区の昼夜間人口比率と年間商品販売額を示したものである。**X〜Z**と**タ〜ツ**との正しい組合せを，下の**①〜⑥**のうちから一つ選べ。 　18

X 行政と文化の中心となっている地方都市で，交通と経済の中心となっている隣接都市とは人口が競合している。

Y 大都市圏の副都心で，ターミナル駅付近には高層ビルが立ち並ぶ一方，その周辺には木造住宅や小さな工場が密集している地区もみられる。

Z 二つの大都市にはさまれた立地で，高度経済成長の時期に人口の急増がみられ，ベッドタウンとしての住宅開発が進んだ。

表　2

	昼夜間人口比率	年間商品販売額（百万円）
タ	148.6	1,856,287
チ	104.5	1,005,158
ツ	86.5	515,895

統計年次は，昼夜間人口比率が 2010 年，年間商品販売額が 2014 年。
国勢調査などにより作成。

	①	**②**	**③**	**④**	**⑤**	**⑥**
X	タ	タ	チ	チ	ツ	ツ
Y	チ	ツ	タ	ツ	タ	チ
Z	ツ	チ	ツ	タ	チ	タ

第4問 高校生のユウさんは，ヨーロッパについての課題研究に取り組んだ。次の図1を見て，ユウさんが調べたことに関する下の問い(**問1〜6**)に答えよ。

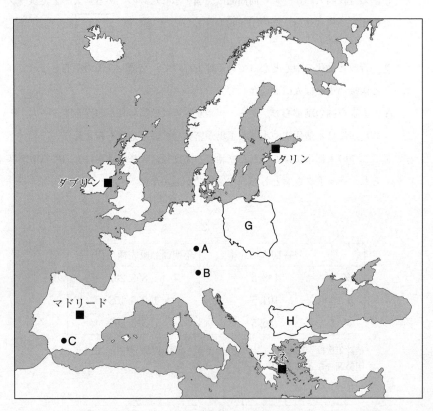

図　1

問1 ユウさんは，ヨーロッパ各地の気候の違いについて調べた。次の図2中の①〜④は，図1中のアテネ，ダブリン，タリン，マドリードのいずれかの地点における月平均気温と月降水量を示したものである。ダブリンに該当するものを，図2中の①〜④のうちから一つ選べ。 19

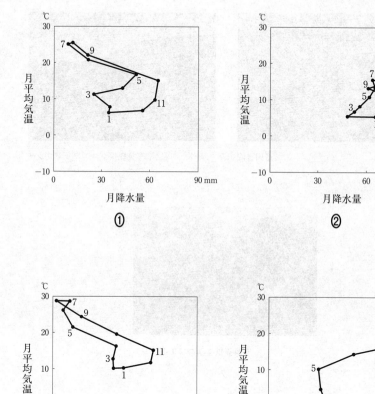

『理科年表』により作成。

図　2

問2 ユウさんは、ヨーロッパの景観が地域によって大きく異なることに気がついた。次の写真1中のア〜ウは、図1中のA〜Cのいずれかの地点でみられる代表的な農業景観を撮影したものである。ア〜ウとA〜Cとの正しい組合せを、下の①〜⑥のうちから一つ選べ。 20

帝国書院

ア

写真提供：ユニフォトプレス

イ

写真提供：ユニフォトプレス

ウ

写真　1

	①	②	③	④	⑤	⑥
A	ア	ア	イ	イ	ウ	ウ
B	イ	ウ	ア	ウ	ア	イ
C	ウ	イ	ウ	ア	イ	ア

問 3 ユウさんは，ヨーロッパの宗教と言語の多様性について調べた。図1中の G国とH国における主な言語と宗教との正しい組合せを，次の**①**～**⑥**のうちから一つ選べ。 21

	G 国		H 国	
	言　語	宗　教	言　語	宗　教
①	ゲルマン語派	カトリック	ゲルマン語派	正教会
②	ゲルマン語派	正教会	ゲルマン語派	カトリック
③	スラブ語派	カトリック	スラブ語派	正教会
④	スラブ語派	正教会	スラブ語派	カトリック
⑤	ラテン語派	カトリック	ラテン語派	正教会
⑥	ラテン語派	正教会	ラテン語派	カトリック

問4 ユウさんは，EU（欧州連合）の統合について先生に質問することにした。次の図3は，先生が示してくれたメモであり，これを参考にユウさんはEUの統合が進んだ理由を考えた。統合が進んだ理由として最も適当なものを，下の①〜④のうちから一つ選べ。 22

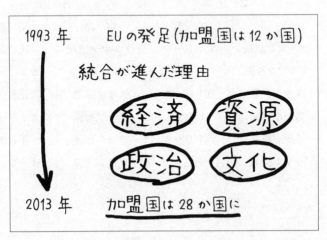

図 3

① 経済の面では，EU域内で流通する工業製品や農産物に関税をかけて自国の産業を保護する必要があったため。
② 資源の面では，風力発電など自然再生エネルギーの共同利用を図り，資源をめぐる国家間の対立を緩和するため。
③ 政治の面では，東欧革命により東西冷戦時代が終わり，東ヨーロッパ諸国が統合を望んだため。
④ 文化の面では，食事の時にワインを日常的に飲む習慣が存在し，食文化の共通性が高かったため。

問5 ユウさんは，EUへの拠出金の分担をめぐって，加盟国間で議論が交わされていることを知った。各加盟国のEUへの拠出金額と1人当たりGNI（国民総所得）との関係を調べるために，ユウさんは次の図4を作成した。下のカ～クの文は，図4中に示したP～Rの国家群について説明したものである。P～Rとカ～クの文との正しい組合せを，下の①～⑥のうちから一つ選べ。| 23 |

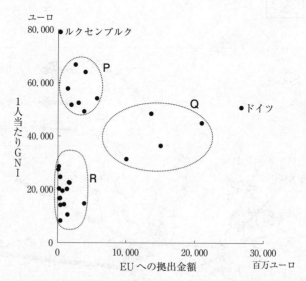

統計年次は2015年。
EUROSTATなどにより作成。

図　4

カ　EUの政治経済において中心的な役割を担ってきた国が多い。
キ　EU発足後に新たに加盟した国が多い。
ク　国内人口は少ないが，経済活動が活発な国が多い。

	①	②	③	④	⑤	⑥
P	カ	カ	キ	キ	ク	ク
Q	キ	ク	カ	ク	カ	キ
R	ク	キ	ク	カ	キ	カ

問6 EU各国において国際的な人口移動が活発であることを知ったユウさんは，移民の流れを示した次の図5を作成し，このような移動がみられる理由について考えた。次ページのX〜Zは，ユウさんが考えた仮説を示したものであり，サ〜スは仮説を確かめるために集めたデータを示したものである。X〜Zとサ〜スの組合せとして最も適当なものを，次ページの①〜⑨のうちから一つ選べ。 24

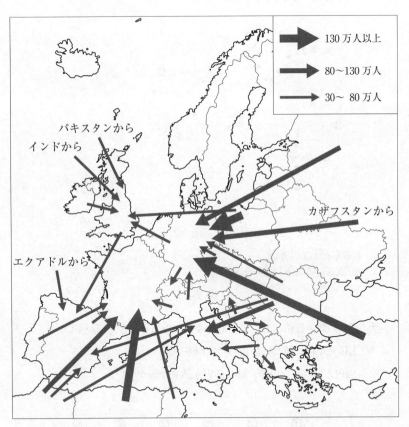

統計年次は2015年。
Trends in International Migrant Stock により作成。

図 5

【仮説】

X　旧宗主国と旧植民地の国々との間では言語の障壁が比較的低く，雇用機会が不足し治安が悪い旧植民地から旧宗主国への人口移動がみられた。

Y　国境での審査なしで自由に出入国ができるようになり，先進国どうしの人々の相互移動が活発化し，大量の人口移動につながった。

Z　産業が発達している先進国とその他の国々との間の賃金格差が大きくなり，賃金水準の低い国々から先進国に向けて移民が流出した。

【データ】

サ　EU加盟国および周辺国における食料自給率についてのデータ

シ　EU加盟国および周辺国における大学進学率についてのデータ

ス　EU加盟国における1人当たり工業付加価値額についてのデータ

① X－サ　　　　② X－シ　　　　③ X－ス

④ Y－サ　　　　⑤ Y－シ　　　　⑥ Y－ス

⑦ Z－サ　　　　⑧ Z－シ　　　　⑨ Z－ス

第5問 関東地方の高校に通うサクラさんは、親戚が住んでいる静岡県中部（図1とその周辺）の地域調査を行った。この地域調査に関する下の問い（**問1～6**）に答えよ。

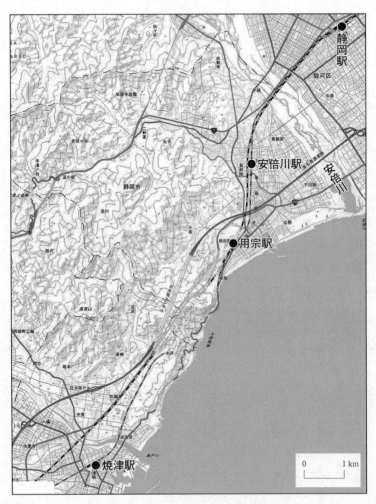

地理院地図により作成。第5問の地図はすべて同様。

図　1

図　2

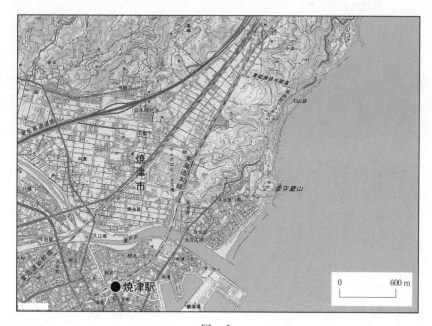

図　3

34 第 1 回 試行調査：地理B

問 1 サクラさんは，静岡駅で新幹線を降り，親戚の住む焼津市を訪れるために，
図 1 中の静岡駅を午前 10 時に出発した列車に乗り，焼津駅までの車窓からの
景観を観察した。図 2 は安倍川駅付近の拡大図であり，図 3 は用宗－焼津間の
拡大図である。車窓からの景観を説明した文として最も適当なものを，次の
①～④のうちから一つ選べ。 □25□

① 静岡駅を出て安倍川を渡る際に地形図と見比べたところ，地形図で示され
た位置と，実際に水の流れている位置が異なっていた。

② 図 2 の安倍川駅を出発すると，車窓の進行方向の右側に山地が見え，市街
地より山側の斜面は全体が針葉樹林に覆われていた。

③ 用宗駅付近を走行している際に，日差しは進行方向の右側から差し込んで
いた。

④ 用宗－焼津間のトンネルを出た所からビール工場までの間，進行方向の左
側に海が見えた。

問 2 サクラさんは，静岡県中部が避寒地として古くから知られ，特に静岡市には伊藤博文，井上馨，西園寺公望など，東京在住の明治の元勲や元老たちの別荘があったことを聞き，気候についての資料を整理した。次の図4は，日本のいくつかの地点の月平均気温を示したものであり，**ア〜ウ**は軽井沢，静岡，八丈島のいずれかである。**ア〜ウ**と地点名との正しい組合せを，下の**①〜⑥**のうちから一つ選べ。 26

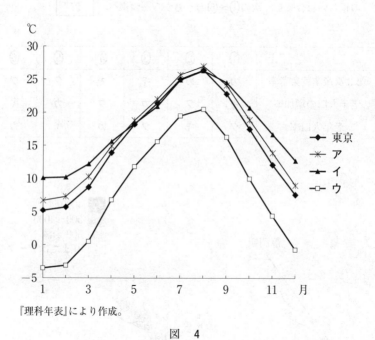

『理科年表』により作成。

図 4

	①	②	③	④	⑤	⑥
軽井沢	ア	ア	イ	イ	ウ	ウ
静岡	イ	ウ	ア	ウ	ア	イ
八丈島	ウ	イ	ウ	ア	イ	ア

問 3 静岡県中部の市町村のすがたに関心をもったサクラさんは，この地域の人口統計データを用いた主題図を作成した。下の図5は，静岡県中部における市区町村の位置略図と，縦横約1kmの単位地域からなるメッシュマップで表現した人口分布図である。次ページの図6は，いくつかの指標の分布を図5中の人口分布図と同様なメッシュマップで示したものであり，**カ～ク**は第3次産業就業者率，老年人口の増加率，老年人口率のいずれかである。**カ～ク**と指標名との正しい組合せを，次の①～⑥のうちから一つ選べ。27

	①	②	③	④	⑤	⑥
第3次産業就業者率	カ	カ	キ	キ	ク	ク
老年人口の増加率	キ	ク	カ	ク	カ	キ
老年人口率	ク	キ	ク	カ	キ	カ

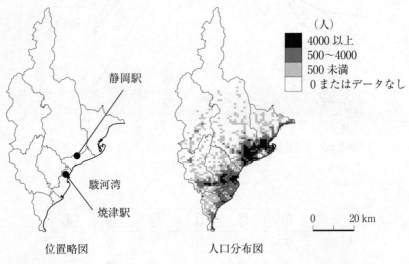

統計年次は2010年。国勢調査により作成。

図 5

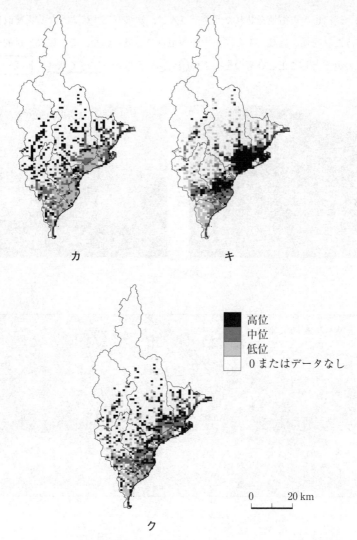

統計年次は第3次産業就業者率，老年人口率が2010年，老年人口の増加率が2000～2010年。国勢調査により作成。

図 6

問 4 焼津市の市街地を訪れたサクラさんは，次の写真1のような防災施設を見かけた。同様な施設は下の図7中の各地点でも見られた。この施設の目的や役割の説明として正しいものを，下の①〜④のうちからすべて選べ。 28

写真　1

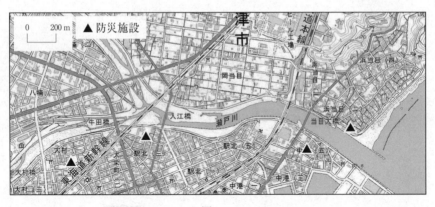

図　7

① 洪水による浸水を防ぐ施設　　② 地震による液状化を防ぐ施設
③ 津波から避難する施設　　　　④ 土石流から避難する施設

問 5 焼津市の防災施設を見て防災について関心をもったサクラさんは,静岡県中部で防災に関する地域調査を行い,地理の先生に報告した。次の図 8 は静岡県中部のある地域の地形図(左)と,同範囲の地形分類図(右)である。下のサクラさんと先生との会話文中の下線部**サ〜ス**の正誤の組合せとして正しいものを,次ページの①〜⑧のうちから一つ選べ。 29

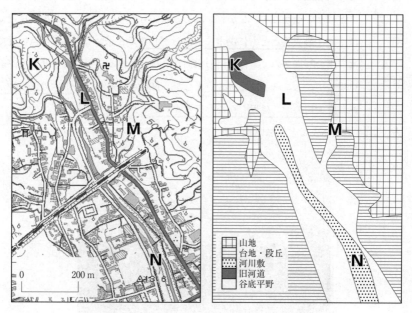

地理院地図,土地条件図により作成。
地形分類図は小面積のものを一部省略してある。

図 8

先 生 「興味深い調査をしてきましたね。図 8 や,サクラさんが調べたことをもとに,この地域の防災上の注意事項を考えてみましょう。たとえば K 地点は地形から見て,建物を建てるときには液状化の対策が必要かもしれないですね。他の地点についてはどう思いますか?」

サクラ「はい，まずこの地区のハザードマップを見たところ，この図の範囲内に洪水の危険性がある箇所は描かれていませんでした。M地点付近は谷で土石流の危険性があると描かれており，サ主に土砂災害の危険性があるので砂防ダムなどの対策が必要だと思いました。ハザードマップでL地点付近は急傾斜地崩壊危険箇所となっていました。L地点付近に30年前から住んでいるという方から話を聞いたのですが，このあたりで洪水を経験したことはないそうです。しかし，地形分類図も参考にすると，L地点付近では，シ土砂災害とともに洪水にも注意が必要だと思います。N地点付近では，下の写真2のように，川の水面からは少し高く，道路より低い所が駐車場やテニスコートになっていました。N地点付近ではス洪水の危険性があり，大雨の際には近づかないほうがいいと思いました」

先　生「みなさんはどう思いますか？」

写真　2

	①	②	③	④	⑤	⑥	⑦	⑧
サ	正	正	正	正	誤	誤	誤	誤
シ	正	正	誤	誤	正	正	誤	誤
ス	正	誤	正	誤	正	誤	正	誤

問 6 静岡県中部での地域調査を終えて，日本全体の自然災害や防災に関心をもったサクラさんは，教科書や資料集に挙げられている日本の自然災害や防災対策の概要を整理し，プレゼンテーション用の資料を作成した。次の図 9 はサクラさんがそのまとめとして作成したものである。日本の自然災害と防災対策をまとめた文として**適当でないもの**を，図 9 中の ①～④ のうちから一つ選べ。
30

日本の自然災害と防災対策のまとめ

① 日本列島はもともと地震や大雨などが多く，自然災害を受けやすい場所に位置している。
② 機械を用いた高度な土木工事が困難だった時代には，霞 堤(かすみてい)など，自然災害をもたらす現象をある程度受け入れる防災対策も行われた。
③ 現代では様々な防災対策が進んでいるが，地形からみて自然災害の危険性がある場所へ住宅地が拡大しているところもある。
④ 同規模の地震・大雨などの現象が発生すれば，時代や地域にかかわらず被害の大きさは同程度である。

図 9

||||||||||||||||| NOTE |||||||||||||||||||||||||||||||||||||||||||||||||||||||||||||||||||||||||||||||||||||||||||||||||||||||||||||||||||||||||||||||||||||||

NOTE

NOTE

地理歴史・公民 解答用紙

注意事項

1 訂正は、消しゴムできれいに消し、消しくずを残してはいけません。
2 所定欄以外にはマークしたり、記入したりしてはいけません。
3 汚したり、折り曲げたりしてはいけません。

・1科目だけマークしなさい。
・解答科目欄が無マーク又は複数マークの場合は、0点となります。

地 理 総 合 ・ 地 理 探 究	○
歴 史 総 合 ・ 日 本 史 探 究	○
歴 史 総 合 ・ 世 界 史 探 究	○
公 共 ・ 倫 理	○
公 共 ・ 政 治 ・ 経 済	○

旧教育課程	旧 世 界 史 A	○
	旧 世 界 史 B	○
	旧 日 本 史 A	○
	旧 日 本 史 B	○
	旧 地 理 A	○
	旧 地 理 B	○
	旧 現 代 社 会	○
	旧 倫 理	○
	旧 政 治 ・ 経 済	○
	旧 倫 理、旧 政 治 ・ 経 済	○

解答欄

解答番号	1	2	3	4	5	6	7	8	9
1	①	②	③	④	⑤	⑥	⑦	⑧	⑨
2	①	②	③	④	⑤	⑥	⑦	⑧	⑨
3	①	②	③	④	⑤	⑥	⑦	⑧	⑨
4	①	②	③	④	⑤	⑥	⑦	⑧	⑨
5	①	②	③	④	⑤	⑥	⑦	⑧	⑨
6	①	②	③	④	⑤	⑥	⑦	⑧	⑨
7	①	②	③	④	⑤	⑥	⑦	⑧	⑨
8	①	②	③	④	⑤	⑥	⑦	⑧	⑨
9	①	②	③	④	⑤	⑥	⑦	⑧	⑨
10	①	②	③	④	⑤	⑥	⑦	⑧	⑨
11	①	②	③	④	⑤	⑥	⑦	⑧	⑨
12	①	②	③	④	⑤	⑥	⑦	⑧	⑨
13	①	②	③	④	⑤	⑥	⑦	⑧	⑨

解答欄

解答番号	1	2	3	4	5	6	7	8	9
14	①	②	③	④	⑤	⑥	⑦	⑧	⑨
15	①	②	③	④	⑤	⑥	⑦	⑧	⑨
16	①	②	③	④	⑤	⑥	⑦	⑧	⑨
17	①	②	③	④	⑤	⑥	⑦	⑧	⑨
18	①	②	③	④	⑤	⑥	⑦	⑧	⑨
19	①	②	③	④	⑤	⑥	⑦	⑧	⑨
20	①	②	③	④	⑤	⑥	⑦	⑧	⑨
21	①	②	③	④	⑤	⑥	⑦	⑧	⑨
22	①	②	③	④	⑤	⑥	⑦	⑧	⑨
23	①	②	③	④	⑤	⑥	⑦	⑧	⑨
24	①	②	③	④	⑤	⑥	⑦	⑧	⑨
25	①	②	③	④	⑤	⑥	⑦	⑧	⑨
26	①	②	③	④	⑤	⑥	⑦	⑧	⑨

解答欄

解答番号	1	2	3	4	5	6	7	8	9
27	①	②	③	④	⑤	⑥	⑦	⑧	⑨
28	①	②	③	④	⑤	⑥	⑦	⑧	⑨
29	①	②	③	④	⑤	⑥	⑦	⑧	⑨
30	①	②	③	④	⑤	⑥	⑦	⑧	⑨
31	①	②	③	④	⑤	⑥	⑦	⑧	⑨
32	①	②	③	④	⑤	⑥	⑦	⑧	⑨
33	①	②	③	④	⑤	⑥	⑦	⑧	⑨
34	①	②	③	④	⑤	⑥	⑦	⑧	⑨
35	①	②	③	④	⑤	⑥	⑦	⑧	⑨
36	①	②	③	④	⑤	⑥	⑦	⑧	⑨
37	①	②	③	④	⑤	⑥	⑦	⑧	⑨
38	①	②	③	④	⑤	⑥	⑦	⑧	⑨
39	①	②	③	④	⑤	⑥	⑦	⑧	⑨

地理歴史・公民解答用紙

注意事項

1 訂正は、消しゴムできれいに消し、消しくずを残してはいけません。
2 所定欄以外にはマークしたり、記入したりしてはいけません。
3 汚したり、折り曲げたりしてはいけません。

- ・1科目だけマークしなさい。
- ・解答科目欄が無マーク又は複数マークの場合は、0点となります。

地理総合、地理探究	◯
歴史総合、日本史探究	◯
歴史総合、世界史探究	◯
公　共、倫　理	◯
公　共、政治・経済	◯

旧教育課程	
旧世界史A	◯
旧世界史B	◯
旧日本史A	◯
旧日本史B	◯
旧地理A	◯
旧地理B	◯
旧現代社会	◯
旧倫理	◯
旧政治・経済	◯
旧倫理、旧政治・経済	◯

解答欄

解答番号	1	2	3	4	5	6	7	8	9
1	①	②	③	④	⑤	⑥	⑦	⑧	⑨
2	①	②	③	④	⑤	⑥	⑦	⑧	⑨
3	①	②	③	④	⑤	⑥	⑦	⑧	⑨
4	①	②	③	④	⑤	⑥	⑦	⑧	⑨
5	①	②	③	④	⑤	⑥	⑦	⑧	⑨
6	①	②	③	④	⑤	⑥	⑦	⑧	⑨
7	①	②	③	④	⑤	⑥	⑦	⑧	⑨
8	①	②	③	④	⑤	⑥	⑦	⑧	⑨
9	①	②	③	④	⑤	⑥	⑦	⑧	⑨
10	①	②	③	④	⑤	⑥	⑦	⑧	⑨
11	①	②	③	④	⑤	⑥	⑦	⑧	⑨
12	①	②	③	④	⑤	⑥	⑦	⑧	⑨
13	①	②	③	④	⑤	⑥	⑦	⑧	⑨

解答番号	1	2	3	4	5	6	7	8	9
14	①	②	③	④	⑤	⑥	⑦	⑧	⑨
15	①	②	③	④	⑤	⑥	⑦	⑧	⑨
16	①	②	③	④	⑤	⑥	⑦	⑧	⑨
17	①	②	③	④	⑤	⑥	⑦	⑧	⑨
18	①	②	③	④	⑤	⑥	⑦	⑧	⑨
19	①	②	③	④	⑤	⑥	⑦	⑧	⑨
20	①	②	③	④	⑤	⑥	⑦	⑧	⑨
21	①	②	③	④	⑤	⑥	⑦	⑧	⑨
22	①	②	③	④	⑤	⑥	⑦	⑧	⑨
23	①	②	③	④	⑤	⑥	⑦	⑧	⑨
24	①	②	③	④	⑤	⑥	⑦	⑧	⑨
25	①	②	③	④	⑤	⑥	⑦	⑧	⑨
26	①	②	③	④	⑤	⑥	⑦	⑧	⑨

解答番号	1	2	3	4	5	6	7	8	9
27	①	②	③	④	⑤	⑥	⑦	⑧	⑨
28	①	②	③	④	⑤	⑥	⑦	⑧	⑨
29	①	②	③	④	⑤	⑥	⑦	⑧	⑨
30	①	②	③	④	⑤	⑥	⑦	⑧	⑨
31	①	②	③	④	⑤	⑥	⑦	⑧	⑨
32	①	②	③	④	⑤	⑥	⑦	⑧	⑨
33	①	②	③	④	⑤	⑥	⑦	⑧	⑨
34	①	②	③	④	⑤	⑥	⑦	⑧	⑨
35	①	②	③	④	⑤	⑥	⑦	⑧	⑨
36	①	②	③	④	⑤	⑥	⑦	⑧	⑨
37	①	②	③	④	⑤	⑥	⑦	⑧	⑨
38	①	②	③	④	⑤	⑥	⑦	⑧	⑨
39	①	②	③	④	⑤	⑥	⑦	⑧	⑨